U0899826

◎ 吴晓求等 著

# TRANSFORMATION AND RISE OF CHINA

# 变革与崛起

## ——探寻中国金融崛起之路

## EXPLORING THE ROAD TO A FINANCIAL POWER

中国金融出版社

责任编辑：褚蓬瑜
责任校对：张志文
责任印制：程　颖

**图书在版编目（CIP）数据**

变革与崛起——探寻中国金融崛起之路（Biange yu Jueqi——Tanxun Zhongguo Jinrong Jueqi Zhilu）/吴晓求等著.—北京：中国金融出版社，2011.3

ISBN 978-7-5049-5795-5

Ⅰ.①变…　Ⅱ.①吴…　Ⅲ.①金融事业—经济发展—研究—中国
Ⅳ.①F832

中国版本图书馆CIP数据核字（2010）第262512号

出版发行　中国金融出版社
社址　北京市丰台区益泽路2号
市场开发部　（010）63266347，63805472，63439533（传真）
网上书店　http://www.chinafph.com
（010）63286832，63365686（传真）
读者服务部　（010）66070833，62568380
邮编　100071
经销　新华书店
印刷　保利达印务有限公司
装订　平阳装订厂
尺寸　169毫米×239毫米
印张　22.75
字数　387千
版次　2011年3月第1版
印次　2011年3月第1次印刷
定价　48.00元
ISBN 978-7-5049-5795-5/F.5355

# 目　录

# 导论　大国经济的可持续性与大国金融模式
## ——美日经验与中国模式之选择


### 摘　　要

大国经济的可持续发展需要一个与大国经济结构相匹配的大国金融模式。美国经济长达一个世纪的持续稳定增长与美国市场主导型金融体系密切相关。日本经济近二十年增长乏力，重要原因是日本金融体系功能的缺失。对中国来说，美日两国的经验和教训值得我们重视。构建一个具有强大资源配置功能且能有效分散风险的现代金融体系，以实现大国经济与大国金融的战略匹配，是金融危机后中国面临的战略任务。


经过改革开放30年特别是进入新世纪加入世界贸易组织以来，中国经济快速增长，无论是从经济规模、经济竞争力，还是从对全球经济的影响力而言，毋庸置疑，中国已经成为全球性经济大国。如何维持中国这个全球性大国经济的长期、稳定增长，是我们所面临的战略问题，而这其中，构建一个具有强大资源配置功能且能有效分散风险的现代金融体系以实现大国经济与大国金融的战略匹配，则是战略中的战略重心。

中国作为一个新的全球性经济大国，在选择其金融模式时，美日两国的经验或教训值得我们重视。

**一、美国经济长达一个世纪的持续增长：来自于科技创新和金融的强大推动力**

1. 科技创新与美国跨世纪的经济增长

回顾美国经济发展的历史，我们可以看到，从1877年至1898年，美国完成了近代工业化，成为世界头号工业大国。一战前后，美国经济进入高速发展时期，1916年成为世界上最大的资本输出国，成为真正意义上的全球性经济大国。

在过去的一个世纪中，美国除了发生1929—1933年大危机和20世纪70年代石油危机时期出现了经济大幅度波动外，绝大多数时期都保持持续、稳定增长。为什么美国经济能保持一个世纪的持续增长，从而成为当今世界无以匹敌的经济强国呢？最重要的因素来自于科技创新和金融的强大推动力。

美国的科技创新体现在产业的升级换代和结构调整。我们知道，冶金技术的发展和钢铁工业的兴起推动着美国工业第一次结构性变革。在美国冶金技术发展之前，其经济增长的主要贡献来源于农业及其相关产业。到了 1904 年，钢铁工业已经跃居美国工业产值的第一位，钢铁工业的迅速崛起成为美国现代化工业格局的奠基性力量，而钢铁工业崛起的起点则是冶金技术的发展。冶金技术的发展使得大规模机器生产应用于国民经济体系的各个方面，无论是金属农机具的广泛运用，还是生产机器的金属机床设备，这些冶金技术的直接结果是生产效率的提高。

汽车的发明和汽车工业的兴起加快了美国经济结构的转型。钢铁工业的发展为汽车工业的崛起提供了良好的工业基础。到 1917 年，机动车生产企业所创造的产值已经跃居美国制造业产值的第六位。机动车也开始走入家庭，逐渐成为家庭耐用消费品的重要组成部分，并开始普及。在推动汽车走进家庭的过程中，金融的力量——与汽车相关的消费信贷——成为这一过程的“催化剂”。

计算机的发明和第二次工业革命标志美国经济的第二次跨越。在 20 世纪六七十年代，以钢铁、汽车为代表的传统工业开始在全球范围内重新配置产业格局，美国在劳动力成本方面不具有优势，因此从 20 世纪 70 年代开始，将钢铁、汽车等传统工业技术逐步向欧洲、东亚乃至拉美等国家和地区转移，面对激烈的外部竞争，美国制造业的利润率不断下降。美国经济的可持续增长面临着严重挑战，美国亟须新的产业来带动经济的下一波长周期增长。如果说钢铁和汽车成为美国经济结构转型的重要推动力量，那么计算机的发明和第二次工业革命则将创新对美国经济的推动作用表现得淋漓尽致。可以说，计算机是人类有史以来最伟大的发明之一。计算机的发明和信息产业的兴起成为美国经济增长的新动力，是美国经济处于全球霸主和领先地位的新标志。

我们不难发现，贯穿美国经济一个世纪持续发展的基本动力就是科技创新。无论是从农业到工业，还是从工业到信息产业，美国经济的每次飞跃都与科技进步和创新有密切关系。进一步分析表明，科技创新对经济增长的推动作用随着金融市场的发展和金融结构的变革日益明显，实际上每一次科技进步和创新都与金融的发展密不可分。如果说科技进步和创新是推动整个经济体系前进的内生因素，那么以资本市场为主导的金融体系则成为推动美国经济增长的重要外生力量。

2. 资本市场发展对美国经济增长的贡献

在早期，美国商业银行资金供给与企业融资需求并不完全匹配。产业革命后美国实体经济对融资的巨大需求给美国银行业带来了挑战，具体表现在两个方面：一方面，美国的金融体系在工业化发展的最初阶段并不是一个有机的整体，不同地区之间处于割裂状态，这给金融体系跨地区配置资源提出了一个现实的难题：如何建立一个全国性的金融体系，在全国范围内重新配置资本，按照边际收益的原则将资本配置效率最大化；另一方面，美国的商业银行体系主要由小型商业银行组成，区域化经营的限制使得其难以为机器化大生产提供巨额的资金支持，换句话说，即使美国当时资金的总量是充裕的，小型的区域化的商业银行格局难以驾驭这些巨额的资本流动。

在整个 19 世纪里，美国的银行系统都是高度分散的，从未建立过拥有广泛分支网点的全国性商业银行，法律对此也是禁止的，银行对经济的支配力量相当有限。① 在商业银行难以担负起支持经济发展的重任的条件下，在美国，资本市场的发展成为破解这一难题的有效路径。从图 1 中可以看出，二战以后，美国资本市场发展迅速，股票市值与 GDP 之比逐渐提高，并在 1968 年达到 109.46%；股票市场的发展也带动了债券市场的繁荣，资本市场总市值（股票市值 + 企业债券市值）与银行总资产之比达到 259.70%，从这些指标来看资本市场已经占据美国金融体系的主导地位。虽然 20 世纪 70 年代的石油危机导致美国经济出现滞胀，进而引发了美国资本市场近十年的低迷，但是，以资本市场为主导的金融体系实际上将这种系统性风险分散开来，从而使美国经济最终摆脱了低迷。随着新一轮科技创新的出现，资本市场又迎来了长达 20 年的繁荣，这种繁荣既是实体经济产业升级的标志，又是金融结构变革的重要表现。1999 年，美国经济的证券化率（股票市值与 GDP 之比）达到 209.32% 的历史高点，资本市场总市值与银行总资产价值之比也达到了 398.71% 的历史最高，虽然此后的互联网泡沫破灭使证券化率有所下降，但总体而言仍处于较高水平。

资本市场的发展，特别是企业债券市场的发展解决了美国工业化进程与分散的银行体系导致的有效资金供给不足的矛盾，使美国充裕的资金能在广阔的范围进行有效配置。从图 2 可以看出，1946—2009 年债券融资在绝大多数时间都是企业外部资金最重要的来源，其次才是银行贷款，而股权融资则在 1984 年

---

① 吴晓求．中国资本市场分析要义［M］．第一版．北京：中国人民大学出版社，2006：15－18.

之后就处于净回购的状态。因此，从融资角度来看，资本市场的发展对美国经济长时期的持续增长作用巨大。

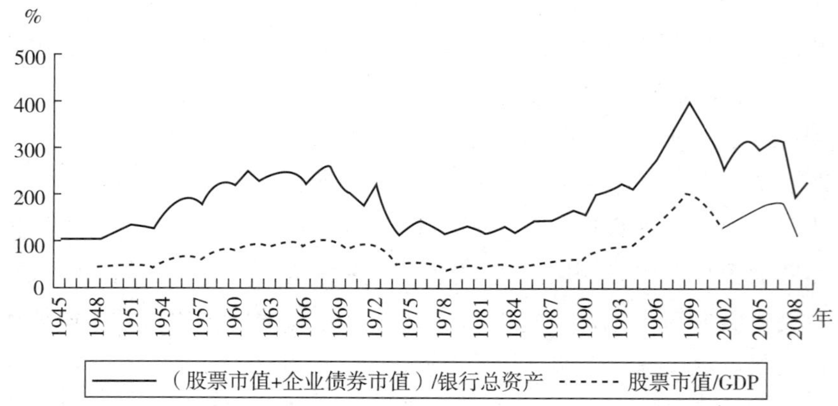


资料来源：美联储资金流量表（Flow of Fund）。其中企业债券市值数据包括外国债券的市值。

**图 1　美国资本市场发展的状况（1945—2009 年）**

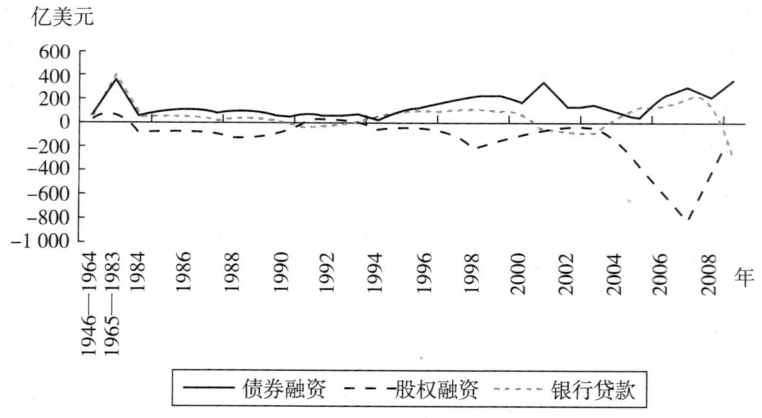


资料来源：美联储资金流量表（Flow of Fund）。

**图 2　美国非金融企业融资结构（1946—2009 年）**

3. 美国金融体系的功能性分析

在美国长达一个世纪的经济增长进程中，曾经出现了不同类型的主导产业，包括钢铁、汽车、信息技术产业等，而不同类型的产业则需要不同的组织形式的企业作为载体，才能形成有效的生产力。然而，不同类型的企业，其风险水平和资金需求结构差异很大，金融机构类型的不断丰富为美国企业组织结构的变化和工业化进程中新型企业的发展提供了充足的资金支持和融资便利。在美国的金融体系中，包括存款商业机构、投资银行、保险公司、养老基金、金融公司、共同基金等金融中介机构，这些金融机构功能各异，成为美国不同类型的企业融资需求的重要来源。这些金融中介机构一方面调动全国乃至全球的金融资源，使得闲置的资金能够通过金融中介进行投资；另一方面，强大的资本市场使它们能够将金融资源转化为投资，实现资源的跨期和跨区域配置。值得注意的是，在美国金融体系中，商业银行的资产占比总体上呈下降趋势，从20世纪40年代的50%左右下降到现在的25%左右，下降了约25个百分点。究其原因，一方面与美国商业银行的经营受到多种限制、商业银行实行单一银行制有关，另一方面，与非银行金融机构的迅速成长有关。

我们应当注意到，金融机构发展迅速的基本原因是美国发达的资本市场为各种类型的金融机构创造了广阔的发展平台。在这个平台上，各种各样的金融机构可以便捷地融资、投资；在这个平台上，各种金融中介可以完成风险与收益匹配；在这个平台上，金融创新可以充分地发挥金融效率，提高金融体系对实体经济的推动作用。从金融中介的角度来说，这些机构可以通过发行债券、优先股票、普通股票等多种方式进行筹资，将资金从资金盈余方筹措过来，通过边际资本效率最大化的原则，在追求资本增值的同时实现资金的保值和增值；从投资者角度来说，投资者根据其风险偏好，选择合理的资产组合，通过风险收益相匹配的原则，在为实体经济提供资金支持的同时，分享经济增长的财富效应。

综上所述，在对美国金融体系进行剖析之后，我们发现，一方面，以资本市场为平台，以投资工具为渠道，便捷迅速地筹集资金，从而有效地配置资源；另一方面，投资者能够通过资产配置的准则，通过多种多样的金融工具实现资本配置，在获得收益的同时有效地分散了风险。资本市场的风险配置功能可以将经济发展过程中累积的风险分散，实现风险的流量化，从而提高实体经济对风险的防御能力和化解风险的能力，促进经济持续稳定增长。

**二、日本20年的高速经济增长与后续增长乏力：源自于金融体系功能的缺失**

日本经济在20世纪中后期迅速崛起，经济出现了长达20年的高速增长。这种高增长与其独特的金融体系有密切联系。二战之后，日本企业缺乏恢复生产所需的大量资金，日本政府决定采取以间接金融为主、直接金融为辅的金融政策，推出一系列扶植和保护银行顺利营运的优惠措施，同时对非银行金融业进行严格管制，从而使银行成为企业发展所需资金的主要提供者，这种金融制度安排使战后的日本经济得以突飞猛进的发展。然而，20世纪90年代之后，随着泡沫经济的破灭，日本出现出了后续增长乏力的现象，虽然日本政府采取调整产业结构、推进技术创新、维持长期的低利率环境等一系列措施，但是却无法恢复经济的增长态势，究其原因，我们认为，最重要的因素是日本金融体系功能的缺失。

日本金融体系功能的缺失首先表现在资源配置功能的失效。战后日本经济的高速增长积累的大量贸易顺差，导致了日本与西方国家的贸易摩擦。1985年9月，《广场协议》的签署引发了日元大幅升值，大量国际资金涌入日本国内。实际上，从1984年开始，日本经济出现衰退，日本大藏省实行了大规模的缓和金融政策，将贴现利率从5%降到1987年的2.5%。较低的利率水平和大量的国际资金流入引起了日元货币供应量的膨胀，大量的资源被配置在非生产性的资产市场，例如古董、艺术品等，导致了非生产性资产价格的严重泡沫化；与此同时，企业通过金融市场获得廉价资金，将大量资金配置到土地、股票市场，引起地价、股价的上升,[①] 在"凯恩斯选美"思想影响下，土地、股票等生产性资产的价格出现了大量泡沫。地价、股价等资产价格暴涨导致了虚幻的财富效应：消费的过度膨胀、建筑和土地交易虚假繁荣、金融机构忽视风险的大量资金融出、企业的非必要性股票融资、用于改善职工福利设施的设备投资和建设等。[②] 金融体系对资源配置的低效率在特定的历史条件下孕育了巨大的资产价格泡沫。

日本金融体系功能的缺失更多地表现在风险分散功能的失效。日本金融体系风险分散功能的失效，原因在于日本扭曲的银企关系。由于历史的原因，日本金融体系的主导部分是"主银行"，以至于日本的银行与企业之间的关系通常用"主银行制"和"企业集团"来描述。在某一企业集团中，"主银行"居于核心地位，其对集团中的企业贷款最多，给予的相关便利也最多，同时又是这些企业的大股东。这样，主银行一方面为企业特别是大企业提供资金，另一方面作为企业的重要股东，也对企业的经营发挥了监督、指导作用。

但是，由于企业和银行之间的关系过于紧密，导致企业集团的风险过度集

---

① Kunio Okina, Shigenori Shiratsuka. Asset Price Bubbles, Price Stability and Monetary Policy: Japan's Experience. 2002, p. 55.

② 具有讽刺意味的是，当时日本的金融机构基于不动产等担保品价格的迅速上升，忽视了融资的风险，从而为资产价格下跌后金融机构的巨大存量风险埋下了隐患。从风险形成的角度来说，日本当年金融体系的失败与美国的次贷危机颇有异曲同工之处。

中在银行体系内部。由“主银行制”衍生而成的风险内生化使日本金融体系天然地丧失了“分散风险”这一最为核心的功能。配置资源、分散风险的金融体系成为与集团企业“一荣俱荣，一损俱损”的“财务机构”，这使得日本经济在出现停滞、衰退时，银行和企业之间的衰退循环成为现实，这种畸形的银企关系加速了日本经济风险在金融体系的积聚。随着日本泡沫经济的破灭和大量国际资本的流出，大量的企业出现了破产、倒闭，使银行产生巨额的不良资产，参与泡沫炒作的银行和金融机构陷入大量贷款无法收回的困境，形成巨额赤字和呆账，到1998年底，日本官方公布的银行坏账已达7 131亿美元。日本银行业出现大范围亏损，导致日本银行业出现了严重危机，银行成为日本经济风险集中爆发的最大窗口。

对比美国与日本的金融体系以及两国经济增长持续性的巨大差异，我们认为，就中国金融体系的战略架构而言，需要更多地学习借鉴美国金融模式的经验，更多地警惕日本金融模式的教训。

**三、中国所应选择的金融模式仍是以市场（其核心是资本市场）为主导的现代金融体系**

笔者一直主张，中国所要建立的现代金融体系，应是以市场（核心是资本市场）为主导（基础）的金融体系。在这个金融体系中，资本市场作为资源配置的重要平台，为投资者、筹资者和金融机构提供交易和资源配置的场所；作为定价的平台，为金融产品提供收益和风险相匹配的市场机制；作为经济增长的“促进器”，不仅具有经济发展“晴雨表”的功能，还可以进行增量融资，而且更能推动存量资源的配置，进而有效地提高资本配置效率，推动经济结构的调整。

在分析中国为什么要选择市场主导型金融体系的同时，我们必须研究或者解释下述问题：从趋势上看，中国金融体系为什么会沿着市场主导型金融体系方向演进？主导型金融体系形成的内在动因是什么？关于这两个问题的分析，我们在《市场主导型金融体系：中国的战略选择》① 一书中已有系统阐述。

就实体经济与金融制度的关系而言，我们认为，金融制度是一种供给，而经济结构本质上是一种需求。金融制度必须与由经济结构决定的金融需求相适应。在市场经济运行规则中，金融需求决定金融制度（或金融供给），而不是相反。当然，恰当的金融制度可以提高社会经济活动中金融需求的满足度，从而

---

① 吴晓求主笔．市场主导型金融体系：中国的战略选择［M］．第一版．北京：中国人民大学出版社，2005.

提高资源配置效率，促进经济的发展。美国经验表明，与实体经济相适应的金融体系能够有效地配置金融资源，推进经济结构的升级，从而促进经济长期稳定地增长。

金融制度（或金融体系）演进的核心标志是金融功能的升级。讨论金融制度的演进，其实质就是讨论金融功能升级的内在动因。

通过系统深入的分析可以发现，金融功能经历了简单的融通资金到创造信用再到转移风险、孵化财富的升级过程。金融功能的升级推动了金融结构的深刻变革。[①] 必须明确的是，在市场主导型现代金融体系中，资本市场是居核心或基础地位的，是现代金融体系的心脏。从历史演进角度看，资本市场经历了一个从金融体系“外围”到金融体系“内核”的演进过程，从国民经济的“晴雨表”到国民经济的“发动机”的演进过程。

推动资本市场从“外围”到“内核”的演进，其原动力不在于资本市场所具有的增量融资功能，而在于其所具有的存量资产的交易和配置功能。因为，就增量融资功能来说，银行体系的作用要远远大于资本市场，资本市场在增量融资上没有任何优势而言。但是，就存量资产的交易和配置而言，资本市场则具有无可比拟的优势。经济活动中资源配置的重心和难点显然不在增量资源配置，而在于存量资源配置。这就是为什么说资本市场是现代金融体系的核心的根本原因。

资本市场不仅具有优化存量资源配置的功能，而且还具有使风险流动的功能。银行体系中风险存在的形式是“累积”或“沉淀”，资本市场风险存在的形式则是“流动”，通过流动机制配置风险、分散风险，从而达到降低风险的目的。资本市场所特有的风险流动性特征客观上会提高市场主导型金融体系的弹性；而传统商业银行具有的“累积风险”、“沉淀风险”的特征，使银行体系貌似稳定，实则脆弱。日本的教训表明，不具备风险分散功能的金融体系，无法化解实体经济的风险，在极端情况下甚至会延长经济的衰退期。所以，发达而健全的资本市场带给社会的不是风险，而是分散风险的一种机制。

资本市场不仅为社会带来了一种风险分散机制，而且更为金融体系创造了一种财富成长模式，或者准确地说，为金融资产（$w$）与经济增长（$g$）之间建立了一个市场化的函数关系，即 $w = f(g)$，从而使人们可以自主而公平地享受经济增长的财富效应。因为这种函数关系是一种杠杆化的函数关系，因而，资

① 吴晓求．金融的过去、今天和未来［J］．金融参考（内部刊物），2003（5）；中国人民大学学报，2003（1）．

本市场的发展的确可以大幅度增加社会金融资产的市场价值，从而，在一定程度上可以提高经济增长的福利水平。商业银行这种金融制度，显然无法形成经济增长与社会财富（主要表现为金融资产）增加的函数关系，从而，难以使人们自主而公平地享受经济增长的财富效应。

笔者始终认为，存量资源调整、风险流动和分散、经济增长的财富分享机制是资本市场具有深厚生命力和强大竞争力的三大原动力，也是近几十年来资本市场蓬勃发展的内在动力，是现代金融体系核心功能的体现。中国未来的金融模式应具有这些核心功能。

**四、金融危机的爆发并不意味着市场主导型的金融体系的终结**

也许有人会认为，始于美国的金融危机已经给全球经济造成了巨大损失，金融危机的爆发是否意味着市场主导型金融体系的终结？笔者认为，首先，我们不能因为金融危机的出现而否认以资本市场为主导的金融体系的制度创新意义。无论是风险分散还是资源配置，无论是增量资金需求还是存量资产流动，离开了资本市场其效率都将大打折扣。纵观美国、日本、中国经济发展的历史，经济的发展、企业的成长，无不体现着资本市场这个资源配置平台的重要作用。

其次，以资本市场为主导的金融体系，强调的是通过有效的风险缓释和释放机制，避免风险的不断积聚和最终的爆发。从资本市场的运行来看，其本质就是进行风险管理和风险交易的平台。现代金融离不开风险管理和交易，而风险管理和交易是无法脱离资本市场而进行的。马柯维茨早在半个世纪之前就已经指出了风险和收益相匹配的原则，而这一原则正是资本市场运行的准则。从一定意义上说，没有风险，就没有经济的发展；没有资本市场，风险的管理和交易将难以动态完成。我们可以通过有效的宏观调控、透明的信息披露、合理的风险敞口等方式使资本市场在发挥其功能的同时，将风险限制在可控的范围内。

最后，在以市场为主导的金融体系建设中，要特别注意通过资本市场来改善投资者和金融机构的风险状况，实现动态的风险配置，从而避免金融危机的爆发。从金融危机发生的微观基础来看，其根本原因并不是资本市场的性质发生了改变，更不是资本市场的功能有天然的缺陷，而是投资者对投资工具风险认识的欠缺、中介机构对风险评估的忽视以及监管机构对风险堆积、蔓延的放任。由于次贷产品在市场上被错误地定价和交易，中介机构未能准确评估风险的等级，监管机构对风险蔓延速度和影响规模反应迟缓是造成金融危机的重要因素。

金融危机引发我们思考的是，金融杠杆的使用应当有一个度，金融杠杆的无限制延伸和滥用会使金融体系处在风雨飘摇之中。过度追求用一个较小的资本去追逐尽可能大的风险利润，金融体系终将爆发危机。从这个意义上说，金融危机的爆发意味着市场主导型金融体系的杠杆功能必须从追求利润的最大化转向为追求收益与风险的均衡，对金融杠杆的适度控制应是现代金融体系功能完善的重点。笔者认为，未来能有效推动中国经济持续稳定增长的现代金融体系，就是具有这种金融杠杆效率并注重收益与风险均衡的市场主导型金融体系。它虽然不是美国金融模式的复制，但其结构状态和核心功能应是同出一源。

## 参考文献

［1］吴晓求．中国资本市场分析要义［M］．第一版．北京：中国人民大学出版社，2006.

［2］吴晓求主笔．市场主导型金融体系：中国的战略选择［M］．第一版．北京：中国人民大学出版社，2005.

［3］吴晓求．金融的过去、今天和未来［J］．金融参考（内部刊物），2003（5）；中国人民大学学报，2003（1）.

［4］Kunio Okina，Shigenori Shiratsuka. Asset Price Bubbles，Price Stability and Monetary Policy：Japan's Experience. 2002，p. 55.

# 1 金融危机以来的全球经济政策调整及经济格局变化


## 摘　要

美国次贷危机爆发以来，对于此次危机引发原因的探讨一直没有停止过。本报告首先基于次贷发生和演变的过程，对引发次贷危机的原因作了一个简要回顾，导出了此次全球性金融危机爆发的根源——“美元本位制”下的世界经济结构失衡。在甄别出美元本位制下“美元环流”的基础上，系统地分析了“美元环流”推动下全球经济结构失衡的演进过程：“美元环流”—全球经济失衡—全球流动性过剩—金融危机爆发。

依据此次危机爆发和演变的时间顺序，将其划分为四个阶段：形成阶段、深化阶段、恶化阶段、尾声阶段，在此基础上梳理了世界主要国家在应对此次金融危机中所进行的政策调整。根据政策的对象及其作用期限，将各国的政策调整落实到四个象限：针对金融部门的短期政策、针对金融部门的长期政策、针对实体经济的短期政策和针对实体经济的长期政策，进而深入地分析了各国政策调整在金融部门和实体经济部门所取得的成效。


2007 年初美国次贷危机引发的全球性金融恐慌转眼已近三年，危机本身似乎已接近尾声，但其对全球经济的长远影响却刚刚开始。本章将系统性分析危机以来各国宏观经济政策的应对与调整，以及全球经济结构的变化。为此，还需要对此次危机的根源做一个简要的回顾。

## 1.1　金融危机的根源：再回顾

作为一个系统性的金融危机，美国次贷危机的成因是多方面的，图 1－1 描述了其基本的发生和演变过程。首先，从表面上看，其逻辑关系是由左向右，即因为有人借款购房，再有专业性的房贷机构发放贷款，然后转售给下面的金融机构，例如商业银行，这些机构进而再将住房贷款转化为证券化产品，发售给最终的投资者。对于这样的机制，已经有大量的分析和讨论，这里不再赘述。但这只是问题的一个方面，而且是比较表面的分析。实际上，上述房贷扩张过程，还有一个更深层次的原因，或者说其逻辑过程应该从右向左看，也就是说，是由于最终投资者手中持有大量的廉价货币，需要寻找出路，偏好高收益（当然也是高风险）的投资品，所以逐步推动了住房贷款市场的持续扩张。

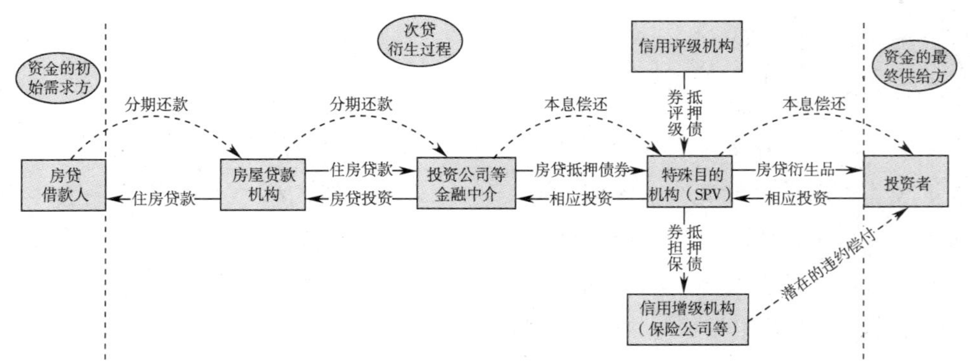


**图1－1　次级房屋贷款的发生和衍生过程**

## 1.1.1　次贷危机的直接原因

从左向右看，美国次级房屋贷款的发生和衍生过程是，受美国此前实施的长期宽松货币政策的影响，[①] 抵押贷款利率和房屋贷款利率纷纷下调，从而降低了借款人的融资成本，大大刺激了美国的房贷需求，最终推动美国房屋价格的不断高升；美国房屋贷款公司由于资金不足再将次级房贷转售出去，从而衍生了住房抵押贷款支持证券（Mortgage－backed Securities，MBS）、抵押债务权证（Collateralized Debt Obligations，CDO）、信用违约互换（Credit Default Swaps，CDS）等一系列基于次级房贷的衍生产品。简言之，是宽松货币政策刺激下的房屋次级贷款需求推动了整个基于次级房贷的金融衍生品的衍生，这是其后房屋价格下跌从而爆发次贷危机的基础。在这种观点看来，美国房屋次级贷款的整个演进过程是：宽松的货币政策→房屋价格上涨、房屋次级贷款需求增加→房贷机构资金供给不足→房贷衍生品被推出、衍生品链条不断延伸→房贷衍生品需求增加、供给资金不足。此后，美联储持续调高的利率促使房价持续下跌，

① 美国联邦基金利率在2000年9月高达6.52%，但此后美联储多次调低利率，到2003年7月美国的联邦基金利率已经低落到1.01%，并且1%左右的联邦基金利率一直持续到了2004年5月（这期间，最高水平为2003年8月，最低水平为2003年12月的0.98%）。

房贷公司的贷款损失增加，[①] 房贷衍生品链条的本息偿还被截断，整个资金链条的参与者都遭受到了损失，由此引发的连锁反应使得次级房屋贷款最终全面爆发。美国的斯蒂格利茨（Stiglitz，2008）也曾发表评论说，美国当前的次级抵押贷款市场危机与过去所实行的低利率政策有关，并在评价格林斯潘（Greenspan）时期实施的宽松货币政策时说道“斯人已去，遗害犹在”[②]。这类分析的特点是静态地看待了次级房屋贷款的发生和衍生过程，只考虑到了房屋贷款的需求对整个房贷衍生链条的推动作用，忽略了投资者最终的资金供给所起的作用。

只有在得到供给不断满足的情况下，需求才会持续存在，然后才会动态地增加。从右向左看，倘若次级房屋贷款的资金需求没有得到最终投资者提供的资金支持，房贷就不会得到持续扩张，其衍生品链条也就不会形成、演进和被反复地复制，上述房屋次级贷款的需求以及房贷衍生品链条的不断延伸就不可能实现。如果从资金供给对资金需求的动态推动来考虑美国房屋次级贷款及其衍生品的形成和发展过程，则会发现次级房屋贷款的发生和衍生过程是在美国及全球流动性过剩的推动下形成的：流动性过剩→拥有大量廉价资金的投资者具有潜在的投资需求→房屋次级贷款及其衍生品满足了投资者的投资需求→住房贷款抵押债券等衍生品得以发展→房贷公司所需房贷资金得到补给→推动房屋次级贷款需求的增加。由于此次金融危机爆发前，全球普遍出现的流动性过剩已经引起了广泛关注，在金融危机爆发后，将次级危机爆发的原因与流动性过剩结合起来的研究也有不少。华民（2008）也认为在全球经济进入成本竞争后产生了价格持续下降的通货紧缩效应导致货币需求减少，而美国长期的扩张性财政政策和规模巨大的贸易赤字导致了美元的过度供给，造成了全球的流动性泛滥，过剩的资金大量购买高风险资产，从而引发了此次次贷危机。黄纪宪和张超（2008）则基于银行的角度，认为在流动性过剩背景下，为追求利润的持续快速增长，商业银行很容易出现过度竞争，放松信贷标准，盲目扩大贷款客户群体，追逐像房屋次级贷款这种高风险、高收益的投资品种和业务创新，导致信用风险膨胀，为利率上升、房价下降驱动下资金链的断裂埋下了隐患。

### 1.1.2　金融危机的根本原因：“美元本位制”下的世界经济结构失衡

流动性过剩只是引发金融危机的一个中间变量，绝不是此次金融危机的根

---

① 美联储从2004年开始逐步调高了联邦基金利率，抵押贷款利率也随之提高，促使美国房屋价格在2005年的上涨速度逐渐放缓并在2007年开始下落，这使得房贷机构的房贷未付率上升。

② 斯蒂格利茨．美国次贷危机与格林斯潘有关．http：//www. cnstock. com/zxbb/2007 - 08/23/content_ 2461821. htm.

源。那么，当前世界的流动性过剩是如何形成的呢？美国及全球性的流动性过剩是在美元主导的国际货币体系下世界经济结构失衡所造成的，其形成机理如图 1－2 所示。

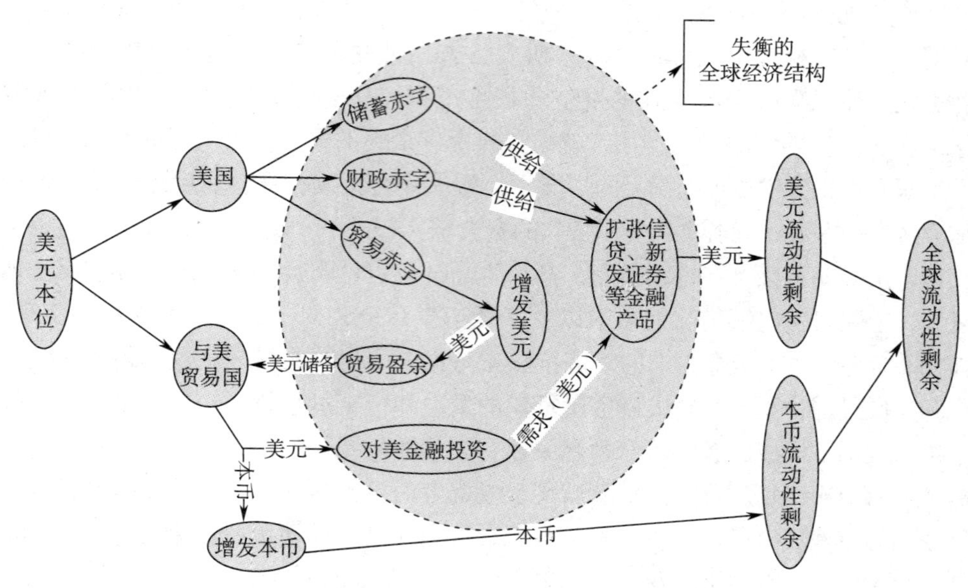


**图 1－2　全球性流动性过剩的形成机理**

在美元本位的国际货币体系下，美国基本上可以通过发行美元证券融资来维持其“储蓄赤字”、“财政赤字”，并通过发行美元来维持自身的“贸易赤字”；“与美贸易国”由于经常项目下的贸易盈余而赚取美元，并通过发放本币获取美元形成本国的外汇储备，促使本国出现流动性过剩，同时在美元本位制下“与美贸易国”最终会将这些美元储备以购买美国金融产品这种“金融投资”的形式返回到美国，促使美国的流动性增加，最终引致了全球的流动性剩余。

在探索此次金融危机爆发的根源方面，从全球经济结构失衡或者美元主导的国际货币体系角度进行的研究也有不少。一般认为，此次次贷危机的爆发实质是全球性的经济金融结构失衡，金融经济和实体经济的失衡增加了金融市场的风险，并且全球经济增长方式的失衡使得大量的资金涌向美国金融市场，从而使得美国金融市场的风险不断积累。此外，朱明（2009）从国际货币体系的角度对这次金融危机爆发的根源进行了探索，认为现行的美元本位制缺少明确的制约美元流动的制度因素，因此造成了全球信用的扩张、世界范围内的美元流动性持续增加，信用扩张泡沫是次贷危机爆发的重要原因之一，但没有对美元流动性在世界范围被不断创造的机制作出解释，也没有说明美元本位制下的信用扩张是如何造就当前的失衡经济结构的。总的来说，这些研究大都没有深入分析经济失衡表现和美元危机在现行的以美元为本位的国际货币体系下是如何演进和积聚的，基本上没有理顺美元本位下的国际货币体系、失衡的全球经济结构和此次金融危机之间的关系以及演进机制。

## 1.2 全球经济结构失衡的演进过程

### 1.2.1 失衡的全球经济结构：基于美国的视角

#### 一、失衡之一：美国经济的“去工业化”

布雷顿森林体系崩溃之后，美国经济占世界经济的份额并没有发生太大的变化。1980 年，美国的 GDP 占世界总额的比重为 22.39%，到次贷危机全面爆发的 2007 年这一比重为 21.27%，1980—2009 年美国经济占世界经济的份额最低是 2009 年的 20.42%。

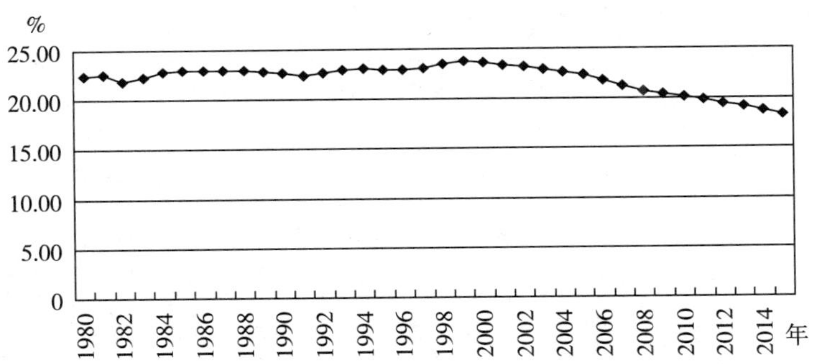


资料来源：根据 International Monetary Fund – World Economic Outlook Database（2010 年 4 月）提供的数据整理得出，GDP 按购买力平价（Purchasing – Power – Parity）算出，以当前的国际美元计价；2010—2015 年的数据是 IMF 在 2009 年估算的。

**图 1 – 3 美国 GDP 占世界总额的比重**

但是从 20 世纪 70 年代初到此次金融危机爆发的 2007 年，美国本身的经济结构却发生了显著的变化。从表 1 – 1 可以看出，1970 年，美国实体经济的产值占其 GDP 总量近 50% 的份额，制造业的产值占其 GDP 总量的 22.68%；到金融危机全面爆发的 2007 年，实体经济的份额降到了 33.99%，制造业的份额降到了 11.67%。而且，两者的比重在这近四十年里一直处于下降的趋势，没有任何回升的波动。与实体经济和制造业的情形相反，美国金融、保险和房地产业（表1－1中的“广义服务业”）的产值占美国GDP的份额在这期间却一直处于上升的趋势，从1970年的14.64%上升到了2007年的20.67%。一个经济体中实体经济和制造业所占比例逐渐减弱，金融和房地产等行业的份额逐渐增加的过程，叫做“去工业化”（Deindustrialization）。

**表1－1　　　　美国经济结构的变迁**　　　　单位：10亿美元，%

| 年份 | 1950 | 1960 | 1970 | 1980 | 1990 | 2000 | 2002 | 2004 | 2006 | 2007 |
|---|---|---|---|---|---|---|---|---|---|---|
| GDP | 293.8 | 526.4 | 1 038.5 | 2 789.5 | 5 803.1 | 9 817 | 10 469.6 | 11 685.9 | 13 194.7 | 13 841.3 |
| 实体经济 | 181.5 | 286.3 | 518.8 | 1 332.1 | 2 293.4 | 3 637.1 | 3 676.4 | 4 088.8 | 4 563.1 | 4 704.7 |
| 制造业 | 79.4 | 133.4 | 235.5 | 556.6 | 947.4 | 1 426.2 | 1 352.6 | 1 427.9 | 1 549.7 | 1 615.8 |
| 广义服务业 | 33.4 | 74.4 | 152 | 442.4 | 1 042.1 | 1 931 | 2 141.9 | 2 378.8 | 2 756.5 | 2 860.7 |
| 实体经济/GDP | 61.78 | 54.39 | 49.96 | 47.75 | 39.52 | 37.05 | 35.11 | 34.99 | 34.58 | 33.99 |
| 制造业/GDP | 27.03 | 25.34 | 22.68 | 19.95 | 16.33 | 14.53 | 12.92 | 12.22 | 11.74 | 11.67 |
| 广义服务业/GDP | 11.37 | 14.13 | 14.64 | 15.86 | 17.96 | 19.67 | 20.46 | 20.36 | 20.89 | 20.67 |

注：表中的实体经济是指进行了实际生产和服务的农林牧渔业、采矿业、制造业、建筑业、批发零售和交通运输业，广义服务业是指金融、保险和房地产三大行业。

资料来源：张云，刘骏民．从次贷危机到美元危机：根源及趋势［J］．上海经济研究，2009（3）．

与美国经济结构持续的“去工业化”相适应的是，自1980年至此次金融危机爆发前的2006年，美国的经常账户赤字来源于其中的商品贸易赤字，而商品贸易赤字又主要来自于消费品、工业原料和汽车及零部件这类商品的贸易赤字。1980—2006年，美国国际收支平衡表中的商品账户赤字额与经常账户赤字额的平均比率为139.9%，其中消费品、工业用品和原材料以及汽车及零部件三大类在商品账户赤字中所占的比重之和平均达到了107.9%，三者所占的比重分别为46.2%、34.1%和27.6%（冯蕾、陈柳钦、金永军，2008）。消费品逆差中，服装、鞋袜、家庭用品、橡胶和玩具等非耐用品之类的劳动密集型产品以及如电视、录像、音响设备等耐用品之类的相对低端的资本密集型产品是其中的主要内容，两者的逆差之和占到了消费品逆差的104.2%以上；工业用品及原料逆差中，燃料及润滑油的逆差占到97.1%，而铁等金属制品及原料的逆差占到17.7%，二者之和为工业用品及原料逆差的114.8%（冯蕾、陈柳钦、金永军，2008）。此外，到2001年，美国在资本品的贸易上也由顺差转为逆差，并一直持续至今。这说明美国经济之所以在“去工业化”，是因为劳动密集型产品和相对低端的资本密集型产品的生产在向国外转移，而且资本品的生产也有向国外转移的趋势，其实体经济所占 GDP 的比重也才会因此持续下降。

**二、失衡之二：美国经济“三大赤字”并存**

美国的贸易赤字和财政赤字由来已久，而到此次金融危机爆发前，国民储蓄也演变成了赤字状况。

1. 贸易赤字

从图 1－4 可以看出，美国的对外贸易净额从 20 世纪 80 年代初期便开始了逆差进程，1983—1987 年逆差额越来越大，到 80 年代末 90 年代初有所收敛；从 1991 年开始，一直到此次金融危机爆发前的 2006 年，美国的贸易赤字额在持续扩大，从 1991 年的 70.07 亿美元一直增加到了 2006 年的 7 122.74 亿美元，在这 16 年的时间里，美国的贸易赤字额度增加了 100 多倍。此外，美国的贸易赤字的增长率要远大于美国经济的增长速度，从 1991 年开始，美国的贸易赤字比率（净出口/GDP）在不断上升，1991 年这一比率是 0.12%，到 2006 年这一比率上涨到了 5.34%，上涨幅度约为 45 倍。

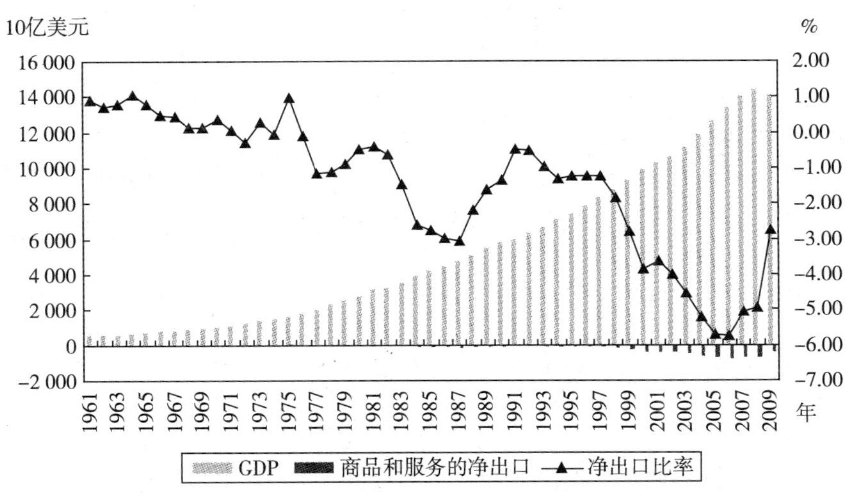


注：净出口指的是商品、服务、收入三者的净出口。

资料来源：http：//www.bea.gov/.

**图 1－4　美国贸易赤字的发展**

2. 财政赤字

从图 1－5 可以看出，自布雷顿森林体系解体以后到此次金融危机爆发前的

2006 年，美国的财政收支净额除了 1998—2000 年三年出现过短暂较小的盈余外，其他年份都出现了财政赤字。其中，1970—1979 年的 10 年间，美国的年均财政赤字比率为 2. 09%；1980—1989 年的 10 年间，美国的年均财政赤字比率为 4. 24%，这是自布雷顿森林体系解体后美国财政赤字比率最大的 10 年；1990—1999 年的 10 年间，美国的财政赤字比率为 2. 95%，这也是一个较高的水平；2000—2001 年，美国的年均财政赤字比率相比前 10 年有所下降，但仍然高达 2. 58%。所以，伴随美国经济发展的不只是持续的贸易赤字，而且还有持续高额的财政赤字。经过约 35 年的积累，美国形成了高额的财政赤字，而美国解决这一问题的主要方法则是不断发行国债。

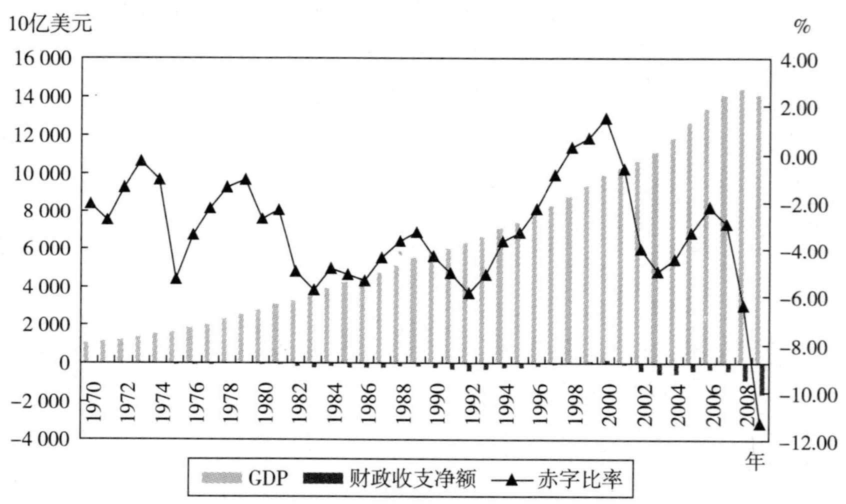


注：财政赤字的范围包括中央政府、州政府、地方政府以及社保基金，赤字比率 = 财政收支净额/GDP。
资料来源：http：//www. bea. gov/.

**图 1 –5　美国财政赤字的发展**

3. 储蓄赤字

随着美国经济的增长，美国的国民总储蓄并不是一个持续不间断的增长过程，而是在波动中增长，并且自 2007 年危机爆发后，其额度在连续减少。从图 1 –6 可以看出，美国总储蓄的波动情况受政府净储蓄的影响比较明显，两者的波动几乎是一致的，总储蓄率和净储蓄率的波动基本上是与政府净储蓄的波动反向而行的。对比图 1 –5 可以发现，这又主要是受到了美国政府自 20 世纪 80 年代开始持续的财政赤字的牵连。

在图 1 –6 中，表现出来的还只是美国政府的储蓄赤字，而如果将美国个人

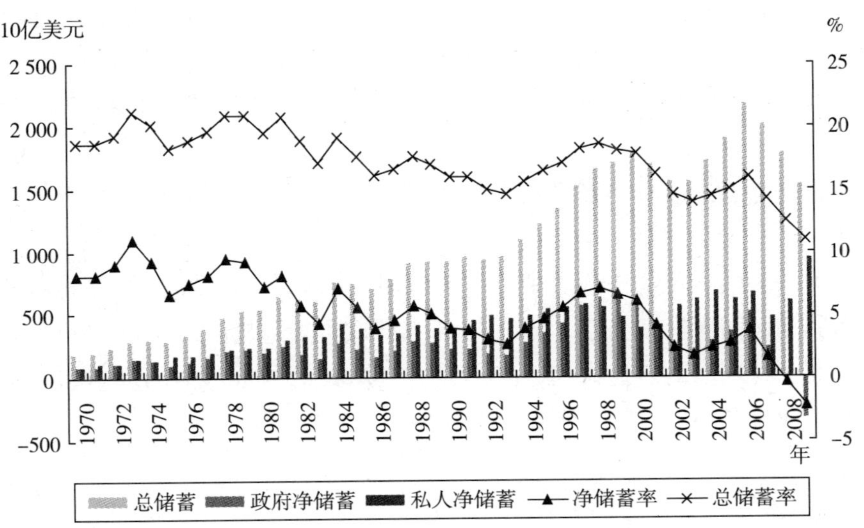


注：储蓄率 = 储蓄额/国民总收入。

资料来源：http：//www. bea. gov/.

**图 1 –6　美国储蓄结构的动态**

的净储蓄和个人的可支配收入对比，美国的储蓄结构将会出现另一个情形。如图 1 –7 所示，自 1980 年以来，美国的个人可支配收入一直在较快增长，但个人

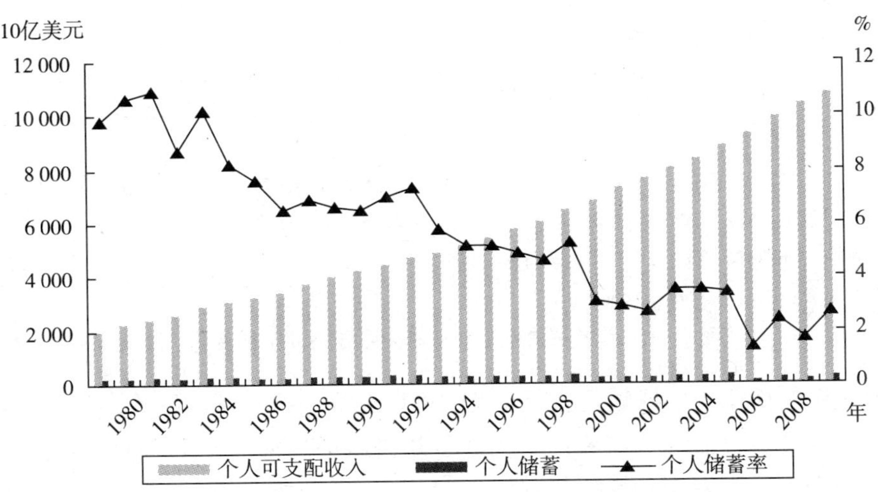


注：个人储蓄率 = 个人储蓄总额/个人可支配收入总额。

资料来源：http：//www. bea. gov/.

**图 1 –7　美国储蓄率的动态**

的净储蓄增长情况却并不如此，这使得美国的个人储蓄率（个人储蓄/个人可支配收入）到此次金融危机爆发前总体上呈现出的是一个较快递减的趋势，而且到2008年甚至便成了负数，美国的个人储蓄率上一次成为负值还是1931—1934年。

### 三、失衡之三：与“贸易赤字”并行的美国净国际投资负头寸及不断高涨的FDI

在美国的国际收支平衡表中，与美国净出口赤字相伴而行的是其对外证券投资净额和净国际投资头寸，从1976年至此次金融危机爆发前的2006年，三者的变动几乎是同步的。这说明，美国一直在用其他国家对美国资本和金融账户的顺差来为自己的经常账户赤字（贸易赤字）融资。

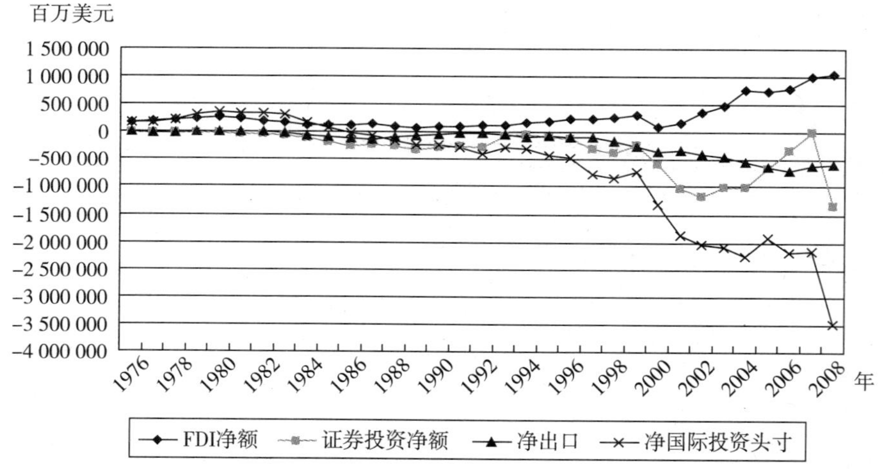


注：净出口指的是商品、服务、收入三者的净出口；FDI净额 = 美国对外直接投资 − 其他国家对美国的直接投资；证券投资净额 = 美国对外证券投资 − 其他国家对美国的证券投资；净国际投资头寸 = 美国在国外拥有的资产 − 外国在美国拥有的资产（这其中并没有包括金融衍生品）。

资料来源：http：//www. bea. gov/.

**图1－8　美国贸易赤字和资本金融账户赤字的变化**

对美国金融账户保持顺差的国家大致可以分为两类：一类是如英国、日本、德国和加拿大这样的发达国家；另一类是新兴市场经济国家。除了美元作为储备货币而带来结算方便和避险便利的原因外，第一类国家持有美国的金融资产是因为国内过高资本—劳动比率的资本回报率较低，投资机会匮乏；第二类国家是美国贸易赤字的来源国，它们投资美国的金融资产是为美元外汇储备保值。

此外，虽然美国的对外证券投资净额和净国际投资头寸自1986年以来都是持续的赤字，但是美国的对外直接投资（FDI）却从贸易赤字以来一直保持着盈余，而且从20世纪90年代以来还一直随着贸易赤字和对外证券投资净额赤字的增大而增大。在持续贸易赤字、财政赤字、储蓄赤字、对外证券投资净负头寸的背景下，美国却能持续增加其对外直接投资净额，这是如何实现，又是如何维持的呢?

### 1.2.2 全球经济结构失衡背后的推动力量——美元本位下的国际货币体系

美国的“去工业化”，持续的贸易赤字、财政赤字和储蓄赤字，以及持续的对外证券投资净负头寸和不断增加的对外直接投资净额，描绘出了当前全球经济结构失衡的典型特征，但是这种结构失衡背后的推动力量是什么?是通过什么样的机制来推动形成的?“美国贸易逆差来自于美国的自愿借贷和其他地区的自愿放款”，“如果世界各国一直在积累美元余额，并且它们希望获得美元余额，那么，说明不存在非均衡”（蒙代尔，2003）；这种格局隐含着巨大风险，但对于以东亚国家为代表的国家来说，这是一个“两难美德”（Conflicted Virtue）（麦金农，2005）；劳伦斯·萨默斯（Laurence Summers）认为目前全球经济结构下美国与东亚之间的经济关系是一种“金融恐怖平衡”（Balance of Financial Terror）；等等。不论目前的全球经济结构失衡是一种均衡还是非均衡，可以看出的是，研究的思路已经开始将现行的全球经济结构和国际货币体系联系起来，但是这些研究都没有详细说明当前的国际货币体系是如何引导出了现行的全球经济结构，其中的论断也就不够完整。

**一、布雷顿森林体系崩溃后的美元本位制**

现行的国际货币体系本质上到底是什么?理论界关于这个问题有多种解释，后布雷顿森林体系（Post - Bretton - Woods System）（Bayoumi、Tomimand 和 Barry Eichengreen，1993）、复活的布雷顿森林体系（Revived Bretton Woods System）（Dooley、Folkerts - Landau 和 Peter Garber，2004）、美元霸权制（Dollar Hegemony）（Kindleberger，1986）、美元本位制（Dollar Standard System）（McKinnon，2001）等。考虑到当前的国际贸易60%以上都是以美元来计价和结算的，外汇市场交易中美元所占的比率更是接近于90%，2003年以来各国储备投资中美元资产稳定在67%左右（王信，2007），以及美元自2000年以来在所有国家的外汇储备仍然高占 64% 以上的份额,[①] 现行的国际货币体系比较符合麦金农（McKinnon）的提法——美元本位制。

与之前的布雷顿森林体系相比，美元本位制下的国际货币体系主要具有以下三方面的特性：①在布雷顿森林体系下，美元发行的背后有黄金支撑，那时的美元是间接地拥有内在价值；而美元本位制下的美元已经与黄金脱钩，只是美联储发行的信用货币，但却仍然充当着国际货币的功能。②在布雷顿森林体系下，美元与黄金保持着规定的兑换比率，美国发行美元要受到其存储的黄金的限制；而在美元本位制下，不论是在美国国内作为主权货币行使的美元，还是作为国际货币在国际流通中的美元，其发行并没有明确的约束条件，只是取决于美联储实施的货币政策。③在国际收支的调节方面，在布雷顿森林体系下，各国实行的是固定的汇率政策，汇率通过“双挂钩”来确定，其变动要征求国际货币基金组织的同意，这就要求各国努力实现经常账户的平衡，以维护汇率的稳定，美国也必须遵守这一约束，否则布雷顿森林体系就会瓦解；而在美元本位制下，美国可以通过调节汇率来实现其所要维持的国际收支状况，而其他国家理论上可以通过调节本币与美元的汇率来实现外部均衡，但是这要受制于美国在国际收支方面的立场。

**二、美元本位制推动下全球经济失衡演进**

1. 美元本位制下的“美元环流”

在美元本位制下，以美国为中心来看，美元理论上有两种环流方式。其一是：美国通过金融渠道（对外直接投资、证券投资、对外信贷等）向世界供给美元，并通过贸易渠道以贸易盈余的方式回流；其二是：美国通过贸易渠道以贸易赤字的方式向世界供给美元（通过商品交易输出美元），而通过金融渠道回收（美国以金融产品创造者和供给者的身份与外国政府及投资者开展金融产品交易，回流美元），即其他国家利用自身拥有的美元投资美国的金融资产，如图 1－9 所示。对于选择这两种环流方式中的哪一种，美国都拥有一定的主动权。

---

① **主要国家货币在世界各国外汇储备中的份额** 单位：%

| 年份 | 1996 | 1997 | 1998 | 1999 | 2000 | 2001 | 2002 | 2003 | 2004 | 2005 | 2006 | 2007 | 2008 |
|---|---|---|---|---|---|---|---|---|---|---|---|---|---|
| 美元 | 62. 1 | 65. 2 | 69. 4 | 71. 0 | 71. 1 | 71. 5 | 67. 1 | 65. 9 | 65. 9 | 66. 9 | 65. 5 | 64. 1 | 64. 0 |
| 日元 | 6. 7 | 5. 8 | 6. 2 | 6. 4 | 6. 1 | 5. 0 | 4. 4 | 3. 9 | 3. 8 | 3. 6 | 3. 1 | 2. 9 | 3. 3 |
| 英镑 | 2. 7 | 2. 6 | 2. 7 | 2. 9 | 2. 8 | 2. 7 | 2. 8 | 2. 8 | 3. 4 | 3. 6 | 4. 4 | 4. 7 | 4. 1 |
| 欧元 | — | — | — | 17. 9 | 18. 3 | 19. 2 | 23. 8 | 25. 2 | 24. 8 | 24. 0 | 25. 1 | 26. 3 | 26. 5 |

资料来源：IMF Annual Reort 2009.

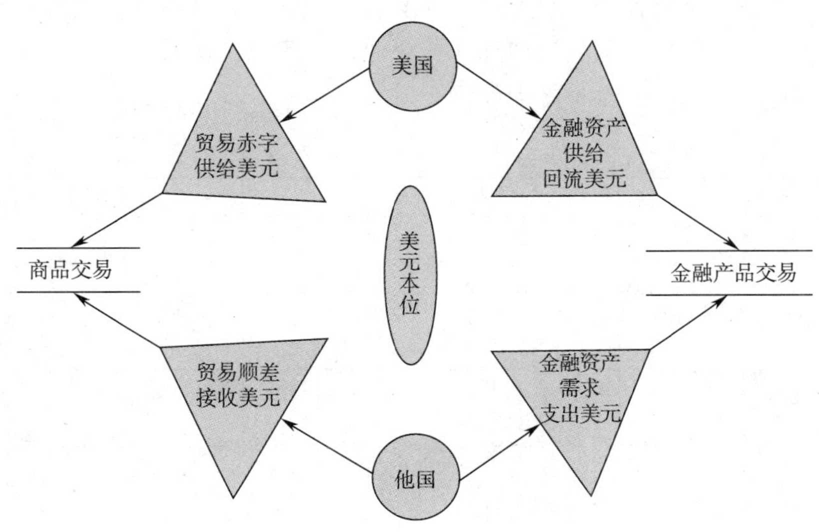


**图1-9 美元本位制下的美元环流**

在布雷顿森林体系解体之前，美国经济的发展遵循的是第一种美元环流方式，从图1-9可以看出，这时的美国既是贸易逆差国，又是资本输出国。此时美元的发行和供给潜在地受到其黄金储备的限制，而且也要受到美国商品供给的约束，否则会造成美国商品市场失衡，引发通货膨胀等一系列接踵而至的严重后果。然而，在第二种方式下，只要国外的投资者和交易者对美元持有信心，美元环流不被截断，那么美元的供给就可以基本上不受约束，但是这会导致全球性的流动性剩余（见图1-2）。通过贸易盈余，美国增发的美元流入贸易顺差国，而贸易顺差国将贸易顺差获取的美元兑换成本国货币后会造成贸易顺差国货币供给的增加；此后贸易顺差国又将贸易顺差获得的美元储备投向美国的金融产品，又会最终促使美国的流动性增加，并且造成美国金融资产价格的上涨。

2. 美元本位制推动全球经济结构失衡

（1）美元本位制下美国净国际投资负头寸、净FDI正头寸并肩贸易赤字

在布雷顿森林体系崩溃后，美国逐渐实施和控制了美元的第二种环流方式，这可以从图1-8中找到证据。此时的美国一方面是贸易赤字国，通过不断扩大的贸易赤字向全世界输出了美元；同时其净国际投资负头寸以及美国作为全球金融产品最为丰富和金融产品最为活跃的国家，它又通过金融市场这一平台创造出了大量的金融产品，回收了美元。至于对美国的贸易顺差国以及其他美元拥有国为什么选择美国进行金融资产的投资，前面已经作出了简约的解释。

此外，在发行或者回流的美元有剩余的情况下，美国还可以扩大它的对外直接投资，控制被投资国的生产和外贸企业，在获取投资利润的同时，按照美国的偏好进一步满足美国的贸易赤字。

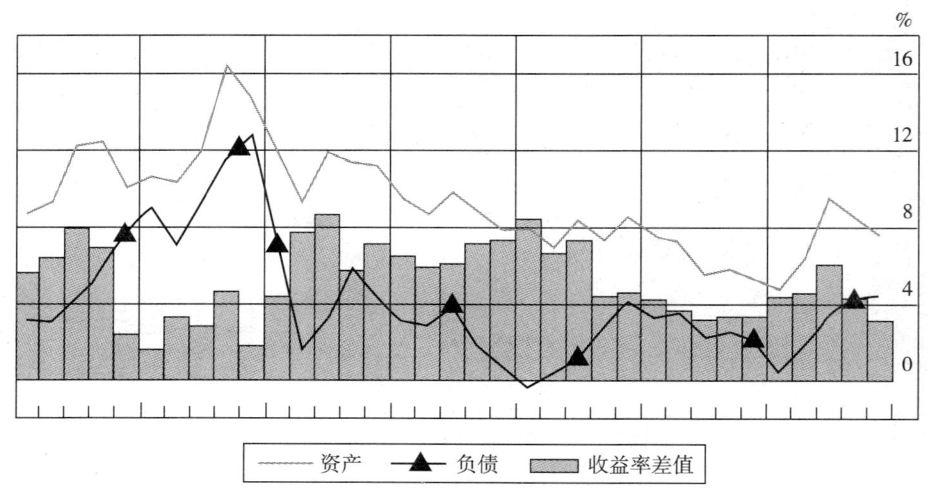


资料来源：Bank for International Settlements：76th Annual Report（2006）.

**图 1－10　美国对外直接投资和对美国直接投资的收益率**

（2）美元本位制下美国经济的三大赤字并存

美元本位制下，美元的发行不受到硬性约束条件的限制，美国自然愿意维持这样的一种美元循环，通过货币的发行维持对外贸易赤字，推动美国消费的不断扩大，维持美国的负储蓄和负债消费，维持美国政府入不敷出的财政赤字，拉动美国经济的增长。在美元本位制下，这其中的具体机制是：美国的贸易赤字满足了美国人民和政府的消费后，因贸易赤字流出的美元世界环游一圈后又通过美国金融产品交易从各国的外汇储备和投资者手中回到了美国的金融市场，回流到美国金融市场的美元最终又通过信贷扩张（消费信贷、住房信贷等）以及政府债券发放的形式回到了美国人民和美国政府的手中，进一步推动着美国人民的负债消费和美国政府的负债支出。只要人们对美元有信心，只要这种美元循环不被截断，美国可以通过创造和投放金融产品以及政府债券支撑这些赤字，维持美国的负债式消费。

（3）美元本位制下美国经济的“去工业化”

长期且不断扩大的贸易赤字必然会对美国国内实体经济的生产企业产生冲击，造成美国实体经济逐步衰退或者向外“转移”；同时，美国又需要推出大量金融产品迎接美元的回流，从而推动美国金融、房地产等金融服务相关产业的快速发展，也就是推动了美国经济的“去工业化”。“去工业化”是美国贸易赤字的伴生产物，是美元本位制下美国推行第二种美元环流的必然结果，美元本位制从美国的实体经济和强化美国的金融产业两方面驱动着美国经济的“去工业化”。前文的统计数据所显示的美国经济自20世纪70年代以来快速的“去工业化”趋势，是美元本位制下美国实施美元第二种环流的又一实证。

布雷顿森林体系解体后，世界经济就逐渐步入了这种美元环流下的运行和发展轨迹。美国通过扩张的货币政策，不断发行美元来维持着贸易赤字，支撑着美国的高消费和高负债（贸易赤字、财政赤字、储蓄赤字和净对外投资负头寸），推动美国经济的发展；其他国家的对美贸易顺差在为美国回流美元的同时，不断持续和扩大的贸易顺差又带动着本国投资的增长，从而推动本国经济的增长。美元本位制下，美元的第二种环流将世界经济的发展带入这样一种表面上看似“不可思议”的发展模式——世界经济的发展取决于美国贸易赤字的不断扩大，世界经济在这样失衡的发展模式下与时俱进，全球流动性与日俱增。

### 1.2.3　全球经济结构失衡下此次金融危机的爆发与蔓延

在美元本位制下，美元的上述循环以及上述失衡的全球经济得以发展需要满足以下条件：一是美国愿意维持和扩大其贸易赤字，推动其经济的“去工业化”；二是其他国家愿意保持对美国的贸易顺差，获取美元储备；三是美国可以创造出有吸引力的金融产品或者维持房地产行业的持续高涨来吸引美元外汇的拥有国；四是美国要维持其他国家对美元的信心以及国外投资者对美国金融产品的信心和兴趣，这是最为重要的一点。在没有其他更好解决办法的情况下，基于美元的世界货币地位，美国通过发放美元来维持其贸易逆差国的地位在所难免；在美元本位制下，只要美国在维持其贸易赤字，就会有国家需要对美国保持贸易顺差来推动本国经济的增长；作为全世界金融业最为发达的国家，美国创造和推出金融产品方面的能力毋庸置疑。所以，美元环流的持续，关键在于国外投资者对美元的信心。

在布雷顿森林体系下，美元的发放由黄金在背后支撑，也就是说这时的美元是具有“含金量”的，是具有价值的。但是在美元本位制下，美元已经与黄金脱钩，其价值体现在它的购买力上，也就是可以购买到的商品和服务上。在美元可以顺利循环的正常情况下，由于美元是国际货币，可用于世界范围内各国之间的交易和投资，那么此时美元的购买力可以体现在世界范围内所有产品和服务上；如果人们失去了对美元的信心，大肆抛售美元，拒绝接受和持有美元，那么此时美元的购买力就要回归主权货币的性质，只能体现在美国的产品、服务以及投资项目未来的现金流（未来的产品和服务）上了。也就是说，要维持国外投资者和交易者对美元的信心，最终要落实在美国的实体经济上来，即实际产品、劳务上来，而不是美国的金融产品。因为在某种意义上，将美元转换成美国的金融产品，只不过是“从左手换到右手”，因为金融产品的价值最终还是体现在其背后的实际产品和服务上。美国经济结构越是继续着贸易赤字和“去工业化”，其实体经济便会更加萎缩，美国给予美元的实体经济支撑越弱，其购买力也越弱。所以，在美元本位制下，美元的第二种环流过程，其实际是美国经济和全球经济结构的失衡过程，会造成美国以及全球的流动性过剩和金融资产价格的上涨，所以也是美元不断贬值的过程，而这隐藏着巨大的风险和危机。在美元本位制下，就像泡沫终究会爆破一样，美元依托着美元环流不断贬值的过程最终肯定会进入人们的理性预期或者超出人们对其贬值幅度的忍受过程，那么此时便是危机爆发之时，也是全球经济结构重构之日。

再回到此次金融危机上来。美国不断供给的美元，经过美元的第二种环流后，再次回到了美国，最终在美国不断注入流动性，造成流动性过剩。在美国房屋次级贷款以及相应的房贷衍生品这些金融产品被推出后，不断增加和过剩的流动性在低利率的背景下刺激了房贷需求的增加和美国房屋信贷的不断扩张，而且为房贷以及房贷衍生品的需求提供了足够的资金保障，而这种需求反过来又会促使房屋信贷的发放、房价的高升以及房贷衍生品的不断衍生，促使以房屋次级贷款为基础的金融衍生品链条不断地复制和延伸。当美联储提高利率，紧缩货币供给后，房屋的价格开始下跌，本已接近储蓄赤字和实行借贷消费的美国人根本无法偿还高房价时期借进的房地产贷款，价格下跌后房屋的市场价值也资不抵贷，房屋次级贷款的坏账风险便陆续显现，房价的不断走低造成房贷的坏账不断增大，房屋贷款公司的损失也因此不断加大。遭受损失后的房屋贷款公司便会无力偿还其后的投资公司等金融中介的本息，以房贷为基础的整个金融产品链条的资金偿还便被截流，次贷危机经过长期的酝酿后也就此诞生。次贷危机爆发后，金融市场的关联性以及投资者和投资机构的“羊群效应”进而通过连锁反应将次贷市场的损失扩张到了美国的整个金融市场。在这种情形和环境下，国外对美元信心会急剧下降，美国次贷危机引发的美国金融危机便会沿着美元环流的反方向传染到其他国家，进而引发全球的经济危机和衰退。

## 1.3 金融危机下各国的政策调整及其成效

金德尔伯格关于金融危机最著名的佳作《疯狂、惊恐和崩溃：金融危机史》(Manias, Panics, and Crashes: A History of Financial Crises)，把历次危机分为三个阶段：疯狂、惊恐和崩溃。假定他能看到这次危机，也一定会感叹这次危机疯狂得如此无理、惊恐得如此广泛、崩溃得如此彻底。这次危机涉及面如此之广：跨越了绝大多数国家、袭击了从金融部门到实体经济的众多行业；影响如此深刻：危机中美国股票周跌幅创历史之最——18%，美国3个月期国债收益率曾出现负收益率，多个地区失业率创新高，破产企业激增等；政策反应如此之强烈：美元、欧元、英镑、日元利率几乎都被降到零，向市场注入的资金量也达到历史新高，为抵抗危机，全球经济、政治合作达到新的高度。本节将介绍这次危机中各国的政策调整情况，以及分析这些政策调整对当前世界经济格局的影响。

对于政策的描述和分析可以按照不同的角度进行。首先最直接的方式就是按照国别和地区进行划分，分别对各经济体的政策调整内容进行描述和分析。但是这种方法人为地隔离国家之间的联系，过于机械简单，不利于从整体上对金融危机中各国政策的把握。其次就是按照政策的类别和政策本身的层次进行划分，然后分别展开描述和分析。根据这次危机和各国政策的特点，其实我们可以把所有政策放在四个象限内，这四个象限以政策作用时间和政策调整对象作为具体划分标准。具体内容如图1-11所示。

按照这样的结构来对政策进行分析和描述，对政策危机的发展过程不易把握；由于没有时间维度上的界定，而且不按国别进行，这会影响对一国政策的持续性描述。最后还有一种方式，就是按照这次危机形成、发展、演变的时间顺序来进行描述和分析。按照危机对经济的影响情况可以将危机划分为四个阶段，分别是：形成阶段（2007年6月至2007年12月）、深化阶段（2008年1月至2008年6月）、恶化阶段（2008年7月至2009年6月）、尾声阶段（2009年7月之后）。这样一种阶段的划分，主要是参考了各主要经济体的关键经济指标的变化情况。如图1-12所示的三个代表性国家（地区）的GDP增长率变化情况，虽然GDP在2009年第一季度都触底了，但是从美国和欧元区的情况来看，都还处于零以下，就是说经济还在继续下滑。另外我们从CPI数据（见图1-13）、失业率数据（见图1-14）的变化情况也大致可以按照这几个阶段来

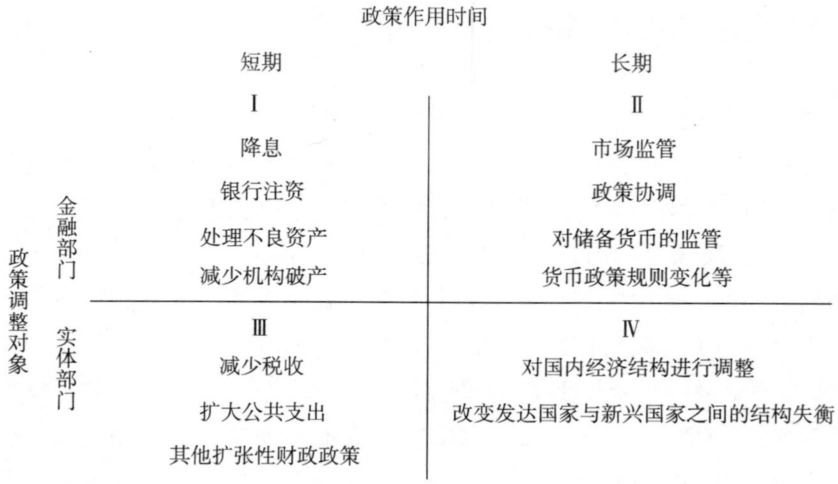

政策作用时间

| 政策调整对象 | | 短期 | 长期 |
|---|---|---|---|
| | | Ⅰ | Ⅱ |
| | 金融部门 | 降息<br>银行注资<br>处理不良资产<br>减少机构破产 | 市场监管<br>政策协调<br>对储备货币的监管<br>货币政策规则变化等 |
| | | Ⅲ | Ⅳ |
| | 实体部门 | 减少税收<br>扩大公共支出<br>其他扩张性财政政策 | 对国内经济结构进行调整<br>改变发达国家与新兴国家之间的结构失衡 |

**图 1－11　政策划分四象限图**

划分。CPI 数据在开始的形成阶段是一个上升的过程，到了深化和恶化阶段就迅速地下滑，直到零以下，然后才触底反弹。失业率数据自危机显现以来，都处于上升趋势，在恶化阶段上升最快，进入 2009 年下半年之后上升速度减缓。

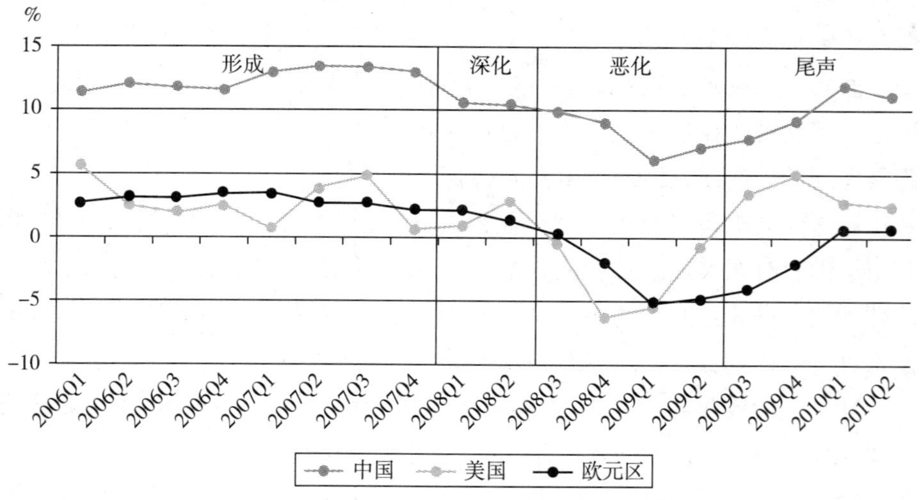


注：GDP 增长率为同比增长率。

资料来源：美国商务部，欧洲央行，中国国家统计局。

**图 1－12　美国、欧元区及中国的 GDP 增长率在危机四个阶段的表现**

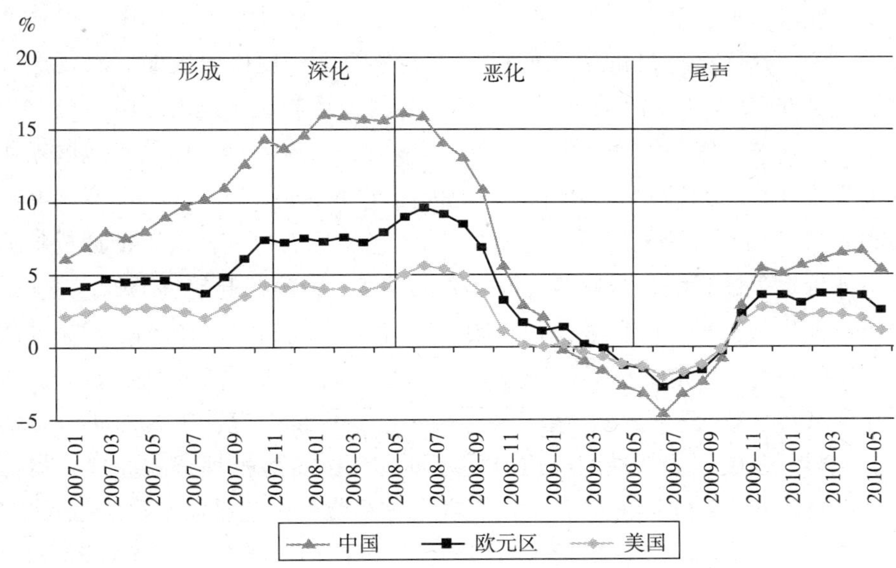


注：CPI 增长率为同比增长率，并且 CPI 在欧洲央行统计中的名称是 HICP。

资料来源：FedStats，Eurostat，中国国家统计局。

**图 1－13　美国、欧元区及中国月度 CPI 在危机四个阶段的走势**

各国政策的出台时机不仅在时间上有先后顺序，而且跟整个危机的发展阶段有着内在联系。危机发展到什么阶段，该采取什么政策，都是政策制定者需要考虑的问题。在分析过程中发现，从时间顺序上划分，与图 1－13 中四个区域的划分存在一定的关联性。在危机开始的形成和深化阶段，出台的政策都是针对金融部门的短期政策；随着危机的进一步深化并升级为影响实体部门之后，就出现了针对实体部门的短期政策和针对金融部门的长期政策；最后，在危机得以缓和，经济开始企稳后，出台的政策更多是针对金融部门和实体部门的长期政策，对国内、国际结构性失衡进行调整。

## 1.3.1　金融危机中的政策调整

这一节分四个部分描述和分析四个阶段中各国出台的各种政策，其主线是时间顺序，同时兼顾政策的内在层次结构，根据前面的四象限图示归纳。政策描述主要是对政策出台时机和政策具体内容的说明，政策分析主要是对政策绩效和对世界经济格局的影响进行说明。

### 一、危机形成阶段

实体经济层面和货币层面的结构性失衡是这次危机的根本原因，但是就直接原因来说，这次全球性的金融危机是由美国的次贷危机引发的。次贷危机最开始显现是在2006年，但是当时并没有对美国经济造成明显的影响，当时很少有人预料到这背后隐藏了如此大的灾难。但是到了2007年，如果其他国家还没发现灾难快要来临的话，那么美国似乎嗅到了它的味道。

2007年7月穆迪公司降低对总价值约52亿美元的399种次级抵押贷款债务的信用评价。受此影响，全球各大股市大幅下挫，跌幅普遍超过1%。美国最大的次级抵押贷款公司全国金融公司，2007年第二季度利润同比下降33%。2007年8月6日，美国房地产投资信托公司申请破产保护。美国第十大抵押贷款机构美国住房抵押贷款投资公司，由于银行停止向其提供融资，正式向法院申请破产保护。与此前破产的新世纪金融公司不同，美国住房抵押贷款投资公司并非次级抵押贷款商，2006年发放的589亿美元住房贷款中几乎没有次级抵押贷款。它申请破产保护表明，美国房贷违约现象已波及信用等级较高的优质房贷客户，次级抵押贷款危机可能扩散。由于次级住房抵押贷款债务的购买者包括许多国际投资者，所以美国次级住房抵押贷款市场危机，不可避免地会影响到国际投资市场。

2007年9月18日，很多国家对金融危机还没有特别在意，甚至还在为预防通货膨胀而加息的时候，美联储就决定，将联邦基金利率由原来的5.25%降到4.75%，以应对愈演愈烈的次贷危机以及可能产生的经济衰退后果。这是美联储4年半来首次降息，同时也把美国推入了新一轮的降息周期。美联储离这次降息之前最近的一次降息是在2003年1月25日，当时把利率下调了25个基点，降到1%，从此进入长达4年的加息周期。危机正在慢慢形成，除了下调利率，美联储还采取了其他一些措施。在降息之前的2007年8月17日，美联储就宣布，将贴现率降低0.5个百分点，即从6.25%降到5.75%；当然之后就是一步一步地继续下调，进一步放松市场流动性。2007年12月12日，美联储旨在提高市场流动性而设立了一种短期资金标售工具TAF（Term Auction Facility）。这种工具向银行提供可长达28天的贷款，是通过拍卖机制定期主动向存款性金融机构提供流动性的机制创新。美联储已经逐步增加通过短期标售工具可运用的资金额度，到2008年11月，该月提供的这种短期贷款已增至1 500亿美元。

表 1－2　2006—2007 年美国联邦基金利率的调整动态

| 调整日期 | 上升（个基点） | 下降（个基点） | 调整后的利率（%） |
| --- | --- | --- | --- |
| 2007 年 | | | |
| 12 月 11 日 | — | 25 | 4.25 |
| 10 月 31 日 | — | 25 | 4.5 |
| 9 月 18 日 | — | 50 | 4.75 |
| 2006 年 | | | |
| 6 月 29 日 | 25 | — | 5.25 |
| 5 月 10 日 | 25 | — | 5 |
| 3 月 28 日 | 25 | — | 4.75 |
| 1 月 31 日 | 25 | — | 4.5 |

资料来源：Fed.

这次危机根深于房地产，爆发于金融部门，所以最先受到打击的就是房地产、银行、保险机构。受到危机冲击最严重的国家，危害都是从这些部门开始的，相应的政府的救助最先也是针对房地产、银行、保险机构，而救助的最直接方式就是对这些救助对象进行注资。截至 2007 年底，美国政府通过各种渠道已经累计向金融体系注资了 2 500 亿美元。这种注资一方面是为了扩充市场流动性，另一方面也是为了保护相关金融机构，减少其破产的可能性。

从世界范围来看，危机还没有引起其他国家足够的注意。截至 2007 年 12 月，在主要经济体中，唯独有英格兰银行在 2007 年 12 月 6 日小幅降低了其基准利率，从 5.75% 降到 5.5%。欧元区、日本、中国、俄罗斯等国在 2007 年都没有对利率政策作出任何调整，但是与美国次贷危机关系比较紧密的欧盟和日本已经开始为金融体系注资。2007 年 8 月 9 日和 10 日，欧洲中央银行先后向欧元区银行系统注资 948 亿欧元和 610 亿欧元。这是欧洲中央银行自 2001 年“9·11”事件以来，首次大规模干预金融市场。该月 10 日，日本中央银行宣布向日本货币市场投入 1 万亿日元。

对于美国进行的利率下调政策，其效果从 CPI 数据和失业率数据来说，都没有明显的反应。但是从图 1－12 看到，在危机深化并向全球开始蔓延的 2008 年上半年，美国 GDP 确实处于上升阶段。在这一阶段美联储先行的扩张性政策将持续下去是毫无疑问的，这在下部分会有说明。

## 二、危机深化阶段

次贷危机在深化阶段正式演变为金融危机，并且危机开始向全球蔓延，美国短暂的经济复苏被终止。这个阶段的时间大致是 2008 年的前两个季度。

美国在2008年继续执行下调利率的政策。在这个阶段联邦基金利率四次下调，从3.5%降到2%。在2008年1月的8天内连续两次进行下调，而且幅度都很大，从政策调整的力度可以看到，当时的美国受危机影响已经很严重了。

**表1－3　　2008年美国联邦基金利率的调整动态**

| 调整日期 | 上升（个基点） | 下降（个基点） | 调整后的利率（%） |
|---|---|---|---|
| 2008年 | | | |
| 12月16日 | — | 75～100 | 0～0.25 |
| 10月29日 | — | 50 | 1 |
| 10月8日 | — | 50 | 1.5 |
| 4月30日 | — | 25 | 2 |
| 3月18日 | — | 75 | 2.25 |
| 1月30日 | — | 50 | 3 |
| 1月22日 | — | 75 | 3.5 |

资料来源：Fed.

与美国的降息相呼应的还有英国，见表1－4。英格兰银行在2008年上半年两次下调了英镑基准利率，除此之外其他国家仍然是按兵不动。英国之所以反应如此迅速，是因为英国经济特别是金融部门与美国金融体系有着最密切的联系。英国的金融业在其国内占据着极其重要的地位，伦敦与纽约的互动关系极大，所以危机最快传播到了英国。英国也敏锐地感觉到了危机的降临，便迅速采取了措施。

**表1－4　　2007—2009年英镑基准利率的调整动态**

| 调整日期 | 上升（个基点） | 下降（个基点） | 调整后的利率（%） |
|---|---|---|---|
| 2009年 | | | |
| 3月5日 | — | 50 | 0.5 |
| 2月5日 | — | 50 | 1 |
| 1月8日 | — | 50 | 1.5 |
| 2008年 | | | |
| 12月4日 | — | 100 | 2 |
| 11月6日 | — | 150 | 3 |
| 10月8日 | — | 50 | 4.5 |
| 4月10日 | — | 25 | 5 |
| 2月7日 | — | 25 | 5.25 |
| 2007年 | | | |
| 12月6日 | — | 25 | 5.5 |
| 7月5日 | 25 | — | 5.75 |
| 5月10日 | 25 | — | 5.5 |
| 1月11日 | 25 | — | 5.25 |

资料来源：英格兰银行网站。

除了下调利率，美联储也在对贴现率和存款准备金政策进行调整。另外继续推行“定量宽松”政策。“定量宽松”政策就是利率已接近或者等于零，降息没有明显的效果或者无法再继续降息的情况下，中央银行直接向银行注资，就是中央银行大肆开动印钞机的一种委婉说法。在这轮金融危机中，为了具体执行“定量宽松”政策，美联储使用多种新的政策措施，以加大向市场注入流动性的力度。在推出前面介绍的短期资金标售工具 TAF 之后，美联储在 2008 年 3 月又推出了新的工具（见表 1 – 5）。

**表 1 – 5　　美联储采用的新型货币政策工具**

| 推出时间 | 名称 | 备注 |
| --- | --- | --- |
| 2008 年 3 月 27 日 | 定期证券借贷工具（Term Securities Lending Facility，TSLF） | 由美联储以拍卖方式用国债置换一级交易商的抵押资产，到期（期限为 28 天）后换回的一种资产互换协议 |
| 2008 年 9 月 19 日 | 资产支持商业票据货币市场共同基金融资工具（Asset – Backed Commercial Paper Money Market Mutual Fund Liquidity Facility，AMLF） | 美联储向存款类金融机构和银行控股公司提供贷款，帮助其购买货币市场共同基金持有的资产支持商业票据 |
| 2008 年 10 月 14 日 | 货币市场投资者融资工具（Money Market Investor Funding Facility，MMIFF） | 纽约联储将向一系列符合条件的私人特殊目的机构（Private Special Purpose Vehicles，PSPV）提供融资，这些 PSPV 将再购买货币市场投资者意欲出售的资产，包括定期存单、银行汇票及期限在 90 天内的商业票据等 |

在这个阶段，主要还是以针对金融部门的短期政策为主，但是为了防止危机快速向实体部门扩张，美国政府已开始考虑使用扩张性的财政政策来刺激经济，为实体经济保驾护航。2008 年 2 月 4 日，布什向国会提交 2009 财政年度预算。这是美国历史上首度超过 3 万亿美元大关的年度预算。财政赤字将创新纪录，布什被同时称为“高预算总统”和“赤字总统”。

在这个阶段采取大规模措施的主要还是美国，世界其他国家很少有出台大量政策来抵御金融危机的。对于美国这些政策的绩效，在短时间也看不出来，虽然在这个阶段失业率没有快速增加，但是短期效果很难说明是前期政策的作用还是这个阶段政策的及时反应。深化阶段的影响也还是停留在金融体系层面上，而且蔓延到美国之外对其他国家造成的影响还没有大到各国政府需要采取紧急措施进行救助的阶段。但是到了 2008 年下半年，危机的各种负面影响在各国全面展开，政府的救助、调整措施也密集地出台。这些情况都将在危机第三个阶段——升级恶化阶段出现。

**三、危机恶化阶段**

危机的升级恶化主要是指两个方面：一是由金融危机升级为经济危机，二是负面影响快速恶化导致金融部门和实体经济部门出现经营困难。这个阶段是 2008 年下半年和 2009 年上半年，期间出现了危机中极具震撼力的标志性事件。

2008 年 7 月 11 日，美国联邦国民抵押贷款协会即“房利美”，联邦住房贷款抵押公司即“房地美”，其股价开盘即遭腰斩。这两家公司的业务占全美抵押贷款业务的近 70%。该月 13 日，美国财政部和联邦储备委员会宣布救助“房利美”和“房地美”，提高信用额度，承诺必要情况下购入股份。2008 年 9 月 15 日，有 158 年历史的美国第四大投资银行雷曼兄弟公司宣布破产。同时美国银行同意以 440 亿美元即每股 29 美元的价格收购美林证券公司。道琼斯指数下跌 504 点，创下了“9·11”以来的跌幅纪录。接着美国政府宣布提供 850 亿美元援救美国国际集团（AIG）。再看看危机向实体经济部门的蔓延。2008 年 10 月，美国制造业指数降至 38.9%，创 26 年来最低；汽车销售量下降至 25 年来最低，比上年下降 1/3，其中通用下降 45%，福特下降 30%；服务业活动指数从上月的 50.2 跌至 44.4，显示以餐饮、旅游、营建、零售为主的产业呈现萎缩；十大主要城市房屋价格一年来下跌 18%，房屋遭银行查封案件较上年同期增长 25%；新房销售量下降 5.3%；失业率达 14 年来最高水平的 6.5%，当月失去 24 万个工作岗位；个人消费开支下降 1%；个人破产 10.8 万件，这是自破产法于 2005 年修订生效后首次超过 10 万件，比上年同期暴增近 34%。

这只是在美国，欧洲、日本的情况也开始恶化。欧盟统计局数据报道，截至 2008 年 11 月，欧盟 27 国失业人数为 1 746 万人，同比增加 113 万人。2008 年 11 月 21 日，欧元区制造业采购经理人指数从上月的 41.1 降至 36.2，服务业采购经理人指数从上月的 45.8 降至 43.3。按照常规，采购经理人指数低于 50，表明经济活动收缩。日本内阁府公布的 2008 年第四季度（10～12 月）国内生产总值（GDP）数据，经季节性因素调整后，实际 GDP 较第三季度下降 3.3%，折合成年率为下降 12.7%，创下受第一次石油危机打击后的 1974 年第一季度以来的最大降幅。对于实体经济的影响，从失业率角度能够较全面地反映情况。从图 1－14 可以看出，在这个阶段失业率呈现快速上升之势。

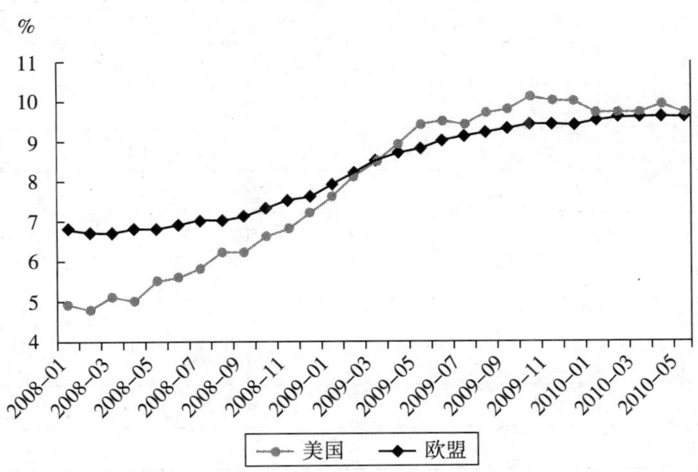


资料来源：美国劳工部、欧盟统计局。

**图 1－14　2008 年以来美国和欧盟 27 国的失业率动态**

同样在新兴市场，中国、印度、巴西、俄罗斯等国也出现了经济下滑的情况。这也用事实证明了所谓的“脱钩”现象是不可能存在的。但是危机对这些新兴经济体的影响与对欧、美、日等发达经济体的影响有所区别。这种区别主要来自于各个经济体之间的相互联系方式存在的区别。美、英、日等发达经济体之间金融体系的联系比较紧密，而且危机也主要是通过这种渠道传播的，所以当危机从美国传到英国和日本的时候，首先对其金融部门造成巨大损坏，然后按照危机在美国发展的模式开始影响实体部门。但是对于新兴经济体，它们与美国通过货物进出口建立的联系大于金融部门建立的联系；所以当这些国家受到危机冲击后，金融部门受到的影响会相对小一些，而是由于外部需求的缩减直接影响实体部门。这大概能解释为什么危机在新兴经济体的发展如此迅速，对实体经济的影响大于金融体系的影响。

面对来势如此汹涌的金融危机，各国中央银行、政府都采取了大量的措施来抵御危机。下面就系统性地介绍一下在这个阶段各国的政策措施。

1. 针对金融部门的短期政策

首先还是从针对金融部门的短期政策开始。美国、英国的利率调整已经在表 1－2 至表 1－4 中归纳出来了。美国联邦基金利率在 2008 年第四季度连续三次下调，从 1.5% 降到了零左右；英镑基准利率在 2008 年第四季度和 2009 第一季度经过六次下调，降到历史最低点 0.5%。

**表 1-6　　欧元基准利率调整情况**

| 调整日期 | 上升（个基点） | 下降（个基点） | 调整后的利率（%） |
|---|---|---|---|
| 2009 年 | | | |
| 5 月 13 日 | — | 25 | 1 |
| 4 月 8 日 | — | 25 | 1.25 |
| 3 月 11 日 | — | 50 | 1.5 |
| 1 月 21 日 | — | 50 | 2 |
| 2008 年 | | | |
| 12 月 10 日 | — | 75 | 2.5 |
| 11 月 12 日 | — | 50 | 3.25 |
| 10 月 9 日 | — | 50 | 3.75 |
| 7 月 9 日 | 25 | — | 4.25 |

资料来源：欧洲央行网站。

**表 1-7　　日元无担保隔夜拆借利率的调整动态**

| 调整日期 | 上升（个基点） | 下降（个基点） | 调整后的利率（%） |
|---|---|---|---|
| 2009 年 | | | |
| 1 月 22 日 | — | 20 | 0.1 |
| 2008 年 | | | |
| 12 月 2 日 | — | 20 | 0.3 |
| 2007 年 | | | |
| 2 月 21 日 | 25 | — | 0.5 |

资料来源：日本银行网站。

**表 1-8　　人民币贷款基准利率的调整动态**

| 调整日期 | 上升（个基点） | 下降（个基点） | 调整后的利率（%） |
|---|---|---|---|
| 2008 年 | | | |
| 12 月 23 日 | — | 27 | 5.31 |
| 11 月 27 日 | — | 108 | 5.58 |
| 10 月 30 日 | — | 27 | 6.66 |
| 10 月 9 日 | — | 27 | 6.93 |
| 9 月 16 日 | — | 27 | 7.2 |
| 2007 年 | | | |
| 12 月 21 日 | 18 | — | 7.47 |

资料来源：中国人民银行网站。

从上面几个表可以看出，这些经济体都在2008年最后一个季度和2009年上半年把基准利率调整到位。美联储、英格兰银行、欧洲中央银行、日本银行、中国人民银行都表示过维持暂时的利率水平不变，而且都承诺在一个较长时期内保持不变。截至2010年7月，以上五个国家和地区的利率都维持于表中所列示的最新利率没有变化。配套低利率政策的还有贴现率和存款准备金政策。以美联储的政策为例，美联储于2008年10月15日宣布向存款准备金支付利息，将法定存款准备金利率与同期联邦基金平均利率水平的利差始终维持在10个基点，向超额存款准备金支付的利率为0.75%，与同期基准利率的利差为75个基点；同年10月29日，调降基准利率50个基点之后，美联储继续将超额存款准备金利率下调至0.6%，使得两者利差进一步缩小至35个基点；11月12日，法定存款准备金利率和超额存款准备金利率均上调至基准利率水平；12月16日，调降基准利率至0.25%之后，美联储将法定存款准备金利率调降至0.79%，将超额存款准备金利率调降至0.25%。进入2010年，随着经济形势好转，通货膨胀预期也更加明显，各国在逐渐考虑退出政策。美联储在2010年2月20日宣布了调高存款准备金利率25个基点；与此同时，中国人民银行也调高了存款准备金率，经过2010年1月12日和2月25日的两次调整，大型机构人民币存款准备金率已经调高至16.5%，比危机中最低点高出了1个百分点。这些略带紧缩性的政策，在2010年各国政策中都有所呈现，一方面表明了各国对经济好转的信心，另一方面透露了各国中央银行对通货膨胀率上升的担忧。

为提高市场流动性，只降息是肯定无法完全起到作用的，同时还需要其他一些提供流动性的政策来支持。根据图1－11的总结，还有象限Ⅰ内的其他政策来为市场提供流动性，即采用直接对金融体系注资、处理不良资产、减少金融机构破产等政策。

前面提到过美国的“定量宽松”的货币政策，就是直接向市场提供流动性的方式。下面简单列举一下几大主要经济体采取的注资政策。2008年9月20日，美国政府提出7 000亿美元的金融救援计划被国会否决后，10月该方案进行修改后金额提高到8 500亿美元并获国会通过；10月14日，布什宣布，动用2 500亿美元直接收购大型金融机构股票；10月21日，美联储表示，将再动用5 400亿美元“用于向货币市场共同基金购买资产，以扶持美国金融体系的一大关键支柱”；11月25日，美联储宣布投入8 000亿美元，用于解冻消费信贷市场、住房抵押信贷以及小企业信贷市场，美国财政部也从7 000亿美元金融救援计划中拨出200亿美元，支持美联储的上述行动；截至11月17日，单是美国财政部就已经向30家银行注资1 586亿美元，在一周之后对花旗银行又增加200亿美元的注资。到了2009年，由于金融部门面临破产倒闭的可能性减小，政府对金融机构的直接注资有所减少。2009年3月18日，美联储发表声明，将在以后6个月内购买最多3 000亿美元长期国债，同时进一步购入7 500亿美元抵押贷款相关证券和1 000亿美元房贷公司债务。

在美国之外，2008年9月18日，美联储、加拿大银行、欧洲中央银行、英格兰银行、瑞士国民银行、日本银行宣布联手救市，向市场注资。美联储表示，将向全球五大中央银行新增1 800亿美元货币互换额度。9月19日，日本银行向短期金融市场注资3万亿日元；欧洲中央银行以及英国和瑞士的中央银行也再向金融系统注资900亿美元。2008年10月8日，英国政府公布总额为500亿英镑（1英镑约合1.75美元）的救市方案。2008年11月26日，欧盟出台一项总额2 000亿欧元的经济刺激计划，其中欧盟预算和欧洲投资银行出300亿欧元，其他1 700亿欧元将包括各成员国自己采取的经济刺激行动。

前面描述了美国、欧元区和英国的利率调整政策和其他一些向市场注入流动性的措施，但是需要看清的是，无论是欧元区内的各成员国之间联手降息，还是欧元区外全球范围各主要经济体的协同降息，更多地是向市场表明各国政府解决危机的决心，稳定投资者情绪，但是对实体经济的提振作用比较有限。由于经济存在的问题主要是流动性不足，降息的作用有限。然而美国次贷危机使银行风险意识明显增强，发放贷款将更加谨慎，而且企业和个人因经济大幅下滑对银行信贷的需求也在明显减弱。这一点在英国降息对经济的影响中就表现得相当明显。在英格兰银行多次降息后，很多英国商业银行为尽快改善资产负债表和提高资本充足率，仍严格控制贷款发放，并没有相应降低面向企业和消费者贷款的利率，因此，导致英格兰银行的降息作用大打折扣。所以在欧美国家，虽然利率已经低到了极点，但是其信贷却丝毫没有宽松，市场流动性也并没有因中央银行宽松的货币政策而变得充裕。前面说过美国在低利率情况下采取了“定量宽松”的政策，欧盟各成员国中央银行和财政部门也对金融市场注入了大量基础货币，特别是英国也采取了很多“适量宽松”政策，所以基础货币急剧增加。但是由于货币传导机制出现断裂，导致了$M_2$、$M_3$的增长速度减缓，信贷更是增加缓慢。

现在各国都在开始考虑“退出政策”，都认为选择好时机早一步退出就会获得更大利益。但是不管怎样，美联储在经济没有明显好转、通货膨胀预期明显显现之前，不会轻易退出，毕竟这一轮金融危机还是造成了较大的损失，对市场信心的打击也很沉重。所以我们相信这些扩张性极强的政策不会轻易退出，可能会在未来的时间里根据实际情况对政策力度进行调整。虽然政府都加大对市场注资的力度，但是市场上的流动性并没出现大幅增加的情况。这一点从图1－15和图1－16可以看出来，特别是广义货币和信贷并没有大幅提升。这在一定程度上可以解释为货币政策的传导链条可能出现了断裂。央行和财政部门向

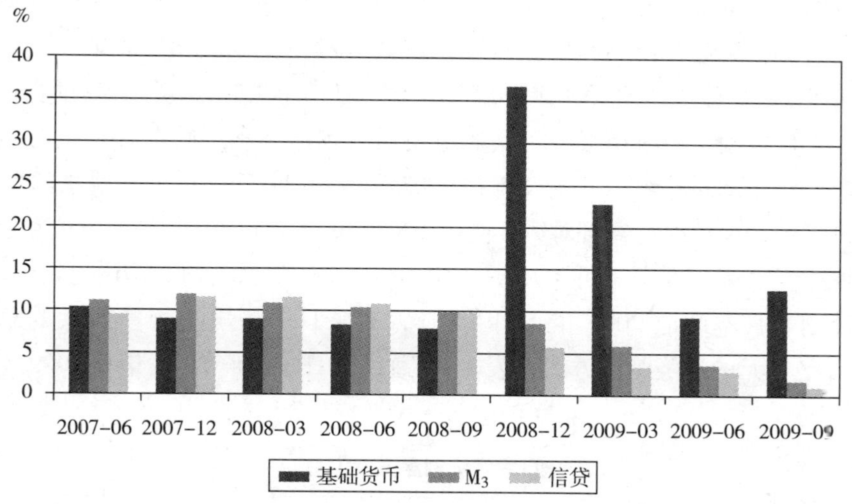


资料来源：欧洲中央银行网站。

**图1－15　欧盟基础货币、$M_3$、信贷同比增长率**

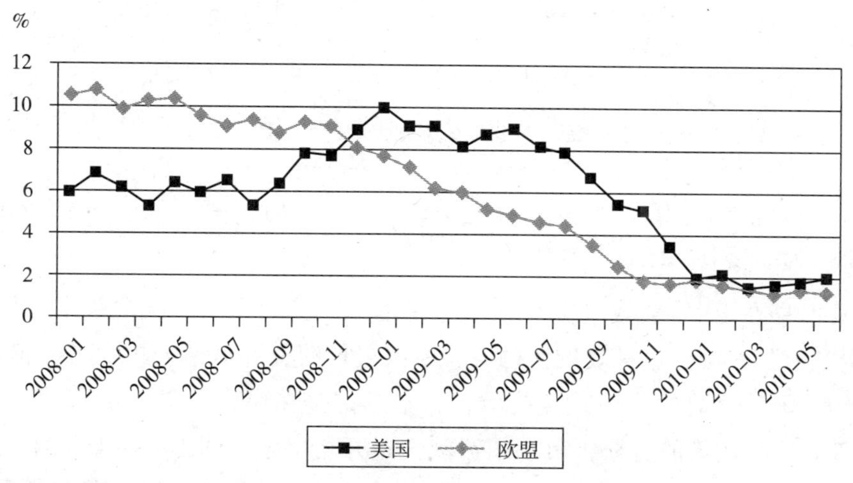


资料来源：Fed，欧洲中央银行网站。

**图1－16　美国和欧盟 $M_2$ 同比增长率**

金融体系注入的资金不能顺利转化为市场上实际的流动性。当然这种情况在世界上多个国家都出现了，被认为是信心问题，因为就连美国居民在这次危机后储蓄率也有所提高。

利率政策的操作空间有限，促使日本政府采用更加直接的注资方式向市场投放流动性。随着次贷危机演变为国际金融危机，日本经济陷入深度衰退。日本采取的一个重要反危机措施便是向金融系统大规模直接注资。自次贷危机爆发后，日本中央银行便不断向银行系统注资以避免出现流动性短缺。例如，从2008年9月16日开始至2008年10月14日，日本中央银行连续向短期金融市场注资，以稳定国内金融市场。为摆脱危机对日本的不利影响，日本政府还先后四次出台经济刺激计划。日本政府在2008年8月29日出台了一项总额达11.7万亿日元的大规模综合经济对策，同年10月30日公布了总额达26.9万亿日元的一揽子经济刺激方案，同年12月12日宣布了一项总额约23万亿日元的经济刺激计划。日本政府2009年4月10日宣布了日本历史上规模最大的总额为56.8万亿日元的经济刺激方案。表1-9总结了日本政府2008年和2009年的援救政策。

**表1-9　　　　日本经济刺激方案汇总**

| | 2008年第一次补充预算 | 2008年第二次补充预算 | 2009年度预算/税制修正案 | 2009年度经济刺激新方案 |
|---|---|---|---|---|
| 财政支出 | 总额2万亿日元 | 总额6万亿日元 | 总额14万亿日元 | 总额15.4万亿日元 |
| 金融注资 | 紧急担保资金6万亿日元<br>紧急贷款资金3万亿日元 | 紧急担保资金14万亿日元<br>紧急贷款资金7万亿日元 | 购买银行所持股票20万亿日元<br>购买公司票据3万亿日元 | 用于货币市场和金融体系注资41.4万亿日元 |
| 合计 | 约为11万亿日元 | 约为27万亿日元 | 约为37万亿日元 | 约为56.8万亿日元 |

资料来源：根据日本财务省网站公告整理。

日本早在10年前或者更早就已经使用了欧美国家在这次危机中才使用的“定量宽松”政策，这种政策使得日本中央银行的资产负债表扩大了一倍以上。相比较美国和欧盟的货币政策绩效，日本或许是在对付金融危机上技高一筹，所以随着货币政策的宽松，市场的流动性也开始好转。图1-17显示了日元货币存量的同比增长率。对比欧美的情况，随着日本中央银行增加基础货币的供给，市场上的货币存量都有相应的较大增长。可见日本中央银行在公开市场上的操作带动了整个市场流动性的好转。

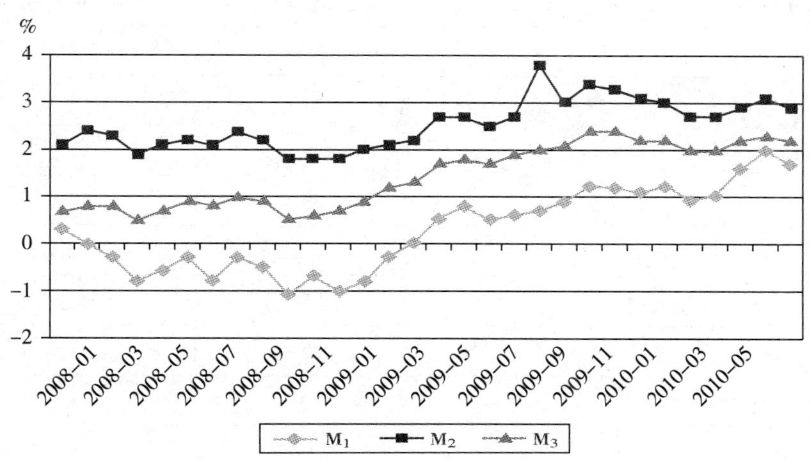


资料来源：日本中央银行网站。

**图 1-17 日元货币存量的增长情况**

相对而言，比较特殊的就是俄罗斯了，俄罗斯卢布利率下调政策是从2009年4月份才开始的，而在2009年下半年之后全球的利率都维持低位或者稍有上调时，俄罗斯还在继续降息，直到2010年6月仍在对利率进行最近一次下调。这当然有它本身的内在原因。俄罗斯是到目前为止，仅剩的几个还在继续降息的国家。俄罗斯的货币当局在利率调整上处于一个比较尴尬的局面，利率降得太低导致了资金外流，利率太高又不利于当前应对金融危机。所以直到进入2009年后，俄罗斯中央银行才开始积极地使用利率政策干预经济。俄罗斯中央银行主要调控的是再融资利率（Refinancing Rate），这个利率作为其他各种利率的参考，所以这个利率也被称为俄罗斯卢布的基准利率。

**表 1-10 俄罗斯基准利率的调整动态**

| 调整日期 | 上升（个基点） | 下降（个基点） | 调整后的利率（%） |
|---|---|---|---|
| 2010年 | | | |
| 6月1日 | — | 25 | 7.75 |
| 4月30日 | — | 25 | 8 |
| 3月29日 | — | 25 | 8.25 |
| 2月24日 | — | 25 | 8.5 |
| 2009年 | | | |

续表

| 调整日期 | 上升（个基点） | 下降（个基点） | 调整后的利率（%） |
| --- | --- | --- | --- |
| 12月28日 | — | 25 | 8.75 |
| 11月24日 | — | 50 | 9 |
| 10月30日 | — | 50 | 9.5 |
| 9月30日 | — | 50 | 10 |
| 9月15日 | — | 25 | 10.5 |
| 8月10日 | — | 25 | 10.75 |
| 7月13日 | — | 50 | 11 |
| 6月5日 | — | 50 | 11.5 |
| 5月14日 | — | 50 | 12 |
| 4月24日 | — | 50 | 12.5 |
| 2008年 | | | |
| 12月1日 | 100 | — | 13 |

资料来源：俄罗斯中央银行网站。

俄罗斯中央银行同样也采用了直接向金融体系注资的方式来提供流动性。2008年9月1日，央行和财政部向金融市场注资4 750亿卢布（约合186亿美元）；9月19日俄罗斯宣布了一项总额为1 200亿美元的金融系统援助计划；10月7日为缓解资金的流动性不足，俄罗斯向银行注入总额达9 500亿卢布（约合363亿美元）的资金。2009年2月，俄罗斯当局宣布向银行注资400亿美元。经过一系列扩张性货币政策，俄罗斯的货币供应量有较大增长。在俄罗斯2010年的财政预算中，专门分配了800亿卢布作为经济刺激专项基金。

俄罗斯特殊的情况，不仅表现在危机出现的时间上，在危机的表象上也有它独特之处。在这里有必要进行说明，以便更好地把握整个危机的多方面后果。2008年，在各国竞相降低利率以刺激经济的时候，俄罗斯却不断提高利率；俄罗斯的金融危机表现为货币危机，外资撤离导致卢布面临较大的贬值压力，为了阻止资本外流，稳定汇率，遏制通货膨胀，俄罗斯不得不提高利率；但利率上升加剧了银行体系的脆弱性，恶化了俄罗斯银行的资产负债表。图1－18展示了俄罗斯国际储备的变化情况。图1－18显示，2008年7月之前，俄罗斯高过10%的利率吸引了国外大量资金的流入，官方储备和外币储备大幅增加。至此之后，金融危机在俄罗斯开始肆虐，至此俄罗斯的官方储备急剧下滑。

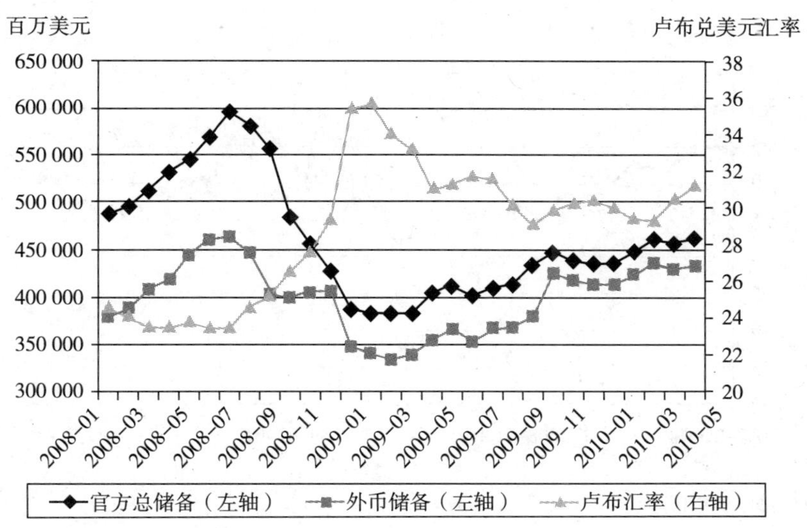


资料来源：俄罗斯中央银行网站。

**图 1－18　俄罗斯国际储备和卢布兑美元汇率的动态**

虽然从 2009 年开始，俄罗斯已经进入了减息周期，但是俄罗斯金融危机的特殊性仍然存在。近年来，中东欧国家成为吸引外资流入最多的新兴市场地区，2007 年全球投资于新兴市场的资金有 46.8% 流向了中东欧地区，俄罗斯更是外资流入的主要国家之一。自 2008 年下半年以来，俄罗斯资本流动发生逆转，由流入转向流出。国际金融危机的源头在美国，2008 年下半年金融风暴迅速向欧洲扩散，主要发达经济体陷入经济衰退，一些在俄罗斯的外国投资者纷纷撤出资金，导致俄罗斯资本外流严重，外汇储备急剧下降，由 2008 年最多的 6 000 亿美元下降到 2009 年 3 月的 3 000 多亿美元。外资撤离导致卢布面临较大的贬值压力。

危机发展到这个阶段，各国政府出台了大量专门针对金融部门扩张性的短期政策。危机虽然根源于美国，美国资本市场、金融体系也受到了最大的创伤，但当经济衰退在全球蔓延成为一种确定趋势的时候，美国仍然成了众多资金避险的安全港。从图 1－19 中可以看到，从 2008 年 4 月开始，美元止跌反弹，资金大量撤回美国或进入美国，以美元作为抵御风险的最佳货币资产。在 2008 年全球都在大幅降息、极大扩张货币的时候，美国的降息力度最大、货币增发最多，反而使美元更加坚挺。这似乎说明，虽然美国受重创，但短期内其金融大国的主导地位毫不动摇，美元仍然是最重要的。国际货币体系的失衡还没有受到足够冲击。

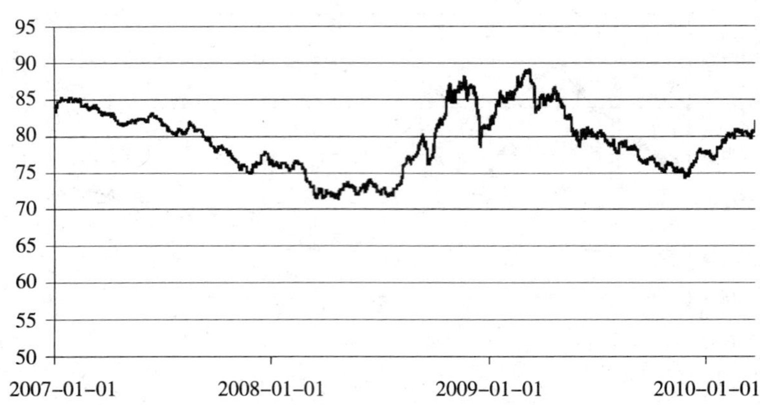


资料来源：WIND.

**图 1-19　2007 年以来美元指数**

2. 针对实体部门的短期政策

在短期政策中，还有针对实体部门的政策。这类政策主要是扩张性的财政政策，包括减少税收、增加公共支出等。其主要目的是应对危机对实体经济部门造成的影响。

在 2008 年美国的 7 000 亿美元的救援计划中，就包括了税务豁免和最低税负制的期限延长计划，主要内容是为期 10 年、总规模 1 505 亿美元的减税计划。这样一种增加支出、减少收入的财政政策，导致美国出现了较大的赤字。2009 年 1 月 15 日，美国众议院公布新任总统奥巴马的经济刺激方案，总额达 8 500 亿美元，列入救援名单的有基础建设、钢铁、再生能源、信息技术等；2 月 13 日，美国国会通过奥巴马提出的 7 870 亿美元的经济刺激法案，其中的 2 810 亿美元将用于减税，其他用于基础设施建设等政府支出项目。美国政府在财政支出中加大了支出力度，在财政收入方面安排了一系列的减税计划。截至 2009 年 9 月 30 日的 2008—2009 财政年度，美国政府债务达到 14 200 亿美元，创下二战以来的最高水平。图 1-20 显示了美国自 2006 年以来，每月的财政盈余情况，正值表示盈余，负值表示赤字。从该图中可以看到，从 2008 年以来的每个月，美国财政基本都是赤字。一旦把当前的投资计划付诸行动并且把减税政策继续下去，根据美国政府预计，未来 10 年，联邦政府债务累计将达到 9 万亿美元。

欧盟各国也出台了很多财政政策来拯救经济。在扩大公共开支方面，欧盟委员会认为，在当前私人投资、消费和出口全面疲软的情况下，只有加大公共

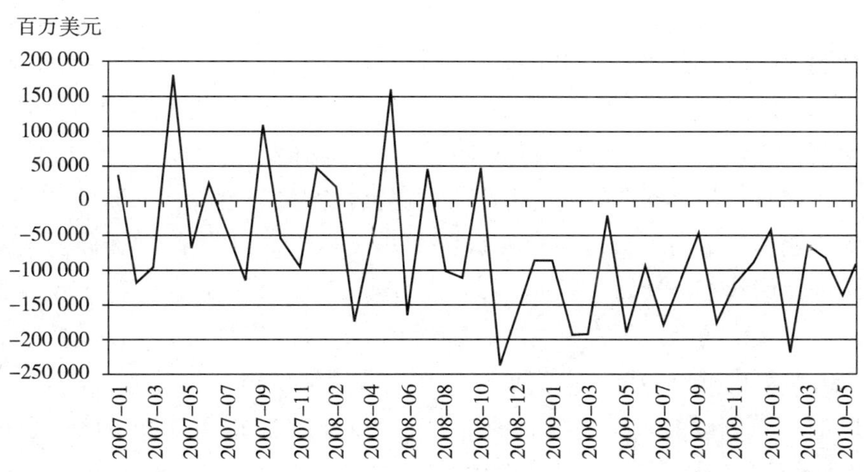


资料来源：美国财政部网站。

**图 1－20　美国财政盈余状况**

支出力度才能对刺激需求产生立竿见影的效果，避免经济形势因金融危机急剧恶化。欧盟委员会强调成员国应尽快加强对低收入家庭和失业人员的社会保障，因为这些人群受经济下滑打击最沉重，相关举措也会直接拉动他们的消费。

2008 年 11 月，德国政府内阁会议批准了 2009—2010 年实施的总额为 500 亿欧元的一揽子刺激政策。方案包括：（1）通过政策性金融支持企业融资；（2）刺激投资和增加政府投入；（3）直接减税；（4）促进就业。2009 年 1 月，德国政府提出总额为 500 亿欧元的第二个一揽子经济措施，核心在于促进经济增长与增加就业，增强民众消费信心。方案包括：（1）扩大公共投资：安排 140 亿欧元用于扩大投资；（2）实施信贷和担保计划：在联邦复兴银行已有中小企业特殊计划基础上，还将再实施 1 000 亿欧元的企业信贷和担保计划；（3）加大对中小企业的创新支持：扩大实施中小企业创新计划，重点扶持员工数量在 250 人以内中小企业的研发项目；（4）刺激汽车生产和消费："旧车换新"计划；（5）保障就业；（6）降低所得税；（7）降低法定医疗保险缴费；（8）增加家庭和儿童福利；（9）实施联邦政府宽松战略；（10）控制国家负债增长。

英国在多次对金融体系进行救助之后，也出台了刺激实体经济的财政政策方案。2008 年 11 月 24 日，英国正式宣布总额为 200 亿英镑（占 GDP 1%）的综合性经济刺激方案。这些财政政策包括：①降低增值税税率。自 2008 年 12 月 1 日起，将增值税税率由 17.5% 降至欧盟规定的最低水平 15%，为期 13 个月。可向消费者让利 100 亿英镑。②辅助中小企业。向中小企业提供 10 亿英镑的临时融资安排，为出口企业提供 10 亿英镑额外支持，允许小企业分期支付公司税、社会保险以及增值税。③增加公共支出。2008 年额外增加 7. 5 亿英镑用于建设学校和医院，拟将 2010—2011 财年支出的 30 亿英镑提前至 2008—2009 年两年使用，拨款 5. 35 亿英镑支持低碳型公共交通开发和能源建设。④扶持弱势群体。增加对按揭贷款者的支持力度，避免其住房被强制收回，提供 13 亿英镑加大对失业者的培训。⑤弥补财政赤字。2010 年至 2011 年削减部分公共开支，提高资金使用效率，计划节省开支 50 亿英镑，2010 年 4 月后，将年收入 15 万英镑或以上人群的个人所得税税率提高至 45%，削减年收入 10 万英镑及以上人群的个人所得税抵免。另一方面采取特殊政策缓解中小企业融资困难。2009 年 1 月 14 日，英国政府宣布一项新的帮助中小企业贷款担保计划，该计划包括：100 亿英镑的运营资金安排，用以担保银行向部分公司发放的至多 200 亿英镑短期贷款；向营业额达 2 500 万英镑的小型企业提供 13 亿英镑额外银行贷款担保；帮助企业获得长期融资，并将 7 500 亿英镑投资于那些需要充实资本的小公司。

各国为抗击金融危机大大增加了财政支出，为保证财政的长期稳定，欧盟《稳定与增长公约》规定各成员国财政赤字不得超过其国内生产总值的 3%。但根据欧盟委员会 2009 年 10 月发布的报告，欧盟 27 国中大多数国家 2009 年的财政赤字将严重超标，其中包括德国、法国、意大利、英国等欧盟经济大国。欧元区 16 国 2009 年的平均财政赤字将占这些国家 GDP 的 6. 4%，2010 年将达到 6. 9%。从国别来看，德国 2010 年的财政赤字将是其国内生产总值的 3. 7%，法国为 8. 5%，而爱尔兰和希腊 2011 年将分别达到 12. 2% 和 14. 7%。

为了应对这场危机，日本自 2008 年 10 月以来，推出了一揽子经济刺激方案。日本政府推出的第一个一揽子经济刺激方案是 2009 财年国家预算案。该方案于 2009 年 3 月 27 日经国会审议通过，4 月 1 日开始执行。它由三个不同时段的三大对策——安抚民心紧急综合对策、生活对策、生活防卫紧急对策构成，以守护国民生活为中心内容。根据表 1 - 9 的内容，发现在前两个计划中对金融体系的直接注资占去较大的资金量，而在 2009 年的预算案中，资金已经开始向刺激实体经济部门转移。截至 2010 年上半年，日本政府还没有出台任何退出经济刺激的政策。

在中国，由于金融体系受到危机的直接冲击较小，政府对金融体系几乎没有直接的救助性注资，抗击金融危机都主要是针对实体经济。2008 年底，中国国务院常务会议提出要实行积极的财政政策和适度宽松的货币政策，出台更加有力的扩大国内需求的措施。初步计算，到 2010 年底约需投资 4 万亿元人民币，其中中央政府投资为1.18万亿元。会议确定了进一步扩大内需、促进经济增长的十项措施，包括在全国所有地区、所有行业全面实施增值税转型改革，将减轻企业负担1 200亿元；加大金融对经济增长的支持力度，取消对商业银行的信贷规模限制，合理扩大信贷规模；加快铁路、公路和机场等重大基础设施建设，重点建设一批客运专线、煤运通道项目和西部干线铁路；提高城乡居民收入；提高2009年粮食最低收购价格等，提高农资综合直补、良种补贴、农机具补贴等标准，增加农民收入等。4万亿元投资计划的重点投向有7个方面，包括加快保障性住房建设，加快农村民生工程和基础设施建设，加快铁路、公路、机场、水利等重大基础设施建设和城市电网改造，加快医疗卫生、教育、文化等社会事业发展，加快节能减排和生态工程建设，加快自主创新和结构调整，加快灾后恢复重建。

在中国，上述财政政策的实施得到了信贷宽松政策的大力支持，信贷宽松是政府透支带动民间投资的一大重要条件。图1－21展示了2008年1月份以来，银行信贷的增长情况。从图中可以看到，从2008年12月开始到2009年6月，信贷都是巨额增加的，估计2009年的信贷增加额将是2008年的两倍。当然这有着其内在的原因。一方面，由于我国金融体系受到这次金融危机的冲击较小，主要体现在外部需求减弱后对实体经济的冲击上。这样政府可以专注在使用财

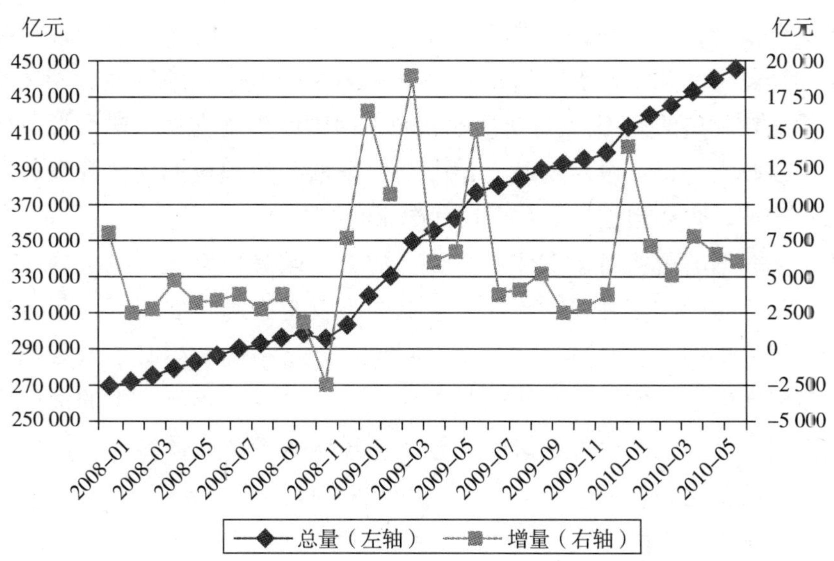


资料来源：中国人民银行网站。

**图1－21　人民币信贷总量和增量**

政政策来刺激实体经济上，正如前面所说，财政政策刺激实体经济必须要求有一个宽松的货币政策。另一方面，在我国，政府对银行存在较强的行政命令的能力，政府为了保持经济增长、促进投资，必然要求银行大量放贷，银行即便出于风险管理的能力要减少信贷，但出于政府压力也必须放贷。中国经济衰落程度如此之小、恢复速度如此之快，应该与这种宽松的信贷环境有着一定关系。真正能促进投资、拉动经济的是信贷扩张，而不是基础货币的投放，在衰退时期更是如此。对于这种适度宽松的信贷，在未来是否会造成不良后果还有待研究。

印度人口位居全球第二、经济增长速度位居全球前列，印度正和中国、俄罗斯一起向世界大国迈进。据印度统计局公布的数字，2009 年第一季度印度经济发展速度为5.1%，第二季度形势更好，增速达到6.1%。危机对于印度的影响主要集中在金融资本方面和对于部分出口的影响，在资本方面印度受到的影响比中国更大。所不同的是，印度在危机发生后所面临的并不是如中国一样的产业结构调整问题，而是加速发展问题。

印度没有采取声势浩大的经济刺激计划，而主要采取了针对个人与企业减税的措施，通过对部分产品消费税调整与减息行动，稳定和保证企业与个人的购买力，以确保经济的平稳运行。政府还实施了对于数量庞大的公务员与政府雇员的提薪措施，以加强公众购买力。另外一个比较鲜明的特点是，政府对于大公司的拯救行动几乎没有，这也是与其他国家救市模式的重大区别。政府还对受影响比较突出的 IT 服务与新技术领域，因国际资本支持影响而形成的资本需要给予财政支持；在政府财政支出方面也采取相对积极的支出政策；取消能源补贴；改革教育体制，减少对于教育产业的控制。

该小节介绍的这些对于实体经济部门的调整政策，旨在刺激国内经济。毫无疑问，一旦这些政策开始起作用，影响的不仅是经济发展速度，同时还会影响一国的经济结构。这两方面的效果会对世界经济格局产生必然的影响。各经济体的发展速度不一致就会导致各经济体经济总量在世界经济中的地位发生变化；国内结构性调整产生外部影响，导致各经济体经济在世界经济格局中所扮演的角色发生变化。关于这方面的具体分析将在该部分的最后详细展开。

### 四、危机尾声阶段

在 2009 年第一季度末，各大主要经济体的经济状况基本触底之后，第二季度开始好转，在第三季度有所反弹，企稳恢复之势愈加明显。全球经济没有出现新的大规模的负面冲击，即便是 2009 年 11 月底的迪拜世界公司延期偿债事件，仍然对全球经济没有产生深刻的实质性的影响。现在基本可以断言，这一轮危机已经进入尾声，不会再有大规模的世界性衰退。

美国、英国、欧元区、日本、中国、印度等大多数国家和地区基本都保持了稳定的利率水平。一方面，因为利率政策已经没有了可以操作的空间，如美国、英国、日本、欧元区等；另一方面，利率的继续下调已经不能再起到相应的作用了，甚至可能导致复苏中的通货膨胀预期，没有必要继续使用这一工具，如中国等。其他一些国家不同程度地出现了通货膨胀预期，澳大利亚、以色列、挪威、印度等国已迈出了“退出步伐”，澳大利亚、以色列、挪威已经加息，印度则提高了存款准备率。相对而言，会持续更久的可能是财政政策。如中国会利用这次危机对实体经济层面的产业结构、消费结构进行调整，尽量减少对外贸的依赖程度；而美国则会更加注重调整进口和消费的关系，出于利己的目的减少进口增加就业，同时提高居民储蓄率、减少过度超前消费的情况。

经过危机的洗礼，各国都认识到必须对金融部门加以更加严格的监督，对某些金融市场上的规则作出新的调整。金融危机至少能够让人们看清以下几点。首先，金融市场即便具有自稳定机制，也是有限的；其次，各类金融机构的内部治理远没有人们想象或者希望的那么完美；最后，美国金融危机证明，不能完全自由放任市场经济，这种经济不能够顺利发展，过度依赖市场主体的自我监管等于没有监管。

于是在这次危机中，特别是经济情况稍微稳定之后，相应出台了一些对于金融机构、金融市场交易规则进行调整的政策，也就是图 1 – 11 中象限 Ⅱ 的那些政策。2009 年 6 月 17 日美国政府正式公布《全面金融监管改革方案》，期望以此恢复对美国金融体系的信心，防止再次发生像目前这样的几十年来最严重的金融危机。根据这份方案，作为美国中央银行的美国联邦储备委员会将获得新的授权，对那些一旦倒闭便可能构成系统性风险、给整个经济造成损害的大型金融机构及其附属机构进行监管。同时，该方案要求美联储在行使紧急授权、提供资金救援陷入困境的银行之前，必须获得美国财政部的批准。目前，美联储可以独立行使这一授权。根据该方案，美国将创立一个新的消费者保护机构，防止各种损害信用卡和抵押贷款等消费者的权益的行为。此外，该方案还要求加强市场纪律和提高透明度，提高国际金融监管标准和改善国际协作等。欧洲联盟成员国财政部长 2009 年 12 月 2 日同意，在欧洲建立新的金融监管体系，以防范金融危机再现。欧盟建立欧洲系统性风险委员会，委员会总部设在德国法兰克福，由欧盟成员国中央银行牵头，负责监测整个欧盟金融市场宏观风险，就负债过度、风险投资过多之类的危险趋势及时发出预警。按计划，欧洲系统性风险委员会下设三家监管机构，分管欧盟范围内银行、保险和养老基金、证券三大领域跨国业务。如果涉及多国的重要机构濒临崩溃并危及相关企业，这三家机构有权要求国家监管机构出手应对。日本、中国等国家都针对金融机构的监管和金融市场的管理制定了相关政策。从几次国际上的会议来看，也极力强调各国之间政策的协调性和对金融市场的监管措施问题。G20 峰会多次强调要加强国际合作，加强金融监管，将大型对冲基金和金融机构纳入一个全球监管网。在 G20 伦敦峰会上，二十国集团同意在一系列领域实施新的规定，包括对冲基金、银行交易员薪酬、评级机构、银行资本金要求、证券化、“税收天堂”黑名单及会计规则的审议等。二十国集团第三次金融峰会通过的《领导人声明》，承诺在 2010 年底前制定为各国所能接受的规章制度，改善银行资本的数量和质量，将在 2012 年底前将其全部付诸实施。

在全球同心抗击危机的同时，对危机的认识也越来越深刻，特别是国际储备货币体系的问题受到了高度关注。无论是 G20 峰会还是 G8 峰会都无法逃避这个话题，虽然都没有取得实质性进展。不过对于应该加强对储备货币的监管、多元化储备货币的观点得到了大多数国家的赞同，尤其是新兴经济体强烈要求储备货币多元化，以减少持有国际储备货币的风险。完全改变当前美元独大的局面还有待时日，但是各国在储备货币的选择上是有自己的权利的，储备美元、欧元、日元、英镑或者人民币是一个国家的自由。经济发展较好的新兴经济体货币成为地区性国际储备货币或许会变为现实。

另外从这次危机之后，各国都在探讨货币政策的规则问题。关于货币政策规则一直是困扰各国中央银行的头痛问题，政策目标、政策工具、政策出台时机等无论在理论上还是在实践中都没有达成一致认识。但是这次危机之后，从美国的教训中，应该对我国的货币政策框架有一些启发（吴培新，2008）。第一，在坚持币值稳定和经济增长目标的同时，也要适当考虑资产价格的过度偏离；第二，延长货币政策目标的覆盖期限至整个经济周期，并考虑货币政策在整个经济周期中的均衡性；第三，建立宏观金融审慎框架，加强中央银行与监管机构的合作与沟通，改善货币政策环境；第四，展开对我国人民币升值背景下的货币政策框架的内在不稳定性研究，改善货币政策传导机制，采取预防性的货币政策，防止经济大起大落。

这些针对金融部门改革的长期性政策虽然需要更多的国际合作，而且很多措施都还没有实施，但是毫无疑问这些改革一旦进行下去，必将会对国际金融格局、国际货币体系造成极大的影响。金融部门的发展可能在以后将受到更多的管制，管制得力就不会再出现危机前的华尔街的过度杠杆化，很可能金融部门不再有昔日的繁荣。这必将会减弱美国、英国等通过金融业对世界的影响。对于美元在国际货币体系中地位，如前面所述，可能会受到一定程度的影响。

### 1.3.2 政策调整对国际经济格局的影响

前面对危机中的政策做了一个较为系统的描述，涉及图 1－11 中的三个象限的政策内容。对于象限Ⅳ的政策内容，在这一小节进行总结。对国内经济结构的调整和改变国际间结构的失衡，这其实可以看做是前面那些政策所要达到的目的或者是产生的后果。无论是对金融体系的干预还是对实体经济的调整，也不管是短期措施还是长期政策，无疑都会在中长期对国内经济结构和国际经济格局产生影响。要制定一种政策打破当前的世界经济格局会有很多阻力，但是每个国家内部政策和国际规则的变化自然会向一个新的均衡方向发展（陈江生，2009）。这就是对国际经济格局的作用效果。

**一、针对金融体系的政策的影响**

极度宽松的货币政策，大量的资金注入，都是为了提高流动性。政策的不确定和经济的不确定使得各种货币在安全性、收益性上又出现了分歧。根据前面的分析，在危机深化和恶化前期，资金大量流向美国、美元一路坚挺。但是到了恶化的后期直到尾声阶段，美元又开始贬值。资金似乎又找到了新的避风港和投资地。流向俄罗斯的资金在增加，中国的外汇储备在增加，新兴市场再次向美国发起了挑战。美国国内过度宽松的货币环境和高额的财政赤字，不得不让人产生美元会持续贬值的预期。美国金融业受重创，之前发展中国家流向美国的投资其金融产品的资金已经望而却步。“金砖四国”多次在国际公开场合提出要重新安排国际货币体系，以降低储备货币的风险。另外还不能忽视了欧元，欧盟的经济总量已经超过了美国，欧元的地位在进一步上升。这些都将对美元为主的国际货币体系产生深刻的影响。

在这次危机以来，全球都在深刻反思由美国主导的“自由主义”经济的功过，对于国内金融体系和市场的监管、国际货币体系重构、货币规则的制定、国际间政策的协调性都给予了高度的重视。各国政府和国际峰会都分别对相关政策做了一定程度的调整，具体的调整方案在前面已经说明了。总的看来就是要加强对金融机构和金融市场的监管，限制金融业的过度扩张，约束金融衍生产品的过度发展。过去探讨金融压抑都是说对于金融部门的过度限制影响了金融体系对整个经济发展的推动作用；现在再来探讨金融压抑，还要说明到底是政府为了发展实体部门人为地压抑了金融部门的发展，还是金融部门的发展压抑了实体经济的发展。这样一类政策的出台肯定会限制金融业的发展，那么美国、英国等以金融业领导全球经济的地位再也没有那么坚实的根基了（安毅、常清、付文阁，2009）。

**二、针对实体部门的政策的影响**

对于实体部门经济的政策还有一项政策在前面没有提到过，那就是贸易保护政策。每逢危机袭来，贸易保护政策必将大行其道。这里简单总结一下美国针对中国的一些贸易保护政策。2009 年 2 月 19 日，美国商务部宣布即日起对中国输美床用内置弹簧组产品征收反倾销税，税率为 164.75% ~234.51% 不等。6 月中旬，美国在 10 天里针对中国钢铁产品采取了三起反倾销调查。8 月份以来，美国轮胎特保案更是引起了社会的极大关注。9 月 9 日，美国商务部刚刚宣布对从中国进口的石油用钢管征收临时反补贴税，税率为 10.90% ~30.69% 。9 月 11 日，美国总统奥巴马对中国的轮胎特保案作出最终裁定：对从中国进口的所有小轿车和轻型卡车轮胎征收为期 3 年的惩罚性关税，即在 4% 的原有关税基础上，在今后 3 年分别加征 35% 、30% 和 25% 的附加关税。11 月 6 日美国国际贸易委员会初步裁定，对从中国进口的铜版纸、焦磷酸钾、磷酸二氢钾和磷酸氢二钾征收“双反”关税。也就在此前一天，美国商务部公布了对中国输美油井管反倾销反补贴案的倾销调查初裁，决定对从我国进口的油井管征收最高达 99.14% 的反倾销税。当然贸易战也不是只有美国在出击，中国也在反击。欧盟也采取了较多的贸易保护政策。比如，欧盟宣布对从中国进口的线材征收最高达 24% 的正式反倾销税，为期 5 年；对从中国进口的无缝钢管征收 17.7% ~39.2% 的正式反倾销税，为期 5 年。到了 2010 年，这样贸易战远没有结束，美国、欧盟还在继续对中国出口商品开展“双反”调查。美国商务部宣布对从中国进口的钢丝层板初步征收 43% ~289% 的反倾销关税，随即又对中国产钻探管征收至少 109% ~274% 的关税。欧盟最终决定将针对中国产皮鞋的反倾销税再延征 15 个月；此前的数月间，欧盟已对中国的钢盘条、无缝钢管、葡萄糖酸钠、钢索、铝合金轮毂等相继发起反倾销调查。口头上每个国家都在反对贸易保护政策，但是在实际中几乎每个国家又都在实施贸易保护政策。现在的贸易保护主义有更多的借口，如绿色标准、技术标准等，这些违反经济理论也违背经济实践标准的行为，迟早会撤出的，只是在短期内，贸易保护政策是一国政府对本国居民、企业较好的交代。

贸易保护政策是否会给本国经济带来好处呢？从理论上来说是不能的，历史也证明了理论的正确性。不过这种保护政策一方面会促使类似中国这样的出口大国尽量调整国内需求和国外需求的结构，使这些国家在扩大内需的同时减少对外部需求的依赖。另一方面，美国、英国等也希望通过这样的政策来减少进口、增加出口，以达到调整自身消费、投资和进出口结构的问题。

总结前面描述的对于实体经济的刺激方案，会发现在全球范围内这些方案的内容具有很强的相似性。重点支持新能源产业、低碳产业，一切大规模的政策措施几乎都是围绕着这样的目的展开。美国在这方面很努力，向新能源产业大力投资，引导全球关注气候问题，以弥补其因为金融业萎缩造成的地位下降，保证其在新的世界格局中继续占据领导地位。在目前来说，发达国家在这些技术和经验方面仍然处于领先地位，但是这给新兴经济体和其他发展中国家一个绝佳的契机。把握住这个机会，能够在相关领域走在世界前列，在未来的国际经济产业格局中一定会获得不少好处，经济前景更加向好。

### 1.3.3 结论与启示

经过前面的分析，危机中的各种政策必然会对世界经济格局产生影响，其影响到目前为止还没有完全显现，但是至少可以推论出以下两点。

第一，美国在国际经济格局中的地位将有所下降，新兴经济体的作用将有较大的提高。随着新兴经济体的经济总量增加、经济结构愈加完善，新兴经济体对原来世界格局中的大国构成了挑战，新兴经济体对世界经济产生了更大的影响，也需要更多的发言权，这已成为一种历史趋势，不可抵挡。从 G8 到 G20，就是一个最好的证明。无论是从实体经济层面上讲，还是从货币体系层面，现在的发达经济体要维持其既有地位已经不太可能，它们必须把一部分权利当然也有责任分给发展中国家，让世界发展得更加均衡。

第二，各个经济体在世界经济格局中扮演的角色将发生变化。危机前世界经济基本形成了三个板块：美国、英国等国组成的金融和消费板块；日本、德国、中国等组成的制造和出口板块；俄罗斯和一些其他国家组成的资源和农业板块（朱明，2009）。由于政策的实施，金融和消费板块中的国家要缩减金融业的规模和过度消费的情况；制造和出口板块中的国家要增加国内需求，减少对外部经济的依赖；而随着全球新能源和低碳经济的推出，能源出口和农产品出口国也将受到影响。

中国经济在这次危机也受到了较大的冲击，但是我国积极的调整态度、大手笔的政策操作，使得我国经济快速恢复，成绩得到了世界的公认。但是我国政策在某些方面力度大，特别是在信贷宽松问题上，短期效果明显，但是在中长期可能会累积一定的风险。因为从历次金融危机来看，危机前的信贷过度扩张与危机有着较为紧密的联系。不管怎么说，这次危机还是给了我们很多启发。

首先，金融市场的监管力度不能放松，我国的金融体系还需要继续完善。危机的直接原因就是源于美国的次贷危机，而这就是由于过于宽松的管制造成的。我国现在的金融市场和金融机构的管制还比较严格，但是需要进一步完善管制规则，尽量消除金融体系的系统性风险，做到真正为实体经济保驾护航。

其次，抓住当前的调整时机，改善我国经济结构。主要就是处理好消费、投资、出口的关系，努力保证国内需求，减少对外部经济的依赖。调整投资结构，需要向新能源、节能环保型行业发展。

最后，加强对于高科技、新能源产业的支持力度，提高技术创新能力，大力发展新型能源产业。世界经济新一轮的投资热潮、推动力量已经转向新能源和低碳产业，要利用高科技加大在这方面的投资，在世界经济新一轮的发展中处于领军地位。

## 参考文献

[1] 安毅，常清，付文阁．历次国际金融危机与世界经济格局变化探析[J]．经济社会体制比较，2009（5）：74.

[2] 陈江生．试析金融危机后的世界经济格局［J］．中共中央党校学报，2009（2）：46－51.

[3] 冯蕾，陈柳钦，金永军．美国经常账户逆差可持续性问题的另类思考［J］．国际金融研究，2008（7）：18－24.

[4] 华民．全球流动性过剩仍将持续［J］．沪港经济，2008（1）:22.

[5] 黄纪宪，张超．流动性过剩下美国次贷危机的原因与借鉴［J］．金融论坛，2008（6）：8－12.

[6] 罗纳德·麦金农．落入国际美元本位制陷阱［J］．新金融，2005（7）：3－7.

[7] 蒙代尔著，向松祚译．蒙代尔文集［M］．第四卷．北京：中国金融出版社，2003.

[8] 王信．两次经济全球化时期主导国家国际收支的根本差异［J］．国际经济评论，2007（2）：21－25.

[9] 张云，刘骏民．从次贷危机到美元危机、根源及趋势［J］．上海经济研究，2009.

[10] 朱民．改变未来的金融危机［M］．北京：中国金融出版社，2009：276－287.

[11] Byaoumi，Tomimand Barry Eichengreen. Macroeconomic Adjustment under Bretton Woods

and the Post – Bretton – Woods Float：An Impulse – Response Analysis［R］. Center for International and Development Economies Research，Working Paper，No. C93 – 006，1993.

［12］Charles P. Kindleberger. The World in Depression：1929 – 1939［M］. University of California Press，1986.

［13］Michael P. Dooley，David Folkerts – Landau and Peter Garber. The Revived Bretton Woods System［J］. International Journal of Finance and Economics，2004（9）：307 – 313.

［14］Ronald McKinnon. The International Dollar Standard and the Sustainability of the U. S. Current Account Deficit［R］. Brookings Papers on Economic Activity，No. 1，2001：227 – 239.

# 2 全球货币体系的变革与金融结构的调整

## 摘要

全球金融危机凸显了全球货币体系的内在缺陷，为此，三次G20峰会从官方层面详细讨论了全球货币体系变革的路径。我们发现，未来全球金融体系将朝着多元、透明、监管合作的方向发展。由于世界经济格局的改变以及中国经济的崛起，人民币国际化将成为一个中国和世界双双受益的过程。人民币国际化实际上相对于为帮助稳定全球货币体系提供了一个“公共产品”。全球金融结构正在进行的深刻变革，将使中国金融产生新的国际金融中心，在地理上，表现为国际金融中心从西方“漂移”到中国来。

本次全球金融危机凸显了全球货币体系的内在缺陷，因而也同时为全球货币体系的变革提供了新的动力。近一年多来三次G20金融峰会，就上述问题进行了充分讨论，为我们观察未来全球货币体系变革提供了很好的视角。

## 2.1 三次G20金融峰会与未来全球金融改革的基本走势

2008年11月15日，在全球金融危机愈演愈烈的背景下，二十国集团（G20）的领导人和财长齐聚华盛顿召开金融峰会。随着金融危机的不断发展，这二十国领导人于2009年又相继在英国伦敦和美国匹兹堡重新聚首商议金融改革大事。如果把这三次峰会放到历史长河中审视的话，它们在全球金融体系的发展史上留下的应该是浓重的一笔。本章试图从分析三次金融峰会对全球金融改革的影响开始，与读者一同探讨金融危机后全球货币体系与金融结构的变革。

### 2.1.1 华盛顿峰会

2008年11月15日华盛顿峰会召开时，距离雷曼兄弟申请破产、美林被收购、美国政府出手拯救AIG不过两个月。此时美国第三季度的GDP按年率计算出现0.3%的负增长，为2001年第三季度以来最大降幅。失业率飙升0.4个百分点，高达6.5%，为1994年3月以来的最高水平，欧洲最大的经济体德国继第二季度出现0.4%的经济负增长之后，第三季度国内生产总值再度下降0.5%，标志着该国自2003年以来首次陷入技术性衰退。[①] 在这样的背景下，华盛顿峰会的召开可以说被尚处于恐慌中的世界各国寄予了无限希望。峰会前一周，欧盟与“金砖四国”领导人分别召开非正式会议和财政部长会议，力图在华盛顿峰会之前各自达成统一战线。“金砖四国”的意见较为一致，携手应对国际金融危机、完善国际金融监管体系、加强国际监管合作、改革国际金融机构以增大发展中国家的影响力是四个新兴经济体的共同立场。欧盟内部虽然有所分歧，但最终也出台了一份全球金融体系变革方案，概括了四项变革方略：加强金融监管、提高市场透明度和实施问责制、加强风险评估和建立预警系统、加强国际货币基金组织在全球金融体系中的地位。美国布什总统则延续了其对自由市场的推崇，他在G20峰会召开前对美国人民进行的广播演讲中表示“这场危机并不是自由市场体制的失败。我们的答案是不彻底改变自由市场体系。我们的答案是解决我们面对的问题、作出恰当的改革并且继续用自由市场原则向前走去。”[②]与此同时，外界正在纷纷猜测新当选的美国总统奥巴马是否会参加华盛顿峰会。事实为这一问题作出了超过人们预期的回答：奥巴马以“美国不能同时存在两个总统”为由拒绝参会。但一些媒体猜测真实的原因是奥巴马向罗斯福学习在过渡期内不作为，意图与布什政府划清界限，把具体的施政方案留待上任后再和盘托出[③]。尽管未能亲自出席，但奥巴马还是于峰会当日通过媒体表达了对全球协调应对经济危机的支持。

虽然外界对华盛顿峰会寄托了巨大的期望，但最后的结果并不尽如人意。在为时一天的会议之后，峰会发表了共同宣言，宣言承诺“增强金融市场透明度、加强监管体系、促进金融市场诚信、加强国际合作以及改革国际金融机构、推动自由市场原则、反对贸易保护主义”[④]，这一宣言涵盖了峰会召开前各方力

---

① 引自：中青在线，《布什称华盛顿金融峰会有五大目标》，http：//zqb. cyol. com/content/2008 – 11/16/content 2433086. htm。

② 引自：和讯网，《布什：自由市场资本主义将不会改变》，http：//stock. hexun. com/2008 – 11 – 16/111281541. html。

③ 引自：中青在线，《奥巴马将不参加华盛顿金融峰会》，http：//zqb. cyol. com/content/2008 – 11/10/content_ 2424261. htm。

④ 引自：网易财经频道，《G20 峰会宣言全文》，http：//money. 163. com/special/002531IP/G20 meeting. html。

量的诉求，但这些承诺并未落实为可操作、可衡量的执行准则。例如承诺中提到“将促进尚未承诺实施银行保密性和透明度国际标准的地区共享信息、推进布雷顿森林体系改革以使新兴经济体拥有更多话语权和代表权”，但具体通过什么措施促进这些地区的信息共享、将新兴经济体在国际金融机构的份额提高到什么程度，宣言中并未具体阐述，而只是要求各国财政部部长在会后启动程序并且排出行动时间表。由此看来，华盛顿峰会的形式意义大于实质意义：该峰会的召开本身体现了以“金砖四国”为首的发展中国家在国际舞台上影响力的提高，但它也仅仅是世界各国以峰会形式讨论如何应对金融危机、解决世界性金融问题的开端，更多的实质性进展需要在会后以及以后的峰会中体现。峰会的共同宣言中也明确指出“将于2009年5月之前再次召开会议，检查今天同意的这些原则和决定的执行情况。”

**表2-1　　G20华盛顿峰会各方主张总结表**

| 以中国为首的新兴市场主张 | 美国主张 | 欧盟主张 | 峰会共同声明 |
|---|---|---|---|
| （1）携手应对国际金融危机<br>（2）完善国际金融监管体系<br>（3）加强国际监管合作<br>（4）改革国际金融机构以增大发展中国家的影响力 | （1）改革但不彻底改变自由市场体系<br>（2）支持全球协调应对危机 | （1）加强金融监管<br>（2）提高市场透明度<br>（3）建立风险预警系统<br>（4）加强国际货币基金组织在全球金融体系中的地位 | （1）增强金融市场透明度<br>（2）加强监管体系<br>（3）促进金融市场诚信<br>（4）加强国际合作以及改革国际金融机构<br>（5）推动自由市场原则 |

资料来源：根据公开信息整理。

**专栏2-1　　华盛顿G20峰会宣言全文**

1. 在世界经济和金融市场遭遇严重挑战时，我们即二十国集团领导人于2008年11月15日在美国华盛顿举行了一次初步会议。我们决定增强相互合作，努力恢复全球经济增长，实现全球金融体系的必要改革。

2. 在过去几个月，我们各国采取了紧急和特别措施以支撑全球经济和稳定金融市场。这些努力必须要继续下去。同时，我们必须推进改革以确保全球性的危机比如这次危机不再发生。我们的工作将遵循一个共同信念，即市场原则、开放的贸易和投资体制、受到有效监管的金融市场，将培养活力、创新和创业精神，这些是经济增长、就业和减少贫困所不可缺少的基本因素。

**目前危机根源**

3. 在经济高速增长时期，资本流动性日益增长并且此前十年保持着长期稳定性，市场参与者过度追逐高收益，缺乏风险评估和未能履行相应责任。同时，脆弱的保险业标准、不健全的风险管理行为、日益复杂和不透明的金融产品以及由此引发的过度影响，最终产生了体系的脆弱性。在一些发达国家，决策者、监管机构和管理者没有充分地意识到并且采取措施应对金融市场正在扩大的风险，未能及时实施金融革新或者未能考虑本国监管不力所产生的后果。

4. 除了其他原因以外，导致当前形势的主要因素是不一致和不够协调的宏观经济政策、不充分的结构改革，这阻碍了全球宏观经济可持续发展，导致风险过度，最终引发严重的市场混乱。

**采取和需要采取的措施**

5. 截至目前，我们已经采取了强有力的重要措施，以刺激经济，提供流动性，增强金融机构的资本，保护储蓄存款，弥补监管不力，解冻信贷市场。我们正在努力确保国际金融机构能够向全球经济提供重要的支持。

6. 为了稳定金融市场和支持经济增长，还有更多的工作需要做。经济发展势头在主要经济体中正在大幅度地减弱，全球经济发展预期下滑。过去十年对全球经济发展作出贡献的许多新兴市场经济体，当前尽管享受着良好的增长，但是正在日益受到全球经济下滑所带来的不利影响。

7. 面对全球经济恶化的形势，我们同意在紧密的宏观经济合作基础上采取广泛而必要的应对政策，以恢复经济增长，避免消极后果，支持新兴市场经济体和发展中国家。作为实现这些目标和应对长期挑战而立即采取的措施，我们将继续加强努力并且实施任何必要的更进一步的行动，以稳定金融体系。

认可货币政策支持的重要性，就同在本国所认可的一样。

在保持有助于金融可持续性发展政策架构的同时，利用财政措施刺激国内需求。帮助新兴市场和发展中国家经济体在当前金融困难时期获得资金支持，其中包括流动性能力和项目支持。我们强调国际货币基金组织（IMF）在应对危机方面的重要作用，欢迎它的短期流动性支持，推进正在进行的对其设施和支持的评审，以确保灵活性。

鼓励世界银行（World Bank）和其他多边开发银行（MDB）全力支持开发计划，我们对世界银行最近在基础设施和贸易融资领域所推出的新措施予以支持。

确保国际货币基金组织、世界银行和其他多边开发银行具有充分的资源，在克服危机中继续扮演重要角色。

**金融市场改革的共同原则**

8. 除采取上述措施以外，我们将实施改革。这些改革将加强金融市场和监管体系，以避免危机再次发生。管理是各国监管机构防御市场动荡的首要职责，我们的金融市场已经全球一体化，因此增强监管机构的国际合作，强化必需的国际标准并且予以切实执行显得非常必要，这样才能防止不利的跨边境、跨地区和全球性的影响全球发展的国际性金融混乱的出现。监管者必须确保他们的行动支持市场原则，避免对其他国家产生可能的不利影响，其中包括监管套利行为和支持市场竞争、活力和创新。金融机构对当前市场混乱也必须承担责任，应当尽自己职责克服现状，包括承担亏损，改善透明性，加强自己管理和风险管理。

9. 我们承诺执行与以下改革共同原则相关的政策。

- 增强透明性和责任性。我们将增强金融市场透明度，其中包括提高复杂的金融产品必需的透明性，确保公司财务状况完全和准确无误的公开。其目的是防范官员过度冒险。

- 增强有效管理。我们承诺加强我们的监管体系，谨慎监督和强化风险管理，确保所有金融市场、产品和参与者受到管理或者接受监督。我们将强化对信用评级机构的监管，加强对国际行为准则的执行。在确保监管有效的同时，我们还将使监管体系在经济发展周期中更加有效率，确保创新并且刺激金融产品及服务中交易的扩展。我们承诺我们国家监管体系评估透明。

- 促进金融市场诚信。我们承诺，通过对投资者和消费者保护给予支持、避免损害公众利益行为发生、预防非法的操纵市场行为和欺骗以及权力滥用行为，保护合法的金融风险。我们还将促进信息共享，其中包括尚未承诺实施关于银行保密性和透明度国际标准的地区。

- 加强国际合作。我们呼吁，我们的国家和区域性监管机构在遵循一致性原则基础上制定规章以及其他措施。监管机构将加强它们同金融市场所有层面的协调和合作，其中包括跨国境的资本流动。作为首先要做的事情，监管者和其他相关当局应当在防范危机、加强管理和应对措施上加强合作。

- 改革国际金融机构。我们承诺，推进布雷顿森林机构（Bretton Woods Institutions）改革，以便它们在全球经济中能够更加充分地反映不断变化的经济权数，提高其正确性和有效性。在这方面，新兴市场和发展中国家经济体，其中包括最贫穷国家，将有更多的话语权和代表权。金融稳定论坛（Financial Stability Forum，FSF）成员急需向新兴经济体扩展，其他主要标准制定机构必须迅速重新审定它们的会员组成。国际货币基金组织要同 FSF 及其他机构合作，更好地认识脆弱，预测潜在压力，迅速采取行动在应对危机中发挥重要作用。

**部长和专家的任务**

10. 我们承诺，迅速行动贯彻这些原则。我们将要求我们的财政部部长启动程序并且排出行动时间表。一份具体措施的最初目录将以附件“行动计划”形式推出，其中包括要在 2009 年 3 月 31 日之前先要完成的行动。

经与其他经济体和现有机构磋商并且汲取知名独立专家的建议，我们将要求我们的财政部部长拿出更多的意见，其中包括以下具体方面：

- 有利于缓解周期性波动的调控政策；
- 评估和修订全球会计标准；
- 增强信用衍生产品市场弹性和透明度，减少系统性风险，其中包括通过改善场外交易市场基础设施；
- 评估奖励措施，这涉及风险产生激励和创新；
- 评估国际金融机构授权、管理和资源要求；
- 界定系统性的重要性机构范围，决定它们适当的管理和监督。

11. 为了解我们在金融系统改革中发挥的作用，我们将于 2009 年 5 月之前再次召开会议，检查今天同意的这些原则和决定的执行情况。

**承诺全球经济开放**

12. 如果致力于推动自由市场原则，这些原则包括法制、尊重私有财产、开放的贸易和投资、竞争市场和受到有效监管并且有效率的金融系统，我们觉得这些改革只能成功。这些原则对经济增长和繁荣是必需的，并且已经消除了数以百万计的贫穷，而且也提高了全球生活标准。鉴于改善全球金融业管理的必要性，我们必须过度管理，否则将损害经济增长并且加深资本流动性紧缩，这其中包括对发展中国家。

13. 我们强调，在金融不稳定时期反对保护主义至关重要。未来 12 个月，我们将反对抬高投资或货物及服务贸易新壁垒，反对设置出口新限定或实施有违世界贸易组织规定的措施来刺激出口。另外，我们将努力在今年达成协议，使得世界贸易组织多哈发展议程（Doha Development Agenda）有一个圆满结果。我们将指示我们的贸易部部长实现这一目标，推进最终协议的达成。

14. 我们关注着当前危机对发展中国家产生的影响，特别是关注最易受损害的国家。我们重申千年发展目标的重要性，这是我们已经实施的发展援助承诺。我们将力促发达国家和新兴经济体都来承担与自己能力和在全球经济发展中扮演角色相适应的义务。在这点上，我们重申2002年在墨西哥蒙特雷举行的联合国发展筹资问题会议上达成的发展原则，这一原则强调了国家所有权并且动员了发展筹资的所有资源。

15. 我们将继续致力于解决其他重要的挑战，如能源安全和气候变化、粮食安全、法制、反恐、贫困和疾病。

16. 随着向前发展，我们相信通过持续的伙伴关系、合作和多边主义，我们将战胜挑战，恢复世界经济稳定与繁荣。

### 2.1.2 伦敦峰会

华盛顿峰会后，金融危机继续发展，其对实体经济的负面影响日益凸显，世界主要经济体都迎来了此次金融危机最严峻的考验。美国、日本等西方发达国家的经济增速在2009年第一季度都创20世纪70年代以来新低，中国经济增长速度在2009年第一季度也创十多年来新低。

在伦敦峰会召开前的2009年3月，一系列对峰会议题有重大影响的事件相继发生。3月12日，英格兰银行向机构投资者收购政府债券20亿英镑，将资金直接注入英国实体经济，3月18日，美联储又表示将购买最多3 000亿美元的2～10年期的美国国债和7 500亿美元的MBS债券以及1 000亿美元的机构债。英美两国相继采取的定量宽松政策引发了中国人民银行行长周小川的高调回应。他于3月23日在中国人民银行网站发布的《关于改革国际货币体系的思考》中指出：不合理的国际货币体系是导致金融危机爆发后由一国迅速向全球蔓延的重要原因，并呼吁全球应该创立一种与主权国家脱钩的，能保持币值长期稳定的货币，该主张得到了来自俄罗斯等国领导人的肯定，改革国际货币体系的主张顺势提上峰会议程。除此之外，3月16日，接受美国政府财政救助的美国国际集团（AIG）支付公司部分高管1.65亿美元奖金，成为众矢之的，金融高管的薪酬激励问题也因此成为峰会的重要内容之一。

以上两大事件加上金融危机源头的身份使得美国失去了道德制高点，在4月举行的伦敦峰会上，美国强烈呼吁的新全球经济刺激计划并未出台，相反，欧盟与新兴经济体一直强调的加强金融监管以及加强国际金融机构在全球金融体系中地位的主张取得了相当具体的成效。在G20伦敦峰会公报中，各国同意扩大监管措施的适用范围，将信用评级机构涵盖在内并首次覆盖对整个金融系统来说都十分重要的对冲基金；认可并实施FSF（金融稳定论坛）有关薪酬的最新强硬原则；采取行动反对“避税港”等不合作的行为且经济合作与发展组织（OECD）于当天公布了一份由全球论坛评估的反对按照全球标准交换税务信息的国家的名单。除了以上在金融监管方面的具体措施外，公报还指出将国际货币基金组织（IMF）的可用资金提高两倍，至7 500亿美元；支持2 500亿美元的最新特别提款权（SDR）配额；支持多边开发银行（MDB）至少1 000亿美元的额外贷款；确保为贸易融资提供2 500亿美元的支持；利用国际货币基金组织已经同意的出售黄金储备的所得资金，为最贫穷国家提供优惠融资。这些协议共同组成一项1.1万亿美元的扶持计划；同时还将“创立一家全新的金融稳定委员会（FSB）作为金融稳定论坛（FSF）的继承性机构，其成员包括二十国集团的所有成员国、FSF成员国、西班牙和欧盟委员会。”① 这些措施具有很强的可操作性与可衡量性，对国际金融体系的变革有实质性的意义。但美中不足的是，此次峰会并未提高发展中国家在以国际货币基金组织为代表的国际金融机构中的份额，周小川行长所提出的改革国际货币体系的主张也并未得到深入讨论，仅在宣言中提到“将以合作的、负责任的态度来实施所有经济政策，顾及这些政策对其他国家的影响，并将取消货币贬值的‘竞赛’，构建稳定的、运行良好的国际货币系统。”

**表2-2　G20伦敦峰会各方主张总结表**

| 以中国为首的新兴市场主张 | 美国主张 | 欧盟主张 | 峰会共同声明 |
|---|---|---|---|
| （1）改革国际货币体系<br>（2）完善国际金融监管体系<br>（3）加强国际监管合作<br>（4）改革国际金融机构以增大发展中国家的影响力<br>（5）支持国际货币基金组织增资并优先用于欠发达国家 | （1）呼吁出台新全球经济刺激计划<br>（2）美元仍然坚挺，反对建立新的国际储备货币 | （1）强调加强对金融市场的监管<br>（2）扩大国际货币基金组织作用和资金实力 | （1）扩大监管措施适用范围、将信用评级机构涵盖在内并首次覆盖对冲基金<br>（2）认可并实施FSF有关薪酬的最新强硬原则<br>（3）采取行动反对“避税港”等不合作行为<br>（4）将国际货币基金组织可用资金提高两倍至7 500亿美元，支持2 500亿美元的最新特别提款权（SDR）配额，支持多边开发银行（MDB）至少1 000亿美元的额外贷款<br>（5）创立全新的金融稳定委员会 |

资料来源：根据公开信息整理。

① 以上公报主张引自：新浪财经，《G20伦敦峰会公报全文》，http://finance.sina.com.cn/stock/usstock/c/20090402/23296059953.shtml。

**专栏 2-2　　G20 伦敦峰会公报全文**

1. 我们二十国集团领导人于2009年4月2日在伦敦举行了这次峰会。

2. 我们正面临现代历史上规模最大的全球经济挑战；自我们上次举行峰会以来，经济危机已有所加深，对每个国家无论男女老幼的生活都造成了影响，因此所有国家都必须联合起来解决这一危机。全球性的危机需要全球共同解决。

3. 首先，我们相信全球经济繁荣是不可分割的；实现可持续增长的责任必须由全球各国共同承担；全球经济复苏计划必须以满足勤勉劳作之家庭的需要及就业为中心，不仅仅在发达国家如此，在新兴市场和贫穷国家也应如此；全球经济复苏计划必须能反映当今之人的需要，也要能反映未来几代人的需要。

我们相信，建立在基于市场原则、有效监管和强有力的全球机构之上的开放型世界经济，这是可持续性全球化发展和所有各国日益繁荣增长的唯一可靠基础。

4. 基于此，我们今天承诺将采取任何必要措施，目的是：

- 恢复经济信心和经济增长，复苏就业市场；
- 修复金融体系以复苏贷款市场；
- 加强金融机构以重建信任；
- 融资和改革国际金融机构，以克服当前危机和避免未来危机；
- 促进全球贸易和投资，摒弃贸易保护主义，巩固经济繁荣的基础；
- 增进全面的、绿色的以及可持续性的经济复苏。

我们将通过联手行动来完成上述承诺，将全球经济带出当前衰退，并阻止今后再次发生类似于此的危机。

5. 我们今天已经达成的协议有：将国际货币基金组织（IMF）的可用资金提高两倍，至7 500亿美元；支持2 500亿美元的最新特别提款权（SDR）配额；支持多边开发银行（MDB）至少1 000亿美元的额外贷款；确保为贸易融资提供2 500亿美元的支持；利用国际货币基金组织已经同意的出售黄金储备的所得资金，为最贫穷国家提供优惠融资。这些协议共同组成了一项1.1万亿美元的扶持计划，旨在恢复全球信贷和就业市场及经济增长。

在推出上述扶持计划以前，我们各国政府都已经分别采取了各自的措施，这组成了一项庞大的全球经济复苏计划，其规模是史无前例的。

**恢复经济增长和就业**

6. 我们正在联手进行一次从未有过的财政扩张活动，将拯救或创造数以百万计的工作岗位；如果不采取这一活动则这些工作岗位将被摧毁。到明年底为止，这一活动总额将达5万亿美元，将全球产值提高4%，并加速向“绿色经济”的转型进程。我们保证将会持续加大必要的财政扩张规模以复苏经济增长。

7. 各国中央银行也已经采取了异于常规的行动。大多数国家已经大幅下调了基准利率，而且各国中央银行已经承诺，只要还有必要，就会一直维持扩张性的货币政策，此外还将动用包括非常规工具在内的所有货币政策工具以维持物价稳定性。

8. 在本国贷款市场和国际资金流复苏以前，我们所采取的经济复苏措施无法起到效果。我们已经向各自的银行系统提供了重大而全面的支持，目的是提供流动性、调整金融机构资本及坚决解决资产减值问题。我们保证将采取任何必要行动来恢复金融系统的正常信贷流、确保对整个系统而言都十分重要的金融机构的健康性，以及按照20国集团达成的协议框架来实施贷款复苏及金融行业修复政策。

9. 总体而言，上述行动将组成现代历史上最大规模的财政和货币刺激计划，以及最为全面的金融业扶持计划。各国联手使得这些行动的影响力得以加强，而截至目前已经宣布的非常政策必须毫无拖延地加以实施。今天，我们已经进一步就1万亿美元以上的刺激计划达成一致，将通过全球金融机构和贸易融资为全球经济注入更多资金。

10. 国际货币基金组织上个月预测，全球实体经济将恢复增长，到2010年底为止的增长速度将超过2%。我们确信，今天我们同意采取的这些行动，以及我们在维持长期财政可持续性的同时联手恢复增长和就业的坚定承诺，将会加快经济回归增长趋势的进程。我们今天保证将采取任何必要措施来确保这一成果，并呼吁国际货币基金组织定期评估已经采取的措施，以及全球各国还需采取哪些措施。

11. 我们决心要确保长期的财政可持续性和物价稳定性，并将制定可靠的退出战略，从而可在必要时候退出目前需要采取的、旨在支持金融业和恢复全球需求的措施。我们确信，通过实施已经达成一致的政策，我们将可限制本国经济的长期支出，因而降低更长期内的财政稳固计划规模。

12. 我们将以合作的、负责任的态度来实施所有经济政策，顾及这些政策对其他国家的影响，并将取消货币贬值的“竞赛”，构建稳定的、运行良好的国际货币系统。无论是现在还是将来，我们都将支持由公平、独立的国际货币基金组织对各国经济及金融业进行监管，对一国经济政策对其他国家的影响进行监管，以及对全球经济所面临的风险作出评估。

**加强金融监管**

13. 金融业的重大衰退，以及金融监管措施的重大失误，是导致当前危机的根本原因。在我们重建公众对金融系统的信任情绪以前，经济信心不会得以恢复。我们将采取行动为未来的金融业建立更加强有力的、更加具有全球一致性的监管框架，从而对可持续性的全球增长形成支撑，为企业和个人的需求服务。

14. 我们所有人都同意确保在本国推行强有力的监管系统，同时还同意建立更加具有一致性和系统性的跨国合作，创立全球金融系统所需的、通过国际社会一致认可的高标准监管框架。

加强金融监管必须能促进经济繁荣、体制完善和提高透明度；能抵御波及整个金融系统的风险；能缩小而非放大金融和经济周期；能降低经济对不适当的风险融资来源的依赖性；以及能阻止过度的冒险活动。

监管机构必须保护个人消费者和投资者、扶持市场纪律、避免对其他国家造成负面影响、减少“监管套利”的范围、支持竞争和动力以及跟上市场创新的步伐。

15. 基于这一目的，我们将实施在上次会议上达成的行动方案（Action Plan），如后附进展报告所示。我们今天还发布了一份名为《加强金融系统》（*Strengthening the Financial System*）的宣言，其要点是，我们同意：

- 创立一家全新的金融稳定委员会（Financial Stability Board，FSB），作为金融稳定论坛（Financial Stability Forum，FSF）的继承性机构，其成员包括20国集团的所有成员国、FSF成员国、西班牙和欧盟委员会，并加强了向该委员会所委派的任务；
- FSB应与国际货币基金组织进行合作，对宏观经济和金融危机风险发出预警，并采取必要行动解决这些危机；
- 对监管体系进行改造，以便各国政府鉴别和虑及宏观审慎监管的风险；
- 扩大监管措施的适用范围，将所有对整个金融系统来说都十分重要的金融机构、金融工具和金融市场涵盖在内，首次覆盖对整个金融系统来说都十分重要的对冲基金；
- 认可并实施FSF有关薪酬的最新强硬原则，为所有公司的可持续性薪酬计划和企业社会责任提供支持；

• 一旦确认经济已经复苏，则将采取措施改善银行系统中的资金质量、数量和国际协调性。今后，监管措施必须能阻止过度杠杆，并要求银行在经济良好时期也需储备充足的缓冲资金；

• 采取行动反对“避税港”等不合作的行为，我们已经做好了制裁这些行为的准备，以保护公共财政及金融系统。银行拥有保密权的时代已经结束。我们注意到，经济合作与发展组织（OECD）今天公布了一份名单，列出了由全球论坛评估的反对按照全球标准交换税务信息的国家；

• 呼吁会计准则制定机构尽快与监管机构进行合作，改进资产估值和准备金标准，完成一套高质量的全球会计准则；

• 扩大监管措施的适用范围，将信用评级机构涵盖在内，以确保这些机构能达到良好的国际行为标准，尤其是要防止出现令人无法接受的利益冲突。

16. 我们要求各国财长按照《行动方案》中的时间表执行上述决议。我们已经要求金融稳定委员会（FSB）和国际货币基金组织（IMF）来监督进展情况，与金融行动特别工作组和其他相关实体密切协作，并在11月份在苏格兰召开的下一次各国财长会议上提交一份报告。

**巩固全球金融机构**

17. 新兴市场和发展中国家一直是近来世界增长的引擎，但现在也面临着严峻的挑战，令全球经济当前的滑坡局面雪上加霜。要恢复全球信心并复苏经济，资本必须持续不断地流向这些国家。这就需要下大力气巩固国际金融机构，尤其是国际货币基金组织。因此，我们今天一致同意，通过全球金融机构追加8 500亿美元可用资金，这笔资金将用来为逆周期支出、银行资本充足、基础设施建设、贸易融资、支持国际收支平衡、新债替旧债和社会支持提供资金，从而支持新兴市场和发展中国家的增长。为此目的：

• 我们同意通过成员国的直接融资向国际货币基金组织提供2 500亿美元可用资金，随后共同达成一个规模更大、更加灵活的新的贷款安排，再增加最高5 000亿美元，并考虑是否有必要向市场举债。

• 我们支持由各多边开发银行（MDB）大幅增加至少1 000亿美元的贷款，包括向低收入国家提供贷款，并确保所有多边开发银行的安全，包括拥有适当的资本。

18. 这些资源应该得到有效和灵活的利用以支持增长，这一点至关重要。在这一方面，我们赞赏国际货币基金组织取得的进展，包括它新推出的灵活信贷安排（FCL），以及它对贷款和限制条件框架的改革，这将确保国际货币基金组织的各种工具能够有效地解决各国收支平衡融资需要的内在问题，尤其是外部资本从银行和企业部门回撤的问题。我们支持墨西哥寻求FCL的决定。

19. 我们一致支持进行一次总的特别提款权（SDR）分配，此举将向世界经济注入2 500亿美元并提高全球流动性，并要求对《第四修正案》进行紧急修订。

20. 为了让我们的金融机构能够帮助管理危机并防范未来的危机，我们必须增强它们的长期相关度、执行效力和合法性。因此除了我们今天达成的大幅增加资金来源的协议，我们还决定对国际金融机构进行现代化改革，确保它们能够在面临新的挑战时有效地向成员国和股东提供协助。我们将改革它们的授权、规模和治理，使之适应世界经济的变化和全球化的新挑战，同时新兴市场和发展中国家，包括穷国在内，必须有更大的话语权和代表权。要实现这一点，就必须相应地通过提高战略远见和决策水平来增强这些机构的信誉和问责机制。出于这一目的：

- 我们要坚决执行2008年4月达成的国际货币基金组织配额和话语权改革的方案，并要求国际货币基金组织在2011年1月之前完成下一次配额审查。
- 除此之外，我们同意应该考虑给予国际货币基金组织官员更高的参与度，令其能够向国际货币基金组织提供战略指导并加强其问责机制。
- 我们要致力于执行2008年10月达成的世界银行改革方案。我们希望能够在接下来的会议上获得进一步的建议，加快进度，争取在2010年春季的会议上就话语权和代表权改革达成一致。
- 我们同意，国际金融机构的首脑和高级领导应该通过公开、透明的优选程序来指派。
- 根据国际货币基金组织和世界银行的最新报告，我们要求会议主席与G20财长进行广泛深入的探讨，并在下一次会议上向大家报告，以期为提高国际金融机构的反应速度和适应能力进行深入改革。

21. 除了改革我们的国际金融机构，令其适应全球化的新挑战，我们同意在关于促进经济活动可持续性的一些关键价值和原则上达成一项全球共识。我们支持就经济活动的可持续性问题进行讨论以期形成一个宪章，并就此在下一次会议上作进一步讨论。我们注意到其他一些论坛已经开始研究这一问题，希望能够对经济活动可持续性问题的宪章做进一步研讨。

**反对保护主义和促进全球贸易及投资**

22. 世界贸易的增长促成了世界半个世纪的持续繁荣。但是，现在它出现了25年来的首次下滑。需求的萎缩因保护主义压力的增大和商业信贷撤离而加剧。重振世界贸易和投资是恢复全球经济增长的核心所在。我们不会重犯过往时代保护主义的历史错误。为此我们重申在华盛顿许下的承诺：不得针对投资或商品及服务贸易设置新的障碍，不对出口施加新的限制，不得推行违背世界贸易组织（WTO）规则的措施来刺激出口。此外，我们将立即行动纠正已采取的这一类措施。我们决定将上述承诺的期限延长至2010年结束。

我们将努力把包括财政政策和支持金融业行动在内的国内政策行动对贸易和投资的任何不利影响降至最低程度。我们不会退而奉行金融保护主义，尤其不能采取限制世界范围内的资本流动——特别是流向发展中国家的资本——的措施。

我们将立即把任何这样的行为通报世界贸易组织，我们呼吁世界贸易组织和其他国际组织共同在各自职权范围内监督我们履行上述承诺的情况并每个季度予以公布。

与此同时，我们将采取一切力所能及的行动来促进和推动贸易及投资，我们将确保在未来两年中通过出口信贷和投资机构及多边开发银行（MDB）至少提供2 500亿美元的资金来支持贸易融资。我们还将要求我们的金融监管机构将必备资本中的可用弹性资金用于贸易融资。

23. 我们将继续致力于就急需的多哈发展议程达成一个积极和兼顾各方的协议，这样世界经济总量每年至少能增加1 500亿美元。为达成这一目标，我们承诺将维护议程已取得的进展，其中包括就议程形式所达成的一致。

24. 未来一段时期中，我们将把工作重点和政治关注重新转向这一关键性事务，我们将通过持续不断的工作和所有相关的国际会议来推动议程取得进展。

**确保所有经济体公平而持续地复苏**

25. 我们决心不能仅恢复经济的成长，我们还必须为一个公平和可持续的世界经济奠定基础。我们已经意识到，当前这场危机对最贫穷国家的冲击过重，我们共同负有减轻本次危机对社会影响的责任，以求将危机对全球发展潜力的长期破坏降至最低限度。

我们重申我们在千年发展目标会议上作出的历史性承诺，我们将致力于履行我们各自的官方发展援助（ODA）承诺，其中包括促进贸易援助、债务减免及格伦伊格斯（Gleneagles）会议上作出的承诺，特别是对撒哈拉以南非洲国家的承诺。

我们今天已采取的行动和已作出的决定将提供500亿美元来支持低收入国家的社会保障、促进贸易和安全发展，这是我们在危机中显著加大对低收入国家和其他发展中国家以及新兴市场扶持力度的一个组成部分。

我们正在使最贫穷国家能获得社会保障所需的资源，其中包括向长期食品安全投资和志愿向世界银行的《脆弱性框架计划》——该计划包括基础设施危机基金和社会快速响应基金——提供双边性捐款。

我们已决定借助新的收入模式——即动用国际货币基金组织出售黄金所产生的更多资源——和结余资金在未来2至3年中为最贫穷国家再提供60亿美元的形式灵活的特惠贷款。我们呼吁国际货币基金组织在春季会议上就此拿出切实的计划。

我们已同意对《偿债能力架构》的灵活性进行再评估，我们呼吁国际货币基金组织和世界银行在国际货币金融委员会（IMFC）和发展委员会的年会上就此作出通报。我们呼吁联合国和其他国际机构建立一个有效机制，监控当前危机对最贫穷和最脆弱国家的影响。

26. 我们对受本次危机影响的人口的数量和范围有清醒认识。我们承诺将通过创造就业机会和收入支持措施来帮助那些受到危机影响的人。我们将建立一个对男性和女性均友好的劳动力市场。因此，我们欢迎伦敦就业会议和罗马社会峰会发布的公报和它们所提出的基本原则。我们将借助刺激经济增长、投资于教育和培训来支持就业，通过积极的劳动力市场政策和关注最弱势人群来鼓励用工。我们呼吁国际劳工组织和其他相关机构共同工作，对我们已采取和未来有必要再采取的行动进行评估。

27. 我们同意以最佳方式使用财政刺激计划的资金，以达成帮助经济有活力、可持续且绿色复苏的目标。我们将进行变革，转用清洁的节省资源和低碳排放量的新技术及基础设施。我们鼓励多边开发银行（MDB）致力于达成这样的目标。我们将共同确定和推行构建可持续发展经济的进一步举措。

28. 我们重申我们在化解气候不可逆变化威胁方面的承诺，其依据是各国负有共同但有区别责任的原则。我们将致力于在2009年12月于哥本哈根召开的联合国气候变化会议上达成协议。

**履行我们的承诺**

29. 我们已承诺共同采取坚决的紧急行动，将以上承诺转化为行动。我们同意在今年年底之前再次集会评估我们履行承诺的进展。

### 2.1.3 匹兹堡峰会

2009 年 8 月，各大经济体纷纷公布第二季度经济数据，德国 GDP 出现一年来首次增长，环比上升 0.3%；同期法国 GDP 也出现意外增长，环比上升 0.3%。[①] 与此同时，未经通货膨胀调整的美国第二季度税前公司利润较第一季度增长 5.7%[②]；日本的初步数据也显示其经济出现了两年以来最强劲的增长，在 4—6 月上升了 1%[③]。这些迹象表明，世界经济正在走出衰退的泥潭，进入复苏期。于是外界开始预测 9 月召开的匹兹堡 G20 峰会是否会讨论经济刺激政策的退出问题，而法、德等国也在会前提出了“应考虑反周期财政和货币政策适时退出”的观点。除此之外，以法、德为代表的欧盟延续了对金融监管的高度重视，声称打算成立一家银行超级监管机构监管包括英国在内的欧盟各国银行，一家泛欧机构专门预警金融危机早期信号以及一家保险商和金融市场监管机构。欧盟委员会主席若泽·曼努埃尔·巴罗佐对媒体表示“欧洲（金融监管）体系同样能为全球（金融监管）体系提供借鉴。我们将在匹兹堡表达这一主张。”[④]另外，在全球经济逐渐回升、金融高管薪资有所抬头的环境下，欧盟再次强调了限制金融高管薪酬的提议。

在经济回暖的过程中，美国总统奥巴马推出了名为“可持续和均衡增长框架”的提议，其具体措施涉及美国增加储蓄并减少预算赤字、中国降低对出口的依赖等内容。对于此举，中国国内一些媒体人士认为美国是在把经济危机的责任推给他国，意图通过此项矫正全球失衡的提议来巩固其对全球经济增长的主导权和话语权。[⑤] 与此针锋相对，中国领导人在匹兹堡峰会的发言中提出将“坚定不移推动世界经济平衡发展”，认为“失衡既表现为部分国家储蓄消费失衡、贸易收支失衡，更表现为世界财富分配失衡、资源拥有和消耗失衡、国际货币体系失衡”，而且“从根本上看，失衡根源是南北发展严重不平衡。只有广大发展中国家有效实现发展，世界经济复苏步伐才会坚实，世界经济增长才能

① 引自：中国行业研究网，《2009 年第二季度欧洲主要经济体 GDP 数据点评》，http：//www.chinairn.com/doc/60250/459735.html。

② 引自：中国行业研究网，《美国经济数据的喜忧点评》，http：//www.chinairn.com/doc/60250/459600.html。

③ 引自：中国新闻网，《谨慎看待全球经济复苏　欧美前景仍不明朗》，http：//www.chinanews.com.cn/cj/news/2009/08-19/1824794.shtml。

④ 引自：新华网，《欧盟公开金融监管改革方案》，http：//news.xinhuanet.com/world/2009-09/25/content_12108415.htm。

⑤ 引自：《上海证券报》，《美“经济再平衡”论背后的三个意图》，http：//paper.cnstock.com/html/2009-09/25/content_71484350.htm。

持久。"① 与此相呼应，中国继续呼吁"完善国际金融机构现行决策程序和机制，推动各方更加广泛有效参与"，"推进国际金融监管体系改革"，"加强金融监管合作"，主张"二十国集团领导人峰会推动筹集的大量资金应该优先用于解决发展不平衡问题，切实增加对发展中国家的援助规模"。②

各方博弈的结果在会后的领导人声明中得以体现。与会国家最终对经济的复苏采取了谨慎的乐观态度，各国在声明中承诺"继续实施经济刺激计划，支持经济活动，直到经济复苏得到明显巩固"。这一主张符合一直以来倡导经济刺激政策的美国的利益。对于欧盟一直强调的另外两大观点，即加强金融监管和限制金融高管薪酬，此次峰会也作出了一定程度的回应。各国承诺支持一份雄心勃勃的金融监管改革时间表，包括在2012年底以前要求所有标准化场外衍生产品要进入交易所或通过电子交易平台交易，并进行集中清算；在2010年底以前针对具有系统重要性金融机构建立一套一致的、巩固的、高标准的规章制度；在2011年6月以前国际会计机构在保证各自独立标准制定体系的前提下统一国际会计标准，以及在2010年以前制定并在2012年底以前实施有关提高银行资本数量与质量并降低杠杆行为的国际标准。在高管薪酬方面，公报没有设定具体的薪酬标准，也没有划定时间表，只是提出六点原则，分别是：避免实施多年固定薪酬；提高可变薪酬的可延付比例；确保可能影响企业冒险行为的高管及员工应获得与风险和业绩相挂钩的薪酬；加强薪酬体制的披露；在可能影响企业资本基础的情况下限制可变薪酬数额以及确保薪酬委员会的独立性。另外，金融稳定委员会（FSB）提出的相关规定中首次纳入了有关应以延期偿付形式支付的银行家奖金比例的具体指导方针，根据新标准，监管机构将要求所有资深银行家的奖金有40%～60%以延期偿付的形式支付，这部分奖金将至少延期3年，如果日后表现不佳，还可能被收回。③

但以上还并非匹兹堡峰会最有意义的成就。在峰会之后的领导人声明中，有三点主张甚至可能被历史铭记：第一，峰会指定二十国集团成为"国际经济合作的主要平台"；第二，峰会承诺将新兴市场和发展中国家在国际货币基金组织的份额提高到至少5%以上，决定发展中国家和转型经济体在世界银行将至少

① 引自：《全力促进增长　推动平衡发展——在二十国集团领导人第三次金融峰会上的讲话》，http：//news. xinhuanet. com/politics/2009－09/26/content_ 12112502. htm。

② 引自：《全力促进增长　推动平衡发展——在二十国集团领导人第三次金融峰会上的讲话》，http：//news. xinhuanet. com/politics/2009－09/26/content_ 12112502. htm。

③ 引自：《金融时报》，《匹兹堡峰会硕果累累　未来仍面临重重考验》，http：//news. hexun. com/2009－09－28/121233288. html。

增加3%的投票权；第三，各方将注资超过5 000亿美元，用于扩大国际货币基金组织的“新借款安排”机制。这些以“金砖四国”为代表的发展中国家自华盛顿峰会以来就一直呼吁的主张终于在此次峰会上得以具体落实。难怪巴西总统卢拉会说“这次会议是二十国集团最重要的一次峰会”。自此之后，G20峰会正式代替仅有发达国家参与的G8论坛，成为世界经济治理的平台，而发展中国家在国际货币基金组织中的发言权也自加入该组织以来首次得到了实质性提高。当然，我们必须看到，峰会最后决定的5%的国际货币基金组织份额提高幅度并未达到“金砖四国”在会前要求的7%的标准，而且此次份额调整之后美国仍然以17%的份额享有实际的一票否决权，但总体来说，这对于发展中国家来说仍然是重大的利好消息。

表2－3　G20匹兹堡峰会各方主张总结表

| 以中国为首的新兴市场主张 | 美国主张 | 欧盟主张 | 峰会共同声明 |
| --- | --- | --- | --- |
| （1）失衡根源是南北发展严重不平衡，坚定不移推动世界经济平衡发展<br>（2）改革国际金融机构以增大发展中国家的影响力<br>（3）完善国际金融监管体系<br>（4）加强国际监管合作 | （1）推出“可持续和均衡增长框架”<br>（2）同意采取具体步骤制定严格的新金融监管条例 | （1）考虑反周期财政和货币政策适时退出<br>（2）限制金融高管薪酬<br>（3）积极推动欧洲系统内的跨境金融监管 | （1）二十国集团成为“国际经济合作主要平台”<br>（2）新兴市场和发展中国家在国际货币基金组织的份额提高到至少5%以上，在WB将至少增加3%的投票权<br>（3）各方将注资超过5 000亿美元，扩大国际货币基金组织的“新借款安排”机制<br>（4）承诺在2010年底前制定更严格的资本金要求和新的流动性规定，并于2012年底前后逐步开始实施<br>（5）提出关于金融高管薪酬的六点原则 |

资料来源：根据公开信息整理。

**专栏2－3　匹兹堡峰会《领导人声明》**

1. 领导人指定二十国集团成为“国际经济合作的主要平台”。

2. 领导人承诺，继续实施经济刺激计划，支持经济活动，直到经济复苏得到明显巩固。

3. 领导人承诺将新兴市场和发展中国家在国际货币基金组织的份额提高到至少5%以上，决定发展中国家和转型经济体在世界银行将至少增加3%的投票权。

4. 领导人承诺，各方将注资超过5 000亿美元，用于扩大国际货币基金组织的“新借款安排”机制。

5. 领导人承诺，各方将共同反对贸易保护主义，致力于在2010年成功完成多哈回合谈判。

6. 领导人承诺在2010年底前制定为各国所能接受的规章制度，改善银行资本的数量和质量，将在2012年底前将其全部付诸实施。

7. 领导人承诺将竭尽全力，争取在哥本哈根举行的联合国气候变化大会上通过相关谈判达成协议。

8. 领导人决定，下两次领导人峰会将于2010年6月和11月分别在加拿大和韩国举行。各方期望峰会今后每年举行一次。2011年将在法国举行。

### 2.1.4 从三次G20峰会比较看未来全球金融改革

回顾这三次G20峰会，我们不难看出，实际上新兴经济体、美国和欧盟这三方在三次峰会上的各自立场都大体一致。自始至终，新兴经济体一直在呼吁改革金融机构、增加发展中国家的发言权、完善国际金融体系、加强全球金融监管合作。美国则一直从自己的利益出发鼓动世界各国出台经济刺激政策，同时为现行的国际货币体系辩护。欧盟的主张则可概括为加强金融监管、限制高管薪酬、提高金融市场透明度。但同时我们也发现，这三次峰会所达成的共识各有侧重。华盛顿峰会上的共同宣言可以看做是框架性的意见，全面但不具体，缺乏可操作性；伦敦峰会上所取得的成就反映了欧盟与新兴经济体的共同呼声，即加强金融监管、提高国际金融机构的实力和作用；而匹兹堡峰会则在更大程度上考量了新兴经济体的利益诉求。从新兴经济体的角度看，这三次峰会所取得的成就呈层层递进状态，但如果以美国的立场来审视的话，情况恐怕刚好相反。从这些变化中我们可以窥见，经济危机后的世界经济格局对比正在悄然发生着改变。如果说新兴经济体正在取代美国在全球经济舞台上的地位这一说法过于激进的话，那么至少可以说以“金砖四国”为代表的新兴经济体正在成长为继美国与欧盟之后的又一增长极。在这样的背景下，国际金融体系的格局应该会与经济体之间的力量对比产生良性互动，相信未来会有更多让我们惊喜的变化发生。

未来全球金融体系的基本走势之一是多元性。这首先具体表现为在世界政治经济格局日趋多元化的背景下，多元化的G20正式代替G7成为世界经济治理的平台。需要指出的是，由于G20成员国之间的经济发展水平与战略利益差异甚大，因此G20的经济政策协调难度也远远大于G7。其次，以国际货币基金组织为代表的全球性金融机构的内部治理机制，已经日趋多元化，以“金砖四国”为代表的新兴经济体在这些机构的投票权和决策地位明显上升。最后，自欧元1999年问世以来，国际储备货币趋于多元化。

未来全球金融体系的基本走势之二是透明度。本次全球金融危机愈演愈烈的重要原因是金融机构及其运营缺乏透明度。今后的改革方向就是不断强化金融机构与金融产品的信息披露，以更大的透明度来保障金融体系在未来的平稳发展。

未来全球金融体系的基本走势之三是监管合作。在伦敦峰会上 G20 开始要求传统上游离于正式监管体系之外的“避税天堂”加强监管合作就是一个显著例证。

## 2.2 全球货币体系变革

本次金融危机竟然发源于金融业最成熟最强大的美国，这不由让人们对美元近乎垄断的国际储备货币地位提出了质疑。

### 2.2.1 现行货币体系不再适应全球经济的稳定发展

就货币体系而言，蒙代尔认为货币的权力格局从来都不是静止不变的，它会随着国家的兴衰而演变，而且变化有迹可循。纵观货币发展的历史，国际货币制度从金银复本位制依次经历了金本位、金汇兑本位，再到布雷顿森林体系，一直到目前本质上以美元为核心的信用本位制，也正印证了蒙代尔的言论，期间更替无外乎大国之间的博弈从而所引致的世界经济格局演变。从布雷顿森林体系崩溃以来的三十多年，尽管美国已放弃美元与黄金挂钩的体制，不再承担兑换黄金的义务，且国际上关于货币体系改革的呼声不断，但由于美国在政治、经济、科技以及军事等各个方面的霸主地位，使得美元在国际货币体系中依旧处于核心位置，改革的讨论仅仅局限于理论领域。

但是此次金融危机的爆发与蔓延，所显露出的以美元为核心的国际货币体系的缺陷，以及与此同时欧洲经济体的发展和中国经济的迅猛崛起，不禁使我们开始再次思考，在目前的形式下，现行的国际货币体系究竟能否继续维持全球金融的稳定，促进世界经济的发展。

首先，对于国际储备货币而言，从理论上讲，必须保持：（1）币值是稳定的；（2）供应总量是有序的；（3）总量是可调节的，且这种调节必须超脱任何一国的经济状况和利益。但是我们由此次危机不难看出，现行单纯以美元为主导的国际货币体系是无法满足上述的三个理论条件的。

美国作为一个主权国家，在国内有其本身所固有的货币政策目标，而这种目标通常与各国对储备货币的要求是相互矛盾的，而在两者发生冲突时，货币当局没有责任也没有义务把国际职能摆在首位，因而上述的三个必要条件无一实现，即在本国经济利益的驱动下，美元的币值总是不断调整，且供应总量是不受限的。

诸如在本次的金融危机中，美国进行大规模货币扩张，美联储的资产总规模在危机中扩张幅度超过 100%，与此同时还保持近乎于零的低利率。其目的既不是引发通胀，也不是带来危机，而是旨在消除自身经济波动的周期，同时利用国际储备货币的地位“征收”铸币税。但作为国际货币体系的中心货币国家，其货币政策具有明显的外部性，一方面会，对与之相连的国家，尤其是与美元挂钩的经济体造成强烈的冲击；另一方面，在以美元为主导的国际金融体系下，由于美元供应的持续增加，会使金融资产的价格上升，从而导致其内在价值与外在价格间的不符，进而导致虚拟经济的泡沫化引发危机的发生。在应对危机的过程中，美国推出一系列的刺激计划，不负责任地开动印钞机向市场注入大量的美元，让全世界人民为其埋单，使各国的外汇储备严重缩水，同时带来通货膨胀的巨大压力，而于此，美国没有责任义务去协调，也不会牺牲自己高额的铸币税和通货膨胀税来调节。因而，不难看出，以美元这种主权信用货币作为主要国际储备货币是存在其内在的固有缺陷的，美元本位制将面临供应过多而价值难以稳定的两难困境，由此使得其无法再独自担任此般重任。

### 2.2.2 人民币国际化有必要提上日程

中国作为一个发展中经济大国，经济总量名列全球第三，贸易总量占比名列前茅，在全球国际贸易和金融交易中占着举足轻重的位置；按照蒙代尔的货币权力格局理论，我国有理由有需要，同时世界上其他国家也需要我国进行人民币的国际化进程。人民币的国际化，将使得全球金融市场的投资者有更多的储备货币选择与财富选择，也有更大的风险收益组合空间。一言以蔽之，人民币国际化实际上相当于为全球货币体系提供了一个“公共产品”。

Tevals 在 1997 年总结货币国际化的三个条件是：（1）对货币发行国的政治稳定有信心；（2）货币发行国拥有深入开放的金融市场；（3）货币发行国的出口量占全球的较大比重。对于第一点来讲，中国是毋庸置疑达到标准的。就第三点而言，中国已于 2009 年超越德国成为第一大出口国。就第二点而言，中国金融市场正在逐步深化对外开放。

事实上，在近期我国出台了一系列的措施促进人民币的国际化。

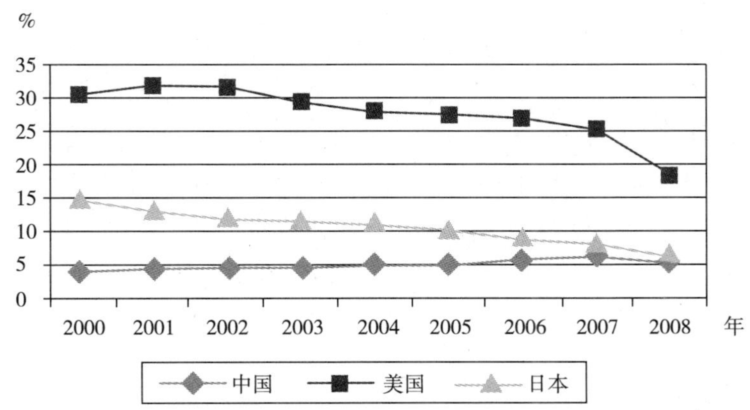


**图 2－1　中国、美国、日本经济总量占世界的比重**

第一，货币互换。从 2008 年 12 月至今为止，中国人民银行相继与韩国、马来西亚、白俄罗斯、印度尼西亚、阿根廷等国央行以及中国香港金融管理局签署了6 500亿元的货币互换协定，有效期延长为 3 年，从而扩大了人民币在这六个国家和区域中的国际贸易结算比例。

**表 2－4　　2008 年 12 月以来中国人民银行签订货币互换协议一览表**

| 对象国或地区 | 签订时间 | 金额 | 期限 |
|---|---|---|---|
| 韩国 | 2008 年 12 月 12 日 | 1 800 亿元人民币/38 万亿韩圆 | 3 年 |
| 中国香港 | 2009 年 1 月 20 日 | 2 000 亿元人民币/2 270 亿港元 | 3 年 |
| 马来西亚 | 2009 年 2 月 8 日 | 800 亿元人民币/400 亿林吉特 | 3 年 |
| 白俄罗斯 | 2009 年 3 月 11 日 | 200 亿元人民币/8 万亿白俄罗斯卢布 | 3 年 |
| 印度尼西亚 | 2009 年 3 月 23 日 | 1 000 亿元人民币/175 万亿印度尼西亚卢比 | 3 年 |
| 阿根廷 | 2009 年 3 月 29 日 | 700 亿元人民币/380 亿阿根廷比索 | 3 年 |

第二，中国人民银行与国际货币基金组织签订第一个债券回购协议。使得中国人民银行可能以人民币来购买总额约合 500 亿美元特别提款权的国际货币基金组织债券。其中，国际货币基金组织怎样使用中国提供的人民币，成为市场关注的焦点。不过，无论是国际货币基金组织用人民币向中国购买美元，还是直接将这些人民币提供给受援助的国家，中国人民银行以人民币购买国际货币基金组织债券的行为，在促进人民币国际化的进程中具有标志性意义。

第三，人民币贸易结算试点的开通。2009 年 4 月 8 日，国务院常务会议决定，在上海、广州、深圳、珠海、东莞开展跨境贸易人民币结算试点；2009 年 7 月，在香港、上海和珠三角的 4 个城市开展人民币贸易结算业务试点；8 月初，国务院宣布将在东北边境与邻国试点实施人民币贸易结算；昆明、南宁以及天津的人民币贸易结算试点也即将开通。这将增加人民币结算的比例，减少结算环节、提高资金的利用效率，成为人民币国际化的一大举措。

除却上述的各项标志性事件，实际上，人民币在周边地区已经是硬通货、"第二美元"和储备货币，开始承担了一定国际货币的职能。这一切都表明，人民币国际化已是历史必然的趋势。进一步来讲，人民币国际化之后将对整个中国经济乃至世界经济的平稳发展作出令人瞩目的贡献。

### 2.2.3 人民币国际化——双赢的局面

**一、人民币国际化将促进中国经济的发展**

首先，在国际贸易方面，它能够使企业规避汇率风险，降低交易成本。以人民币作为结算货币，可以使得出口企业不必再像往常一样承担结算货币贬值的压力，不必再用金融工具进行套期保值，也减少了汇兑开支，从而减少了一定的交易成本。据相关资料表明，用人民币结算大致可以节约3% ~5% 的成本。

其次，在外汇储备方面，有利于缓解我国外汇储备的压力。减少外汇储备对货币政策的制约；获得铸币税的收益，减少使用外币而引起的国内财富流失，同时以国际收支的逆差为国际贸易融资，实现资源更有效的利用。

最后，在金融体系方面，有利于减少整个金融体系的汇率风险。提高国际金融的竞争力，改善长久以来"贸易大国、货币小国"的状况；提高我国在国际市场上的发言权，进一步有利于我国国际金融中心的打造。

**二、人民币国际化将促进世界经济秩序的稳定**

人民币国际化将促进国际货币体系多极化的发展，从而促进世界经济秩序的稳定。目前单一以美元为中心的国际货币体系不能维持国际经济秩序的稳定，次贷危机更是揭露了其本身固有的缺陷。币值稳定的人民币的加入，将打破这种体系，多元的货币体系结构将形成一定的竞争机制，从而使国际货币体系更加有效和稳定，从而推动世界经济的发展。

虽然人民币的国际化还是一个漫长的过程，国际化后也将面临着宏观调控难度加大等挑战和问题，但从一个负责任的大国经济的角度，同时从本国发展的趋势上看，国际化是有其必然性的。

需要强调的是，在人民币国际化过程中，美元的垄断地位受到挑战后，将使得美国在实施货币政策时，充分考虑其政策对世界其他国家与地区的外部性，使得其为了维持美元的地位而约束其货币政策。就这个意义来说，人民币的国际化实际上为世界提供了一个有益的“公共产品”。

## 2.3 全球金融结构变革与中国国际金融中心建设

### 2.3.1 全球金融结构变革的表现

后危机时代，全球金融业正面临深刻的结构性变化，主要表现如下。

首先，在金融危机的冲击之下，金融业规模趋于降低。在绝对规模的意义上，2008 年末，全球股票市值几乎较高峰时下跌了一半，金融衍生产品名义价值较之前下跌了 20 多万亿美元；全球银行资产的增速也大幅放缓。许多大银行资产规模开始缩减。在相对规模的意义上，全球完全走出金融危机之后，金融业总资产对全球 GDP 的比例将比危机前的峰值下降。从深层次看，后危机时代金融机构还要经历一个较长时期的“去杠杆化”过程，这是金融业“瘦身”的关键原因。事实上，现在投资银行等金融机构的杠杆比率已经比危机前大为降低。

其次，金融市场开始出现结构性调整，即与实体经济联系紧密的金融市场仍将获得进一步发展，对流动性依赖度较高的金融市场将会受到较大影响，而过度脱离实体经济、在金融业自身内部循环的金融市场如衍生产品市场将会大规模缩减。特别明显的是，当经济低迷之际，企业投资需求下降，企业投资兼并等相关的市场活动也会大规模下降，对金融服务的需求就更多侧重于简单的信贷产品、支付与结算需求。

再次，金融危机凸显了各国金融监管的不足，因此在后危机时代，完善全球金融监管将是一大趋势。2009 年 11 月 11 日，美国众议院通过了自 20 世纪 30 年代以来最大规模、堪称美国历史上最强有力的金融监管改革方案。2010 年 7 月 22 日，美国总统奥巴马签署了《华尔街改革与投资者保护法案》，这个法案实际上逆转了 20 世纪 80 年代以来美国金融业不断放松监管的潮流。可以预见，在今后一段时间，强化监管还将是美国金融市场运行的主旋律，这必将对其他国家的金融监管也产生深远影响。欧盟也推出了许多金融监管的改革措施。这些监管改革措施普遍强调金融机构的资本金、流动性以及衍生产品的监管。可见，今后全球金融监管制度将更加统一、透明。这种监管制度的变化将持续引导全球金融业进行结构变革。

最后，新兴经济体累计的大量储蓄需要以金融资产的形态在金融市场进行管理。今后金融机构的业务将越来越倾向于为客户提供资本市场上各种财务管理产品。

总的看，金融危机将使得全球金融市场在规模扩张的速度上缓慢下来，并更多地向实体经济的方向进行回归。换言之，实体经济对未来金融市场发展的影响力将大大提升。

### 2.3.2 全球金融结构变化与中国国际金融中心的建设

相对西方国家而言，中国金融业总资产占 GDP 的比重比较小，这一方面说明中国金融业的杠杆化水平低于西方国家，另一方面也说明中国金融业的发展空间还比较大。

由于中国是一个新兴经济体，实体经济在全球经济的地位与影响力都相当高。因此，金融市场向实体经济的回归，对于中国金融市场的稳健发展以及相对提升中国金融市场在全球的地位都是有利的。可以预见，由于中国的城市化、工业化进程，由于中国的改革开放取向是建立完善的市场经济体制，在未来很长一段时间中国经济仍将保持很快的增长速度。全球人口第二大国印度由于类似的原因，在未来很长时间也将保持很快的增长速度，在此背景下，世界经济重心向东方的转移几乎是不可避免的。国际金融中心也将逐渐向经济重心的所在区域转移，虽然这种转移并非与经济重心的转移同时发生。

历史上，国际金融中心的转移与全球经济重心的转移紧密关联，通常是经济重心先转移，国际金融中心后转移。英国在历次争霸中取胜并取得了世界工厂的地位后，伦敦毫无悬念地成为世界金融中心。19 世纪末，美国的经济总量开始超过英国，世界经济重心开始往美国倾斜，美国纽约的金融中心开始加速发展。第二次世界大战后的格局，导致英镑彻底失去了垄断性世界货币的地位，转而为美元取代，这才正式确定了纽约的国际金融中心地位。“马歇尔计划”的实施，使得美元的国际储备货币地位和纽约的国际金融中心角色继续强化。

由于无法解决的“特里芬难题”，布雷顿森林体系最终于 1973 年崩溃，美元法定的国际储备货币地位终结。更重要的是，20 世纪 80 年代以来，中国经济开始崛起，世界经济重心趋于东移，这暗示着美国纽约国际金融中心的地位并非不可动摇。有不少著名学者纷纷指出美元以及美国国际金融中心地位将受到挑战。美国耶鲁大学教授杰弗里·加滕（Jeffrey Garten）2009 年为英国《金融时报》撰文指出，世界金融中心正在从 Nylon（纽约和伦敦）转移到 Shangkong（上海与香港）。

加滕认为中国为了实现金融中心的跨越式转移，可以从加强香港与上海的联系入手，让上海向香港学习金融知识。两座城市相距 750 英里，在当前交通便利、互联网沟通快捷的时代，这并非是一个不可跨越的距离。两地的联系已经开始：上海将在今后 10 年内建成一个主要的国际金融中心。正如上海证券交易所和香港联合交易所 2009 年签署的合作协议所显示的那样，两地的合作在不断加强。未来可以考虑让上海和香港实施一套共同的监管措施，并招募一些全球最好的金融家支持其监管架构。

### 2.3.3 中国建立国际金融中心的有利因素

从历史经验来分析，一国出现国际金融中心需要有多种有利因素的支持。如前所述，中国成为国际金融中心的几乎所有基础条件已经具备。这些基础条件暗示着，国际金融中心完全有可能“漂移”到中国来。

1. 经济增长非常迅速，经济规模不断扩大。经过近三十年的高速增长，我国经济规模不断扩大，产业结构也不断升级，经济增长方式也在逐渐发生转变。按照名义汇率测算，到 2010 年底经济规模总量将超越日本而列世界第二。若按照购买力平价的方法测算，中国的实际经济规模早已是世界第二。最近几年来，每年全世界经济增长的贡献中，中国常常是第二位甚至第一位。从购买力平价的角度看，中国实际 GDP 很有可能在 2020 年左右超过美国。

2. 进出口规模不断增加，国际贸易活动非常频繁。据相关数据显示，2004 年起我国贸易总量已经位居世界第三，亚洲第一。2009 年的出口规模超过德国位居世界第一。

3. 我国财政金融环境比较稳定。中国在 1994 年税制改革以来，财政收入占 GDP 的比例从约 10% 提高到 20%。中央政府支配的财力大大增强，国债余额占 GDP 的比例比较低，财政运行非常稳健。与日本等国债余额很高的发达国家相比，中国在财政方面的优势尤为明显。在金融体系方面，我国通过实施强而有力的改革措施，促使四大国有商业银行成功上市，金融机构也正步入健康、持续、稳定的发展轨道；我国人民币汇率一直都比较稳定，并且随着我国经济的发展，还存在着长期升值的趋势。

4. 上海成为我国国内的金融中心，金融市场比较发达，股票、债券、外汇、期货、贵金属等金融市场都集中于上海。国际金融机构相对而言也很多，监管手段也比较先进，并且上海位于中国经济最发达的长江三角洲，腹地广阔，同时也是中国主要的航运中心，这些都为其成为国际金融中心打下基础。

要建立未来的国际金融中心，必须加快资本市场的发展和开放步伐，必须加快人民币国际化进程。

## 参考文献

[1] G20 峰会官方网站。

[2] 朱民．危机后的全球金融格局呈现十大变化．新浪财经网，2009－11－13.

[3] 吴晓求．中国资本市场：金融危机启示录［M］．北京：中国人民大学出版社，2009.

# 3 国际金融组织的改革与功能的重新定位


## 摘　要

国际金融组织具有超国家性质，在促进世界经济发展和稳定国际金融体系中发挥着重要作用。许多国际金融组织的建立有着深刻的历史背景，其权力结构和功能定位也往往符合当时的背景需求。但是，随着世界经济形势和全球金融体系的深刻变化，特别是这次金融危机之后，很多国际金融组织故步自封，没有及时调整自身的行为模式和职能，不能适应时代的需要，从而引发众多争议，呼吁其进行改革和功能的重新定位。

本章首先总结现存主要国际金融组织（IMF 和 WB）的概况和改革背景；其次具体分析 IMF 和 WB 的主要缺陷和现行国际货币体系的缺陷；再次，在此基础上，提出国际金融组织改革的四项基本原则，即公平性原则、决策独立性原则、主动性原则和协调与互补原则；最后，提出改善国际金融组织职能的建议，包括建立超主权货币、组织国际协调、改善援助机制、加强信息披露和风险监测功能等。


国际金融组织具有超国家性质，在促进世界经济发展和稳定国际金融体系中发挥着重要作用。国际金融组织为各国尤其是发展中国家提供资金，或缓解收支危机，或支持国家中长期建设，有效地促进了世界经济的协调发展。但是随着世界经济形势的变化，特别是这次金融危机之后，很多国际金融组织故步自封，没有及时调整自身的行为模式和职能，不能适应时代的需要，从而引发众多争议，呼吁其进行改革和功能的重新定位。

## 3.1　现存国际金融组织概述

国际金融组织可以分为三类，即全球性的国际金融组织、区域性的国际金融组织和半区域性的国际金融组织。国际货币基金组织和世界银行无疑是国际金融组织的代表者，本章主要研究这两个组织的改革和功能的重新定位。由于国际货币基金组织代表着国际货币体系，与各国经济金融交往息息相关，因此，本章将着重研究国际货币基金组织的改革和功能定位。

### 3.1.1 国际货币基金组织形成背景与发展历史回顾

国际货币基金组织（International Monetary Fund，IMF），是一个全球性的国际金融组织，是所有国际金融组织中规模最大、成员最多、影响最广泛的国际性机构。IMF以金本位制的崩溃、布雷顿森林体系的建立为形成背景，随着世界经济和金融的不断发展、布雷顿森林体系的崩溃、全球金融危机的不断爆发，其发展路径和功能定位也逐渐变化。

20世纪30年代是一个国际金融混乱时期。1929年世界经济危机爆发，主要资本主义国家之间矛盾加深，贸易战、货币战愈演愈烈，各国无法维持金融货币稳定，纷纷被迫放弃金本位。1931年英国放弃金本位；1934年美国放弃金本位；继英、美之后，法国等几个金本位国家也不得不放弃金本位，造成国际金本位制度的最终崩溃。国际金本位的垮台造成国际货币关系的一片混乱。正常的国际货币秩序遭到破坏，西方国家组成相互对立的货币集团，加强外汇管制，实行外汇倾销，进行激烈的货币战。这种情况导致全球失业率上升、世界贸易紧缩，对20世纪30年代世界经济危机起着直接的重要的负面作用。为了避免重蹈历史覆辙，国际社会普遍认为，应尽快创立一个稳定的国际货币制度，并以这一货币制度为基础，建立能够获得广泛认可的国际贸易和国际金融的行为准则。

1944年7月，有44国参加的“联合和联盟国家国际货币金融会议”在美国布雷顿森林召开，会议以“怀特计划”为基础，通过了《国际货币基金组织协定》（又称《布雷顿森林协定》），规定美元直接与黄金挂钩，其他国家货币以“可调整钉住汇率制度”与美元挂钩，从此，一个以美元为中心的国际货币体系开始形成。美元被公认为是黄金的等价物，美国依靠黄金取得了西方发达国家国际储备货币的特权地位，成为资本主义世界政治与经济的新盟主。根据《国际货币基金组织协定》，建立国际货币基金组织来监督和管理布雷顿森林体系的日常运作。IMF是布雷顿森林体系的产物，是少数发达国家操纵国际金融体系彼此妥协的结果。

20世纪50年代到60年代似乎是IMF的黄金时代。世界经济经历了持续增长的时期，朝鲜冲突后全球通货膨胀率普遍较低，世界贸易逐步开放和发展。

同时，世界经济形势发生着巨大变化。西欧各国和日本废除了外汇管制，恢复货币的自由兑换；国际贸易急剧发展，全球贸易总额以平均每年8%的速度迅速增长，这都促使了各国对美元的需求增加。1958年至1960年，美国连续三年出现国际收支逆差，国际储备不足的现象十分严重。60年代后，美国的国际收支逐渐恶化，美元危机越来越严重。为解决经常出现的国际储备不足的问题，IMF于1969年通过了创立特别提款权①（Special Drawing Right，SDR）的协定，并希望SDR最终成为国际金融体系中的主要国际储备资产。

1971年5月美元危机爆发，8月美国宣布停止美元兑换黄金。1971年底，IMF成员国签署了在1972年实施的《史密森协议》②，但这一做法仅仅维持了一年多。1972年6月至1973年初，美元又连续爆发两次危机，市场对美元再次失去信心。1973年中，各主要资本主义国家放弃承担维持美元汇率的义务，普遍实行浮动汇率制。美元停止兑换黄金和固定汇率制的垮台，标志着以美元为中心的货币体系的瓦解。布雷顿森林体系崩溃后，美元连续下滑和汇率的剧烈波动引起国际社会新的不安，为此，IMF于1972年成立一个专门委员会具体研究国际货币制度的改革问题。1976年，IMF的国际货币制度临时委员会在牙买加首都金斯敦召开会议，达成《牙买加协议》，同年4月，又通过了《国际货币基金组织协定第二修正案》，从而形成了新的国际货币体系——牙买加体系，确立了浮动汇率制度的合法化地位。

20世纪80年代到21世纪初是一个危机频繁的时代，从80年代拉美国家的债务危机，到90年代的墨西哥金融危机、东南亚金融危机，再到21世纪初的阿根廷金融危机。在这些危机中，IMF都扮演着不容忽视的角色，对危机进行调查，并在苛刻的援助条件下给予了力所能及的援助。

### 3.1.2 国际货币基金组织的权力结构

#### 一、成员国资格

IMF向每一个能够管理其本身的对外事务、愿意并且能够履行《国际货币基金组织协定》条款所规定的成员国各项义务的国家敞开大门。目前，IMF成

---

① 特别提款权，是指在国际货币基金组织之外，由国际货币基金组织分配给参加特别提款权账户的成员国一种自动的提款权。

② 《史密森协议》的主要内容是调整比价和扩大汇率波动范围——美元和黄金的比价贬值7.89%，一些国家的货币对美元升值2.76%～7.66%，外汇市场汇率波动幅度从黄金平价上下1%扩大到上下2.25%。

员国数量达到186[①]个。每个成员国在参加IMF时，都要基于该国的相对经济规模缴纳一笔钱，这笔钱被称为份额。份额大小决定了该成员国在IMF的投票权和向IMF融资的能力。这种份额不是一成不变的，随着近些年全球经济的快速变化，IMF也对各国份额进行必要的调整。从表3－1中可看出，截至2008年3月，美国仍是投票权最多的国家，占16.732%；其次是日本和一些欧盟国家；中国以3.807%的投票权比率位居第六。

**表3－1　国际货币基金组织前10名投票权最多的国家**

**（截至2008年3月28日）**

| 排序 | 国家 | 份额权重（%） | 投票权权重（%） |
|---|---|---|---|
| 1 | 美国 | 17.674 | 16.732 |
| 2 | 日本 | 6.558 | 6.227 |
| 3 | 德国 | 6.112 | 5.805 |
| 4 | 法国 | 4.506 | 4.288 |
| 5 | 英国 | 4.506 | 4.288 |
| 6 | 中国 | 3.997 | 3.807 |
| 7 | 意大利 | 3.307 | 3.155 |
| 8 | 沙特阿拉伯 | 2.931 | 2.800 |
| 9 | 加拿大 | 2.672 | 2.555 |
| 10 | 俄罗斯 | 2.495 | 2.387 |

资料来源：国际货币基金组织。

### 二、内部机构设置

IMF现设有由成员国财长或中央银行行长构成的理事会，由各成员国官员按选区形成的执行董事会，有一位总裁和三位副总裁。此外，IMF还成立具有咨询职能的国际货币与金融委员会。理事会是IMF的决策性机构，是IMF的最高权力机构。执行董事会为常设机构，负责执行理事会的决定并代表理事会对基金组织日常事务作出决策。IMF总裁为执行董事会主席，在副总裁的辅助下，负责管理IMF日常事务。

## 3.1.3　国际货币基金组织的功能定位

IMF集监督、咨询和融资等功能于一身，其宗旨是促进国际货币合作，维

① 资料来源：国际货币基金组织网站。

护国际贸易平衡发展，保持汇率稳定，帮助建立多边支付体系，取消阻碍世界贸易增长的汇率管制，为出现国际收支失衡的国家提供资金支持以避免实行贸易和支付限制。

在1944—1973年的旧货币体系下，IMF的主要功能围绕维护布雷顿森林体系展开，包括稳定二战后国际经济体系，维持“双挂钩”汇率制度，取消外汇管制，向成员国提供辅助性储备资金来源和制定稀缺性货币条款。随着布雷顿森林体系的崩溃，全球经济和金融发生深刻变化，IMF的功能也随之变化，功能侧重点也有所改变。目前，IMF的基本功能包括对成员国和全球经济的监督及维护、向成员国提供援助、加强国际金融体系、消除贫困和监督汇兑安排等。

### 3.1.4 世界银行集团简介

世界银行集团（The World Bank Group）成立于1944年，是联合国所属的经营国际金融业务的机构，也是全球最大的发展援助机构之一。它的使命是与贫困作斗争，提高发展中国家人民的生活水平。它是各国加强经济实力、扩展市场以改善人民尤其是最贫困的人民生活质量的合作伙伴。世界银行提供贷款、政策建议、技术援助和知识共享服务。

世界银行集团由先后成立的国际复兴开发银行（1945年）、国际金融公司（1956年）、国际开发协会（1960年）、解决投资争端国际中心（1966年）和多边投资担保机构（1988年）五个密切相关的机构组成。国际复兴开发银行主要向发展中国家提供中、长期贷款，一般利率低于市场利率；国际开发协会只向低收入的发展中国家提供长期无息优惠贷款；国际金融公司则负责向发展中国家的私人企业提供贷款或参与投资，利率一般高于前两者的利率。后两个属非金融性机构。解决投资争端国际中心主要通过调停和仲裁各国政府与外国投资者之间的争端，帮助促进国际投资；多边投资担保机构则主要通过向外国投资者提供非商业性风险担保，帮助发展中国家吸引外国投资。这五个组织各自独立，业务上相互补充，领导层相对统一，并各有自己的协定、法律和财务等。

## 3.2 国际金融组织的改革背景分析

对重要国际金融组织的历史沿革、权力结构和功能定位等的了解有助于我们更好地理解重要国际金融组织改革的基础和内在原因。本节我们将从外在原因的角度来分析重要国际金融组织的改革背景，主要包括两方面：世界经济格局发生深刻变化和全球金融体系稳定性的要求。

### 3.2.1 世界经济格局发生深刻变化

从1944年布雷顿森林体系的建立到现在的六十多年间，随着全球经济和金融的不断变化，世界经济格局发生了深刻的变化。

两次世界大战结束后，饱受战争创伤的欧洲资本主义国家百废待兴，美国取代昔日英国的霸主地位成为世界第一经济强国，成为影响世界经济的主要力量，世界经济出现单极格局。第一次世界大战中美国成为各国各种产品和物资的主要供给地，战争给美国经济带来了繁荣，战争结束后美国经济迅速崛起，一跃成为世界第一经济强国。第二次世界大战中，美国依然是其盟国的后勤总基地，工业生产急剧膨胀，经济雄踞世界榜首，二战后美国经济进入全面的鼎盛时期，成为对世界经济发展起着支配地位的国家。1948年，美国工业生产值占发达资本主义国家的比重高达61.3%，直到1960年依然达到51.9%；黄金储备总额几乎占到世界总额的3/4；主要工业品产量在世界总产量中也占有相当大的比重①。1944年，以美元为中心的国际货币金融体系建立，美国成为建立国际金融新体制的盟主，其经济波动也成为影响世界金融市场和国际资本流动规模与流向的重要因素。

从1946年到20世纪70年代初期，是美国国内市场高速发展的时期，也是美国资本输出与对外贸易的高速扩张时期，美国的经济实力及其全球影响力是西欧和日本这两大经济体系难以企及的。60年代以后，以苏联为首的社会主义阵营经济实力增长迅速，美苏两大势力相互抗衡的两极格局逐渐形成。进入70年代后，日本和西欧的经济迅速发展，美国尽管仍然稳居世界经济霸主的地位，但它与其他资本主义国家的差距已经明显缩小。“冷战”结束以后，美国一极独大的单极格局一度恢复。

90年代以来，随着欧盟东扩、东亚经济合作加强和发展中国家经济实力增强等趋势，世界经济格局也发生了新的变化。当代世界经济格局的基本特点是美国仍将维持领先地位；欧盟经济实力不断加强；东亚经济合作正在加强；部分发展中国家经济崛起；与60年前美国单级独大的格局相比，当代世界经济格局呈现“多极化”趋势。

---

① 国际货币基金组织．调研．1985－01－21；转引自：国际货币基金组织［M］．北京：社会科学文献出版社，2004：95.

第一，美国在世界经济中将长期维持领先地位。第二次世界大战结束以后，美国两度在世界格局中一极独大。随着世界经济多极化的日趋发展、国际经济竞争的日益加剧、国际政治形势的走向缓和，美国的世界经济霸主地位遭到来自内外两方面的挑战，但是凭借其政治、经济、科技军事等方面的优势，美国仍将长期维持其在世界经济格局中重要一极的地位。目前，美国占世界 GDP 总量的比重虽然与其最强大的时期相比，已经大幅度下降，但始终保持在 20% ~ 30% 的水平。根据 2009 年 10 月 IMF 公布的数据，2008 年美国的 GDP 为 14.4 万亿美元，约占世界经济比重的 23.6%，而居于第二和第三位的日本和中国分别为 4.9 万亿美元和 4.3 万亿美元，所占比重约为 8% 和 7%。[①] 可见美国在当今世界经济中的地位仍然是无人能撼的。

第二，欧盟在世界经济中的地位呈上升趋势。"冷战"结束以来，欧盟加速了经济一体化进程，其在世界经济中的实力也不断提升。2008 年欧盟的 GDP 总量为 18.4 万亿美元，[②] 约占世界的比重为 31%，超出美国 7 个百分点。欧元成为唯一有可能挑战美元国际货币地位的币种，其世界储备货币的地位在不断提升。但是，由于欧盟是由 27 个主权国家组成的联合体，在国际经济、政治与军事等问题上不可能像美国一样形成完全一致的合力，特别是在世界经济领域也远没有达到应有的主导权和话语权，所以其综合实力要赶超美国还有一定距离。

第三，东亚经济合作不断加强，经济战略意义重大。20 世纪 80 年代以来，东亚地区不仅是国际上对外贸易增长最快的地区，也是区域内贸易发展最迅猛的地区。目前，全球经济正处在新一轮的增长进程中，东亚再度成为世界经济增长最快的地区。1980—2000 年，东亚区域内贸易占国际贸易的比重由 4.8% 上升到 12.7%；1980—2003 年，东亚区域内贸易额占东亚地区贸易总额的比重由 34.7% 上升至 54%，高于北美自由贸易区的同期发展水平。随着东盟、中、日、韩之间的合作日益加强，东亚各国的经济实力日趋增强，尤其是中、日两国，东亚区域经济的世界经济地位正在不断提高，很可能成为未来的"世界第三极"。

第四，部分发展中国家经济发展势头强劲，加速世界经济格局"多元化"

① 资料来源：国际货币基金组织网站，World Economic Outlook Database，October 2009。

② 资料来源：国际货币基金组织网站，World Economic Outlook Database，October 2009。

发展。近些年，“金砖四国”①、“金钻十一国”②、“展望五国”③ 等投资概念都代表着一些发展中国家的快速崛起，这无疑将加速世界格局多极化进程。根据 IMF 统计，2008 年“金砖四国”的 GDP 总额达 8.783 万亿美元，约占世界 GDP 总额的 14.4%④。以中国为代表的发展中国家的崛起必将影响和改变经济格局。

总之，随着全球经济和金融的快速变化，当代世界经济格局发生了深刻变化，从 60 年前的美国单极独大的格局到现在的多元化格局。这种深刻变化对国际货币金融体系、国际金融组织和世界贸易体系也有着深刻影响。

### 3.2.2 全球金融体系稳定性的要求

从 20 世纪 80 年代至今，区域性和全球性的金融危机频频爆发，包括 20 世纪 80 年代拉美国家的债务危机，90 年代的欧洲金融风暴、墨西哥金融危机、东南亚金融危机、俄罗斯金融危机、巴西金融危机，21 世纪初的阿根廷金融危机和当前的全球金融危机等。这一系列金融危机主要表现出爆发频率加快、危害程度加深、蔓延速度加快、波及范围加大等特点。这些危机的爆发反映了整个金融体系内在的脆弱性。同时，从世界范围来看，这些危机的爆发都不是孤立的，危机背后都反映着世界政治、经济格局和全球金融体系已经发生了深刻变化。

这些危机暴露了整个金融体系的内在脆弱性。首先，高杠杆比率经营、信贷周期与经济周期相一致、信息缺陷等因素都决定着金融机构的内在脆弱性。其次，资本自由流动、混业经营等因素又影响着整个金融体系的内在脆弱性。金融体系的内在脆弱性无法轻易消除，这是由金融机构的本质特征决定的。

同时，这些危机背后都映射着世界政治、经济格局和全球金融体系发生深刻变化的客观背景。这些客观外因主要包括以下几个方面：第一，世界经济全球化进程加快，全球经济失衡日益严重。这种失衡主要表现为东亚发展中国家出口廉价产品和服务导致的大量顺差和美国等发达国家进口相应产品和服务导致的大量逆差。在失衡格局下，东亚发展中国家积累了大量外汇资产。第二，金融监管放松，金融日益自由化，又没有健全的措施和体系，制度风险增加。

---

① 金砖四国：中国、俄罗斯、印度、巴西。

② 金钻十一国：墨西哥、印度尼西亚、尼日利亚、韩国、越南、土耳其、菲律宾、埃及、巴基斯坦、伊朗和孟加拉国。

③ 展望五国：越南、印度尼西亚、南非、土耳其和阿根廷。

④ 资料来源：国际货币基金组织网站，World Economic Outlook Database，October 2009。

全球性的金融监管缺位加速了次贷危机的大范围蔓延。第三，金融创新过度发展，导致金融资产交易的虚拟性增加，交易风险增大。过度的金融创新已对系统性金融稳定构成了威胁，本轮次贷危机在一定程度上是金融衍生产品的危机。第四，各国金融体系逐渐开放，金融全球化加快，发展迅速与制度缺陷并存的新兴市场经济国家对世界金融的融入影响了全球金融体系的稳定性，加剧了风险与危机释放的力度。第五，新国际货币体系下美元仍为主要的国际储备货币，世界货币体系存在内在缺陷，全球金融体系的不稳定性和缺位问题明显。

每一次金融危机的代价都是惨痛的，如通货膨胀、失业率上升、本国货币贬值、国际贸易受阻、人们生活质量下降，甚至导致政局动荡不稳、经济持续下行等。随着经济和金融全球化进程的加速，金融危机逐渐呈现出爆发频率加快、危害程度加深、蔓延速度加快、波及范围加大等特点。那么，为了预防全球性的金融大动荡，为了减小金融危机的爆发频率、危害程度、蔓延速度和波及范围，为了保障全球经济和金融的稳定性，为了促进全球经济和金融的一体化发展，我们需要重视全球金融体系的风险，加强全球金融体系的稳定性。

但是，从一系列金融危机爆发的特点、内因和外因可以看出，在全球经济和金融日益一体化的时代中，单个国家的金融体系稳定是不能防御全球性金融危机的，也无法改变金融危机爆发和蔓延的事实。比如本轮次贷危机的爆发，几乎所有的国家和地区都遭到了冲击和危害，只是危害程度有浅有深而已。在这种情况下，我们需要建立一个超越各国主权的、协调全球经济和金融平衡稳定发展的国际性金融组织，以促进世界经济的稳定发展和提高全球金融市场的效率。所以，我们需要通过加强金融方面的国际合作，重新定位全球性国际金融组织的功能来降低全球金融体系的风险，加强全球金融体系的稳定性。只有保证全球金融体系的稳定性，才能达到预防危机和衰减危机的效果，从而使得所有国家都从中受益。这种全球金融体系稳定性的要求对国际金融组织的功能重新定位提出了相应的要求。

## 3.3 国际金融组织的现存问题

如上分析，在过去的几十年里，全球经济经历了一系列的变化，而现存的主要国际金融组织如国际货币基金组织、世界银行等都建立于这些变化发生之前。随着全球经济环境的不断变化，这几年对各国际金融组织现行的组织架构及功能定位的质疑越来越多，这其中尤以对 IMF 的质疑为甚。另外，国际金融组织的组织架构及功能定位从属于特定的国际货币体系，国际金融组织的缺陷也会导致国际货币体系出现问题，因此有必要对现行国际货币体系所存在的问题进行分析，以说明国际金融组织改革的迫切性和必要性。本部分首先从内、外两方面分析 IMF 现存的主要缺陷，然后对世界银行现存的缺陷进行简要论述，最后分析现行国际货币体系的主要问题。

### 3.3.1 IMF 的内生缺陷

本部分主要论述 IMF 的内生缺陷，所谓内生缺陷是指 IMF 自身组织体系所存在的缺陷，具体而言包括以下几个方面。

**一、缺乏公正性**

目前，IMF 的重要提案需要获得 85% 以上的投票才能通过，而美国现在拥有 IMF16.77% 的投票权，这导致其他各国拥有的总投票权低于 85%，也就是说美国有能力否决任何重要提案。这就使得 IMF 在一定程度上成为美国的附属物，而不像一个真正的国际金融机构。与投票机制相伴随的另一个问题则是 IMF 的份额问题。IMF 规定，每个成员国有 250 票基本投票权，然后按其份额每 10 万特别提款权增加一票。目前，IMF 基本投票权的作用已名存实亡，让位于由金钱决定的投票权。至 2002 年，基本投票权在总投票权中所占比重已从最初的 11.3% 下降到 2.1%。可见各成员国实际份额的多少对其决策影响力起着至关重要的作用，而目前各成员国在 IMF 的份额已经不能反映当前国际经济格局的发展变化，突出表现为发达国家在决策机制上占主导地位，而中国、巴西等发展中国家经济实力的增长却未能在基金份额中得到应有的体现。要想使 IMF 的投票机制具有公正性，从根本上讲应该是改变各成员国的份额分配比例，使美国的投票权降到 15% 下，以取消美国的绝对否决权，并按经济实力的增长相应增加其他各成员国尤其是发展中国家的投票权。

**二、缺乏独立性**

目前 IMF 被少数发达国家所操纵，其存在的宗旨和金融救助的规则往往以发达国家经济金融的发展水平和模式为出发点，而发展中国家在国际金融机构规则的制定中则难以发挥必要的作用。但这些规则的主要施用对象却往往是这些市场不成熟且不完全开放的发展中国家，一旦发展中国家经济陷入危机需要国际金融机构救助时，其前提条件是相当苛刻的，决策中并不能体现发展中国家的利益，制约了国际金融机构作用的发挥。除被少数发达国家操纵外，IMF 缺乏独立性的另一个显著特点是为美国利益服务。作为 IMF 的最大股东，IMF

的许多决策都体现着美国的利益。在一定程度上，IMF 已经由一个国际协作组织变为美国利益的代言人。除其原有宗旨——促进全球经济金融稳定外，目前 IMF 的许多决策都以支持美国利益为原则。

**三、缺乏透明性**

缺乏透明性表现在两方面：政策制定和雇员选拔。政策制定流程缺乏透明性一直是 IMF 饱受争议的地方，这一点在 1997 年亚洲金融危机后表现得尤为明显。在此后，IMF 对其政策制定流程进行了一定的改革，提高了透明度。目前，通过新闻报道、研究报告以及 IMF 官方网站等渠道，对 IMF 政策制定感兴趣的人员和机构可以获得 IMF 最新政策信息及其决策流程。但对于雇员选拔机制，特别是管理层的选拔标准，IMF 却始终缺乏透明性。目前，IMF 的雇员，尤其是其高管主要来自发达国家的金融机构，这使得 IMF 在政策制定过程中很难切实、全面地考虑到发展中国家的实际情况。雇员选拔机制缺乏透明性所导致的一个严重后果就是高管构成比例缺乏公正性，比如欧盟占据了 IMF 40% 以上的执董和副执董席位，但发展中国家的席位却相对较少。

**四、缺乏事前预警机制**

目前，IMF 的金融救助都属于“事后调节”，而要想保证国际金融体系的稳定则需要 IMF 在一国出现危机苗头后立即采取措施，防止危机的恶化和蔓延，但 IMF 的事后调节方式无法满足这种需要。布雷顿森林体系的瓦解使 IMF 放弃了对成员国汇率进行干预的义务，而专注于“协助建立成员国之间经常项目交易的多边支付体系，并消除妨碍世界贸易发展的汇兑限制”的目标。这样，只有当一国的外汇危机危及自由汇兑或债权债务清偿时，IMF 才会出来干预，提供帮助。实践证明，这种事后的干预往往于事无补。因此需要建立一种有效的监控机制，对走向危机的国家进行早期预警，并提供条件宽松的金融支持以尽早防范金融危机的发生。

**五、缺乏足够的资金规模**

目前 IMF 可用资金规模约为 2 500 亿美元，而在本次全球金融危机爆发后，几乎所有经济体都在等待救援，因此每个国家所能够获得的贷款不足 500 亿美元。在危机中，IMF 所能调动的资金规模与巨额国际游资相比显得十分微小，因此应该考虑增加各成员国所交纳的基金份额，或者由 IMF 牵头建立若干个区域性的货币互换和储备调拨机制，以便在发生危机时增大 IMF 可调用的资金规模。

**六、对其错误的决策不必负责**

由于缺乏相应规定，目前 IMF 不需对其错误决策所造成的负面影响承担任何责任，这将会导致 IMF 的决策缺乏必要的谨慎性。IMF 作为重要的国际金融机构，其错误的决策往往会给世界经济造成巨大的损失。如 1997 年的亚洲金融危机，由于 IMF 对各被救助国的贷款都附加了诸多的限制性条款，这些条款本是为促使被救助国尽早摆脱危机，然而由于这些条款没有充分考虑各被救助国的实际情况，反而导致了危机的进一步蔓延，亚洲各国经济也因此遭受重创。

### 3.3.2 IMF 的外生缺陷

IMF 的外生缺陷是指 IMF 在同其他组织、国家的业务往来中所表现出的问题，具体包括以下几个方面。

**一、监管的不对称性**

由于 IMF 的内生缺陷（受少数发达国家控制），目前 IMF 无法影响发达国家经济政策的制定，无法对发达国家的行为进行有效的监管。但却对发展中国家经济政策的制定施以诸多压力，要求发展中国家签订一系列协议，而发展中国家之所以同意签订这些协议，是因为这些协议被国际投资者视为其投资的间接担保，协议的签署有利于发展中国家进入国际资本市场，吸引国际投资者的投资。

**二、忽视成本、收益在不同主体间分配的平等性**

通常要求一项社会措施的成本、收益能够在社会不同主体间进行平等的分配，以保证社会的公平性。但 IMF 的许多措施都忽略了这一原则，如 IMF 提出的结构调整程序（Structural Adjustment Programmes，SAPs），私有化和自由化的收益由社会的少部分群体获得，但其高额成本却由社会的另一部分群体承担。但 IMF 对此却解释说这是为了获得社会进步而不得不支付的代价。

**三、以“华盛顿共识”作为政策制定的基础**

IMF 的建立最初基于以下假设：市场无法有效地运行，因此需要全球范围的协作监管才能确保市场的有效运行和经济的长久稳定。然而最初以凯恩斯主义为导向的 IMF，其政策制定基础在 20 世纪 80 年代却被“华盛顿共识”所取代。该共识认为自由市场可以运行得更有效率，而高效的市场运行可以加快世界经济的发展速度。“华盛顿共识”以财政紧缩、私有化和市场自由化作为其三大支柱，同凯恩斯主义完全相反，其根本是以市场为基础。基于“华盛顿共识”，IMF 开始鼓励资本的跨国流动和贸易的自由化，在此过程中却忽略了政府监管和干预在确保上述活动有效进行中的必要作用。由于近年来国际金融市场变得越来越脆弱，因此 IMF 基于市场自由化所采取的一系列措施，不仅没有促进全球资源的有效配置，反而导致全球经济缺乏必要的稳定性。

**四、贷款分配缺乏公正性**

IMF 的一个重要职能就是对其成员国进行资金融通。前文已指出，IMF 可用于贷款的资金规模极其有限，因此贷款申请国有可能无法获得足够的贷款支持。在贷款资金分配方面 IMF 又存在着不合理之处，其贷款比例按各成员国交纳的份额进行分配。目前，少数发达国家占有 IMF 最大比重的份额，而最需要贷款支持的发展中国家所占份额比重却比较低。这不仅导致贷款分配缺乏公正性，更导致在危机中最需要救助的经济体——发展中国家往往无法获得足够的贷款，造成贷款资金使用的低效率。

**五、贷款条件性的缺陷**

IMF 提供的贷款与一般的商业贷款不同，具有较为苛刻的条件和鲜明的政策性。例如，1997 年亚洲金融危机爆发后，IMF 成为国际金融领域重要的协调者和仲裁者，对各国进行了资金援助和干预。但是，在 IMF 和各被救助国达成的援助协议中，附加了以下限制性条件：（1）整顿金融秩序，勒令部分金融机构破产，并对金融机构进行重组，使其尽快达到《巴塞尔资本协议》的资本金要求，但在此过程中必须保护存款者和债权人的利益；（2）开放金融市场，取消对外资参与本国金融机构的限制；（3）削减财政开支，紧缩经济，提出新年度的宏观经济预测指标（包括降低 GDP 增长率、遏制通货膨胀水平、改善国际收支等）；（4）调整经济结构，进行市场化和私有化改革。近年来，要想获得 IMF 的贷款支持，贷款申请国所需同意的贷款条件越来越多，而 IMF 的贷款条件也受到越来越多的批评，主要集中于以下两方面：

首先，破坏了被救助国的经济。IMF 的贷款条件通常会导致被救助国的经济发展受阻、经济发展潜力遭破坏、社会两极分化加重等。如 1997 年亚洲金融危机，接受 IMF 资金援助的东南亚各国都被迫按其所开“药方”进行调整和改革，而这些“药方”都是：要求危机国采取财政紧缩和货币紧缩政策，提高利率以吸引外资进入并进一步稳定汇率；要求亚洲各国整顿金融机构，加速开放市场并迈向自由化，取消不平等的补贴政策等。IMF 的这些限制性条件，产生了适得其反的效果，比如要求加速资本流动自由化，反倒进一步加剧了金融市场的动荡；此外，IMF 对这些面临汇率风暴冲击的国家采取强制措施，不但无法恢复投资者的信心，反而加剧了资本的外逃；提高利率又迫使私人企业的资金成本大幅提高，从而加速破产的速度，并引发通货膨胀的急剧上升。

其次，贷款限制性条款趋同。IMF 开出的“药方”往往具有趋同性，而没有具体考虑各个国家的实际情况。如1997年亚洲金融危机，IMF为东南亚各国开出的“药方”不仅没有任何区别，甚至同早年给墨西哥开出的“药方”相同。东南亚国家的情况和墨西哥并不相同，墨西哥当年发生的危机主要是由于通货膨胀引起的，因此，IMF要求墨西哥实行财政和货币紧缩政策是对症下药；而亚洲国家面对的主要问题是市场机制和金融体制不健全，法制薄弱，从而导致人情风泛滥。要在亚洲国家推进改革，必须转变政府对经济的管理模式，而IMF并没有这方面的改革建议。另一方面，IMF的改革方案直接影响了平民百姓的切身利益，例如，削减公共开支、增税及撤销对生活必需品的财政补贴等，使低收入阶层的生活更加困难。另外，勒令经营不善的国有企业私有化，关闭资金周转不灵的银行或金融机构则会导致失业率的上升，并造成社会的动荡。

### 3.3.3 世界银行的主要缺陷

相对于IMF而言，目前国际上对世界银行的批评并不是非常多，主要集中在以下几个方面：首先，世界银行在政策制定上受到少数发达国家（尤其是美国）的影响，因此其政策往往趋向于这些国家的利益。其次，世界银行本以“新自由主义”为宗旨，其原则为“市场是唯一可以为一个国家带来财富的机能，一个国家只有实行自由竞争才能昌盛。”但是在有军事冲突的国家中（内战或外战）或在长期被压迫的国家中（独裁或殖民主义）以及在政治不稳定和不民主的国家中新自由主义的原则和改革却没有起到作用。在这些情况下世界银行偏向引入外国企业，却导致当地经济系统被摧毁。最后，自由主义者批评世界银行是一个政治组织。他们认为世界银行不相信市场调节经济的能力，而是一个少数国家用以调整国际经济秩序的工具，其目的是掩盖这些国家的政策对世界经济的控制。

### 3.3.4 现行国际货币体系的缺陷

1976年签订的《牙买加协议》和《国际货币基金组织章程第二次修正案》宣布了布雷顿森林体系的终结，也是现行国际货币体系的起点。这个体系并不是通过国际间的有效金融合作和协调来形成的，而是国际社会对各国各行其是的承认，因此现行国际货币体系也被称为“无体系的体系”（International Non-system）。这使得现行国际货币体系的存在和运行没有稳固的基础，始终处于一种无序状态，这种无序状态导致现行的国际协调机构和机制在各国利益冲突和金融危机面前显得无能为力，而现行国际货币体系的缺陷也表现得日益明显，具体分析如下：

**一、汇率制度安排不利于国际金融体系的稳定**

现行汇率制度实行以浮动汇率为主的混合汇率机制，发达国家凭借其政治经济实力大多实行浮动汇率制度，而发展中国家由于其经济发展的依附性，只能被动地选择钉住美元等少数几种货币的钉住汇率制度。在这种汇率制度安排下，发达国家可根据其自身经济、金融利益需要确定其汇率水平，并左右国际汇率水平和变动趋势。此时实行钉住汇率制的国家只能被动地确定其汇率水平，这种汇率水平自然难以反映发展中国家与发达国家间的经济发展水平。同时根据蒙代尔模型，这种汇率制度安排也破坏了发展中国家的货币政策独立性。

**二、大规模无序的国际资本流动无法得到有效的制约**

在开放经济条件下，有效的资本流动可以引导资源在世界范围内合理有效地配置，推动各国经济的发展，缩小国家间的经济发展差距。但这种资本流动必须是有效的，需要有国际权威的监测与监控机构抑制国际资本的投机性和破坏性，否则将对资本流入国的经济造成巨大的破坏，如 1997 年的亚洲金融危机就说明了这一点。然而现行国际货币体系并不能有效制约国际资本大规模无序的流动，这使得具有大量金融资本的发达国家既可以大规模输出资本获得巨额的海外投资收益，又可以影响和操纵资本输入国的经济政策和政治倾向。对于资本输入国而言，虽然资本的大规模流入缓解了经济发展中资本短缺的不足，但却陷入了资本自由流动的陷阱，造成发展中国家经济的虚假繁荣。

**三、“特里芬难题”没有得到根本的解决**

布雷顿森林体系之所以瓦解其根源在于以美元作为单一储备货币，国际储备货币的充足与人们对其信心的维持难以兼顾，造成“特里芬难题”。牙买加体系允许国际储备的多样化，这在一定程度上使“特里芬难题”得到了缓解。当一国货币贬值产生信用危机时，它在外汇储备中所占的比重就会下降，而信用良好的货币比重会增加；当某一储备货币国长期逆差导致国际清偿能力不足时，其他储备货币便可以弥补这一不足。因此多元化的国际储备能够稳定地提供国际清偿能力，使单个储备货币的危机不会造成整个国际货币体系的巨大动荡，“特里芬难题”得到一定程度的缓解。但由于美国的政治经济实力，目前美元仍然是最主要的国际清偿手段，也是最主要的国际储备货币，因此“特里芬难题”并没有得到根本的解决。

**四、美元的特殊地位增加了国际金融体系的风险**

由于历史原因，美元在很长一段时间都是各国唯一的储备货币和国际支付唯一的清偿手段。1999 年 1 月 1 日欧元正式启动，国际社会普遍期望欧元能够与美元相抗衡。但到 2000 年 10 月，欧元却出现持续大幅度地对美元贬值，导致欧元无法成为各国主要的储备货币。日元币值虽然相对稳定，但在各国的外汇储备中所占份额也较小，一般为 6% 左右。目前在 IMF 成员国官方持有的外汇储备中，美元约占 64%，在全球外贸交易和贸易结算中的份额近 70%，在国际债券的发行中也占近 50%。可见目前美元仍然是各国主要的储备货币和清偿手段，这种特殊地位有利于美国损害他国的经济利益。美国可以通过国际收支逆差，向他国输出美元获取巨额的铸币税，并输入他国的实际经济资源，可利用美元支付巨额的外债，减少美国经济资源向国外的转移。另一方面，美元的特殊地位还支撑了美国长期负债消费的生活模式，助长了其金融资本膨胀和资产价格泡沫，并增加了国际金融体系的风险。以次贷危机为例，为了平衡其经常项目赤字，美国需要吸引大量的资本流入，而次级抵押贷款和以其为基础的各类结构性金融产品成为其吸引资本流入的重要工具。美元的国际货币地位也使美国能够将这些产品销往全世界。来自高储备国家的大量资本流入又推动了美国资产价格的上涨，支撑了美国长期负债消费的模式，也为美国各类创新金融工具的销售创造了条件，助长了美国金融资本的膨胀。由此导致国际金融体系失衡日益加深，世界经济系统性风险也不断累积。当美国房地产价格回落，房地产泡沫被刺破以后，立刻产生连锁反应，最终引发全球性的金融危机。

**五、缺乏有效的协调与合作机制**

20 世纪 90 年代以来，随着金融全球化和自由化的发展，全球金融市场的形成和资本国际流动的增加，在汇率变动、国际资本流动、国际收支调节和金融危机防范等方面，国际协调与合作的作用正变得越来越重要与必要，协调与合作的效率已成为国际货币体系稳定运行和防止国际金融风险的重要因素。但目前的国际货币体系中还没有能够有效促使各个国家、地区以及不同国际金融机构相互协调与合作的主体存在。因此，建立权威的国际金融监管机构，形成国际金融协调与合作的新机制，实现国际货币体系运行由无序到有序，应是对现行的国际货币体系进行改革的一项重要内容。

**六、缺乏最后贷款者**

目前随着经济金融全球化的不断发展，全球金融市场正在形成，资本的跨国流动规模正不断增加、速度正不断加快，这在客观上要求金融监管标准的全球统一化和国家监管的国际化。1997 年的亚洲金融危机和本次由美国次级抵押贷款引发的全球金融危机暴露出目前国际货币体系所存在的一个天然缺陷，即缺少“世界中央银行”作为国际金融市场的监管者，以维持国际金融市场的稳定；并扮演最后贷款者的角色，以保证在大范围金融危机发生时市场流动性的充足。

## 3.4　国际金融组织改革的基本原则

在讨论国际金融组织改革的原则和方向之前，我们再次梳理与重申一下各个组织的功能定位。IMF 的基本使命是保证国际体系的稳定。为了履行这一使命，IMF 应承担三项主要职能：随时关注全球经济和成员国的经济状况；向国际收支发生困难的国家提供给短期贷款援助支持；为各国国际政策协调提供场所与平台，组织协调活动，增进国际联系。世界银行的主要使命是通过提供资源、共享知识、培养经济建设能力以及培育公共和私营部门的合作，帮助中低收入国家脱贫。从以上两大国际金融组织的职能可能看出，金融组织在分工上各有侧重：IMF 主要着眼于国际货币体系的稳定，监督成员国汇率制度安排以消除不利于国际贸易发展的外汇管制，贷款援助针对性强，以发生国际收支困难的成员国为对象，仅提供紧急临时性的资金融通；世界银行更注重一个国家长期经济实力的建设与发展，贷款多投放于环境和基础设施领域，一般与特定的工程项目相联系，期限长、利率低，并且在提供资金支持的同时给予技术援助。概而言之，IMF 更多地从金融角度出发，协调各国货币政策，消除不公平竞争，促进经济金融全球化的深化与世界经济发展；而世界银行着眼于贫穷国家和中低收入国家的实体经济，通过发展与完善一国基础设施建设，为发展该国经济做好前提铺垫。

东南亚金融危机以来，国际上就 IMF 的职能发挥多有争议，就 IMF 对稳定全球经济环境、促进经济发展的作用存在质疑，世界银行也不例外。IMF、世界银行也意识到自身的机制与危机治理结构不甚合理，积极主动进行改革。从功能角度出发，两大国际金融组织在分工上各有侧重，在改革自身机制与管理模式的同时，也应该注重加强彼此间的合作，以增强国际金融组织体系的相互协调性和功能互补性。根据它们所暴露的机制和治理结构缺陷，以及加强组织间合作和协调，笔者认为 IMF 和世界银行在改革过程中应遵循以下原则。

### 3.4.1　公平性原则

正如前文所分析，缺乏公正性是 IMF 内生缺陷之一。在布雷顿森林会议筹备阶段，IMF 主要发起者英、美决议舍弃一国一票制，取而代之以一种“豪绅主义”的基金份额决策制度，每一成员国投票权的分配主要由各成员国所交纳的基金份额决定。当时因为英、美的霸权主义，尽管众多小国对此投票机制颇有怨言，却没有发言权，因此按份额投票机制顺利通过，并且这种决策机制一直沿用到今天。不难看出，IMF 实际上被美国和欧洲所操纵，在决策与行动方面以美国和欧洲利益为主，特别是美国的利益。当前新兴市场国家和地区经济总量显著提高，而发达国家占世界经济总量的比重相对下降。IMF 成员国的份额与投票权应当反映世界经济结构的变化，美国、欧洲、日本和加拿大等发达国家共有 63% 的投票权，但占全球 GDP 25% 的亚洲地区所占基金份额只有 10%。IMF 也意识到自身决策机制的不合理性，在 2006 年新加坡联合年会上提出的“中期战略”中就提到两步走方案：第一阶段为少数严重低估国家特别增资；第二阶段的改革涉及范围更广，涉及份额计算公式、基本投票权、增加非洲席位以及总裁遴选方式等。

世界银行也面临着同样的责难，认为世界银行受控于发达国家，是为美国为首的西方国家施行有利于它们自己的经济政策的执行者。因此在 IMF 和世界银行的改革中，要注重公平性原则，体现在各成员国权利与义务的对等性，增加发展中国家的话语权，体现世界上决策行动真正从全球多个国家共赢的角度出发。

### 3.4.2 决策独立性原则

决策独立性与公平性原则一脉相承，正如前文所分析，IMF 和世界银行主要体现发达国家的利益，存在着宗旨和救助规则以发达国家的经济金融发展水平和模式为出发点，未考虑到世界大多数国家的利益。由于不公平的投票制，IMF 已经沦为美国的傀儡组织，实际决策权掌握在以美国为首的发达国家中，没有体现其促进世界经济稳定发展的宗旨。因此在 IMF 决策机制改革中，应贯彻独立性原则，通过基金份额制的改革，真正考虑广大发展中国家和贫穷国家的利益，做到决策的独立性。同样的问题也存在于世界银行的决策机制中，世界银行应加强信息披露功能，提高决策的透明度，从而形成有效的外部约束以保证其决策的独立与公正。

### 3.4.3 主动性原则

这一原则主要是针对 IMF 应对危机反应迟缓所提出的。对于危机的处理，

IMF 也存在机制上的缺陷，它更多的是一种事后检讨与修正，如在墨西哥金融危机中反应迟缓，事后设立了一个快速处理程序。IMF 往往在危机爆发后，根据处理过程中暴露的问题进行改革，管理缺乏前瞻性，无法及时有效处理危机。随着经济金融的发展，世界形势时刻发生着变化，每一次区域性或者全球性危机的爆发原因和机制不尽相同，如果每次 IMF 只是等待问题出现后被动地修正，那么这种被动无效会一直持续下去。因此 IMF 在日常工作中，应该时刻关注国际经济格局的变化，积极主动适应新的形势，争取做到事先防范危机，而当危机爆发以后，有着迅速有效的处理机制。

### 3.4.4 协调与互补原则

IMF 和世界银行在功能上各有侧重，各司其职，相互间无甚重叠区域，因此国际金融组织在改革发展的同时，可以加强相互间的合作，从深度和广度上促进国际协调。从职能定位而言，IMF 主张金融促进论，主张国际货币体系的稳定与纪律性，以促进世界经济的繁荣，因此汇率监督可以称为其第一要务，并且拥有专业的研究团队时刻跟踪国际经济金融形势的发展。就笔者看来，IMF 应该充分发挥其专业特长，利用机构丰富的研究资源，在发挥基本职能，即监督汇率和世界经济走势的同时，构建一个透明度高的国际协调平台，为各国国际政策协调提供翔实的理论与事实依据。在这方面，IMF 可以和国际清算银行合作，国际清算银行作为各国中央银行的银行，对于促进各国在货币政策上的协调拥有得天独厚的优势，IMF 若与国际清算银行合作能实现相关信息资源共享，无疑将极大提升组织协调的能力。如果说 IMF 注重国际货币资本市场的协调与发展，那么作为世界援助体系的代表，世界银行应将工作的重心更倾向于实体经济的建设，帮助贫穷和中低收入国家脱贫。由于世界银行的贷款主要针对大型基础设施项目提供长期优惠贷款，贷款数额巨大，仅凭世界银行的力量，有时难免力不从心。目前世界银行也意识到这一问题，开始注重与私人部门的合作，注重在项目中引入私人部门的基金，扩大资金的实力，从而增强援助力度。所以，世界银行通过与私人部门的合作，发挥种子资金的作用，将工作重心侧重于研究与开发新项目，通过培育项目，加强其经济可行性，从而吸引私人资金的进入，从而提升世界银行的扶贫力度。

总而言之，在国际金融组织体系的改革与发展中，各组织间不仅要做到分工明确，不存在功能的重叠；而且更应该注重相互间的协调与发展，并通过信息共享，既为各国国际政策协调提供更为全面与广阔的视角，也为其自身的发展探明了前进的方向。

## 3.5 国际金融组织职能的改善

正如本章反复强调的，国际货币体系作为国际协调的制度安排，在全球经济金融一体化背景下，对于帮助一国实现内外均衡有着举足轻重的意义。IMF代表国际货币体系，它的改革是国际金融组织体系改革的核心，因此国际金融组织职能的改善这一节，主要侧重分析 IMF 职能的改善。IMF 的主要宗旨在于维护国际货币体系的稳定，促进世界经济的发展。IMF 现有职能的改善以及新职能的扩充，应主要围绕其宗旨进行。根据国际货币体系现存的缺陷以及 IMF本身的不足，IMF 在改善传统三大职能的基础上，还应扩充一项新的职能，即监测全球系统性风险，以应对国际经济形势的变化。

### 3.5.1 建立超主权货币

汇率监督是 IMF 的一项重要职能，其目的在于保证有秩序的汇兑安排和汇率体系的稳定，以消除不利于国际贸易发展的外汇管制，避免成员国操纵汇率或采取歧视性的汇率政策以谋取不公平的竞争利益。简而言之，就是保障国际货币体系的有效性，以促进国际贸易公平发展。IMF 的出发点虽好，但在实际运作中却不尽如人意。在金本位制下，黄金由于其自身的天然价值，一国货币与黄金挂钩实际上强加给该国货币当局一种纪律性，限制各国滥发货币，整个货币体系具有内在的稳定性。但布雷顿森林体系和牙买加体系却不具备这种稳定性，国际货币体系一直处于风雨飘摇中，IMF 基本未履行汇率监督的职能。IMF 成立之初，美元是国际货币，“特里芬难题”的存在导致布雷顿森林体系的必然溃败；而牙买加体系实际上是无货币纪律的体系。在牙买加体系初期阶段，尽管美元完全信用化，但是仍然作为世界货币，发挥着流通手段、支付手段和贮藏手段的职能。由于道德风险，美国可以通过滥发货币来满足其过度消费、过度举债的经济生活模式，小国货币的从属性和大国货币缺乏约束性使得“特里芬难题”实际上仍然没有得到解决。美国经济学家麦金农提出“小国货币的原罪”：如果小国经常项目不断逆差，它就要靠借外债来弥补其贸易逆差，这会导致其货币不断贬值，积累的债务负担越来越重，直到破产的边缘（20 世纪 90 年代拉美债务危机便是最好的说明）；如果经常项目顺差，外汇储备不断积累，本币升值，外汇储备缩水，国内流动性过剩，资产价格高企，直到发生泡沫经济（20 世纪日本就是一个最好的例证）。随着全球经济的发展和欧元的迅速崛起，世界货币由单极变成了双极，但是道德风险所带来的货币滥发状况依然没有得到根本的改变，反而有加剧的嫌疑。美国长期财政赤字和居民长期低储蓄高消费导致美国经常项目逆差，美元大量流出美国境内，刺激了美元资产的膨胀与积累。在两种国际货币并存的情况下，美元的大量发行导致其汇率持续下跌，欧元升值。欧元的坚挺抑制出口，欧元经济区因此会出现经常项目的逆差，同时欧元的升值也使得企业和金融机构以欧元计价发行的债券更容易取得成功，欧元资产在国际市场的份额也随之扩大。当欧盟地区的经常项目出现持续逆差，同时欧元资产在国际市场上膨胀，同样也会导致欧元的贬值。两种世界货币的共存，并没有出现相互制衡的状况，欧元区内部一些国家重复着的美国的游戏：通过消费其他国家的商品和服务以经常项目逆差的形式输出欧元，然后通过输出欧元计价的金融资产回收境外欧元。欧元和美元一样，只是通过国际储备货币地位获取相关利益，而不承担与此相应的责任与义务。也有学者认为，将世界货币体系由美元一极变为美元、欧元和日元三足鼎立的状态，可以有效制衡这种道德风险。从体制设计来看，三方制衡的机制确实可以制约道德风险，但是这种局面的产生任重道远，不仅需要三种货币背后所支撑的经济实力，也需要各自的政治家运筹帷幄、高瞻远瞩，一步一步将自己的货币推向世界的舞台。欧元尽管近年来蓬勃发展，但是距离与美元相抗衡还有一定的距离，况且超主权货币的固有缺陷必然使得欧元的前景充满变数。20 世纪日本签订《广场协议》，日元对美元大幅升值，泡沫经济破灭，日本陷入长达 10 年的经济衰退，至今仍未走出通缩阴影。日元的国际化已然失败。国际货币从很大程度上而言是世界经济自然选择的结果，尽管现在众多学者意识到美元霸权给国际货币体系带来的巨大隐患，但是在国际经济贸易往来中，美元的使用量依然一枝独秀，况且欧洲主权债务危机对欧元的冲击和日本经济的疲软直接影响欧元和日元的国际地位。所以，笔者认为，三足鼎立的局面很可能只是一个美好的愿望。由于信用货币的内在缺陷，有人呼吁金本位制的复辟，“黄金天然是货币”，认为黄金的天然价值可以约束一国货币的滥发，从根本上消除国际储备货币国的道德风险。只需稍加考虑，便可知恢复金本位制的不现实性：以黄金为本位，意味着世界经济总量具有上限，即世界黄金产量总和，这显然无法适应规模日益扩大的世界经济；另外，黄金产量受地理分布等因素的制约，无法真实地反映一国经济实力，同样具有不公平性。

中国人民银行行长周小川于 2009 年 3 月 23 日在中国人民银行网站上发表题

为“关于改革国际货币体系的思考”的讲话，在讲话中周小川提出“国际储备货币的币值首先应有一个稳定的基准和明确的发行规则以保证供给的有序；其次，其供给总量还可及时、灵活地根据需求的变化进行增减调节；第三，这种调节必须是超脱于任何一国的经济状况和利益”，指出当前国际货币体系以主权信用货币作为主要储备货币是不合理的。因此，周小川提出建立一种超主权货币，与主权国家脱钩，并且能保持币值的长期稳定，这样就可以避免主权货币作为国际储备货币的内在缺陷。IMF 作为国际货币体系的代表，对超主权货币的推进、构建稳定的国际货币体系具有不可推卸的责任，这也是其维护汇率稳定职能的一个重要体现。早在布雷顿森林体系的缺陷暴露之初，IMF 就于 1969 年创设特别提款权（SDR），以缓解主权货币作为储备货币的内在风险。SDR 是一种依靠国际纪律而创造出来的储备资产。它的分配是无偿的，具有价值尺度、支付手段和贮藏手段的职能。由于 SDR 不具备流通手段的职能，不能被私人用于国际商品的流通，因此它不是一种世界货币，加之分配机制的不完善，SDR 形同虚设。此次全球危机的爆发，全世界再次审视国际货币体系的内在缺陷，深度挖掘并拓展 SDR 的作用，为其成为超主权货币做好铺垫。IMF 的研究报告明确提出，要想瓦解美元霸权，维系国际货币体系的稳定，亟须扩大 SDR 的使用范围与作用，并且提供了一系列具体的推行措施。① 因此，无论 SDR 能否成为世界超主权货币，重视 SDR，最大限度地发挥它在国际经济贸易往来中的作用，有利于从制度层面上解决国际货币体系的痼疾，维持体系的平稳运转。在 SDR 创设之初，1 美元等于 1SDR，或 35SDR 等于 1 盎司黄金，牙买加体系下，浮动汇率合法化，美元币值动荡不定，IMF 转而采用一种加权平均的方法来确定 SDR 的价值，目前基本由美元、欧元、日元和英镑组成，每 5 年调整一次篮子货币的构成及权数。通过 SDR 的计价方式不难看出，SDR 价值相对比较稳定。因为任何一种货币汇率的波动，经过权数平滑后传导给 SDR 的影响大大缩小，而且方向货币汇率波动的对冲，可以抵消对 SDR 的影响。因此，价值稳定是 SDR 一大特征，而这一特征正是主权信用货币作为国际储备货币所不具备的。按照周小川的观点，可以从四个方面拓宽 SDR 的使用范围，从而能真正满足各国对储备货币的要求。这四个方面主要是：（1）建立起 SDR 与其他货币之间的清算关系，使之能成为国际贸易和金融交易公认的支付手段；（2）积极推动在国际贸易、商品定价、投资和企业记账中使用 SDR 计价；（3）积极推动创立

① Cohen, Benjamn J.. The International Monetary System: Diffusion and Ambiguity. Global and International Studies, UC Santa Barbara, 2008-02-01.

SDR计值的资产；（4）进一步完善SDR的定值和发行方式。可以看出，周小川主要是从深化SDR现有职能的角度出发，我们不妨大胆设想，在国际贸易中积极推广SDR的实际运用，逐渐拓展其流通手段职能，使之能真正成为世界货币。

### 3.5.2 组织国际协调

为成员国提供国际货币合作与协商的场所是IMF又一主要职能。应对全球化经济现状，在传统货币政策合作的基础上，鼓励各国加强财政政策的协调。在国际资金流动问题日益突出的情况下，牙买加体系下各国实现内外均衡的难度加大，由于缺乏国际协调，此体系下的缺陷最终会暴露出来，酿成危机。此次全球金融危机一个重要的原因就是金融监管的发展滞后于金融全球化的步伐，金融监管仍然局限于国界之内，忽视风险的溢出效应，缺乏国际间的协调与合作。在某一金融体遭受冲击时，由于业务上的相互交叉与联系，危机迅速传播，最终带来了全球性的金融灾难。随着金融一体化程度加深，加强国际协调是必然的趋势。良好的国际协调可以最大化政策的溢出效应，避免对外产生不良溢出效应，如避免经济共享变量的冲突，从而可以避免独立分散决策带来的低效率。但是，国际协调也存在一定的成本，各国因为政策协调而丧失一定的政策自主性。国际间政策的协调性质是各国政府间的讨价还价，利益的差异导致协调各方之间缺乏完全的信任，加之各国均将自身利益放在第一位，因此深入的协调存在一些难以逾越的障碍。2008年由美国引发的全球金融危机使得金融体系成为全球的焦点，各国为应对危机，开始举行二十国集团首脑会议，扩大各国的发言权，对有关国际经济、货币政策举行非正式对话。由此看出，IMF完全没有发挥出其国际协调的职能。国际协调可以获取更大收益的前提是各国了解经济真实的运行情况，但实际上由于各国以捍卫自身利益为主，决策时容易出现个体理性、集体非理性的囚徒困境。作为国际货币体系的载体，IMF对全球经济运行状况有着超主权的视角，本着独立性原则，IMF能以独立第三方的角度客观地分析世界经济形势，避免利益相关方的主观偏颇。在国际经济依存性日益提高的情况下，IMF有义务为国际金融领域提供一个加强合作和协调的场所。除此之外，IMF还应该继续延伸此职能，增强监测和信息发布功能，通过客观公开地反映国际经济真实状况，为国际协调提供政策依据，实现多方共赢。目前国际间的协调主要局限于货币政策层面，但随着全球金融一体化程度的加深，货币层次的合作显然不能适应新形势的要求。在欧元区，各国已经放弃了货币政策的独立决策权，随着经济金融一体化程度加深，很多学者认为财政一体化的局面不可避免。财政政策的国际合作牵涉一国经济自主性的丧失，但在当今经济金融形势瞬息万变的情况下，仅仅依靠国际间货币政策协调很难实现各国经济的内外均衡，因此，IMF 应鼓励各国加强货币财政政策的协调，组织发起国际协调，并提供协调场所，这也是 IMF 重要价值之所在。

### 3.5.3 改善援助机制

IMF 的另一项主要职能是向国际收支发生困难的成员国提供必要的临时性资金融通，帮助成员国渡过经济难关，并避免采取不利于其他国家经济发展的经济政策。正如前文所分析的，对于 IMF 的援助机制，国际上颇有微词。在成员国发生困难时，IMF 没有对其提供必要的帮助，反而有落井下石的嫌疑，将受援国拖向经济的深渊，导致受援国经济主权的丧失。无怪乎一旦成员国经济稍有好转，就立刻放弃与 IMF 的合作。通常情况下，成员国只有发生经济危机并无法控制时，才会向 IMF 申请援助，因此，IMF 在很大程度上扮演的是国际最后贷款人的角色。但是 IMF 提供贷款额度的有限性与所附加的苛刻条件，往往使成员国不到最后一刻绝不向其申请援助。IMF 提供的贷款援助就好比用短期药方强行治疗长期痼疾，贷款所附加的条件是基于长期角度来改善一国国际收支失衡，在危机时刻实施意味着会在短期内出现国内经济萧条、失业上升甚至引发社会动荡的可能性。因此，当成员国发生危机时，无论是否会立即影响该国的对外支付能力，IMF 都应该酌情提供贷款援助，有效缓解危机对成员国的冲击。但是这同样会引发道德风险的问题，国际最后贷款人的角色无异于向成员国暗示："你们不需要改革，IMF 将永远会救你们于水深火热之中。"① IMF 本身只是一个信用联盟性质的组织，依靠成员国上缴份额提供贷款，而且很多成员国尚未缴足自己的份额，所以 IMF 没有足够的财力为全球范围内流动性不足的国家提供贷款援助。IMF 应改变以前地缘政治的局限，加强对成员国中发展中国家和最贫穷国家的扶助。因此基于公平性原则，IMF 对成员国的贷款援助应该区别对待，对于发达国家，应更侧重于危机防范，经济平稳期加强国际间的交流与合作，而在危机时刻，提供危机贷款，阻止危机进一步恶化，向其他国家蔓延；对于经济发展落后的国家，由于几乎没有国际私人资本问津，IMF 可以担当这些国家的最后贷款人，尽可能帮助这些国家获得更多贷款以发展经济。

---

① Robert C. Guell. Issues in Economics Today [M]. McGraw－Hill Higher Education, 2003: 151.

### 3.5.4 加强信息披露和风险监测功能

在传统的三大职能改进的基础上，IMF 应利用国际金融组织的信息优势，加强信息披露和风险监测功能。20 世纪 70 年代以来世界各国掀起了金融创新的浪潮，金融创新产生之初是为了规避金融市场的风险以及相关政策的管制。可是随着创新浪潮的愈演愈烈，作为创新的产物，金融衍生工具利用其交易的高杠杆性，加剧了国际金融市场的资本流动速度以及资产价格的波动性，严重威胁到国际金融市场的稳定。各金融主体只着眼于自身风险的控制，却有意或无意地忽视风险的溢出效应。随着金融业务和金融产品的创新与发展，新型金融机构也层出不穷，一国金融体系的复杂化程度逐步加深，各类型的金融机构在经营上呈现混业化趋势。金融机构业务的价差使它们之间的联系更加紧密，风险溢出效应逐步扩大，同时随着通信与交易技术的发展，风险传递更为迅速，当某一金融部门受到冲击，风险很容易通过各种渠道快速地传递到其他部门，引发系统性风险。系统性风险的积聚与爆发会在更大程度上给一国经济乃至全球经济造成更大的损失，此次全球金融危机为世界各国风险管理敲响了警钟，许多国家已经意识到系统性风险对金融体系的冲击和破坏作用。美国在 2009 年 6 月公布的《金融监管改革——新基础：重建金融监管》改革计划白皮书中提出将成立一个金融服务管理理事会来监控系统性风险。欧盟也表示未来将成立一个名为“欧洲系统性风险管理委员会”的新机构，负责监测整个欧盟金融市场上可能出现的系统性风险。尽管欧美发达国家已采取相关措施，但风险控制仍然局限于国界或经济区域内，缺乏全球性的规划。作为国际金融组织，IMF 可以超越国界，着眼于国际金融市场的变化，利用其专业优势和信息优势，从整体上监控全球系统性风险，并通过公开透明的渠道反馈这些信息，在经济平稳期加强对危机的防范，将风险的管理由事后弥补变为事先防控，为各成员国制定政策提供重要依据。

### 3.5.5 世界银行职能的改善

世界银行代表的是国际援助机制，其职能的改善主要围绕通过提供长期贷款和技术协助帮助发展中国家实现反贫穷政策。针对世界银行现存的不足，世界银行可以从以下几方面改善其职能。首先，世界银行可以同私人部门合作，提高工作效率。在财力、物力以及人力有限的情况下，世界银行应将资金有选择性地集中到有明确发展目标和示范效应的项目上，以鼓励私人部门的进入，从而可以更有效率地运用自身的资金。其次，世界银行应加强同 IMF 与其他多边国际发展机构的合作。世界银行的援助项目与 IMF 很多活动相互依存，密切合作可以提高其工作效率，保证稀缺援助资源的充分利用；同其他多边国际发展机构合作与协调，可以避免业务的重合和资金的浪费，提高资金的使用效率。最后，世界银行应完善其贷款机制。在充分尊重受援国主权的前提下，扩大对不发达国家的援助力度，降低它们的借款成本；对于赤贫国家，世界银行应该提供资助。世界银行还应将贷款援助与受援国应尽的义务协调起来，兼顾受援国能力建设、机构与体制改革等长远发展。

## 参考文献

[1] 纪军．当代世界经济格局及其走势［J］．中共中央党校学报，2008，12（4）．

[2] 里光年．从国际金融危机看世界经济格局的演进［J］．中国农业银行武汉培训学院学报，2009（5）．

[3] 王德迅，张金杰．国际货币基金组织［M］．第 1 版．北京：社会科学文献出版社，2004.

[4] 何曼青，马仁真．世界银行集团［M］．第 1 版．北京：社会科学文献出版社，2004.

[5] 葛华勇．国际货币基金组织导读［M］．第 1 版．北京：中国金融出版社，2002.

[6] 韩文高．世纪末金融风暴［M］．第 1 版．北京：经济日报出版社，2001.

[7] 郑冬蔚．全球金融危机的根源：世界货币体系的缺陷［J］．西南金融，2009（4）．

[8] 刘明志，金艳平．金融危机将加剧全球货币金融体系变革［J］．上海金融，2008（12）．

[9] 赵振国．国际货币体系改革之路［J］．金融经济，2009（9）．

[10] 李扬．国际货币体系改革及中国的机遇［J］．中国金融，2008（13）．

[11] 王楚明．国际货币体系改革与发展中国家利益原则［J］．金融研究，2001（2）．

[12] 钟红．国际货币体系改革方向与中国的对策研究［J］．国际金融研究，2006（10）．

[13] 虞群娥．国际货币体系改革的新制度经济学思考［J］．金融研究，2002（5）．

[14] IMF：A Bird's Eye View of Its Role and Operations，Graham Bird，Surrey Centre for International Economic Studies，University of Surrey，Journal of Economic Surveys（2007）Vol. 21，No. 4，pp. 683 - 745.

[15] Asian Currency Crisis and the International Monetary Fund，10 Years Later：Overview，Takatoshi ITO，University of Tokyo，Asian Economic Policy Review 2007（2），16 - 49.

[16] Cohen，Benjamin J.．The International Monetary System：Diffusion and Ambiguity. Global and International Studies，UC Santa Barbara，2008 - 02 - 01.

# 4 全球金融变革与人民币国际化


## 摘　要

金融危机给中国经济崛起提供了良机。纵观历史，经济强国的崛起无不伴随着货币霸权的争夺。我们认为人民币国际化是中国迈向金融大国的首要条件。金融危机后的世界经济格局调整，为人民币国际化创造了良好的机遇。本章在简要介绍人民币国际化内容和条件的同时，从历史的角度，横向比较国际主要货币的发展，据以借鉴其经验教训。从理论的角度，客观分析人民币国际化的收益和成本，侧重剖析其对经济可持续增长的影响；从现实的角度，提出实现人民币国际化的制约因素和战略选择。


## 4.1 金融变革的时代给人民币国际化提供良机

### 4.1.1 全球金融变革背景下，世界经济局势正在发生重大变化

2007 年爆发的美国次贷危机给世界各国的投资者、金融机构、企业带来了巨大损失，引发了一场空前的全球金融危机。金融危机通过各种渠道传导至实体经济，致使各国商品服务的消费急剧下降，企业投资减少乃至倒闭，失业人数快速锐增，许多国家的 GDP 出现了负增长。美国经济从 2007 年 12 月进入衰退；日本经济受次贷危机影响，在国内消费者信心降低的同时，出口也受到了外部需求下降的直接影响，日元净出口出现了历史罕见的负值，其 GDP 于 2008 年第三季度开始表现为负增长；欧元区经济从 2008 年第二季度开始负增长，主要原因之一是其金融体系卷入次贷危机的程度较深，部分国家存在严重的房地产泡沫，并已显现近乎崩溃的迹象。除此之外，发展中国家、新兴市场国家也不同程度地受到了全球金融危机的直接或间接影响，经济增长放缓，资本市场剧烈波动，银行资本缩水等，在全球金融一体化的环境下，此次金融危机的影响几乎遍及了世界的每个角落。

**表 4-1　美国经济：美国国内生产总值其及构成的名义增长率（同比）　单位：%**

| 时间 | 国内生产总值 | 个人消费 | 政府支出 | 私人固定资本形成 | 出口 | 进口 |
|---|---|---|---|---|---|---|
| 2007 年第一季度 | 4.6 | 2.4 | 1.93 | 0.27 | 6.4 | 6.8 |
| 2007 年第二季度 | 4.9 | 1.5 | 1.98 | 0.96 | 6.8 | 4.8 |
| 2007 年第三季度 | 5.2 | 1.7 | 1.6 | -0.35 | 15.8 | 5.1 |
| 2007 年第四季度 | 5 | 1.4 | 1.47 | -1.15 | 11.6 | -11.8 |
| 2008 年第一季度 | 3.9 | -0.8 | 2.34 | -1.57 | 5.7 | -3.3 |
| 2008 年第二季度 | 3.3 | 0.1 | 2.41 | -0.83 | 13.2 | 4.6 |
| 2008 年第三季度 | 2.3 | -3.5 | 2.26 | -2.43 | -5 | -1 |
| 2008 年第四季度 | -0.7 | -3.3 | -0.96 | -6.4 | -21.9 | -28.3 |
| 2009 年第一季度 | -1.9 | -0.5 | -1.19 | -11.05 | -27.8 | -38.9 |
| 2009 年第二季度 | -3 | -1.6 | 1.65 | -4.07 | -1 | -10.6 |
| 2009 年第三季度 | -2.6 | 2 | 0.5 | -1.05 | 12.2 | 27.4 |
| 2009 年第四季度 | 0.6 | 0.9 | 0.02 | -0.59 | 24.4 | 6.2 |
| 2010 年第一季度 | 2.8 | 1.9 | 0.72 | 0.47 | 11.4 | 12 |
| 2010 年第二季度 | 4 | 1.6 | 1.28 | 4.32 | 10.3 | 35.4 |

资料来源：IMF，International Financial Statistics Database.

**表 4-2　日本经济：日本国内生产总值及其构成的增长率（同比）　单位：%**

| 时间 | 国内生产总值 | 民间最终消费支出 | 政府最终消费支出 | 固定资本形成总额 | 出口 | 进口 |
|---|---|---|---|---|---|---|
| 2006 年 | 2.0 | 1.5 | 0.4 | 0.5 | 9.7 | 4.2 |
| 2007 年 | 2.3 | 0.7 | 1.9 | 0.8 | 8.4 | 1.5 |
| 2008 年第一季度 | 1.3 | 1.6 | 2.6 | -4.4 | 10.9 | 2.7 |
| 2008 年第二季度 | 0.6 | 0.3 | 0.1 | -3.6 | 5.9 | 2.0 |
| 2008 年第三季度 | -0.3 | 0.7 | 0.4 | -4.7 | 4.4 | 0 |
| 2008 年第四季度 | -4.3 | -0.3 | 0.2 | -7.2 | -12.6 | 2.9 |
| 2009 年第一季度 | -8.7 | -2.8 | 0.6 | -14.7 | -36.4 | -15.6 |
| 2009 年第二季度 | -6.4 | -0.9 | 0.9 | -15.5 | -29.3 | -17.3 |
| 2009 年第三季度 | -5.8 | -2.0 | — | — | — | — |
| 2009 年第四季度 | -3.8 | 0.4 | — | — | -33 | -35 |
| 2010 年第一季度 | 1.8 | 4.2 | — | — | — | — |
| 2010 年第二季度 | 2 | 2.5 | — | — | — | — |

资料来源：IMF，International Financial Statistics Database.

危机爆发后，我们认为金融危机产生的根本原因可以归结为“一个中心、两个基本点”。“一个中心”即经济结构长期失衡，金融体系、虚拟经济格局与赖以存在的经济结构不匹配，势必造成虚拟经济大幅波动，最终回归到与经济结构相匹配的均衡状态。“两个基本点”之一是以美元为主的单极国际货币体系，在这个体系下，美国把全球金融风险随意转移；另外一个基本点是日益严重的贸易投资保护主义，这一点加剧了金融危机的到来。

因此，以美元为核心的国际货币体系再次引起我们的反思。国际上对改革当前国际货币金融体系，推动国际金融秩序朝着公平、公正、包容、有序的方向发展的要求越来越强烈。由于这种单极国际货币体系存在“利己性、缺乏约束制衡机制、权利义务不对称”等内在缺陷，其他国家沦为美国过度消费的埋单者，这种极度利“美”的国际货币体系引发了全球性的经济危机。各国在不断衡量改变美元国际货币地位的收益和成本——由于持有国际货币，各国具有维持货币汇率稳定的意向，要打破这种延续美元国际化强势的惯性因素，需要支付高昂的成本。但随着时间的推移，单极国际货币体系的弊端将不断扩大，维护现有货币体系会支付越来越昂贵的成本，一旦各国预期打破现有货币体系的收益大于成本，美元将无法再维持最主要国际货币地位。世界各国必将推动世界贸易向多元化开放格局的方向发展，同时世界金融储备体系和世界贸易结算体系的变化也会促使全球货币体系作出根本调整。

从20世纪70年代起，国际货币体系改革的呼声越来越高，过去讨论主要停留在学术讨论的层面，而这次危机中伴随美国不负责任地开动印钞机向市场倾注流动性以应对危机，欧洲开始呼吁建立一个新的布雷顿森林体系，同时中国、俄罗斯等新兴经济体也要求改革国际货币体系。有关改革的方向，总结国际上的主张大致可以分为以下六种：(1) 恢复金本位制度；(2) 建立第二代布雷顿森林体系；(3) 推行区域性单一货币制度，创立区域货币群体；(4) 创立一种独立于主权国家的超主权货币；(5) 建立一个多元主权货币的货币体系；(6) 建立非国家化的货币发行机制等。

为维护美元霸权和美国的国家利益，美国绝不会主动改革以美元为本位的国际货币体系，反而会竭力维持世界所有地区的经济金融以美元为中心。那么其他国家的货币是否有实力能够取代美元成为新一轮的主导国际储备货币呢?蒙代尔（2003）认为，货币的权力格局从来就不是静止不变的。它随着国家的兴衰而演变，其变化有迹可循。蒙代尔的研究表明，综合国力的强大是一国货币成为国际储备货币的支撑，也可以说是决定因素。在此，我们来看一下，当前几大主要经济体的经济实力对比情况，参考图4－1、图4－2、图4－3、图4－4和表4－3我们发现，虽然金融危机使美国的经济受到重创，但是美国在世界经济中的霸主地位尚未改变，从政治经济实力上看，欧元始终缺乏作为世界主流储备货币的必要条件，如统一的政治环境，欧洲在某种程度上可以平衡美国影响力，它有能力承担更多的国际经济责任，例如，欧元已在逐步蚕食美元的地盘，伊朗、委内瑞拉等产油国正将一部分结算货币从美元换成欧元。但

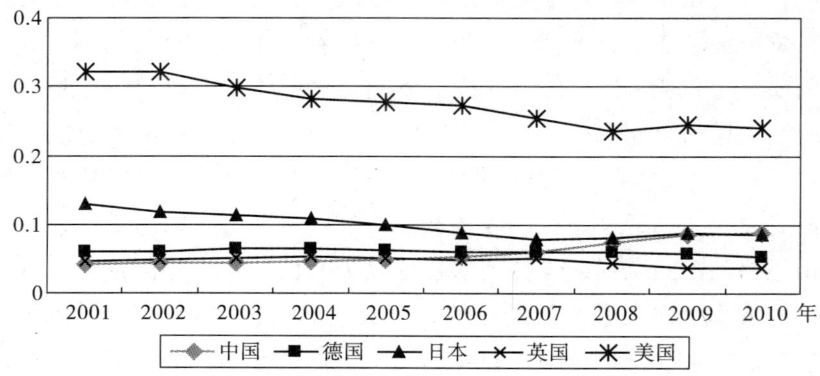


注：2010 年为预测值。

资料来源：IMF 世界经济展望数据库。

**图4－1　世界主要发达国家与中国占世界 GDP 份额**

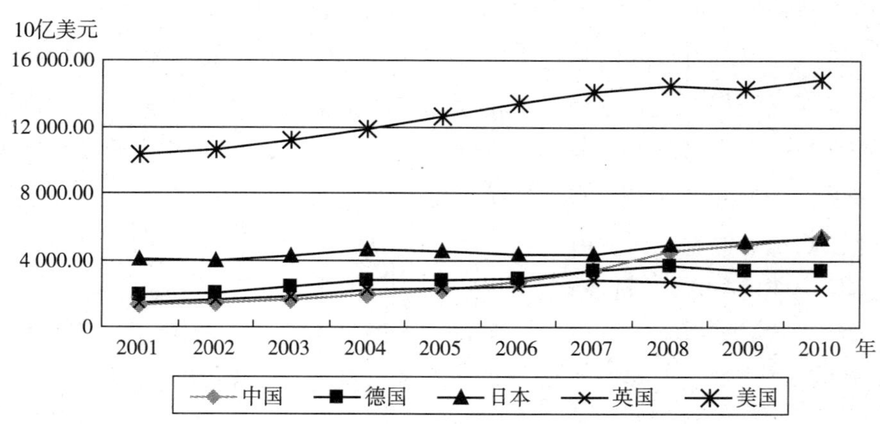


资料来源：IMF 数据库。

**图4－2　各国 GDP 总额对比**

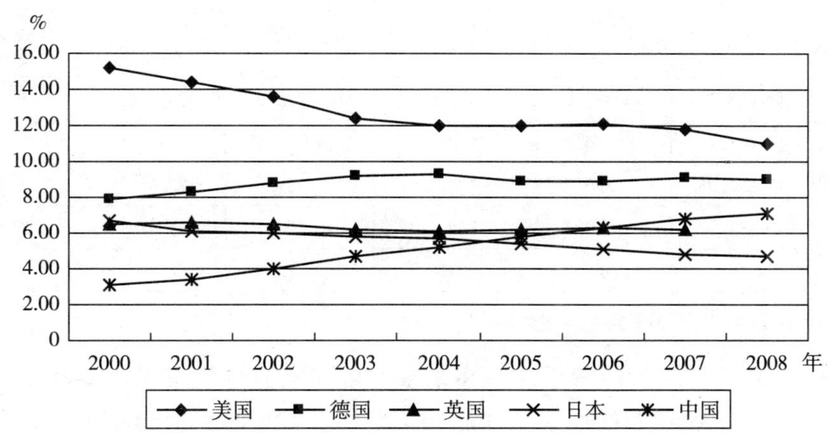


资料来源：IMF 国际收支平衡表。

**图 4－3　各国出口占比**

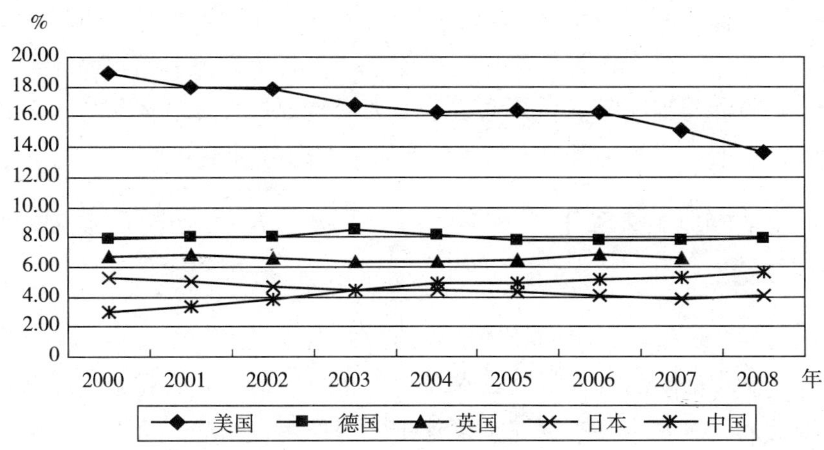


资料来源：IMF 国际收支平衡表。

**图 4－4　各国进口占比**

面对难以化解的欧元内部矛盾，欧元替代美元还为时尚早。从货币本身及币值上看，美元仍然是主要的储备货币，而且美国是一个主权国家，欧元区只是由主权国家形成的单一货币区，人们往往预期美国经济的决策效率要高于欧元区，美元具有更高的信誉。至于日本，现在还在消化经济泡沫破灭留下的后遗症，并且由于受到老龄化的限制，日本的经济活力在未来也不乐观。

表 4-3　　2008 年主要国家和地区金融资产表　　单位：10 亿美元，%

| 国家 | GDP | 外汇储备（黄金除外） | 股票市场市值 | 银行资产 | 债券、股权、银行资产总值 | 金融深化率 |
|---|---|---|---|---|---|---|
| 全球 | 61 218.7 | 7 389.7 | 33 513.1 | 104 712.3 | 221 494.0 | 361.8 |
| 美国 | 14 441.4 | 66.6 | 11 737.6 | 14 004.8 | 56 313.7 | 389.9 |
| 欧盟 | 17 134.2 | 296.2 | 7 262.8 | 51 044.4 | 87 354.8 | 509.8 |
| 日本 | 4 887.0 | 1 009.4 | 3 209.0 | 10 419.3 | 25 082.6 | 513.3 |
| 亚洲 | 7 378.3 | 2 545.6 | 28 791.0 | 9 878.6 | 28 896.5 | 217.7 |

资料来源：IMF，《全球金融稳定报告》。

以上分析表明，国际货币体系在未来一段时期有可能出现欧元和美元争夺主导权，人民币和日元伺机出击的局面。最终结果如何，关键在于博弈各方的力量消长，但是“多元国际货币体系改革”已经是必然的趋势。多元国际货币体系的核心要义是：当前国际交易活动中对美元过度依赖的状况彻底改变，欧元、英镑、人民币和日元等货币在国际结算中的地位全面提升。目前，人民币虽然不是国际储备货币，但我们拥有日益增强的综合国力和美国最大的债权，具有不容忽视的力量，在重建国际货币体系的进程中，要珍惜这个千载难逢的好机会，积极参与到国际货币体系改革中去，整合新兴经济体和广大发展中国家的力量，争取更多的话语权，创造条件加快人民币国际化的步伐。

### 4.1.2　全球金融变革下中国经济的崛起，人民币国际化成为开路先锋

此次金融危机带来了全球经济格局的大调整，但实际上，早在金融危机之前，全球经济和金融的格局就已经在发生变化——发达国家在全球经济中的影响力日渐减弱，发展中国家发挥越来越重要的作用，全球经济的中心开始逐渐向亚洲转移，继“亚洲四小龙”之后，“金砖四国”的经济影响受到更广泛的关注。在本次金融危机中，发达国家经济受到重创，反倒是发展中国家金融影响并不大，其冲击主要是来自外部需求的减少。各方新兴势力的崛起使得世界的多极化趋势逐渐形成，对于像中国这样发展势态强劲的国家，金融危机给我们提供了适时崛起的良机，借此机会逐步实现我们向经济强国和金融大国的转变。

同时，人民币的稳定发展已经为中国赚取了更多话语权。2009 年 3 月，中国在 G20 伦敦峰会前提出“超主权的国际储备货币”构想受到各国的关注。所以我们必须要加快人民币国际化的步伐，为中国经济的崛起做好开路先锋。

### 4.1.3 全球金融变革中人民币国际化面临的机遇

#### 一、国际货币体系改革为人民币国际化创造良好机会

1. 现有国际金融体系不利于积极应对当前的危机。二战后，美国长期把持国际货币和金融体制，支撑其国内的经济繁荣。但其主导的国际金融秩序，危机接连不断。次贷危机的爆发及其深远影响表明，美国主导的国际金融体系和国际经济秩序，不但不能有效化解经济全球化进程中积累的风险和矛盾，提升全球经济对抗风险的能力，反而成为加速危机蔓延的罪魁祸首。目前，国际间对货币的需求量越来越大，而在国际贸易当中的美元结算额占到70%还要多，每天美国货币市场交易量达到几万亿美元，占全球交易量的七成，美国汇率的波动，美国宏观政策、汇率政策最终要影响到世界各国。同时，美国在IMF中具有一票否决权，国际货币基金组织总裁人选则由欧洲国家决定，在国际货币基金组织中发展中国家的投票权权重仅为42.1%，在这种情况下，当美国的国内利益和国际利益发生抵触时，它更多考虑的是其国内的问题，从而降低了美元的信任度，美元在国际货币中的霸权地位受到挑战。改革势在必行，危机让国际社会对于现行国际货币体系丧失信心，也促使各方积极寻求解决途径，世界货币体系多元化的变革趋势浮出水面。

2. 美、欧、亚三足鼎立的全球金融体系更有利于全球经济和金融的健康、稳定发展。多元化国际货币金融体系无疑是最优选择。一方面，我们不能在放弃美元本位币的同时，又选择另外一种单一货币（如欧元）本位币，更不可能倒退回黄金（或其他贵金属或资源）本位币时代；另一方面，按现有的国际间强势货币（美元、欧元、英镑、日元）演进的趋势看，很有可能形成美元与欧元平分天下的格局（英镑与日元正逐渐被边缘化），而这一格局对全球来说仍是不稳定的，除了由于美欧之间经济结构的高度相关性之外，更为重要的是，亚洲经济的快速发展和巨大的自身市场潜能未被充分考虑在内（目前亚洲已经逐渐成为重要经济体，其GDP占到全球的近1/3，外汇储备占全球的近42%）。因此构建“多元化国际货币金融体系”成为最优选择，而以当前格局来看，这一多元化体系当然应以美、欧、亚三足鼎立为主（长期来看，随着拉美、非洲的发展，多元化体系可以进一步涵盖五大洲）。欧洲、美国、亚洲的三元体制的形成与发展将有利于实现国际通货的多样化，为各国提供新的规避汇率风险的手段。

3. 从长期来看，人民币比日元更有可能代表亚洲成为与美元、欧元抗衡的

亚洲货币。由于日本自身的历史遗留问题，以及其与美国特殊的政治经济关系，尽管日元早已实现可自由兑换，但亚洲各国对日元的信任度和接受度仍普遍较低，因此，在可预见的时间范围内，日元成为亚洲各国普遍承认和接受的结算和储备货币，并推动“亚洲日元”参与国际货币金融体系的重建的可能性非常小；从亚洲长期的发展进程来看，由于各国的经济发展水平差异过大，以及相互间的政治包容度不够，亚洲不具备欧元赖以产生的政治和社会一体化基础，形成以欧元为模式的亚元难度较高。我国在亚洲的影响力，无论是经济、文化、外交还是军事，都处在领先地位。尤其是1997年亚洲金融危机时，我国坚持人民币不贬值的负责任的做法，赢得了很多亚洲国家的信任。再加上我国不断增长的经济实力（2009年，中国的GDP、进出口总额均列全球第三）和与亚洲各国间迅速增长的国际贸易往来（我国进出口总额的53.3%是与亚洲国家间的往来，并占东盟全部对外贸易总额的10%以上），因此，人民币成为亚洲货币具备足够的经济实力和贸易基础。

**二、金融危机的影响加速人民币国际化的进程**

1. 外汇储备的损失要求我们加速人民币国际化的进程。我国的外汇储备由多种储备货币组成，分散在不同期限的资产上，但绝大部分是美元资产，约占60%～70%，包括大量美国政府与公司债券。储备资产的价值受美元价值变动的影响较大。经济危机中美国为了转嫁国内压力，大量收购国债而发放美元货币造成对美元贬值的冲击，这样使持有美元占较大比例的我国外汇储备严重缩水，发生巨大账面损失。2009年，我国共持有美国证券达9 220亿美元，约占我国外汇储备的半数，而且偏重于债券投资，至9月末已高达5 850亿美元，超过日本，成为全球第一大美国国债的持有者，截至2010年4月，中国持有美国国债总额已超过9 000亿美元，而日本仅有7 955亿美元。美国的做法迫使我们不得不努力寻求包括跨境贸易人民币结算在内的新途径，以尽量减少美元资产所带来的贬值风险。

2. 外部形势的变化有利于人民币国际化进程的加速。第一，近期出现的美国巨额贸易逆差和财政赤字，以及美元大量投放所引发的未来大幅贬值预期，令其他国家考虑在储备中加入其他更具有保值、升值潜力的币种。不少国家打算或已经在国际贸易结算中放弃了美元，或者使用交易双方各自货币，或者增加新的结算货币；与此同时，人民币在国际结算中获得了越来越多的市场认可。我国经济对周边国家的辐射力为人民币跨出区域化、国际化的第一步提供了坚实的市场基础。第二，由于金融危机中美国忙于应对国内经济事务，对人民币国际化的遏制风险也处于低位。美国金融危机爆发的前期，我国对美国贸易顺差还处于高点，美国就曾不断地采取各种手段，逼迫人民币升值。但在目前全球金融危机所引发的经济危机的情况下，美国及欧洲国家为摆脱金融危机的困扰，正在积极寻求得到新兴市场国家的支持，特别是我国的援助。人民币恰好可以借此机会，谋求与之相适应的国际地位。

**三、我国整体经济实力的提升为人民币国际化提供有力支撑**

1. 我国经济呈现持续快速增长。我国经济的快速增长使人民币汇率具备了中长期稳定的基础条件，增大了人民币区域化、国际化的可能性。改革开放30年来，我国的经济实力不断走强，提高了人民币的国际信誉，我国目前已是全球第三大经济体（2010年第二季度数据显示，我国GDP总量已超过日本，成为了世界第二大经济体）。可以看出，我们国家正在快速崛起，并已跻身于世界经济大国之列。根据主要发达国家所积累的经验来看，综合国力是一国货币国际化的基础，而我国显然已经具备了人民币国际化的经济实力。

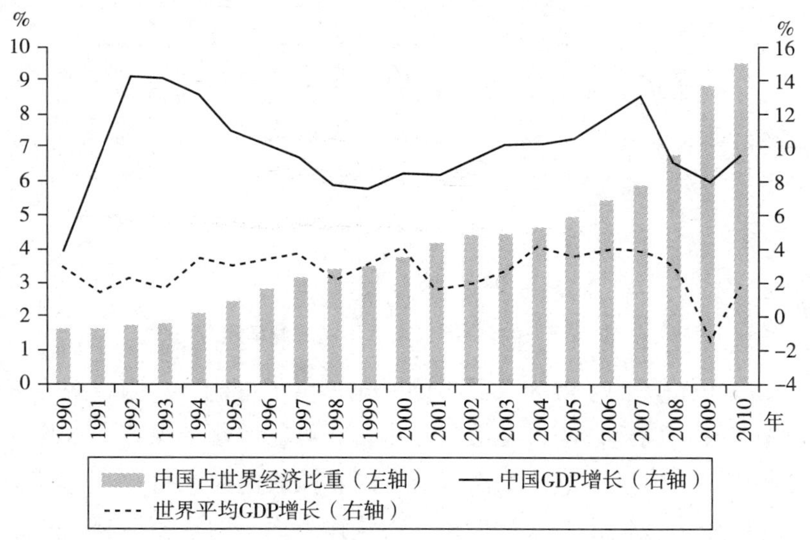


资料来源：IMF World Economy Outlook 2009.

**图4－5　我国经济占世界经济的比重（1990—2010年）**

2. 我国国际贸易水平为人民币国际化提供了初始条件。近二十年来，我国日益成为亚洲地区重要的出口市场。依据目前以及今后相当长时期内我国经济高速增长的态势，我国可能会逐步替代美国现有的亚洲地区“市场提供者”的角色，并因此提升人民币在亚洲区域货币合作中的地位和作用。根据IMF 2008

年《世界经济展望》提供的从1980—2006年的平均通货膨胀率指数来看，我国通货膨胀水平的稳定程度与主要发达国家大致相当；从对外币值的稳定性来看，根据国际清算银行（BIS）提供的1994年1月至2010年3月的有效汇率指数，人民币汇率较主要西方国家和其他“金砖”国家变化更小，总体稳定性较好。以广义货币供应量来衡量，人民币已跻身全球五大货币——欧元、美元、日元、人民币、英镑，其中人民币是唯一不能自由兑换的货币，这种地位与货币发行规模极不相称。

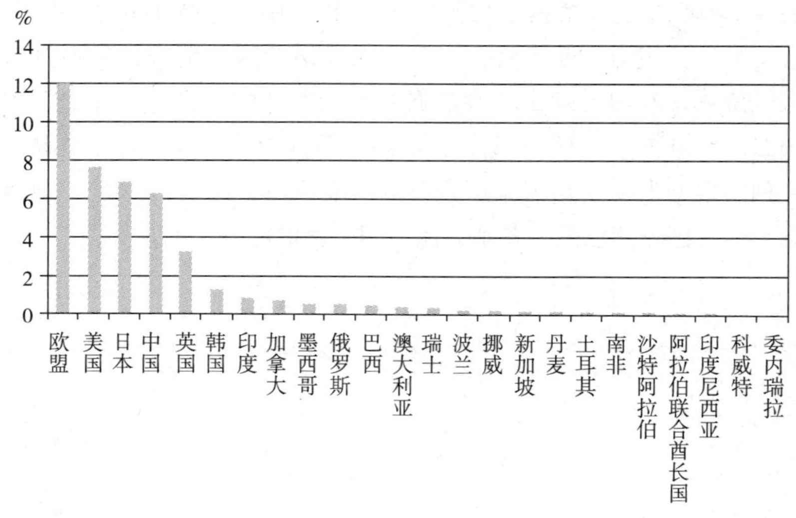


资料来源：Global Money Supply 2008.

**图4－6　各国广义货币供应量增速**

3. 我国金融市场的发展为人民币国际化提供了可能。我国金融制度日益完善，金融市场逐渐成熟，使人民币国际化具有可靠的硬件保障。首先，为适应改革开放的需要，形成了以政策性银行、国有控股商业银行和其他股份制商业银行为主体的较为现代化的银行体系。在法律方面，国家相继制定颁布实施了《中国人民银行法》、《商业银行法》等金融法规，为金融机构运作提供了可靠的法律规范和保障。其次，资本市场不断发展，在市场制度方面，股权分置改革是我国股票市场的一次成功的制度性变革，具有深远的意义。在市场规模方面，随着中国工商银行等大型金融机构的成功上市，以及债券市场的稳步发展，中国资本市场的全球影响力不断提高。同时2009年创业板市场的推出促进了股票市场的多层次建设。QFII制度的建立也标志着我国资本市场正逐步向世界开放。最后，国家外汇管理制度逐步从直接管理转变为间接管理，实行经常项目外汇结售汇制，建立银行间外汇市场，经常项目人民币可兑换等。2005 年 7 月，人民币汇率开始实行以市场供求为基础、参考一篮子货币进行调节、有管理的浮动汇率制度。外汇经营引入市场竞争机制，逐步实现由中国银行独家经营外汇向大部分银行平等参与经营的转变，同时我国外汇交易中心系统正式联网运作。我国外汇市场进入了统一规范和稳健发展的新时期。以上措施都表明，我国金融体制和金融市场正朝着有利于人民币国际化的方向发展。

## 4.2 世界主要货币国际化的历史回顾

纵观历史不难发现，大国权力的角逐不可或缺的或者说是首当其冲的便是货币的争夺。"钱袋子"是大国扩张的有利后盾。[①] 历史中的大国关系发展史同时也是一部货币霸权的争夺史——古巴比伦的 Shekel、波斯的 Darie、希腊的 Tetradraehma、马其顿的 Stater、古罗马的 Dellarius、伊斯兰的 Dinar、意大利的 Dueat、西班牙的 Doubloon、法国的 Hvre、19 世纪的英镑，以及 20 世纪以来的美元，这些曾经或者正在扮演的世界中心货币，无不向大家昭示着国家曾经辉煌的经济地位。在探讨人民币国际化的内容和路径之前，我们先回顾一下当今世界几大货币的历史变迁，他山之石，可以攻玉。通过分析英镑、美元、日元、欧元等世界主要货币的国际化历程，我们会看到，它们在经济水平、金融发展程度以及政治影响力等方面都处于世界前列；[②] 同时，我们也会发现基于不同的历史背景，包括政治层面和经济金融环境，它们的国际化又独具特色。在这里，我们大致将其分为三类：（1）强权推动下的货币国际化（英镑、美元）；（2）区域经济一体化促成的货币国际化（欧元）；（3）金融市场改革带动的货币国际化（日元）。

### 4.2.1 强权推动下的货币国际化

#### 一、英镑国际化

英镑是当前世界货币体系中的重要成员之一，虽然它的国际地位已大不如前，但依托伦敦国际金融中心的地位，仍然在国际金融市场以及黄金计价等方

① 张宇燕．角逐货币霸权［J］．商务周刊，2009（1）．

② 在研究货币国际化问题中，一般认为，强大的经济实力和综合国力、发达的贸易水平和相对合理的贸易结构、发达的资本市场和健全的金融体系、相对充足的外汇储备和可维持的国际收支结构（美元除外）等几个方面是最基本的条件（吴晓求等．中国资本市场蓝皮书．2009）。

面有着较大的影响力。从第一次工业革命到第一次世界大战前的一百多年时间里，英国拥有强大的工业生产力和军事实力，尤其是海上霸权，对外贸易总量占世界总量的1/5以上，尹翔硕等（2006）对19世纪英国贸易总量的统计分析表明，19世纪初期，英国贸易占世界贸易的1/3，随着进出口增长速度趋缓，到19世纪末，这一比例有所下降，但仍旧高于1/5，远远超过其他国家的贸易水平。

**表4-4　　19世纪各国在全球贸易中的比重**　　单位：%

| 国家＼年份 | 1800 | 1820 | 1830 | 1840 | 1850 | 1860 | 1870 | 1880 | 1889 |
|---|---|---|---|---|---|---|---|---|---|
| 英国 | 33 | 27 | 24 | 25 | 22 | 25 | 25 | 23 | 22 |
| 法国 | 9 | 9 | 10 | 11 | 11 | 11 | 10 | 11 | 9 |
| 德国 | 10 | 11 | 11 | 8 | 8 | 9 | 10 | 10 | 11 |
| 美国 | 5 | 6 | 5 | 7 | 7 | 9 | 8 | 10 | 9 |
| 俄国 | 9 | 6 | 7 | 5 | 5 | 3 | 5 | 4 | 3 |

正是因为英国如此巨大的贸易规模，才使得英镑成为了当时世界上的第一大货币。

首先，英国工业发展与贸易增长是20世纪以前英国经济长期繁荣的最主要原因，而强大的实体经济正是英镑能够国际化并且维持世界货币地位的坚实基础，拥有强大经济实力的国家能够提供在本国进行消费和投资的巨大平台，这就必然意味着其货币需求增加。① 同时，经济大国往往不会受到，或者说能够有效地抵御外来冲击，这包括实体经济和金融交易，以及政治和军事等多方面的直接或间接影响（Mundell，1983a）。由此形成的对英镑的信心在很大程度上支持了其国际化的动态发展和静态维持。

其次，英国作为当时世界最大的贸易国，使用英镑支付既能够降低贸易结算的交易成本，也能减少汇率波动的风险，提高国际贸易结算的效率。英镑作为国际货币的出现是由其他各国对其商品的偏好决定的，换言之，正是由于当时英国产业分工体系较为完善，使得外国对其商品的需求较高，随之英国当时的出口以及英镑的国际需求较大。具有最大开放度的国家的货币以及与其他国家货币相交换时成本最低的国家货币就会成为媒介货币（Krugman，1980；Rey，2001）。

① 通常来说，一国的经济实力是该国货币是否能国际化的最基本决定因素。由货币需求理论可知国民收入（以GDP来衡量）决定了其货币需求的大小：$M^d = f(Y)$，且 $\partial m^d / \partial Y > 0$。

再次，英国贸易的发展带动了金融体系的建立和完善，特别是促进了伦敦国际金融中心与英镑国际化的良性循环。由于英国在世界贸易中的地位日益重要，且不论英国国民的出口收入需要有国内市场进行投资，就是国外居民通过向大英帝国进口而获得的英镑也需要进行再投资以实现保值增值，因此为应对这一巨大的需求市场，伦敦很快成为了欧洲乃至世界的国际金融中心，包括为国际贸易提供服务的金融机构、商业银行和保险公司等各种机构及其他专业性的金融机构等。高度发达的金融市场保障了英镑从实际产品支付向金融产品交易的转换，实现了商品交易——英镑——金融投资的良性循环，进一步稳固了英镑的世界货币地位。

最后，英镑依托与黄金挂钩保持了价值的稳定和相应的国际信誉。1816 年，英国确立了实质上的金本位制度，同时将英镑与黄金挂钩。这极大地提高了英镑的国际信用，当时很多进出口商考虑到英镑及其票据的携带方便，宁愿用英镑进行交易。可以说，一战之前的国际货币体系名义上是黄金与英镑共存，但实际上是以英镑为中心的“英镑”本位。当然，这也促进了迄今为止世界上最发达的黄金市场——伦敦黄金交易所的形成。

总而言之，英镑通过从贸易结算货币向金融交易货币和储备货币的转化，完成了货币国际化战略。然而，两次世界大战摧毁了英国强大的经济实力，严重地削弱了其在世界经济格局中的地位，而英镑的国际地位也遭到了前所未有的挑战。从 20 世纪 40 年代起，美元取代英镑成为了新的世界货币霸主。80 年代日元、欧元等的强烈冲击使得英镑地位进一步衰落，从此英镑便一蹶不振。

**二、美元国际化**

一战以来，美元逐步取代英镑，成为了新的世界货币。今天，美元的使用在包括国际贸易结算货币、国际金融市场交易货币、国际商品计价货币以及各国外汇储备货币等多个领域均占据了绝对的比重，而且长期以来，无论是早期的英镑，还是后来的日元、德国马克、欧元，都无法撼动美元世界货币的绝对权威。回顾美元国际化历程中的特点，它与英镑的国际化有很多相似之处，追根溯源，美元国际化源于强大经济实力的推动，也是美国经济手段与政治手段轮番操作的结果。如图 4 - 7 所示。

得益于 19 世纪末工业的迅速发展，1870 年以后，美国实际收入和生产率已超过西欧，并一直保持领先（何帆，2004）。在工业生产、国民收入、对外贸易等各个方面，美国都逐步地拉开了与其他发达资本主义国家之间的差距，一跃成为世界头号经济大国。1860 年美国的工业生产在世界工业生产中所占比重仅

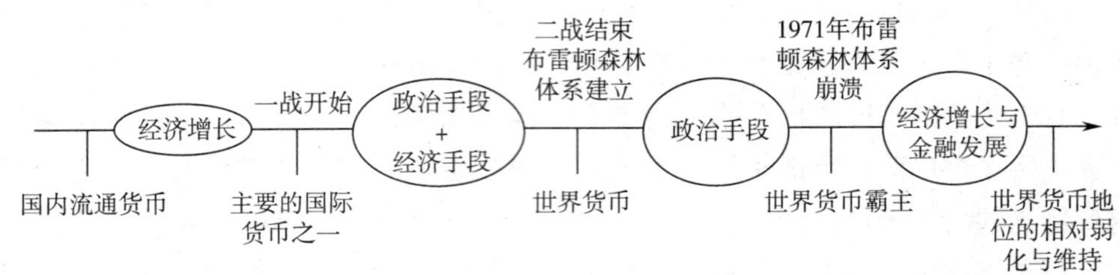


**图 4－7　美元国际化的过程**

为 17%，而到 1913 年时则高达 36%；贸易方面，从 1860 年到 1910 年，美国出口总额从 33 357.6 万美元增加到 174 498.4 万美元，进口总额也从 36 216.6 万美元增加到 155 694.7 万美元，增加了 4 倍多（刘崇，2007）。在这种背景下，美国于 1899 年取消了白银的本位货币地位，改为正式的金本位制，从而使美国加入到了当时以金本位制为核心的国际货币体系当中，美元开始作为一种国际货币崭露头角（郑伟民，1998）。然而，真正使美国登上世界霸主地位的却是世界大战。在 1913 年到 1945 年两次世界大战期间，世界上大多数发达资本主义国家都历经了残酷战争的洗礼，包括经济实力、国际贸易、金融市场在内都出现了不同程度的衰退。相反，美国在两次世界大战中非但没有受牵连①，反而进一步增强了经济实力，发展了金融市场，为国民积累了大量的财富，逐步确立了世界霸主地位（尽管 1929—1933 年大萧条也重创了美国经济，但总体来看还是在高速增长）。

两次世界大战后，美国经济实力已经超越英国、德国等西方发达资本主义国家，同时美国的世界政治地位以及在国际舞台上的话语权也随之迅速提升，这些都为 1944 年布雷顿森林体系的建立奠定了政治背景。1944 年 7 月，44 个国家在美国新罕布什尔州的布雷顿森林通过了以“怀特计划”为基础的《联合国家货币金融会议的最后决议书》以及《国际货币基金组织协定》和《国际复兴开发银行协定》两个附件，总称为《布雷顿森林协定》，以美元为中心的布雷顿森林体系诞生。布雷顿森林体系是一个正式的具有法律效力的国际公约或制度，这从根本上奠定了美元的霸权地位。与此同时，为了巩固以美元为中心的国际货币体系，在美国的主持下，1947 年 10 月在日内瓦建立了《关税及贸易总协

① 第一次世界大战期间，美国通过同时向协约国和同盟国贷款使其成为了世界上最大的债主，而第二次世界大战期间，美国通过向西欧国家出售军备品等方式再一次积累了大量财富。

定》（GATT）[①]，目的是大量输出美国商品，抢占国际市场，进一步扩大了美国对其他国家的经济乃至政治的影响力。因此，美国凭借布雷顿森林体系和《关税及贸易总协定》，构筑起以外汇自由化、资本自由化和贸易自由化为主要内容的全球多边经济体制，也夯实了美元的国际货币地位（高材林，2008）。

由于布雷顿森林体系的致命弱点——“特里芬难题”无法解决，到 1970 年底，美国政府的黄金储备几乎告罄，1971 年，美国停止了美元兑换黄金的义务，随后布雷顿森林体系崩溃[②]，以美国为代表的西方资本主义世界出现了经济发展停滞、衰退与通货膨胀并存的“滞胀”局面，美元霸权也遭到削弱。世界货币体系演变为一个以完全的信用货币制度、浮动汇率制度为代表的新格局。随后，美国及时调整了应对危机的政策，1980 年开始实施的“里根经济复兴计划”有效地刺激了其经济的复苏，保证了美国在国际经济、政治舞台上的霸权。[③] 与此同时，美国资本市场得到了空前的发展，尤其是金融衍生产品市场的出现极大地推动了金融创新浪潮。在国内，金融市场的诸多限制相继被放开[④]，在国外，大量的资本被吸引到国内金融市场进行投资，从某种程度上而言，美元国际地位的维持已经从经济贸易主导让位于金融深化与发展的主导模式。

自 20 世纪 80 年代中后期开始，美元霸权地位得到了一定程度上的恢复，这主要是依靠美国持续增长的贸易逆差、国内外金融投资以及美元债务来向全世界输出美元。具体而言，是通过如下方式进行的：美元国际地位——经济增长对国际储备资产，即美元的需求——美元及美元定值资产供应增加——美国依靠贸易赤字来实现——他国的出口获得大量美元收入——中央银行公开市场购买等形式转化为外汇储备——部分外汇储备以回报率较低的美国政府债券的形式持有——美国资本流入刺激国内经济发展和金融深化[⑤]。

---

① GATT 最早仅是一个临时协定，但由于谈判中分歧始终很难解决，故一再延长适用期，直到 1994 年 12 月才最终完成历史使命，并于 1995 年 1 月 1 日由世界贸易组织（WTO）替代。

② 另外，越南战争耗资巨大，国内长期的财政赤字以及国际收支的恶化也促使了美元危机的爆发。

③ 1983 年美国的经济走出低迷，当年的经济增长率达到 6.2%，1984 年达 7%。直到 1989 年里根离任时，美国的经济增长没有停止。

④ 美国资本市场的改革主要体现在两个方面：其一是《1980 年银行法》与 1999 年《金融自由改革法案》的颁布，标志着美国金融机构向自由竞争、规模效应、综合经营的思维转变；其二是金融衍生产品在品种、交易规模、交易模式等各个方面出现了爆炸式的发展，风险规避与投机共同推进了创新型金融产品的开发和应用。这两者共同作用，使得美国金融市场成为了自由、开放、发达的国际金融市场，吸引了国外大量的资本流入，极大地增加了货币市场对美元的需求。

⑤ 不可否认的是，20 世纪 90 年代出现的由网络化、信息化引导的美国“新经济”，是美元地位复兴的坚实的经济基础。

## 4.2.2 区域经济一体化促成的货币国际化

欧元，作为20世纪最具影响力的，也是目前为止唯一的区域货币，它的国际化道路有其独特的一面，即依托区域各国经济的综合实力，通过实现区域货币一体化，在很短的时间内完成货币国际化路程。1992年欧共体首脑会议达成了实行欧洲统一货币联盟的条约，即《马斯特里赫特条约》。该条约分成两部分，一部分是《经济与货币联盟条约》，另一部分是《政治联盟条约》。1995年12月，欧盟马德里首脑会议确定欧洲统一货币的名称为欧元。1999年1月1日欧盟货币——欧元正式诞生。2002年1月1日，欧元区所有成员国流通统一的货币欧元，2002年7月1日，欧元成为欧元区内唯一的货币，从而最终形成了超国家的货币联盟。

早在1963年，被誉为欧元之父的著名经济学家、诺贝尔经济学奖获得者罗伯特·蒙代尔教授首先提出了国际货币合作的理论基础——最适度货币区理论。他论证了在什么样的情况下，某一区域实行固定汇率或货币同盟或货币一体化是最佳的。之后从80年代起，越来越多的学者开始研究在欧洲如何实现货币一体化，特别是考虑那些拥有货币一体化的基础条件的国家。在实践过程中，从早期的欧共体内部汇率“蛇洞制”到欧元的形成，再到欧元快速地占据国际市场成为国际货币中的一员，欧元区国家的经济实力、贸易水平、金融发展程度以及政局的稳定等方面均构成了必要的前提条件，而欧元相对美元汇率的长期平稳升值也具有非常重要的意义。

然而，欧元国际化基础条件存在其优势，但也有一些潜在问题，这些问题一方面使欧元无法真正挑战美元世界货币的地位，同时也会影响欧元长期的国际地位。

1. 经济总量：欧盟与美国两大经济体的GDP占世界GDP的比例，以及对外贸易总额的比例不相上下。从经济总量和人均量上来说，欧元已经具备了世界货币的经济实力基础。然而，更加深入和细致的分析却表明，欧元区国家的进出口总量中的绝大部分来自于成员国之间或者与东欧国家的贸易。相比而言，美国对外贸易大部分是与北美自由贸易区以外的国家进行的，例如中国以及东亚其他大部分国家等。因此，欧元实际上还没有具备与美元相抗衡的结算货币职能。

2. 金融市场的发展程度与开放度：欧盟成员国都是发达国家，金融市场的历史也很悠久，且金融体系也比较完善并具备一定的开放度。欧盟金融市场已成为除美国外的第二大金融市场（伦敦仍旧是世界金融中心之一）。世界存贷总额中欧元还远不如美国，但在外汇市场以及各国外汇储备中的分量逐渐提升。另外，欧洲某些成员国金融体系结构的严重不对称性是另一个弊端。例如德国、法国是非常典型的银行绝对主导的金融结构，资本市场发展长期受到抑制，事实上资本市场不仅仅能在某种程度上更好地实现金融功能，更重要的是它是作为一种资本投资、财富聚散的场所而存在。因此，如果资本市场规模小，流动性低，则很可能极大地影响国际上对货币的需求。

3. 既然欧元是欧洲货币一体化的最重要果实之一，那么政治方面的积极与谨慎态度就必然成为了主导欧元国际化中必须考虑的问题。显然，通过经济联盟和政治联盟的方式，欧元的诞生与流通是政府间接地推行欧元国际化的基本前提，然而，在间接推动的另一面，欧洲中央银行（ECM）却保持了一种中立的态度，正如其行长杜伊森贝克所言，欧元的国际化并非欧洲货币联盟建立的目的，当然也不是ECB的目标，欧元是为了促进欧元区经济一体化程度的提高，为了增强成员国经济福利而存在的。ECB对欧元的国际化保持一种中立的态度，其进程与程度由市场去决定。

4. 尽管欧美两大经济体有着旗鼓相当的经济实力，有着同样发达的金融市场，并且市场对欧元和美元的信心也基本一致，但由于货币国际化，乃至成为世界主导货币的过程中，往往存在着路径依赖的问题。在国内宏观经济和金融体系没有出现重大变革的情况下，市场参与者一方面出于交易货币币值安全的考虑，另一方面出于更换新货币进行交易的机会成本考虑，更倾向于使用他们过去一直使用的、更加熟悉的货币。因此，欧元的国际化水平很难在短期内超越美元。

### 4.2.3 金融市场改革带动的货币国际化

二战后，日本基于自身科学技术的进步和欧美国家对日本的基础科学研究供给，很快实现了以汽车、机械制造为主的重工业产业升级。制造业的快速发展使日本在20世纪70年代成为了世界工厂，由此带动了其对外贸易规模的迅速扩张（鹿朋，2008）。一方面，工业生产的转型与巨额的贸易顺差成为了经济强劲增长的主要动力，这为日后日元国际化奠定了经济基础；另一方面，经济增长过多依赖于贸易增长导致了外部失衡，这使得日本长期的经济增长目标难以实现，并且直接导致了后来日元的被动升值与日本经济衰退。最终日元的国际化进程被搁浅。我国目前经济、金融发展状况与30年前的日本有着许多相似之处，全面剖析日元国际化的经验教训将有助于我们深刻反思，避免重蹈覆辙。

1. 日本国际地位的提升与日元硬通货地位的确立。日本，作为一个年轻的岛国，它既没有英国那样数百年的财富积累和悠久的资本主义底蕴，而作为第二次世界大战的战败国，更不具备美国那样的历史偶然赋予它的政治和军事霸权。因此，日元的国际化从一开始就只能依赖于本国经济的高速增长，确切说是依赖于对外贸易规模的扩张和产业结构的升级。可以说，如果忽略日本经济、贸易的发展，分析日元国际化就成了无源之水、无本之木。刘崇（2008）详细分析了1950年以来，日本对外贸易规模、结构（包括进出口结构、区域结构和产品结构）、结算货币组成以及贸易发展对日元国际化的影响。从绝对贸易规模上来说，1949—2008年，日本对外贸易从14.2亿美元增长到15 441亿美元，增长了718倍。其中，出口和进口贸易分别达7 822亿美元和7 619亿美元。在贸易结算货币方面，1960年，出口结算使用的日元占比不到1%，到20世纪90年代时，这一比例基本保持在35%左右，而进口也大概占到了1/4①。

日本经济在对外贸易增长和产业结构升级的支撑下，一跃成为了世界第二大经济体。随着国际市场上对日元的需求逐渐增加——一是便于贸易结算，二是便于在日本进行投资——市场上对日元升值的预期越来越强烈，持有日元可以有效地规避汇率风险。日元从1971年开始升值，1970年之前，日元汇率基本还维持在360日元兑1美元的水平。一年之后日本政府便将汇率提升至306日元兑1美元，汇率升值幅度达15%。在当时美元持续贬值、日元持续升值的背景下，日元逐渐地成为了“硬通货”，也在一定程度上拥有了国际货币的信用基础。

2. 政府主导下的金融市场改革。除了日本经济的发展为其奠定了深厚的基础条件之外，日元国际化的另一个突出特点是政府干预下的国际化进程，而这种干预又主要是针对金融市场的改革。随着1964年日元实现了经常项目的自由兑换，日元实际上就已经开始了国际化进程，1967年日本经济调查协会发表了《关于日元国际地位的委员会报告》。如表4－5所示。

**表4－5　日本政府促进日元国际化所采取的改革措施**

| 时间 | 内容 |
|---|---|
| 第一阶段 | 日本经济实力提升与对外贸易膨胀的市场选择与政府支持 |
| 1970年11月 | 日本允许发行以日元计值的外债 |
| 1973年2月 | 日本开始实行完全的浮动汇率制度 |

① 不过这一比例仍旧远小于其他主要的国际货币所占比例，美国为90%，欧元为80%，英镑也有50%以上。

续表

| 时间 | 内容 |
| --- | --- |
| 1980 年 12 月 | 新《外汇法》实施，日元在国际贸易中的使用由“原则禁止”改为“原则自由” |
| 第二阶段 | 国际政治压力与政府的促进方案 |
| 1983—1993 年 | 日美金融市场工作小组成立，发表《日美日元美元委员会报告书》；先后举行了近十次会议，金融市场的自由化以促进日元国际化 |
| 1984 年 5 月 | 大藏省发表《关于金融自由化和日元国际化的现状和展望》 |
| 1984 年至今 | 欧洲日元市场成立及一系列的相应的自由化改革 |
| 1985 年 9 月 | 《广场协议》签订，之后 10 年间，日元升值 300%。而日本政府借助日元的升值制定了一系列措施来提升日元的国际地位 |
| 1986 年 12 月至今 | 东京离岸市场建立，以及一系列的自由化改革措施。既是市场的需求，但更是政府的战略步骤 |
| 1987 年 5 月至今 | 国外金融远期交易（私人账户）自由化（远期及远期期权） |
| 1987 年 11 月 | 开放非居民欧洲日元 CP |
| 1989 年 4 月 | 设立东京金融期货交易所 |
| 1998 年 4 月 | 新《外汇法》实施，日元实现了外汇业务、资本交易的完全自由化 |
| 1998 年 7 月 | 大藏省设立“外汇和其他资产交易委员会”，并于同年 12 月实行金融体制改革法 |
| 1999 年 4 月 | 外汇和其他资产交易委员会发表《面向 21 世纪的日元国际化》，并成立了由各界人士组成的旨在推动日元国际化的研究小组 |
| 1998 年至今 | 日元实行区域化战略转移，以成为亚洲货币或者亚元核心货币为目标的国际化 |

资料来源：以上资料基于李晓（2005），刘崇（2006）等整理而来。

分析以上日本政府推出的改革和自由化政策，我们认为存在两个特点：一方面大多数的改革都是针对国外金融市场的，而国内金融市场的改革则相对缓慢；另一方面，日本政府推出的关于促进日元国际市场发展和自由化的政策非常频繁。

3. 国际强权下的货币被动国际化。20 世纪 70 年代和 80 年代初期，正当日本享受着经济高速增长带来的无限喜悦之时，西方发达资本主义国家正饱受经济萧条之苦，日本对美国长期的贸易顺差让美国政府不堪重负，美国政府开始对日本施压，大致从三方面进行：其一是迫使日元相对美元加速升值，减少日本对美国的巨额贸易顺差，并且破坏日本国内的经济秩序。首先是 1983 年 11 月，为缓解美国的巨额贸易逆差，日元相对美元价值严重低估以及日本市场过于封闭等问题，两国共同成立了“日元、美元委员会”，发表《日美日元美元委员会报告书》；然后便是著名的《广场协议》，即 1985 年，为使美元对日元等主要货币有秩序地下调，美、日、英、法、德等国在日本签署了《广场协议》，在此之后，日元进入了加速升值区间，而日本经济也急转直下，跌入了长达十年之久的萧条。其二是迫使日本迅速地开放国内金融市场，进一步通过资本账户对日本经济实施金融冲击。最典型的案例是“日元、美元委员会”在后来演变为“日美金融市场工作小组”，把工作重点从日元升值转到讨论日本金融市场的开放等问题上来。实际上则是为了打开日本市场以便美国资本在日本投资获益，另外也能更方便地对日本金融市场施加远程影响和监控。不过，日本没有完全按照美国的意图迅速开放市场，而只是不断地深化国内金融体制改革，不断地完善国内金融市场结构并相继建立欧洲日元市场、欧洲日元债券市场等国际市场。其三是不再支持日本的产业结构升级。90 年代，眼看日本经济持续低迷，美国却吸取了前车之鉴，不再对其提供基础科学技术的供给，特别是 90 年代网络信息技术不再对日本开放（鹿朋，2008），故日本无法依靠低成本的技术进步来实现新一轮的经济腾飞。正因为如此，在缺乏日本经济这个唯一基础的情况下，日元的国际化水平很快日渐衰弱，再加上欧元的兴起，日元当初的国际地位如今已是荡然无存。

日本作为当前世界第二大经济体（2010 年第二季度数据显示，日本经济总量略低于中国，变为世界第三），其经济规模的大小、产业结构的合理性、金融体系的发达程度等均排在世界前列。然而，日元的国际地位却与之极不相称。之所以出现这种原因，首先是日元在与美元、欧元的竞争中处于下风，20 世纪 90 年代“失落的十年”给日元蒙上了厚厚的阴影；其次，日元汇率巨幅的波动使得持有日元面临巨大的汇率风险；最后，随着中国等亚洲的发展中国家迅速崛起，以及亚洲金融危机的影响，日本感受到周边各国越来越强大的竞争压力，而日元在夹缝中生存和壮大面临着巨大的挑战。

通过分析英镑、美元、欧元和日元的国际化历程，我们不难发现一国货币的国际化必然是市场选择的结果。政府行为往往是起到了一种推波助澜、加速其国际化的作用。无论是早期的英镑、美元国际货币地位的确立，还是 80 年代以来欧元、日元国际化的历史演进，都可以清楚地看出这一基本的路径。当然，从货币理论的角度来说，一国国内的法定货币要成为区域甚至世界货币，就必然要求它能够在更广的地域实现货币的基本职能——交易媒介、计价单位和价值贮藏。纵观古今，无论是黄金实物作为货币，还是英镑、美元作为信用货币，它们都毫无疑问地实现了这三大基本功能。

综上，英镑、美元的成功经验，以及日元的失败教训都为人民币国际化进程，以及国际化之后如何维持人民币的国际地位等方面都提供了许多有价值的参考。

## 4.3　人民币国际化的内容和条件

尽管庞大的GDP代表着财富，但中国仍然是发展中国家，还不是经济强国，更不是金融强国。相对比于中国经济在世界经济中实力日渐增强（见表4-6），我们的金融进程显然滞后。任何一个经济强国都需要有发达的金融体系作为支撑，比如发达的银行业和资本市场。西方发达国家金融体系发展虽然各不相同，美国有发达的资本市场，英国的银行体系和资本市场发展都比较完善，欧洲大陆银行保险体系发展很好，但是发达国家金融体系的整体发展程度相对较高，能够为其经济的发展提供相应配套的金融服务。现今，中国在整体经济实力走强，全球面临危机后的经济调整的情况下，给我们提供了良好的机遇，中国将有可能凭借越来越强势的国际地位，获得世界金融新秩序的话语权。

历史经验表明，一国货币的国际化对于提升该国的国际经济与政治地位有着不可替代的重要作用。换句话说，一国货币成为国际货币，是该国崛起和成为经济强国和金融大国的前提条件之一。作为全球最大的经济体和贸易国之一，中国因为拥有最多的美元储备而在国际货币秩序的动荡中伤害最大，并令国内经济政策非常被动。面向未来的中国必须强化货币主权，人民币国际化是中国走向金融强国的必由之路。

**表4-6　　改革开放后中国主要指标居世界的排名变化**

| 年份<br>指标 | 1978 | 1990 | 2000 | 2005 | 2006 | 2007 | 2008 | 2009 |
|---|---|---|---|---|---|---|---|---|
| 国土面积 | 4 | 4 | 4 | 4 | 4 | 4 | 4 | 4 |
| 人口 | 1 | 1 | 1 | 1 | 1 | 1 | 1 | 1 |
| 国内生产总值 | 10 | 11 | 6 | 4 | 4 | 4 | 3 | 3 |
| 进出口贸易总额 | 29 | 15 | 8 | 3 | 3 | 3 | 3 | 3 |
| 出口额 | 30 | 14 | 7 | 3 | 3 | 2 | 2 | 1 |
| 进口额 | 27 | 17 | 9 | 3 | 3 | 3 | 3 | 3 |
| 外汇储备 | 38 | 7 | 2 | 2 | 1 | 1 | 1 | 1 |

资料来源：联合国统计司数据库，世界银行数据库，国际货币基金组织数据库。

### 4.3.1 人民币国际化的内容

人民币国际化是指人民币能够跨越国界，在境外流通，成为国际上普遍认可的计价、结算及贮备货币的过程。如前所述，一国货币的国际化，是指该国货币在国际经济交往中发挥计价、结算和价值贮藏等职能，是货币的国内职能向国外的拓展。在此基础上，Cohen（1998）区分了外国货币在国内交易中的用途（货币替代）和本国货币在国际交易中的用途（货币国际化）。在国际货币职能方面，Chinn 和 Frankel（2005）在 Kenen（1983）的基础上进行了梳理——就交易媒介功能来说，国际货币可以被私人部门用于进行商品或金融交易，也可以被官方用于在外汇市场上干预汇率水平：就价值贮藏功能来说，官方可以在其外汇储备中持有国际货币本身或以它计价的金融资产，私人部门也可以选择持有国际货币本身或以它计价，也可以在其商品和金融交易中选择国际货币作为计价单位。

一国货币国际化是该国经济实力和综合国力提高的必然结果，随着一国经济在国际经济体系中的比重提高，该国货币在国际货币体系中的地位也必然相应提升，被别国接受，成为国际贸易结算和支付的工具，进一步提升为国际投资的工具，最终成为一种国际储备货币，完成国际化的过程。通常来看，货币的国际化要经过起步、初级、中级、中高级、高级的阶段（见表 4－7）。

表 4－7　　货币国际化的渐进过程

| | 货币职能 | 职能空间 | 货币自由化程度及中央银行责任 |
|---|---|---|---|
| 起步阶段 | 边民互市贸易中作为计价结算的手段 | 货币发行国与邻国之间使用 | 货币兑换及使用多在民间进行，自由化程度低，中央银行责任集中在对货币兑换进行监管 |
| 初级阶段 | 扩展到边境贸易的计价结算手段 | 货币发行国与多个邻国使用 | 货币兑换及使用开始进入官方渠道，自由化程度略有提高，中央银行责任是促进货币流通官方渠道拓展，监管民间货币兑换 |
| 中级阶段 | 扩展到一般贸易计价结算手段 | 扩展到货币发行国与非邻国使用 | 货币成为自由兑换货币，中央银行责任确保他国能兑换其持有的本国货币 |
| 中高级阶段 | 扩展到国际投资和借贷工具 | 扩展到包括非邻国在内的区域，具有一定区域规模 | 接受范围扩大，拥有成熟的国内金融市场，中央银行等金融监管机构能进行有效监管 |
| 高级阶段 | 扩展到政府国际储备手段 | 被相当多的国家所接受 | 货币成为国际货币，中央银行需要密切关注国际金融市场上本币供求状况变化 |

资料来源：褚华．人民币国际化的路径依赖和模式安排［J］．新金融，2009（9）．

### 4.3.2 人民币国际化的条件分析

从货币职能来看，国际化货币具有流通手段、支付手段、国际储备等职能，其中国际储备职能是判断一国货币国际化的关键指标。2009 年 7 月，上海等 5 个城市与港、澳、东盟跨境贸易人民币结算试点正式启动，此前中国人民银行与有关国家签署了共计约 6 500 亿元的双边货币互换协议，9 月底财政部在香港成功发行 60 亿元人民币国债。这些事件表明人民币的国际化进程有所加快并且已初步具备部分国际化货币职能，但人民币要成为真正的国际化货币，必须具备以下基本条件。

**一、雄厚的综合国力**

货币国际化是国家政治、经济整体实力在货币形态上的反映。一国货币要想成为国际货币，该国必须具备较为强大的政治、经济基础。经济实力是实现货币国际化的经济基础和保障。只有经济实力强大，才能够在全球产出、贸易中占据较大份额，使其货币流通或交易区域的规模较大，增加对其货币量的需求。并且更为重要的是，强大的经济实力往往是赢得国际社会对该国货币接受和信任，从而提高国际化程度的基础。美元取代英镑的国际货币霸权地位，欧元通过国际经贸合作走向成功，背后都有强大的经济实力作支撑。反观 SDR，尽管从金融危机以来地位有所提高，但自诞生之日起一直未能取得重大发展的主要原因是，没有强大的经济实力作为支撑基础。

我国经济在改革开放之后实现了二十余年的快速增长，并且近年来仍然一直保持健康稳定的增长态势。国内生产总值增长迅速，国内经济实力雄厚（见图 4－8、图 4－9），经济政治和社会环境稳定，这些都为人民币国际化提供了有力支撑。

**二、庞大的国际贸易**

由英镑国际化的路径可知，贸易是货币赖以存在和发展的渊源，它推动了货币的国际使用并构成货币国际化的最初原动力。区域和世界范围内的经济主体在市场机制的引导下，对贸易所需货币进行选择的过程，也是一国货币实现区域化和国际化的过程。贸易发展是货币国际化的基础条件和原始推动力量。只有在全球贸易中占据较大份额，使其货币流通或交易区域的规模较大，才能有效增加对其货币量的需求。

金融不发达时期，国际贸易几乎成为促进货币国际化的唯一重要因素，一国依托贸易发展来实现货币的国际扩张。随着金融的不断发展，从实体经济到

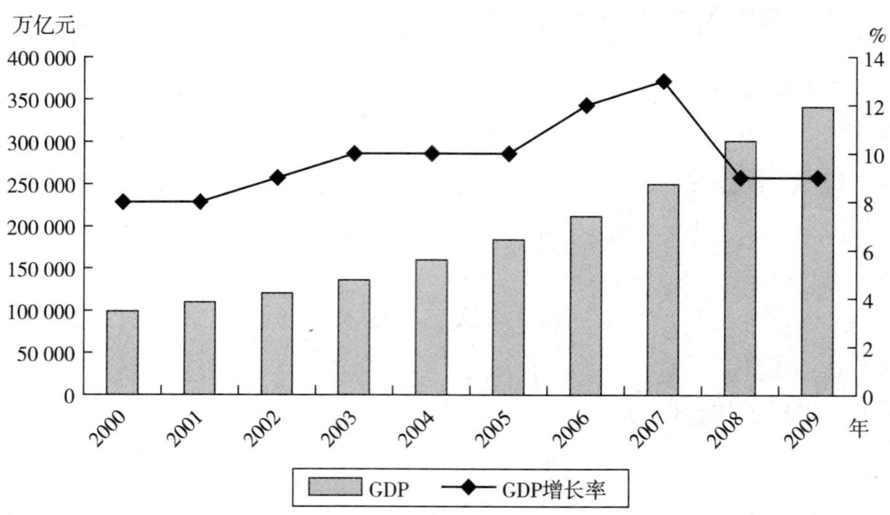


资料来源：国家统计局网站。

**图 4－8　2000—2009 年我国 GDP 及其增长率**

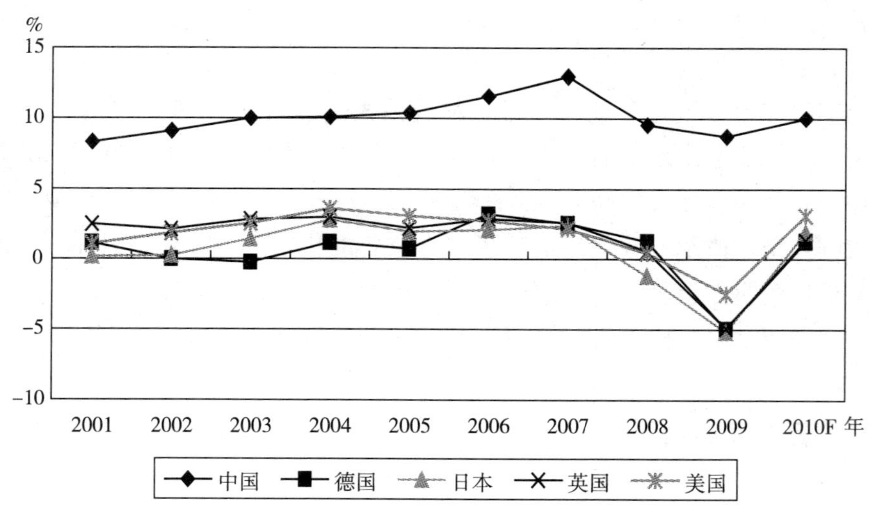


资料来源：IMF 世界经济展望数据库。

**图 4－9　世界主要发达国家与中国 GDP 增长率**

金融发展的链条不断延长，二者的关系也变得日渐复杂。在一国货币国际化当中，是依托贸易发展还是依托金融发展成为一个十分重要的问题。这次全球金融危机说明，尽管存在金融经济脱离实体经济维持的可能性，但最终必然要向实体经济回归。因此，无论现代金融如何发展，庞大的国际贸易都是货币国际化的基本条件，对于中国这样一个经济和贸易大国，更是如此。

1978 年，我国的商品进出口总额仅为 206 亿美元。2001 年加入世界贸易组织后，借助于新一轮世界经济快速增长周期，我国对外贸易规模从 2001 年的 5 096.5亿美元相继跨上 1 万亿美元（2004 年）和 2 万亿美元（2007 年）的台阶。2008 年进出口总额达到最高的 25 632.6 亿美元，相比 1978 年增长了 120 多倍。2009 年尽管受到全球金融危机的影响，我国进出口水平出现了一定的下降，但总量仍旧有 22 073 亿美元（见表 4 – 8）。同时，我国的贸易顺差和经常项目顺差迅速增加，2006 年已经超过日本处于世界第一位。2007 年，我国经常项目顺差为 3 718 亿美元，远大于德国的 2 525 亿美元和日本的 2 109 亿美元，而美国则有 7 312 亿美元的经常项目逆差。2009 年，我国商品贸易顺差 1 961 亿美元，比 2008 年减少 994 亿美元。从世界商品和服务贸易的角度来看，我国进出口所占比例呈现出稳步上升的局面（见图 4 – 10）。可以说当前的国际贸易和顺差规模扩大对于人民币国际化是一个重要的有利因素。

**表 4 – 8　　2000—2009 年我国进出口情况**　　单位：亿美元

| 年份 | 进出口总额 | 出口总额 | 进口总额 |
|---|---|---|---|
| 2000 | 4 743 | 2 921.11 | 2 779.04 |
| 2001 | 5 096.5 | 3 087.97 | 2 998.88 |
| 2002 | 6 207.7 | 3 737.39 | 3 513.02 |
| 2003 | 8 509.9 | 5 010.98 | 4 728.57 |
| 2004 | 11 545.5 | 6 763.71 | 6 306.10 |
| 2005 | 14 219.1 | 8 758.47 | 7 404.14 |
| 2006 | 17 604 | 11 163.23 | 8 922.55 |
| 2007 | 21 737.26 | 14 252.36 | 10 920.71 |
| 2008 | 25 632.6 | 16 733.28 | 12 930.20 |
| 2009 | 22 073 | 12 017 | 10 056 |

资料来源：国家统计局网站。

### 三、发达的市场体系

随着当今世界金融经济一体化逐渐深入，各国金融市场联系更加紧密，资产交易尤其是证券投资日益便利，实体经济的增长速度远远小于金融市场的增长速度，一国货币国际化必然通过金融交易手段实现，而这必须凭借一个发达

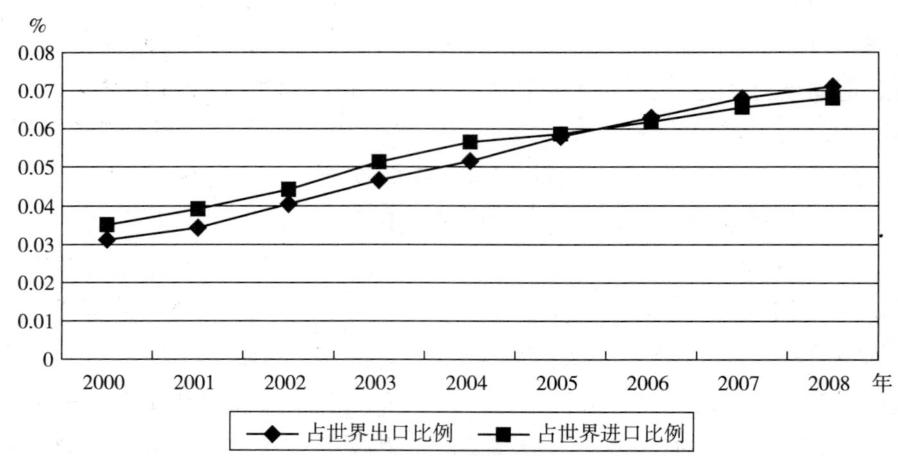


资料来源：IMF Database.

**图 4－10　占世界商品和服务贸易总额的比例**

的以资本市场为核心的金融中心作支撑。金融发展的推动力随着全球金融经济的深入发展日渐增强，也日渐成为更高层次影响货币国际化的必要条件。英镑、美元、欧元等国际货币的国际化进程表明，贸易和资本市场的共同发展是促进货币国际化的重要推动因素。从日元国际化的经验教训更充分说明了资本市场发展的重要性。20 世纪 60 年代的日本在没有完全放开资本账户之前就推进了日元国际化，80 年代，日本同步推进金融改革和日元国际化，既提高了金融效率，又加快了日元国际化进程。日元在最初的国际化很成功，但由于随后在资本市场发展与金融开放上趋于缓慢，在资金流出流入上设置诸多限制，使得外资不能流入日本，货币使用环境制约了日元国际化。从货币国际化发展历程来看，一国货币国际化往往按照货币职能分层次递进，从流通手段到支付手段再到作为国际储备货币。到了国际储备阶段，资本市场的发展就显得尤为重要。与美元相比，日元缺乏发达和开放的资本市场作依托，是其后期在官方储备当中份额停滞不前甚至有所下降和货币替代不成功的主要原因。

随着经济体制改革的深入，中国的金融发展取得显著成绩，金融市场改革不断深化，资本市场的广度和深度不断拓展，股票市场成交量和基金发行数量近几年快速增长（见图 4－11、图 4－12、图 4－13），金融知识的普及率和大众参与度呈现广泛扩展态势。这些都在一定程度上为人民币国际化创造了有利条件。

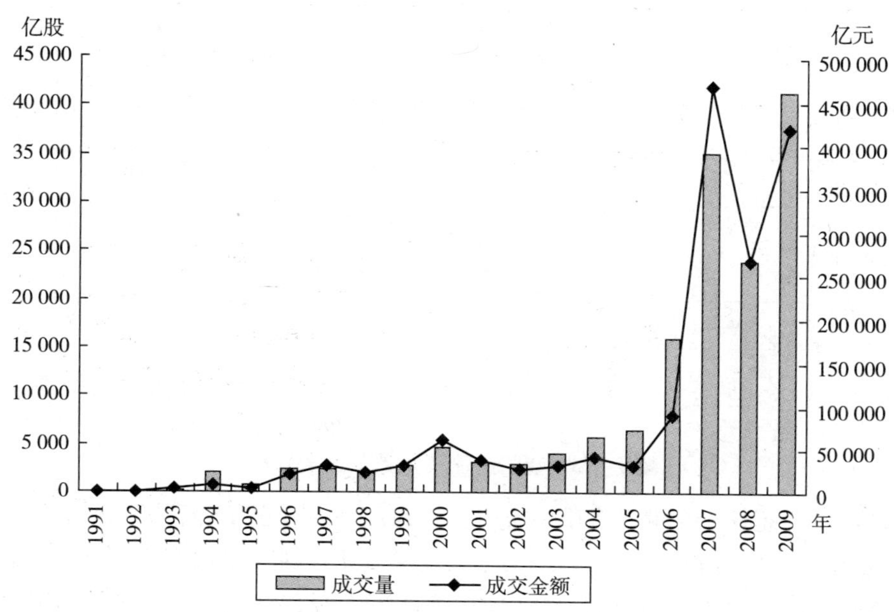


**图 4－11 中国大陆股票市场成交量与成交金额**

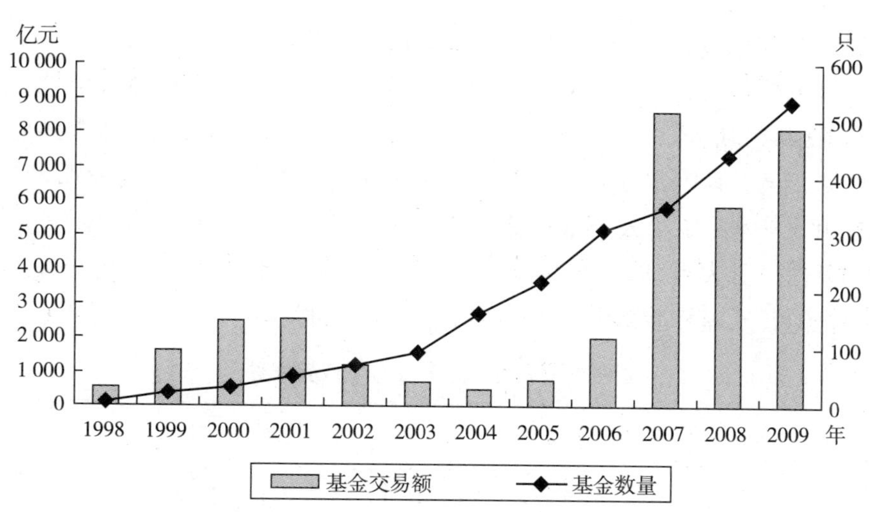


**图 4－12 中国大陆已发行基金数量与基金交易额**

## 四、稳定的货币币值

英镑国际化以发达的贸易为基础，美元的崛起以资本输出作依托，欧元则以长期的币值稳定为其国际化进程赢得信誉。日本经济规模位居世界第二（现

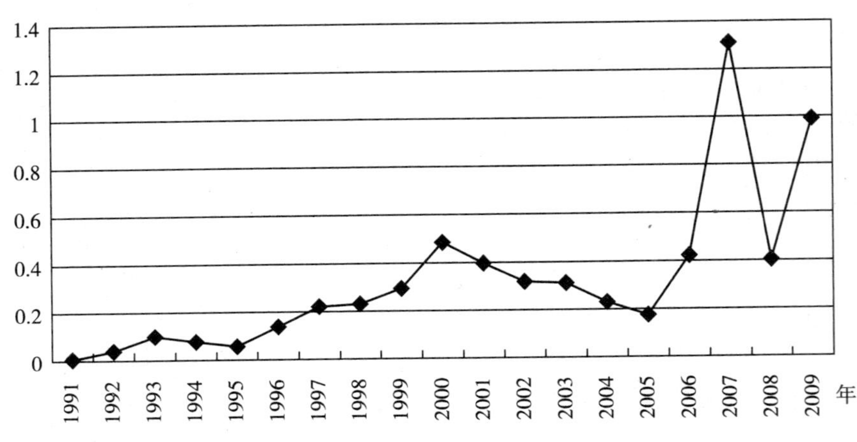


**图 4－13　我国金融深化度（证券化率）**

已为第三），而日元在世界货币中所占份额与经济规模极不相称，这与日元汇率的不稳定所导致的缺乏公信力不无关系。"格雷欣法则"描述了金属货币制度下"劣币驱逐良币"的现象，而在信用货币制度下，国际货币竞争遵循"逆格雷欣法则"，即在众多国际货币中，币值稳定、方便安全的货币最终成为处于支配地位的货币。

1997 年东南亚金融危机当中，我国政府在周边国家汇率贬值的情况下，采取各种措施维持人民币汇率的稳定。人民币的超稳定性、保值和升值性，更使一些东亚国家和地区的居民把人民币作为一种国际储备货币。全球金融危机发生后，欧、美、日等国际货币大幅波动，影响了其作为国际计价货币的功能，而保持币值基本稳定给人民币在更大范围内担当计价工具和充当国际货币创造了有利条件（见表 4－9）。但也应密切关注人民币升值问题，逐步完善人民币汇率形成机制，处理好市场化改革与政府干预之间的关系。

**表 4－9　　近三年来人民币汇率情况（月度数据）**

| 年份＼月份 | 1 | 2 | 3 | 4 | 5 | 6 | 7 | 8 | 9 | 10 | 11 | 12 |
|---|---|---|---|---|---|---|---|---|---|---|---|---|
| 2007 | 7. 790 | 7. 755 | 7. 739 | 7. 725 | 7. 670 | 7. 633 | 7. 581 | 7. 575 | 7. 526 | 7. 501 | 7. 423 | 7. 368 |
| 2008 | 7. 248 | 7. 160 | 7. 075 | 7. 001 | 6. 972 | 6. 897 | 6. 838 | 6. 852 | 6. 831 | 6. 832 | 6. 829 | 6. 842 |
| 2009 | 6. 838 | 6. 836 | 6. 834 | 6. 831 | 6. 825 | 6. 833 | 6. 832 | 6. 832 | 6. 829 | 6. 828 | 6. 827 | 6. 828 |
| 2010 | 6. 827 | 6. 827 | 6. 826 | 6. 826 | 6. 827 | 6. 817 | | | | | | |

资料来源：外汇局网站公布的月平均外汇牌价。

货币国际化是一个渐进过程，从地域上划分，包括周边化、区域化、全球化；从职能上划分，包括结算工具、投资工具、储备货币。每个阶段本身也是循序渐进的过程。开展跨境贸易人民币结算试点，标志着人民币国际化已进入区域化初级阶段。应立足于当前发展阶段，稳妥有序地推进人民币全面区域化、全球化以及成为国际投资工具、储备货币。

为此，中国货币当局已经做了相当多的努力，见表4-10。

**表4-10 近期中国为推进人民币国际化所做的努力**

| 时间 | 进程 |
| --- | --- |
| 2009年4月2日 | 中国人民银行和阿根廷中央银行签署双边货币互换协议。该协议互换规模为700亿元人民币/380亿阿根廷比索。协议实施有效期3年，经双方同意可以展期 |
| 2009年3月23日 | 中国人民银行和印度尼西亚银行宣布签署双边货币互换协议，该协议互换规模为1 000亿元人民币/175万亿印度尼西亚卢比。协议实施有效期3年，经双方同意可以展期 |
| 2009年3月11日 | 中国人民银行和白俄罗斯共和国国家银行宣布签署双边货币互换协议，协议互换规模为200亿元人民币/8万亿白俄罗斯卢布。协议实施有效期3年，经双方同意可以展期 |
| 2009年3月9日 | 人民币跨境结算中心将在香港进行试点 |
| 2009年2月8日 | 中国与马来西亚签订的互换协议规模为800亿元人民币/400亿林吉特 |
| 2008年12月25日 | 国务院决定，将对广东和长江三角洲地区与港澳地区、广西和云南与亚细安的货物贸易进行人民币结算试点；此外，中国已与包括蒙古、越南、缅甸等在内的周边八国签订了自主选择双边货币结算协议，人民币区域化的进程大步加快 |
| 2008年12月4日 | 中国与俄罗斯就加快两国在贸易中改用本国货币结算进行了磋商；12日，中国人民银行和韩国银行签署了双边货币互换协议，两国通过本币互换可相互提供规模为1 800亿元人民币的短期流动性支持 |
| 2008年7月10日 | 国务院批准中国人民银行"三定"方案，新设立汇率司，其职能包括"根据人民币国际化的进程发展人民币离岸市场"。这是公开的官方文件首次提及人民币国际化，正式拉开了推动人民币区域化的政策帷幕 |
| 2007年6月 | 首只人民币债券登陆香港，此后内地多家银行先后多次在香港推行2年或3年期的人民币债券，总额超过200亿元人民币 |

资料来源：中国人民银行网站数据总结。

## 4.4 人民币国际化的收益风险分析

### 4.4.1 人民币国际化带来的收益

#### 一、人民币国际化有利于推动经济增长方式转变和产业竞争力的提高

经济增长方式转变对中国经济的可持续增长至关重要。1995 年我国在制定“九五”计划的时候，就要求实现增长方式的根本转变，而 2005 年制定“十一五”规划的时候，再次提出要把转变增长方式作为今后五年经济工作的重心内容。目前，中国整体经济在迅猛发展的过程中，仍然存在着很多的问题，比如粗放、产业层次低、自主创新能力弱、对外依存度高、缺乏经济独立性等。从当前全球的经济发展情况和态势来看，“高投入、高消耗、高污染、低产出、低效益”的粗放发展模式已经难以为继。我们如果想要真正地实现人民币的国际化，可持续的经济增长和强大的综合国力是基础，这就要求我们加快实现经济增长方式的转变和提高产业的竞争力。

这方面，日元国际化的教训是深刻的。从 20 世纪 60 年代开始，日本的贸易收支开始出现顺差，到了 80 年代中期，日本已经取代美国逐步成为世界最大的贷款国和债权国，在这个过程中，日元的国际化发展很快，在国际结算、国际储备、国际投资与信贷以及国际市场干预方面的作用全面提高，日元之所以能够得到国际社会的充分肯定，和当时日本的经济实力是牢不可分的。然而到了 90 年代，日本经济泡沫破灭，出现了“失去的十年”，日本金融机构再无余力向海外扩张，国际地位开始下滑。1997 年亚洲金融危机爆发后，日本曾提出要求亚洲各国与日元挂钩，提高一揽子货币中的日元比例，但亚洲各国并没有采纳日本政府的建议，而是实现了向浮动汇率制度或有管理的浮动汇率制度的转变，并最终度过了危机。直到今天，即使日本政府从“日元国际化”的被动状态转向积极主动已经有二十多年的时间了，但是日元还没有真正实现国际化，从这个角度可以说日元国际化是失败的，而这和日本经济实力的下滑有很密切的关系。

人民币国际化会加快经济增长方式的转变，因为保持经济持续快速增长首先需要我们推动经济增长方式的转变。即使到现在，我们国家依然没有实现集约式增长，能源消耗居高不下、高新技术产业比重偏低。能源出口和初级加工贸易仍然是我们对外出口的主要构成，因此被冠以“世界工厂”的称谓。但这

种以资源换外汇的发展模式，代价越来越明显。在经济惊人增长的同时，污染和排放问题也同样以惊人的速度恶化。根据估算，中国已是全球最大的二氧化碳排放国。在气候问题被广泛关注的今天，这样的生产方式和分工角色很难保证我们经济持续地增长。如果将环境代价计入成本核算，将资源枯竭对可持续发展的致命影响纳入视野，我们就会看到，中国的贸易成本是巨大的，大到我们无法承受。另外，自然资源短缺的程度越来越严重。最近几年一些可贸易资源因为中国出口量的急剧增长，正以加速度的方式被出口或者消耗。高额的净出口建立在输出自己珍贵的自然资源和破坏自己的自然环境的基础之上，这似乎有点饮鸩止渴的味道。同时，我国还存在外贸出口依存度过高的问题，2008年我国对于对外出口的依赖甚至达到70%以上，2009 年为50%，一旦实现人民币国际化后，势必会面临“特里芬难题”，即一方面作为储备货币，人民币稳定的基础是国际收支平衡；另一方面，其他国家将人民币作为主要储备货币，就一定会要求增加人民币作为外汇储备，也就是向中国大量出口以换取人民币。在这种情况下，由过分依赖出口转向通过扩大内需来消化进口，这是摆在我们面前亟待解决的一个重要理论和实践难题。近三年来，中国已经开始扭转“出口导向型经济”，如：内外资税收统一并轨为25%；出口退税曾一度减少；出台《反垄断法》，否决可口可乐并购汇源；等等。

人民币国际化会推动产业结构的升级，因为产业结构的升级是我们保持经济持续快速发展和增强综合国力的关键。改革开放以来，我国产业发展实现了由少到多，由弱到强的转变，产业结构变化——第一产业比重下降，而第二产业、第三产业比重上升——基本符合世界范围的产业结构演变规律。经过30 年的发展，我国农业结构不断优化，工业整体素质和市场竞争力明显增强，服务业在国民经济中的地位不断提高。但我国产业结构依然存在诸多问题：农业、工业、服务业比例失衡，相对于发达国家来看，服务业特别是现代服务业依旧发展缓慢（见表4－11）；工业结构单一，产品结构趋同，高耗能、高污染工业比重较大；高新技术产业规模较小，企业创新能力较低，产品核心技术的掌握较少等。伴随经济全球化趋势的不断发展，我国产业结构的调整应放在世界范围来考虑。2009 年 3 月份公布的《汽车产业调整和振兴规划》进一步促进了新能源产业发展；2010 年 4 月起，中央开始对房地产市场进行全面的宏观调控，试图抑制房地产的过度投资行为；8 月 8 日，工信部公布了 2 087 家工业行业淘汰落后产能企业的名单；等等，总之，我们要抓住当前的有利时机，在实现人民币国际化的进程中，加快产业结构的优化和升级，促进国民经济又好又快发展。

**表 4－11　　　2001—2009 年中美货物、服务贸易净额对比一览表**

单位：百万美元

| 项目 / 年份 | 美国货物贸易净额 | 中国货物贸易净额 | 美国服务贸易净额 | 中国服务贸易净额 |
| --- | --- | --- | --- | --- |
| 2001 | －429.9 | 34 017 | 137.32 | －11 819 |
| 2002 | －482.83 | 44 167 | 138.32 | －11 818 |
| 2003 | －549.01 | 44 652 | 139.32 | －11 817 |
| 2004 | －671.83 | 58 982 | 140.32 | －11 816 |
| 2005 | －790.85 | 134 000 | 141.32 | －11 815 |
| 2006 | －847.26 | 218 000 | 142.32 | －11 814 |
| 2007 | －830.99 | 315 000 | 143.32 | －11 813 |
| 2008 | －840.25 | 360 682 | 144.32 | －11 812 |
| 2009 | －503.58 | 249 613 | 128.669 | －29 398 |

资料来源：根据 WTO 官方网站数据整理。

## 二、人民币国际化有助于规避汇率风险，改善贸易结构

1. 人民币国际化能减少国际贸易和国际投资中的汇率风险

国际货币被广泛用于国际间的计价、支付和结算，绝大多数跨国货币收支，如国际贸易中的货款结算，国际金融市场上的资金借贷和本息偿还，都是用国际货币来进行的。在对外经济往来中直接用本币计价、结算有利于其对外经济往来的扩大。一国货币的国际化给本国进出口商、投资者及消费者带来很大的方便，使其在从事国际经济交易中可以较多地使用本币而少受或免受外汇风险的困扰。对进出口商来说，汇率风险是他们面临的主要风险之一，规避它的最好办法是用本币计价、结算。这样做，一方面能使该国进出口商免去对外汇收支进行套期保值的成本支出；另一方面便于对国外进口商提供本币的出口信贷，从而进一步提升出口竞争力，扩大对外贸易和经济往来。

国际货币规避汇率风险方面，理论界进行了大量研究。Grassman（1973）曾经研究了瑞典和丹麦的贸易中计价货币的运用，Page（1981）指出："一国贸易规模越大，在交易中就越有可能使用该国货币，也就越有可能出现这种货币推动。"McKinnon（1979）、Carse 和 Wood（1979）总结出国际贸易中选取结算货币的规

律，“信息传递的经济性”要求采用单一货币，而在差异性制造品的贸易中，具有用出口方货币计价的动机。Mundel（1983）发现，在国际交易中存在着使用劳动生产率较高国家货币和抛弃劳动生产率较低国家货币的倾向。我国的国际贸易总额一直处于高速增长状态。使用人民币结算符合理论界研究的结果，而人民币的国际化，在国际贸易中增加使用本国货币计价、结算，汇率风险将大大降低，这将为我国的进出口商带来极大的便利，促进我国对外经贸活动和国际交流的开展。与此同时，人民币一旦成为国际货币还能解决我国外汇资金的供给问题，国内投资商可以直接利用手中的人民币对外投资，投资能力大大增强，同时降低了汇率变动引起的投资风险，有利于我国海外直接投资的扩大。

2. 人民币国际化的过程可以推动贸易结构的改善

雄厚的综合国力从来都是货币国际化的最根本条件，像我们这样一个国际贸易大国，国民收入的很大一部分来自于与其他国家的贸易往来。因此，人民币国际化的过程将会有力地推动我国不合理的贸易结构进行改善。

目前我国的进出口规模虽然已经排在世界前列，但我们应清楚地意识到我国的贸易结构存在很多问题。比如，服务贸易额占整个对外贸易额的比例很低，服务贸易出口与货物贸易出口的比例为1:9，远低于世界平均1:4.2的水平（美国这一比例为1:2.6）。同时，服务贸易的发展不均衡，主要集中于旅游、运输、转口贸易、经营租赁等劳动密集型或资金密集型的低附加值项目上，而一些高附加值的产业如金融、保险、计算机信息服务、技术咨询、专有权利和特许、广告宣传和电影音像等发展不足，贸易伙伴国集中在美国和中国香港等地，整体发展水平较低，多元化程度不够。

**表4－12　　中美贸易结构比较**

| | 美国 | 中国 |
|---|---|---|
| 货物贸易结构 | 美国贸易结构水平属典型的水平分工型，这种结构的基本特征是由于国际分工高度化和跨国公司生产国际化，制成品在出口和进口中均占很大比重 | 我国的商品贸易结构水平非常低，属中级垂直分工，货物贸易结构中出口结构以轻纺制品为主，重化工业制品比重较低，机电产品出口不足30%，进口结构则以重化工业制品尤其是机电设备为主，初级产品所占份额很小，不到20% |

续表

| | 美国 | 中国 |
|---|---|---|
| 服务贸易结构 | 美国主要的十大服务贸易行业是旅游、运输、金融、教育培训、商务服务、通信、设备安装维修、娱乐业、信息和医疗保健，这些部门在世界均居领先地位，具有很强竞争能力 | 我国从20世纪90年代初开始就是服务贸易净进口国，在服务贸易项目中，存在顺差的部门是旅游、通信、建筑及其他商务部门，其余均为逆差，主要的逆差部门是运输和保险服务。服务贸易的出口占全球出口的2.4% |
| 对外贸易地区结构 | 美国对发达国家的贸易比重远高于中国。美国主要依赖北美市场，经过多年的外贸发展和格局调整后，其市场结构已渐趋合理 | 中国对日本的贸易额要大于美国对日本的贸易额，中国主要依赖亚洲市场。我国的对外贸易地区结构经过二十多年的发展，虽有很大改善，但也存在着一些不合理的因素，而且市场多元化水平明显低于美国 |

资料来源：根据商务部网站资料整理。

近几年来，为了给人民币国际化铺平道路，提高中国的综合国力，我们在贸易结构方面已经做了很多努力，这些结构变动主要包括：一是部分劳动密集型产品的比较优势得到了加强，二是部分资本密集型产品从原来的比较劣势变为比较优势产品，三是参与产业内贸易的主要产品从贸易逆差变为贸易顺差。①当然，贸易结构的日趋合理并不是一蹴而就的，但我们坚信，人民币的国际化和贸易结构改善之间相辅相成，互相推进，必将使得正在格局调整路上的中国国际贸易结构会更加合理。

### 三、人民币国际化有助于我国金融体系的完善

一国货币的国际化应当是与完善的国内金融体系相辅相成的。健全的金融体系是货币国际化的有力保证，具体包括多元化、国际化的金融机构和功能齐全的金融市场。在这一点上，欧元国际化的成功历程给了我们正面的佐证，欧元启动后，欧洲债券市场改进了交易体系和融资方式，效率和透明度均有提高，股票市场和商业银行通过联合、兼并和收购实现了结构调整。一方面通过更新基础设施，欧元区建立了由先进电子技术装备的一体化的转账支付体系，以此将各国的支付体系连成一个跨国界的支付平台，日成交量约3 500亿欧元；另一方面，进行股票市场的合并，通过改变商业银行的经营方向，使其从传统的结

① 根据商务部官方资料整理。

算信贷业务转为投资银行的经营范围，加快兼并收购。形成银行、保险公司和股票市场相互参股的综合经营的发展格局，使得欧元区金融市场中股票市场规模与美国差距有所减小。与此相反，日元国际化教训也值得我们借鉴，日本没有形成美国那样的金融资本市场，无法保证向国际金融资本市场提供具有安全性、收益性和高流动性的长短期金融商品，限制了以日元计值进行商品和金融交易的机会，因此日元国际化远未能达到政府的预期。由此看来，人民币国际化的推进必然伴随着金融市场国际化和金融机构的国际化问题。

当前我国正处于国际经济地位的快速提升与金融市场与机构国际化发展相对滞后的局面。金融市场存在着市场分割、产品单一、监管过度与监管不力并存、信息披露标准还较低、有些市场特别是衍生品市场还没有发展起来等问题。这样的市场即使能够吸引国际机构投资者，也恐怕只能是吸引更多的投机资金而缺乏长期的资本投资。显然，金融市场相对落后的发展成为人民币国际化的硬约束。

1. 人民币国际化有利于资本市场的发展和完善

资本市场的发展和开放与人民币国际化是一个相互推进的过程。资本市场开放要求人民币更广泛使用，通过对资本管制的不断放松和人民币国际化进程的推进，会促进资本市场的更快发展，而资本市场的发展反过来又能为人民币国际化创造有利的条件，双方的良性互动会带来人民币国际化的早日实现和中国资本市场的更加完善和规范。

中国的资本市场的开放水平目前已经粗具规模，从最初的以外商直接投资为主的中长期信贷，然后是债券市场的国际化、股票市场的国际化（经历了 B 股发行、海外上市、外资参股等开放历程），到非常重要的 2002 年 QFII① 以及 2006 年 QDII② 的启动。

市场规模方面，目前我国投资者已经超过 1.6 亿人，市场形势比较好时，一天的开户数甚至超过一个国家一年的开户数，从 1991—2009 年，中国内地上市公司的数量快速上涨（见图 4 - 14）。应当看到，我国资本市场的发展潜力巨大，仅中关村科技园区符合创业板标准的就有 1 000 余家企业。中国股份制企业

① QFII 是在资本管制情况下，新兴国家允许境外机构投资者投资本国资本市场而专门设置的一种制度安排。事实上，1990 年以来，韩国、印度、马来西亚、巴西、泰国、智利和中国台湾都先后实施了 QFII 制度。2003 年瑞士银行（UBS）成为首家获批投资中国资本市场的合格境外机构投资者以后，QFII 已经成为中国资本市场不可小觑的重要机构投资者。

② QDII 是指在外汇管制下，允许国内投资者去海外投资。QDII 制度的实施，则使中国居民的投资选择范围扩大到国际资本市场。

有12万家，都有融资需求。截至2009年12月，中国内地上市公司总数达到1 718家。

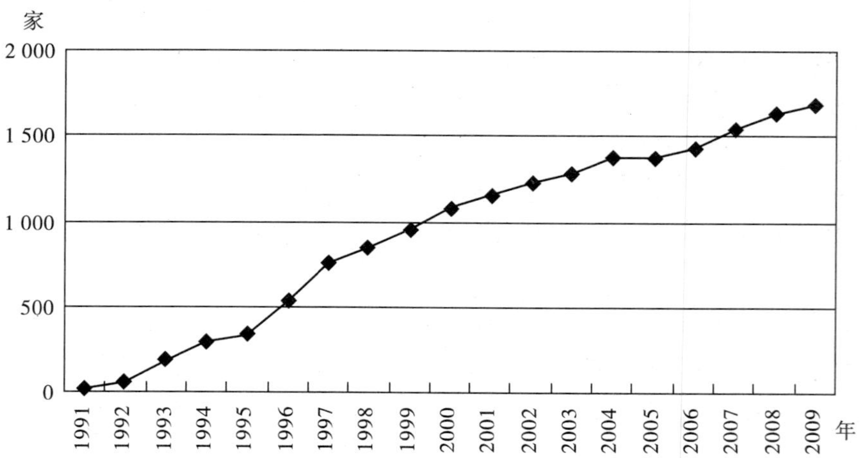


资料来源：中国证监会官方网站。

**图4－14　中国大陆历年上市公司总数**

我国资本市场的发展已经取得了一些成果，同时仍旧具有很大的发展潜力。例如，资本市场的整体规模相对银行体系而言还很小，2001—2007年，中国境内直接融资筹资额与同期银行贷款增加额之比分别为9.5%、4.11%、2.97%、4.49%、2.05%、8.38%和21.95%，并且2008年股市融资与银行贷款之比出现了大幅度下降。尽管2009年成功推出创业板市场，但多层次的资本市场体系还不成熟，有待进一步开发。另外，相对于股票市场的发展来说，债券市场的发展规模不仅低于美国等成熟市场，甚至低于韩国、印度等新兴市场（见图4－15）。这些

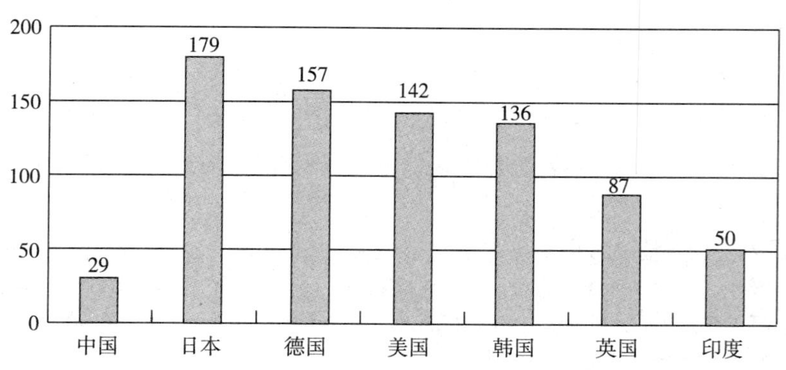


**图4－15　世界主要国家债券市场相对股票市场发展规模对比**

都意味着我国资本市场还有很长的路要走，我们对其未来的发展前景是非常乐观的。

毋庸置疑，伴随着人民币国际化的实现，更多的海外资金将会进入中国的资本市场，支持企业并购，促进市场中的微观经济主体——上市公司的优化组合，改善市场的资源配置，提高其国际竞争力等。与此同时，人民币国际化也能帮助海外上市企业回归国内市场。中国有很多经营出色、业绩优良的企业，因为国内资本的有限性，转而去海外上市，一旦它们能够在国内找到众多的投资者，相比较与国外的上市成本高的现实，回归国内市场将成为它们的一种很好的选择。美元、英镑和日元的国际经验告诉我们，货币国际化程度对该经济体股票市场规模和程度的影响是正向的，起着促进作用，所以，我们坚信人民币国际化将对我国资本市场的发展起到巨大的推动作用。

2. 人民币国际化有利于金融中心的建立

金融市场实现国际化，至少要具备以下三个条件：一是金融产品的多样化，要能够提供品种众多、可供选择的金融资产，以消化回流的人民币，包括熊猫债券等；二是要有强大的投融资市场，要建立以短期票据市场为主的投融资市场，为资金寻找最佳的使用者；三是要有一批具有国际竞争力的投资机构，能够在全球范围内寻找获利机会，为负债（如国债）带来净收益。实现这些条件首先需要我们建立国内的金融中心和离岸金融中心。

国际金融中心是国际金融发展到一定阶段的产物，它的战略性调整往往与全球的经济中心转移相一致。13 世纪因为意大利发达的国际贸易和信贷机制，使得威尼斯成为当时最瞩目的国际金融中心；17 世纪，因为荷兰成为欧洲商业和信息中心，阿姆斯特丹取而代之成为当时的国际金融中心；工业革命以后，英国经济迅猛发展，金融中心转向伦敦；第二次世界大战后，纽约因为美国的强大崛起而成为国际金融中心；20 世纪 80 年代，亚太地区经济发展，又使得新一轮的国际金融中心向亚太地区倾斜。由此可见，国际金融中心的转移通常意味着一个时代的终结和另一个时代的开启。中国作为一个经济大国，在向经济强国和金融大国努力的过程中，正逐步建立发展国际金融中心的条件——实体经济的强大、成为全球国际贸易中心、强大的金融市场、金融自由化、货币的国际化和稳定的货币环境。中国也正处于努力地把上海建成与我国经济实力以及人民币国际地位相适应的国际金融中心的过程中。

离岸金融中心通常是由离岸金融市场发展到一定阶段形成的。在发行国境外经营该发行国货币存贷款业务的金融市场，或者在发行国境内经营该发行国货币存贷款业务但不受该国金融法规约束的金融市场，就是离岸市场。离岸金融中心对跨国公司集中服务，协助企业资源配置，为其提供全球投资机会，还可以运用各种中介机构避开烦琐的国内法规，为跨国企业进行国际税收筹划。例如，欧洲区的伦敦、苏黎世，中美洲的开曼群岛、巴哈马群岛，中东的巴林，亚洲的新加坡、中国香港、东京，北美洲的纽约，都是著名的离岸金融中心。从世界金融发展的历史来看，一种货币走向国际化离不开离岸货币市场的支持，而离岸金融中心的形成则多数基于两个方面：第一，该货币是国际储备货币，但发行国对此跨境流动进行限制（如欧洲美元市场的产生和最初的发展）；第二，国际储备货币在全球广泛使用了离岸金融中心。不管哪一种情形，它都与国际储备货币有密不可分的关系。

3. 有利于金融机构业务的增加

Bergsten（1975）、Tavalas（1998）认为随着一种货币国际运用的扩张，使得贷款、投资和商品、服务的购买都将通过该货币发行国的金融机构进行，金融部门的收益会增加。从长期来看，人民币国际化会给中国的金融机构带来更多的新业务。商业银行业务主要包括资产业务、负债业务和中间业务。人民币国际化过程必然对我国银行的各项业务产生影响。以负债业务为例，随着中国资本项目的逐步开放和人民币国际化的推进，人民币离岸存款业务终将登上历史舞台。“美元化”的经验表明，由于其汇率相对稳定的保值功能使其存款在国际范围内具有相当的吸引力。国际化货币的存款业务一定会受到世界各国的欢迎。截至2004年底，美元占全球外汇储备的比重达64%，在全球外汇交易中的比重为62%，在全球贸易结算中的比重达66%①。美元被普遍用做耐用商品的记账单位，有时还被用做支付手段。同时，在对外贸易中更多地使用人民币，中资银行将成为清算行或结算行，这有利于中资银行扩张海外业务、获取新的客户资源、增加收费业务收入。如果中资银行能够扩大对外融资，国际金融市场上有更多以人民币计价的金融产品，人民币在外汇交易市场上更加活跃，均会提高中资银行的竞争力。

## 四、人民币国际化后可以获得铸币税收益

铸币税，英文为Seignorage，源自法文Seigneur。伴随货币制度的演进，铸币税的含义也在不断变化。在金属货币制度发展到一定时期以后，铸币税是由于货币没有十足成色和重量而得到的额外净收益。在信用货币制度下，铸币税

① 谭小芬．全球国际收支失衡对国际货币体系的影响［J］．金融教学与研究，2005（5）．

基本上等于货币面值。但是，由于在信用货币制度下，纸币仅占货币总量的一小部分，中央银行开出的支票和投放的贷款以及现金具有同样的购买力，这一部分货币也可以视为铸币税。国际铸币税指的是一国货币在货币国际化过程中，通过经常项目、资本项目和境外货币自由兑换等方式流出国境，在境外担当流通手段、支付手段、贮藏手段和价值尺度，而为货币流出国（包括政府与个人）带来的收益。Aliber（1964）、Cohen（1971）、Bergsten（1975）、Tavalas（1998）均验证了发行国际货币的国家能够获得国际铸币税收入。

以美国为例，美元是国际货币，所以美国政府可以利用美元购买其他国家的商品和金融资产，从而享受超过本国商品、劳务、生产额的消费，而其他国家的商品和金融资产源源不断地输送到美国，换回的不过是些绿色的纸片，这中间的收益就是美国的铸币税收益。通过铸币税收益，美国还可以支付巨大的经常项目赤字，而其他国家却被迫为挥霍无度的美国居民付账，外国人持有美元的过程就是铸币税创造的过程。从表4-13中我们可以看到，美国在美元向世界各国输出的过程中收益的数量是很庞大的，从1999年到2008年，其获得的收益多数都在千亿美元以上，而收益的大部分金额来自于商品服务贸易的巨额逆差。

**表4-13　　美国在1999—2008年因为美元流出而获得的收益**

单位：10亿美元

| 年份 | 货物及服务贸易余额（1） | 投资收入（贷）（2） | 投资收入（借）（3） | 收益（4） |
|---|---|---|---|---|
| 1999 | -263.28 | 293.22 | -280.04 | 276.46 |
| 2000 | -378.35 | 350.45 | -329.86 | 398.93 |
| 2001 | -362.69 | 286.69 | -263.12 | 386.26 |
| 2002 | -421.74 | 266.80 | -259.63 | 428.91 |
| 2003 | -496.51 | 294.39 | -261.10 | 529.79 |
| 2004 | -617.08 | 368.99 | -344.92 | 641.14 |
| 2005 | -715.27 | 535.26 | -462.91 | 787.62 |
| 2006 | -760.36 | 682.22 | -634.14 | 808.44 |
| 2007 | -701.42 | 818.93 | -728.09 | 792.26 |
| 2008 | -695.94 | 764.64 | -646.41 | 814.17 |

注：数据中的负号表示国际收支账户的借方余额，（4）=-（1）+（2）+（3）；（2）和（3）项以收入账户的贷方和借方数据近似表示投资收入的贷借方。（4）、（1）、（2）、（3）分别表示：货币发行国一定时期（一般为一年），因货币流出获得的收益加项；经常账户下的商品与服务贸易逆差差额减项；经常账户下的收入账户中投资收入借项加项；经常账户下的收入账户中投资收入贷项。

资料来源：Bureau of Economic Analysis 官方网站。

Klein 和 Neumann 曾经提出铸币总收益的计算公式为

$$S = S^M + (i^P A^P + i^F A^F)/P + G/P$$

式中：$S^M$为货币铸币税，$A^P$和$A^F$分别表示私人部门的债务和国外的债务，$i^P$和$i^F$则表示对应的名义利率水平，$G$是中央银行操作带来的收益，那么其中的第二项就表示中央银行购买用于交换基础货币的非政府公债所带来的利息收益。

据计算，人民币国际化前因持有国际货币而缴纳的国际铸币税，从 2003 年至今逐年递增，仅仅2003 年中国缴纳的国际铸币税就占当年 GDP 的3.56%，而假设人民币国际化后，预测2030 年会向全世界征收国际铸币税大约为5.17 万亿元人民币。① 由此可见，人民币国际化从铸币税的角度，会给我国带来巨大的收益。

除了以上四点以外，人民币的国际化也意味着中国国际地位的提升。美国之所以能够垄断、支配或影响国际货币制度改革的进程，与美元的世界货币、储备货币的地位是分不开的。人民币实现国际化后，中国就掌握了一种国际货币的发行权和调节权，在国际货币及金融政策协调中作用的加强，将使那些使用人民币的国家在一定程度上形成对中国经济的一定依赖性，中国的经济发展状况和经济政策变化也将对那些国家产生影响，从而加强中国的经济中心地位，中国在国际事务中将具有更大的发言权，有利于中国经济的持续增长和综合竞争力的提升。而且，人民币成为储备货币后，我国的对外贸易和投资支出一部分可以由人民币支付，有效降低了外汇储备的需求，意味着减轻了我们现在因为持有巨额的外汇储备所带来的资源浪费。

### 4.4.2 人民币国际化的成本

凡事都有两面性，我们在了解人民币国际化所带来的好处的同时，还应清醒地看到人民币的国际化还会给我们带来很多难题，如加大外部冲击、加大政策制定的难度、面临“特里芬难题”和金融监管难度的提升等。

---

① 计算数据来自：尚丽娜．人民币国际化：从国际铸币税角度分析，计算公式为 $S = R - C$，$R$ 为货币国际化后可计量的收益，$C$ 为货币国际化后可计量的成本，$R = VMr + F_R$，$VMr$ 为一国货币国际化后，该货币当局向经济中新增货币供应量而被外国非居民持有的部分，$F_R$是货币国际化后，该货币发行国利用别国中央银行留在该国银行体系的国际储备向外贷款获得的收益。$C = C_D + C_T$，$C_D$和 $C_T$分别为货币当局要向外国支付的存款利息和国债利息。

## 一、人民币国际化会加大外部冲击

1. 人民币国际化会带来货币逆转的风险

货币的国际化实质上是该国货币被其他国家选择使用的结果。但是，一旦国内经济形势发生逆转，出现货币贬值，就可能动摇其他国家对人民币的信心，人民币持有者就会在各种国际货币间进行调换，形成对人民币的挤兑和抛售。同时，如果货币持有国由于自身政策的需要，放弃人民币的持有（比如，日本在2006年1月份大幅减持了166亿美元美国国债，创下了自2000年3月以来日本单月减持美国国债的最高纪录。日本减持美国国债是紧缩流动性的一种手段，以配合国内货币政策的调整），同样会带来货币逆转的现象。这种货币的逆转将对中国国内经济产生冲击，而且货币逆转带来的救助货币危机的成本和干预汇率的成本也会给中国外汇储备造成巨大影响。

2. 人民币国际化会增加汇率和利率的波动

由于取消了对资本流出流入的限制，国内外金融市场自由流动，资本流动变得更加容易。有益的一面是大量FDI的流入会满足我们的资金需求，促进我国企业的发展壮大。但是，如果以投机套利为目的的热钱不断流入流出，就会对我们的资本市场乃至宏观经济产生巨大的冲击。其表现在：大量热钱流入即代表着对人民币的需求增加，随之而来的就是利率的上升，这会加大货币当局控制的难度；对于汇率来说，外币增加，就会导致人民币升值的压力加大，难以维持汇率的稳定。

3. 人民币国际化会增加金融危机的发生几率

人民币国际化使中国国内经济与世界经济密切相关，国际金融市场的任何风吹草动都会波及国内，国外经济危机、通货膨胀等会通过国际途径传递到国内。另一方面，大量短期资本流入往往投资于国内货币市场、证券市场，结果会导致国内资产价格大幅上扬，甚至出现资产价格泡沫。一旦短期资本撤出，资产价格便会出现大量“缩水”，引起经济衰退。货币的国际化也会导致热钱外逃带来的贬值压力传递给经济联系密切的国家，进一步造成区域性或者国际性的危机。例如，20世纪80年代日本允许国外投资者参与日本股票市场的交易，以金融自由化来推进日元的国际化。在日元升值预期的背景下，大量国外资金流入日本，加速了日本经济的泡沫化过程，强化了日元的升值压力。而后，日本政府运用紧缩政策来治理泡沫经济，导致大量投机资本涌出，过热的泡沫迅速演变出“失去的十年”。可见，国际资本的冲击可能通过国际货币对一国经济产生顺周期的冲击，从而加剧该国宏观经济的波动。

## 二、人民币国际化会加大政策制定的难度

克鲁格曼的“三元悖论”是国际经济学中的一个著名论断，它阐释了开放经济中三大金融目标不可兼得的矛盾性。其内容是指一国不可能同时实现货币政策独立性、汇率稳定以及资本自由流动三大金融目标。无独有偶，Alihe（1964）、Bergsten（1975）认为美元的国际作用降低了美国执行独立货币政策的能力。当美国实施扩张性货币政策时，利率下降导致资本流出，国内的紧缩局面得不到改善。另一方面，美元的国际作用限制了美国运用货币贬值政策。若美国实施美元贬值政策，由于美元的国际作用，其他国家会以同样的比例贬值其货币而抵消美元贬值。Tavalas（1998）认为，货币国际化的成本体现在：在钉住汇率制下，外国人偏好的转移可能会导致大量的资本流动，破坏货币当局控制基础货币的能力并影响国内经济活动；在浮动汇率制下，这种转移导致汇率的大幅度变动，可能也会限制货币当局的国内政策能力。

在人民币没有国际化的情况下，不管中央银行投放多少基础货币，它都只是在我国境内流通，中央银行可以相对容易地调控市场流动性以及与流动性关联的一系列资产和投资问题。当人民币国际化以后，便有相当部分是在境外流通，货币操作思路就不再是中国境内从上到下的线性系统，而是遍布全球和中央银行联动的网状系统。

有关中央银行投放货币的数量，我们用弗里德曼的货币需求函数来看一下：

$$M_d = f(y, w, r_e, \frac{1}{P_e}\frac{\mathrm{d}P_e}{\mathrm{d}t}, \frac{1}{r_e}\frac{\mathrm{d}r_e}{\mathrm{d}t}, u)$$

式中：$Md$ 为名义货币需求，$r_e$ 为债券收益率，$P$ 为价格指数，$\frac{1}{P_e}\frac{\mathrm{d}P_e}{\mathrm{d}t}$ 为股票的名义收益率，$\frac{\mathrm{d}P_e}{\mathrm{d}t}$ 为预期价格变动率，$y$ 是恒久收入，$w$ 为人力财富在总财富中所占的比率，$u$ 是影响货币需求的其他因素。

显然，根据弗里德曼货币需求理论，影响货币需求的因素有很多。如果该国的货币实现了国际化，我们可能还要加上国外居民的恒久收入 $y^*$，本币与外币的汇率 $R$，外国债券和股票的收益率等因素。可见，货币的国际化必然会增加中央银行对货币供应量的调控难度。中央银行货币政策的博弈对象，在原有本国居民的基础上，增加了外国的投资者和投机者。

## 三、人民币国际化会面临“特里芬难题”

“特里芬难题”是由美国耶鲁大学教授特里芬在《黄金与美元危机》中提出的，是指随着世界经济和贸易的不断增长以及国际货币需求的日益增加，美元

的对国外供给将不断扩大。如果美国国际收支持续出现逆差，则不利于美元价值的稳定；相反如果美国国际收支持续出现顺差，则美元的供给就将减少，就难以满足国际需求。这样，以美元为主导的国际货币体系就会陷入两难境地。也就是说，要满足国际货币的需求，保证国际货币的供给，美国的国际收支必须持续保持逆差；而国际收支持续保持逆差，又必然导致美元的贬值。“特里芬难题”迄今尚未解决。它的意义在于，指出了货币发行国在以贸易逆差向储备国提供结算与储备手段过程中，本币贬值的压力与保持本币币值稳定间的冲突。

人民币国际化后中国将承担国际金融稳定的义务，保持良好的国际信誉，这就要求我们提供充足的货币给其他国家。另一方面，中国的 GDP 增长中有很大一部分来自于对外贸易（见图 4 – 16）。如果通过收支赤字来提供人民币资产以满足其他国家对人民币的需求，这种状况必然削弱中国国际收支地位，影响人民币的信誉，进而导致持有人民币流动性资产的国家不愿意持有更多的人民币资产。从这方面来看，降低中国的出口外贸依存度、加快转变经济增长方式和产业升级对解决人民币国际化后面临的问题是必须和必要的。未来的国际货币体系应当是多元化的，那么我们是否可以对持有本币国的逆差，转而对另外一个储备货币国贸易顺差的方式来解决这个问题呢？

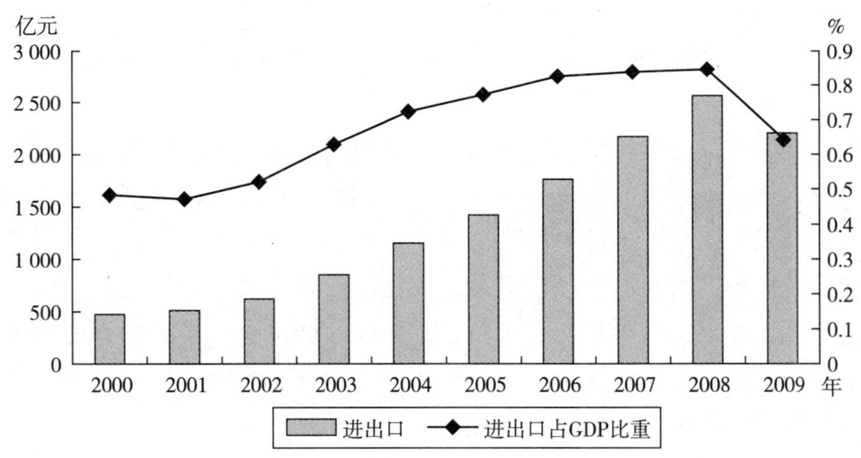


资料来源：世界银行网站。

**图 4 – 16　2000—2009 年中国进出口贸易总额及占 GDP 比重**

除此之外，人民币国际化的过程，也是金融市场和金融机构国际化的过程。货币的国际化在降低金融交易成本、提高金融市场效率的同时，也由于国内外经济联系的加强，使得更多的风险产生和蔓延得更加容易，货币当局因为对境外本币的流通和国际资本的流动监测更加复杂和困难，因此对于金融监管提出了更高的要求。人民币国际化的征途虽然会面临各种艰难险阻，但从长远的角度来看，只要我们纵观全局，持有谨慎的态度，未雨绸缪，人民币国际化必定会给我国的经济和金融提供更广阔的发展空间和更光明的前景。

## 4.5 人民币国际化的制约因素和战略选择

### 4.5.1 人民币国际化的制约因素

从当前实际情况来看，人民币国际化进程中主要存在以下制约因素。

一是宏观经济增长的质量效益、金融市场的发育程度有待提高。20 世纪 20 年代美元逐渐替代英镑时，美国经济规模占全球经济比重约为 10%；80 年代日元逐渐成为国际储备货币时，其经济规模占全球的 7%；目前中国经济规模约占世界的 7%。从规模占比来看，人民币国际化似乎已经具备了经济基础。然而，中国经济发展中仍然存在不稳定、不协调、不可持续等问题，比如国际收支失衡、经济结构不合理、经济增长方式需要转变，农业、就业、社会保障、生态环境问题突出，金融体系安全比较脆弱等。如果不解决这些经济发展中的深层次问题，经济增长基础就不牢固，难以保证人民币国际化进程持续稳定快速推进。

二是制度建设与金融市场发展相比较为滞后。由于目前时机尚未成熟，我国还没有开放资本项目自由兑换。尽管在我国经济持续稳定发展、国际地位不断提高的背景下，积极推进人民币国际化已成为必然趋势，不必等到资本项目完全可兑换后再进行，但从理论上讲，人民币资本项目可兑换是人民币国际化的前提之一。如果人民币不能自由兑换，国际社会接受人民币的程度和范围必将受到限制，势必会影响人民币国际化进程。此外，利率市场化改革、人民币汇率形成机制改革等仍需要进一步深化。

三是技术层面障碍需要尽快予以解决。随着我国与周边国家和地区经济贸易往来的快速发展，人民币境外流通问题变得日益突出。尽管人民币境外流通不等于人民币国际化，但是人民币境外流通是人民币国际化的前提之一。目前国内对人民币境外流通对人民币国际化影响方面的关注程度有待提高。从货币国际化历史经验来看，金本位时代英国通过资本输出向世界各国输出了巨额英镑，布雷顿森林体系时代美国通过经常项目逆差向世界提供了大量美元，80 年代日本通过跨国投资向各国提供大规模日元资金。尽管近年来我国对外直接投资大幅度增长，但投资规模占全球投资总量的比重仍然很小，难以支持未来人民币国际流通量的需要。如不尽快加以解决，人民币国际流通量不足将成为推进人民币国际化进程中的重大难题。

### 4.5.2　人民币国际化的政策安排

国际金融危机在对世界经济造成冲击的同时，也为其他国际货币发展提供了机遇。尽管美元霸权受到挑战和强烈质疑，但无论欧元、日元还是英镑，似乎都没有实力承接这个挑战，中国更是多次强调“要首先做好自己的事情”。究其原因，实现人民币全流通，当前条件还不成熟，距离成为国际储备货币更是相去甚远。目前中国要做的，就是积极创造条件，加快推进人民币国际化进程。在政策安排上，应重点把握以下两点原则：

一是夯实人民币国际化的基础。加快国内经济金融的改革与发展，进一步完善和巩固人民币国际化的基础，这是推进人民币国际化进程的重中之重。二是辩证看待人民币国际化的前提条件。结合目前实际情况，辩证看待人民币资本项目自由兑换、人民币境外流通与人民币国际化的关系。

具体措施方面，着力做好以下几项工作。

一要继续推进跨境人民币贸易结算试点。大力推动区域金融合作互惠互利，完善《清迈倡议》框架下的货币互换合作，在增加货币互换的基础上推动货币互换机制的多元化，加强资本流动尤其是短期资本流动的多元化，促进资本的合理有序流动。同时，要防范资金违规流入流出，防范洗钱等行为，防范跨境贸易人民币结算可能带来的违规资金进出风险。

二要促进贸易发展和提高综合国力。货币国际化要求有发达的贸易水平和强大的经济实力和综合国力作支撑。人民币国际化必然要求中国有效促进贸易发展和不断提高综合国力。发展战略上，通过合理的财政和货币政策创造稳定良好的宏观经济环境，确保宏观经济稳定和健康发展，保持可持续增长的经济发展速度，实现经济崛起进程中的货币崛起。在致力于经济发展和各项配套制度体系改革的同时，不断加强政治、军事力量，切实提高综合国力。具体而言，要以贸易发展为突破口，充分利用贸易发展方面的有利条件，促进对外贸易的发展，从而促进经济增长和综合国力的提高。人民币国际化一般发端于贸易。一国货币的国际地位，与该国出口在世界贸易和投资中所占的份额有直接关系，发达的国际贸易，可以直接促进该国货币的广泛使用，提高货币国际化指数。

另一方面，研究表明，通过对外贸易推进的货币国际化进程，由于有实体经济作支撑，往往更有利于维持货币稳定和抵御各种风险。目前人民币在周边国家和地区享有较高声誉，与周边国家和地区的边境贸易额不断扩大。当前首先做的是进一步扩大人民币在周边国家和地区结算、投资范围，在周边国家和地区率先实现人民币国际化。其次，要加强区域货币合作。在积极发展与东亚国家以人民币计价的贸易、投资和金融往来的同时，积极稳妥地推进亚洲区域货币合作，使人民币在周边国家和地区包括整个亚洲率先实现国际化。在亚洲区域内形成以人民币为关键货币的最优货币区，通过推行人民币国际化和区域货币合作，提高人民币的国际地位。最后，要站在全球的视野上推进人民币国际化，逐步改善人民币的使用环境，不仅在周边地区和国家，还要在世界范围内，不仅在实体贸易上，还要在金融投资上，逐步放松对人民币流动的限制，为人民币实现全流通和成为国际储备货币奠定基础。

三要完善健全金融市场。贸易发展是货币国际化的基础，巨额外汇储备是走向国际的一个基础性条件。但在金融日益飞速发展的当今，成功推进人民币国际化，最终实现人民币自由流通和成为国际储备货币，以资本市场为核心的金融市场发展是一个关键要素。日本国际化进程中拥有巨额的外汇储备，但仍然没能有效提高本币作为世界官方国际储备的份额，货币国际化进程曲曲折折，而最终也未能成功实现货币替代。其不可忽略的因素就是与美国相比，资本市场不够发达，对资金的流动有很多限制。此外，资本市场的发展也有利于培育中国中产阶级，提高边际消费倾向和拉动内需，促进经济增长模式转变，有益于人民币承担国际货币职能。发展资本市场：其一，要加强资本市场的制度建设，解决股权分置改革后全流通时代巨大的市场压力，缓解对市场单边下跌预期，培育市场信心。只有保持资本市场的相对稳定，才能实现健康发展，为人民币国际化创造条件。其二，不仅注重股票市场的发展，还要注重债券市场的发展和金融衍生产品及市场的发展培育。美国次贷危机其中重要原因之一就是金融衍生产品的过度创新和脱离实体经济不切实际的发展，这为中国的金融衍生产品发展提供了警示。但绝不意味着中国要放慢产品创新的步伐。我国金融产品品种单一，金融衍生工具尚处于探索阶段，加强产品创新和发展将是我们努力的方向。只是在产品创新的同时，一定要把握尺度，创新不能脱离实体经济需求，特别要加强产品设计各个环节的风险控制和风险管理，消除风险隐患。其三，改变当前单向融资模式，培育资本市场。不仅限于国内企业到海外上市、发行债券和吸引机构投资者到国内投资，还要吸引海外优质企业到国内上市和发行债券，把中国资本市场发展成为国际金融中心主体，成为世界资源配置中心。

四要保持人民币币值的相对稳定。布雷顿森林体系建立之时，由于美元能够与黄金挂钩，保持比较稳定的币值，美元成功替代了英镑；欧元以长期的币值稳定为其在国际化进程中赢得信誉。日元长期“升值综合征”并没有增强货币的吸引力，在世界各国官方外汇储备只占据较小份额并且逐年下降，使日元日渐沦为一个投机工具，并导致国内经济发展受到重创而长时期委靡不振。从国际货币国际化历程来看，无论是什么层次的国际化，保持币值的稳定性都是货币国际化和成功实现货币替代的重要因素。人民币汇率改革应该坚持渐进性的原则，即根据市场变化，充分考虑各方面的承受能力，有步骤地推进改革。从短期来看，由于条件还不成熟，中国不应该立即实行完全的浮动汇率制，或实行所谓“一步到位”的升值，以避免人民币汇率制度的跳跃性改革使经济陷入混乱和人民币汇率大幅波动对中国经济、金融稳定造成较大的冲击。继续维持以市场供求为基础、参考一篮子货币、有管理的浮动汇率制度，以保持人民币汇率在合理、均衡水平上的基本稳定。逐步放宽人民币汇率浮动幅度，使其更具有弹性。在当前全球经济、金融形势充满不确定性、世界主要货币波动不已的情况下，保持人民币的相对稳定，将有利于提高人民币的国际信誉，为推进人民币国际化奠定良好基础。

五要审时度势，防范风险。在目前全球经济形势复杂多变、内忧外患的情况下，中国要及时注意观察世界经济变化，相机抉择，及时调整货币政策、财政政策和汇率政策。无论是货币政策、财政政策，还是汇率政策，都有一定的滞后性。美国次贷危机从政策层面首要归结为货币政策的滞后性。美国长时期宽松的低利率货币政策以及随后进入连续加息周期，由此所引起的资金链条断裂导致了次贷危机的爆发。这为其他国家提供了警示。2005 年开始，中国呈现出日渐加剧的流动性过剩问题，2007 年通货膨胀问题浮出水面。在此期间，政府和中央银行出台了一系列紧缩措施。2008 年下半年，在国际金融危机愈演愈烈的同时，中国经济形势也突然发生逆转，呈现出部分行业资金紧缩、物价回落、消费信心不足的现象。目前在全球经济形势复杂多变的情况下，中国所面临的形势也错综复杂。这就要求在实施各项政策时要审时度势，相机决策，提高政策调控的灵活性和预见性。

在当前市场一体化、资本流动自由化、科技通信异常发达、金融衍生产品层出不穷的情况下，中国推行人民币国际化所面临的国际金融市场风险更大。

在金融危机波及世界之时，无论是实体经济还是金融体系，都更加容易受到传染和攻击。因此，当前还要配合适度资本管制，增加投机成本，保持资本市场和金融体系的基本稳定。要完善金融市场监管体系，有效控制人民币国际化进程中的风险。无论是在目前全球性金融危机不断蔓延的形势下，还是在进一步推进人民币国际化的进程中，建立对内金融“防火墙”和对外金融“防洪墙”两条防御体系确保金融安全，都显得异常重要。

## 参考文献

[1] 褚华. 人民币国际化的路径依赖和模式安排 [J]. 新金融，2009 (9).

[2] 顾丽姝，王凯庆. 人民币国际化对世界经济的影响 [J]. 经济研究参考，2009 (30).

[3] 韩文秀. 国际货币的支撑要素——国家货币演变为国际货币的历史考察 [J]. 宏观经济研究，2009 (3).

[4] 黄梅波，熊爱宗. 特别提款权与国际货币体系改革 [J]. 国际金融研究，2009 (10).

[5] 胡磊. 国际金融危机与人民币的未来选择 [J]. 经济师，2009 (11).

[6] 胡筱蕊. 国际货币体系的变迁以及对现行体系中挑战的适应 [J]. 金融管理与研究，2009 (2).

[7] 姜波克，张青龙. 货币国际化：条件与影响的研究综述 [J]. 新金融，2005 (8).

[8] 李稻葵，刘霖林. 双轨制推进人民币国际化 [J]. 中国金融，2008 (10).

[9] 李稻葵，刘霖林. 人民币国际化：计量研究及政策分析 [J]. 金融研究，2008 (11).

[10] 李扬. 国际货币体系的改革及中国的机遇 [J]. 国际金融研究，2009 (10).

[11] 马荣华. 人民币国际化将是一个漫长的过程 [J]. 经济研究参考，2009 (36).

[12] 任哲. 人民币国际化理论与实践的认识及思考 [J]. 金融与经济，2008 (12).

[13] 尚丽娜. 人民币国际化：从国际铸币税角度分析 [J]. 广东金融学院学报，2007 (3).

[14] 杨雪峰. 国际货币的决定因素及人民币国际化研究 [J]. 求是学刊，2009 (4).

[15] 姚洪心，高印朝. 货币国际化收益与成本理论的国外最新研究进展 [J]. 上海金融，2008 (3).

[16] 李瑶. 非国际货币、货币国际化与资本项目可兑换 [J]. 金融研究，2003 (8).

[17] 何国华. 西方货币国际化理论综述 [J]. 经济评论，2007 (4).

[18] 徐奇渊，李婧. 国际分工体系视角的货币国际化：美元和日元的典型事实 [J]. 世界经济，2008 (2).

[19] 鹿朋．全球制造业转移、内外均衡与货币国际化——日本20世纪80年代泡沫经济必然性分析与借鉴［J］．经济与管理研究，2008（12）.

[20] 刘崇．贸易发展、金融发展与货币国际化［D］．博士论文．吉林大学，2007.

[21] 徐新华．人民币国际化研究、理论与实证［D］．博士论文．复旦大学，2006.

[22] 李晓．日元国际化的困境及其战略调整［J］．世界经济，2005（6）.

[23] 袁晓婷．大国霸权与货币沉浮［J］．浙江经济，2009（8）.

[24] 张宇燕．角逐货币霸权［J］．商务周刊，2009（1）.

[25] Alan. Greenspan. The Euro as an International Currency. The Euro 50 Group Roundtable. Washington, D. C. 2001 - 12.

[26] Barry Eichengreen. Sterling's Past, Dollar's Future: Historical Perspectives on Reserve Currency Competition [Z] . 2005 - 04.

[27] George S. Tavals. The International Use of Currency: The U. S. Dollar and the Euro. Finance and development, 1998 (7).

[28] Hartmann. Currency Competition and Foreign Exchange Market: The Dollar, the Yen an- the Euro. Cambridge University Press, 1998.

[29] Kiminor Imatsu Yama, Nobuhiro Kiyotaki, Akih Ikomatsui. Toward a Theory of International Currency [J] . The Review Ofeconomic Studies, 1993, 60 (2).

[30] Triffin Robert. The Evolution of the International Monetary System: Historical Reappraisal and Futureper Spectives [ M ] . Princeton Studies in International Finance. Princeton University. 1964.

# 5 中国资本市场发展与全球金融中心的建设


## 摘　要

从国际金融中心的历史漂移看，资本市场在其中的作用日益重要。可以说，没有发达的资本市场，要想成为国际金融中心几乎不可能。资本市场的发展使得美国在不到200年的时间里，迅速超越了包括英国在内的欧洲列强，成为世界上最强大的经济体，也使美国纽约自20世纪初以来就一直成为国际金融中心。

美国资本市场的发展经验告诉我们，宏观经济的快速发展和稳定的货币环境是资本市场发展的重要前提条件，且其较为严格有效的金融监管制度和稳步扩张的政策也为资本市场发展提供了强有力的支撑和保障。

美国资本市场的发展，促进国际资本流入，推动了纽约成为20世纪最重要的国际金融中心。

对我国而言，虽然受"百年一遇"金融危机的影响，但其经济仍保持着较快增长速度。同时，人民币币值的稳定及稳步的国际化，也为我国资本市场的国际化提供了有利条件。与此同时，我们还将不断扩大并优化供给，稳步扩张资本市场需求，合理引导资金进入等政策，以形成一个优化资本配置、合理分散风险并有效促进财富成长的资本市场，从而为新世纪国际金融中心的形成奠定坚实基础。


国际金融中心是世界经济和金融发展到一定程度的必然产物，同时也是促进世界经济和金融更好更快发展的强大力量。自13世纪以来，国际金融中心就先后从威尼斯漂移至阿姆斯特丹，又从阿姆斯特丹漂移至伦敦，再从伦敦漂移至纽约。在这段漂移的历史中，伴随着世界各国经济的不断发展，产业革命的不断兴盛，以及产业结构的不断升级，国际金融中心的内涵也发生了深刻的变化。很显然，21世纪的纽约不同于13世纪的威尼斯。今天国际金融中心演进最为明显的特点就是资本市场的作用在日益增强。可以说，没有发达的资本市场，成为全球现代金融中心几乎不可能，尤其是建立具有财富管理功能的国际金融中心，资本市场则更不可少。中国在建设国际金融中心的过程，特别是伴随着全球资本市场的发展和国际化，更要加快资本市场的发展步伐。

## 5.1 从美国资本市场发展乃至国际金融中心形成过程中我们能学到什么

资本市场的发展使得美国在不到200年的时间里，迅速超越了包括英国在内的欧洲列强，成为世界上最强大的经济体。20世纪70年代，全球经济深陷“滞胀”困境后，美国之所以能够率先实现信息技术革命从而维护其最大经济体地位，这与其拥有高效的资本市场分不开。与美国形成鲜明对比的国家是阿根廷。与美国一样，阿根廷同样属于移民国家。20世纪初，阿根廷的人均GDP与美国接近①。彼时，阿根廷不仅以优美的探戈舞姿和彪悍的高乔牛仔闻名于世，而且还因其富庶和经济快速发展而享誉全球。在欧洲的许多城市，当人们形容某人腰缠万贯时，常打这样一个比喻：他像阿根廷人一样富有。然而在不到100年之后，阿根廷与美国已无法相提并论。拥有丰富自然资源和有着“世界粮仓和肉库”之称的阿根廷之所以会如此，就是因为阿根廷没有建立高效的资本市场，闲散资本无法有效地为经济提供支持，从而丧失了一次次工业化机会，导致民族工业基础薄弱，经济效率极为低下。

因此，可以说，美国资本市场的发展史，也是美国经济的发展壮大史。美国资本市场的发展具有重大的启示意义。

### 5.1.1 美国资本市场的构成

美国资本市场构成的特点是通过市场的细分，为不同的企业和投资者服务，从而满足不同资金需求者和资金供给者的需要。按照服务对象和市场参与者不同，美国的资本市场大致可以划分为证券交易所市场（场内交易市场）、柜台交易市场（又称为场外交易市场）和私募股权交易市场等不同层次。

**一、证券交易所市场**

按地域分，美国的证券交易所可以划分为全国性市场和地区性市场，如表5－1所示。全国性市场包括纽约证券交易所和纳斯达克全国市场，尽管这两个

① 根据资料显示，1913年，阿根廷人均GDP超过4 000美元，而美国人均GDP还不到5 000美元。

市场的上市标准不同，但在这两个市场交易的股票证券均具有极高的流通性，因而可以为上市公司提供高效的融资和股票证券交易服务，各类机构投资者、企业和社会公众均可以参与这两个市场进行股票和债券交易。地区性市场主要包括波士顿证券交易所、费城证券交易所等，主要是没有资格或不希望在全国交易所上市的公司股票可以在这些地区性的市场进行交易，另外，在全国性市场发行上市的证券，也可以在地区性市场进行交易，并且在股票期权等衍生品交易方面可以有所创新。在证券交易所市场完成的交易也就是通常所说的场内交易，这些交易都是通过交易所集中组织竞价后撮合完成的。

**表 5－1　　美国主要几家证券交易所**

| 交易所名称 | 交易品种和数量 | 成立时间 | 会员组成 |
| --- | --- | --- | --- |
| 纽约证券交易所 | 股票 | 1792 年 | 1 366 个席位 |
| 美国股票交易所 | 股票、期权、ETFs 以及结构化产品 | 1953 年 | 834 个常规会员、90 个期权主要会员及 10 个有限交易执照 |
| 芝加哥股票交易所 | 股票 | 1882 年 | 450 个会员 |
| 太平洋交易所 | 股票、债券、认沽权证、ADRs、期权 | 1882 年 | 551 个 |
| 费城证券交易所 | 股票、期权、期货 | 1790 年 | |
| 波士顿证券交易所 | 股票、期权 | 1825 年 | 200 个 |
| 辛辛那提证券交易所 | 股票 | 1885 年 | 42 个 |
| 国际证券交易所 | 股票期权和指数期权等 | 2000 年 | 154 个 |

## 二、场外交易市场

与上述场内交易相对应的，就是所谓场外交易，是指证券交易所市场之外的股票交易。场外交易市场的特点就是其交易方式是分散的、个别定价的交易，而不像证券交易所市场那样连续竞价交易。一个或几个做市商在柜台市场为某只股票报价或形成交易后，再将相关交易信息上传到全国性的报价系统中，报价系统本身并不撮合交易。在场外交易市场交易的证券通常是达不到在证券交易所上市的要求或达不到维持上市要求而被摘牌退市企业的股票，这些股票交易的活跃程度与证券交易所相比有较大差距。OTC 市场是典型的场外交易市场。OTC 是 Over the Counter 的英文缩写，包括 OTCBB（场外交易电子报价板）和粉红单（Pink Sheets）市场等。

OTCBB 是全美证券经纪商协会（NASD）应美国证券交易监督管理委员会

（SEC）要求，为达不到纳斯达克上市标准的其他柜台交易股票开设的电子报价系统，提供场外交易实时报价、最新成交价和成交量信息。这些公司挂牌的标准比证券交易所市场要低。1998年以后，经美国证监会注册的所有国外证券和美国存托凭证也被允许在OTCBB挂牌。

粉红单市场是比OTCBB更低一级的报价系统，甚至不需要挂牌公司提供注册会计师的财务审计报告，只要有一家符合NASD要求资质的做市商愿意为某只股票做市报价，其股票就可以挂牌交易。因此，OTC市场挂牌的各类证券的投资风险较高，流通性要明显低于证券交易所市场。

**三、私募股权交易市场**

在美国具有500个股东以上的公司为公众公司，与之相对应，不超过499个股东的公司的股票就成为私募股票①。全美证券经纪商协会曾经禁止私募股票在交易达成6个月以内再次进行买卖，使得这类私募股票的流通性非常差。后来美国证券交易监督管理委员会（SEC）对相关条款进行了修改，也即144A条款，允许私募股票在合格机构投资者之间进行买卖，放松了私募股权交易的时间间隔限制。为此，纳斯达克于1990年在144A条款的基础上首先创建了Portal系统，全称为全美证券经纪商协会私募发行、再发行、交易与自动清算、交割系统，专门从事在合格机构投资者之间进行的144A有价证券交易。

近年来，私募股权交易的规模有明显扩大的趋势，据纳斯达克估计，从2002年至2006年，权益和债务资本融资增长了三倍，2006年，Portal系统的权益和债务资本融资达到1万亿美元。为满足机构投资者的需求，有利于投资者提高投资效率，发现投资价格，一些大型投资银行也纷纷对外公开设立自己的私募股权交易平台。

从以上可以看出，美国资本市场是一个非常典型的多层次资本市场，这些不同层次的市场均有自己明确的定位，满足不同资金需求者和供给者之间的需求，并且这些市场也并不是完全各自封闭的。首先，在纽约证券交易所上市的股票可以在其他地区性证券交易市场交易，也可以在场外市场交易；其次，上市公司因各种原因退市后，其股票可以在场外OTC市场进行挂牌交易，挂牌公司达到一定条件，又可以升级到纳斯达克小型资本市场甚至全国市场上市；最后，对于受144A条款限制的非公众公司股票也可以充分利用私募股权交易市场进行交易和融资，由于这些私募股权交易市场本身就是由各大投资银行主办的，市场参与者都

---

① 我国《证券法》也有类似规定，在我国，向200人以上定向募集股份视同公开发行。

是合格机构投资者，因此有利于市场为投资双方提供有针对性的服务，甚至其交易或融资行为本身就有可能是企业今后公募上市的一个阶段性步骤。正是由于美国资本市场这种不同定位、不同层次市场的存在，为企业和投资者之间搭建起桥梁，从而较好地满足了各类股份公司和投资者的不同投融资需求。

## 5.1.2 美国资本市场发展的经验和启示

### 一、强大的实体经济为资本市场的发展奠定了坚实基础

实体经济的强大为金融业的发展提供了丰富的供给资源，也是促进金融业发展的内在动力①；而受经济发展程度决定的收入水平直接影响资产选择偏好，从而决定对金融的需求。因此，经济的发展水平是金融业发展的支柱。从美国资本市场发展历程可看到，实体经济的发展为资本市场的繁荣奠定了坚实的基础，而资本市场的繁荣又为美国实体经济更好更快的发展起到巨大的促进作用。

18 世纪，美国相较欧洲老牌资本主义国家特别是英国而言，显得十分落后，属于一个比较典型的农业国家。到了 18 世纪末期，除了造船业和生铁生产以外，几乎不存在任何超过工匠水平的制造业②。正在此时，1789 年联邦政府成立，其首任财政部长亚历山大·汉密尔顿为了偿还债务和恢复国家信誉而发行国债，此举极大地刺激了债券、银行股票和保险公司股票的交易。当时欧洲投资者抓住了这个机会，为追逐巨大的利益，他们除了向美国输入资金外，更带来大量的从业人员和先进的交易工具，比如期权。资本市场的供给平衡开始展示它的魅力，市场结构呈现一个醒目的标志，1792 年由 24 名经纪人在纽约华尔街的一颗梧桐树下订立《梧桐树协定》并形成了经纪人联盟，此即纽约证券交易所（NYSE）的前身。几乎在相同的时间，1800 年，一群在纽约主街路边交易政府债券的交易员形成了美国证券交易所的前身（AMEX）。

1817 年的伊利运河的修建和 1828 年首条铁路的兴建使物资更加便捷地运送到美国各地，对当地的建设起到了保障和推动作用，同时也促进了当地经济的发展。与此同时，资本市场为铁路公司大量筹集资金。实体经济与资本市场的相互作用由此可见一斑。

---

① 关于经济增长与金融发展关系的研究文献很多，现在的学者基本上已经达成一致：经济增长与金融发展相互促进。参见：Peter L. Rousseau. Historical Perspectives on Financial Development and Economic Growth, NBER No. 9333；Thorsten Beck and Ross Levine. Stock markets, Banks, and Growth ; Panel Evidence, NBER No. 9082.

② 约翰·S. 戈登. 伟大的博弈，华尔街金融帝国的崛起（1653—2004）［M］. 北京：中信出版社，2006.

同时，美国工业资产阶级掌握国家政权，掀起工业革命的高潮，特别是兴建铁路。1830年诞生了第一只铁路股票，1850年铁路股票已达到38只。1860年后美国交易的多数是铁路公司股票。1886年以前的大部分时间里，美国证券市场以国债、地方政府债和企业债券的交易为主，投资者的需求被扼制，“被迫”交易这些债券，因为市场没有太多可以交易的其他产品，直至铁路股票的出现，才使美国的证券市场的结构由债券市场变成真正的股票市场①。工业资产阶级还采取有利于发展资本主义的措施，例如优惠的工商业扶持政策，保护性关税政策，吸引外资的政策等②。按当年价格计算，1869—1881年，资本积累总额为240亿美元。1882—1901年，为600亿美元。1879—1919年的40年间，投资于工业的资金由27亿美元，增加到400亿美元③。1860年，外国在美国投资总额约为4亿美元，1880年是20亿美元，1890年又增至30亿美元④，1914年，在美国的欧洲资本上升到近70亿美元⑤。

1913年，美国人均GDP首次超过英国，纽约股票交易所成为世界上规模最大的交易所，而纽约也取代了伦敦世界第一大金融中心的位置⑥。1914年，主要发生在欧洲的第一次世界大战⑦爆发，美国在1917年才加入战事，对德国宣战。战争导致两个重要结果：一是英国虽为协约国成员，但是其国力受到严重损伤；二是由于各参战国为了筹集军费，大肆发行不兑现的纸币，于是在英国最先实施并在世界范围内形成的国际金本位体系崩溃，同时大量黄金和私人持有的美元证券变现（美国中立时期）和贸易顺差（美国参战后贸易顺差主要由美国政府提供给协约国的信贷）流入美国，而美国在战争后期是禁止黄金流出的。最终使得在1914年债务达37亿美元的美国在1919年成为拥有37亿美元债权的国家⑧。除去1920—1921年短暂的衰退，战后的20年代美国经济高歌猛进，由于

---

① http：//www. p5w. net/newfortune/old/200509/t306972. htm，http：//www. npsea. cn/index. php/article/hangqingzixun/ 2009 - 11 - 30/136752. html.

② 洪荣文．试论美国内战后经济高速发展的原因［J］．黔东南民族师范高等专科学校学报，2004（2）．

③ http：//www. annian. net/show. aspx？id = 11984&cid = 21.

④ 洪荣文．试论美国内战后经济高速发展的原因［J］，黔东南民族师范高等专科学校学报，2004（2）；转自：［美］R. W. Dunn. American Foreign Investments［R］．纽约，1926.

⑤ 洪荣文．试论美国内战后经济高速发展的原因［J］．黔东南民族师范高等专科学校学报，2004（2）；转自：［美］克罗纳·刘易斯．美国在国际投资上的危机［M］．531.

⑥ 祁斌．资本市场与大国崛起［N］．中国证券报，2007 - 01 - 30.

⑦ 1914年7月28日至1918年11月11日。

⑧ 米尔顿·弗里德曼，安娜·J. 施瓦茨：美国货币史（1867—1960）［M］．北京：北京大学出版社，2009.

个人所得税的降低，居民收入和 GDP 大幅上涨。

**表 5－2　　1921 年和 1928 年美国 GDP 和居民收入情况**

| | 1921 年 | 1928 年 | 增幅 |
|---|---|---|---|
| GDP | 594 亿美元 | 872 亿美元 | 46.8% |
| 居民收入 | 522 美元 | 716 美元 | 37.2% |

资料来源：约翰·S. 戈登．伟大的博弈，华尔街金融帝国的崛起（1653—2004）［M］．北京：中信出版社，2006.

自美国经济超过英国成为世界第一后，世界又经历了第二次世界大战，美国又由于参战较晚从而继续确保了其经济世界第一的地位。从 20 世纪 70 年代起，由于风险投资的盛行，美国在高科技领域独领风骚并将强大的科技优势转化为生产力输送到各个行业，加之美元在国际贸易中的强势地位，美国经济飞速发展。资本市场风险分散的特点为美国"新经济"的诞生提供了重要的前提条件。此时，纳斯达克市场应运而生。从表 5－3、表 5－4 可以看出，大量资金进入了计算机、通信、生物技术等高风险领域，并且纳斯达克市场的特有退出机制为这些创业投资提供了方便的退出场所，从而确保了美国新经济的诞生。

**表 5－3　　1996 年度美国创业投资的产业分布**

| 行业的投资 | 占比（%） | 投资额（百万美元） |
|---|---|---|
| 计算机软件和服务 | 33.9 | 5 428.5 |
| 通信 | 17.3 | 2 763.5 |
| 医疗/健康相关产业 | 13.9 | 2 221.2 |
| 其他产品和服务 | 10.1 | 1 622.5 |
| 消费者相关产业 | 6.8 | 1 085.5 |
| 生物技术 | 6.4 | 1 022.5 |
| 半导体/其他电子元件 | 5.2 | 834.9 |
| 计算机硬件 | 4.5 | 727.3 |
| 工业/能源 | 1.9 | 311.3 |

资料来源：Steady Growth for Venture Capital in Midst of a Turbulent Market，http：//www.nvca.org/stat3.html.

**表 5－4　　风险资本投资的退出类型及其公司数　　单位：家**

| 年份 | 基于风险资本的 IPOs 的公司数目 | 被私人公司收购的公司数 | 被上市公司收购的公司数 |
| --- | --- | --- | --- |
| 1984 | 53 | 59 | 27 |
| 1985 | 47 | 83 | 18 |
| 1986 | 98 | 90 | 30 |
| 1987 | 81 | 113 | 27 |
| 1988 | 36 | 106 | 29 |
| 1989 | 39 | 101 | 45 |
| 1990 | 42 | 76 | 33 |
| 1991 | 127 | 65 | 19 |
| 1992 | 160 | 90 | 4 |
| 1993 | 172 | 78 | 14 |
| 1994 | 143 | 99 | — |
| 1995 | 183 | 98 | — |
| 1996 | 276 | 94 | — |

从以上分析可看到，无论是在工业经济时代，还是在新经济时代，美国经济的快速发展为其资本市场发展奠定了基础，反过来，资本市场的发展又促进了美国经济繁荣。

## 二、稳定的货币环境为资本市场提供支撑

国际金融中心必然要求大量的国际资本流动，从微观的角度而言，货币环境将直接影响微观经济主体的信心。资本的趋利性要求货币的兑换便利性和价值的稳定性，因而，货币环境的稳定为美国资本市场发展提供有力支撑。

与其他老牌资本主义国家相比，美国确定货币制度时间较晚。1896 年，《白银收购法案》的支持者民主党人威廉·詹宁斯·布赖恩特获得总统候选人提名，美国及外国投资者纷纷出逃资本，黄金储备流失严重。所幸的是布赖恩特竞选失败，1900 年美国通过《金本位法案》。在此之前，英国、德国等欧洲大陆国家已先后实行了金本位制。连工业革命和工业化进程发生较晚的俄国和日本也不例外。美国通过该法案相当于从货币角度彻底融入主要工业国家，进而对维持美元稳定、促进对外贸易、加快国际资本流动起到决定作用。后来居上的美国也在此之后很快超过英国成为世界第一经济强国。

1928 年，胡佛总统更加凭借“自由放任主义”赢得总统大选，并在 1929 年 3 月入主白宫，此时的资本市场炒作之风很盛。美国作为一战中获利的债权国，

伴随着“孤立主义”的倾向，终于导致了世界经济体系的崩溃和1929的9月“大萧条”的爆发①。20世纪30年代多国奉行“以邻为壑”的政策，通过贬值本币刺激出口以消除赤字，最终导致世界贸易额的下降，英镑只在英联邦地区自由兑换，同时英国在1931年放弃金本位，从国际货币沦为区域货币，自此英镑的国际货币地位彻底拱手让出，客观上为美元成为国际化货币提供畅通的通道。

1939年第二次世界大战②爆发，由于战区远离美国本土，奉行“中立主义”和“孤立主义”的美国人只是向反法西斯阵营提供军火和战备物资，直到1941年珍珠港事件后才开始卷入战争。1941年至1945年，美国援助物资累计达到506亿美元，经过第二次世界大战，美国占资本主义世界的工业产量与1937年相较由42%上升至60%，对外贸易由13%增至32%，世界超过65%的黄金归美国③。时任④美国国务卿赫尔意识到经济安全的重要性，即自由的国际贸易体系将会保障战后的和平⑤，且两次世界大战的原因皆由经济歧视和贸易战而引发⑥。正是由于赫尔的先见之明顺应了发展的规律并且得到很多国家的认同，美国和美元一起在战后主导了世界的经济体系。

从以上可看到，美元的稳定使美国成为国际资本投资的乐园，导致源源不断的外国资金流入美国，从而带动了资本市场规模的不断扩大，同时美国资本市场的财富成长、风险分散等功能又为外国资金提供了保值增值的空间，从而实现了良性循环。

**三、有效的监管制度为资本市场发展保驾护航**

美国资本市场监管的基本理念是信息披露、反欺诈和内幕交易、保护公众投资者利益、提高市场效率，这奠定了美国现代意义上证券监管的基石。美国真正现代意义上的证券监管崛起于1929年“大萧条”后，对促进证券市场的公开公平、维护投资者信心、提高市场效率、增进美国证券市场的活力、推动华尔街金融帝国的崛起，起到了明显的推动作用。

---

① Michael Hudson. Super Imperialism: The Origin and Fundamentals of U. S. World Dominance (2nd ed)［美］. London and Sterling, VA: Pluto Press, 2003, ch. 5.

② 1939年9月1日至1945年8月15日。

③ 韩金金. 从租借法案看罗斯福世界构想的战时实践［J］. 边疆经济与文化，2005（10）.

④ 1933—1944年担任美国国务卿。

⑤ http://en. wikipedia. org/wiki/Bretton_ Woods_ system，转自：Kenneth Waltz. Man. the State and War［M］. New York: Columbia University Press, 1969.

⑥ http://en. wikipedia. org/wiki/Bretton_ Woods_ system，转自：Hull, Cordell. The Memoirs of Cordell Hull. Vol. 1. New York: Macmillan, 1948, p. 81.

首先，《1933年证券法》和《1934年证券交易法》确立了联邦统一监管证券市场的体制。1929年经济危机爆发前，卡尔文·柯立芝自由放任的经济政策占主流，对证券市场采取自由放任政策，基本上没有监管措施，主要的监管来自各州制定的公司法，规定公司发行股票的事项。内战以后美国经济大发展，逐渐形成了一批从事金融活动的大型商业企业。同时，美国私人持有债券、股票的比例大幅提高，证券市场更加活跃。证券的承销被经纪商垄断，由于缺乏统一监管和标准，为赚取高额的佣金，经纪商不惜花费大力气、利用虚假信息向投资者兜售各种，甚至是毫无价值的股票、债券，投资者利益受到严重损害。各种卖空、对敲、联手坐庄（Pool）、内幕交易等市场操纵行为充斥着市场。1929年10月股市出现暴跌，各种投机行为加剧了市场波动。这些促使胡佛总统决心通过制定统一的联邦立法来治理证券市场的混乱。最终在富兰克林总统的支持下，在由“佩克拉听证”揭露出来的，包括花旗集团、摩根财团等著名企业在证券发售中的行贿、欺骗行为，以及纽约证券交易所会员利用市场信息谋取私利的恶劣行为面前，国会通过了《1933年证券法》和《1934年证券交易法》。

《1933年证券法》的核心是规范公司发行股票必须向联邦贸易委员会（后改为向SEC）注册，并向投资者披露信息，包括有关公司业务、资本需求、管理层和证券发行成本、公司资产持有状况及行业情况、公司经营的有关信息以及会计师签字的财务报表等基本信息。在完成注册后，相关人员要对信息披露中的遗漏和欺骗承担相应的民事责任，确保投资者获得发行上市证券的真实信息和其他重大信息。《1934年证券交易法》确立了SEC的产生及其职能，执行《1933年证券法》，管理证券交易所、对证券经纪商和自营商进行注册登记管理；规定在全国性证券交易所上市交易的公司，必须实行持续信息公开；禁止操纵市场和内幕交易。应该说，SEC的设立成功地在“华尔街上设置了一个巡警”。这两部法律开启了美国证券市场实施联邦统一监管的历史，立法监管证券发行和交易的先河，明确了保护公众投资者利益的基本原则，一定程度上遏制了过度投机行为，维护了市场秩序，稳定了投资者信心，奠定了美国作为世界金融中心的基础。

《1933年证券法》确立的“披露理念”在此后的几十年里得到了很好的贯彻，“阳光是最好的消毒剂”，当今信息披露仍然被各国视为上市公司监管的最有效手段。并且《1933年证券法》在促进公司治理、统一上市公司会计标准方面也给SEC留下了监管空间。

其次，美国证券行业的自律监管与政府监管有机结合。由于美国证券监管植根于美国的法律传统，SEC 严格按照法律授权实施监管。由于《1934 年证券交易法》是各方利益妥协的产物，对 SEC 的授权宽泛但模糊，SEC 的执法时常受到违宪的挑战。在此情况下，SEC 开始研究如何与证券行业合作的问题。当时分为场内交易商和场外交易商两类。前者在有组织的交易所内开展业务，后者在交易所以外的柜台市场开展业务。场内会员常常利用其交易特权而获得的市场信息操纵市场或为自己谋利，利益冲突现象十分严重。纽约证券交易所是当时势力最大的交易所，人们称其为“私人俱乐部”，由于对于 SEC 维护公共利益实施的监管十分抵触。1938 年时任纽交所主席惠特曼发生挪用养老金的丑闻，SEC 抓住时机成功地改革了纽约交易所的管理体制，结束了其管理委员会长期由保守派把持的局面，强化了纽交所内部的纪律监督，减少了场内交易商内幕交易和操纵市场的可能性，才使得二战后的美国证券交易迅速扩大。

《1934 年证券交易法》授权 SEC 监管场外柜台市场。第一任主席肯尼迪曾说场外柜台市场是 SEC 面临的最困难、最复杂的问题。根据当时的统计，场外柜台市场完成的交易量大约是交易所场内交易的 2 ~4 倍，交易大约 9 万种证券。场外柜台市场不仅规模庞大，而且证券交易类型十分多样，既包括各种风险极低的政府债券，又包括交易量很小的地区性或新发行的证券，以及投机性很强的石油、金矿证券。SEC 很早就开始研究如何监管场外柜台交易，认识到要对柜台市场交易实施与股票交易所同等级的监管是不现实的，也是宪法不允许的。SEC 除了要求场外柜台市场经纪人和交易商进行注册外，更重要的是建立一个类似于交易所的纪律委员会的自律组织。1938 年《马洛尼法修正案》通过，全美证券商协会作为场外柜台市场的监管组织（NASD）于 1939 年成立。SEC 根据场外市场的特点，积极利用自律组织加强对市场的监管，促进了市场规范和长远发展，保持了美国证券市场的多层次性和竞争性，提高了市场效率，维护了公平的市场秩序，满足了不同企业的融资需要，以及不同风险偏好投资者的需求，扩大了资本市场的深度和广度，对经济发展的促进作用是显而易见的。20 世纪 70 年代初纳斯达克市场的诞生使这种促进作用更是体现到了极致。

自律组织发挥的积极监管作用是毫无疑问的。自律监管的优势在于，政府只能通过禁止的方式才能取得效果，这就在操守和业务活动方面留下了很多法律不能达到的空间，有些可通过政府监管来解决，但效果并不一定好，有些属于伦理道德范畴，游离于法律之外，自律监管是最有效的[①]。在 SEC 的统一监管之下，美国形成了充分依靠自律组织——包括证券交易所、NASD、注册会计师协会等各类型自律组织，形成了多层次“金字塔”形监管体系，降低了监管成本，减少了市场参与主体违反法律的行为，提高了职业操守，从而实现市场的公平及保护投资者权益的目的。

再次，将竞争作为最大程度保护投资者利益的工具。美国是个自由市场经济国家，竞争理念深入人心。最初的《1934 年证券交易法》主张取缔所有的非上市证券交易，但在各方力量的妥协下，最后规定国会要求 SEC 研究非上市证券的交易，并在 1936 年 1 月 3 日前提交报告。SEC 在《关于交易所非上市证券交易问题的报告》中称，纽交所交易量相当于全部有组织交易所证券交易的 85%。如果取消非上市证券交易，美国交易所及其他小规模的地区性交易所很可能将被迫关闭。这样，纽交所的垄断地位将进一步加强，股票市场会失去有效的竞争，逼迫部分非上市证券流向不规范的场外柜台市场交易，这样更不利于投资者利益的保护。《1975 年证券法修正案》取消了持续多年的固定佣金率制度，引入竞争机制。开放的佣金制度给投资者带来实惠，大大节约了投资者的交易成本，同时证券业的收益率并没有因此下滑，反而因股票交易量的上升得到了提高，使证券行业得到了健康的发展。竞争不仅体现在监管中，同样也体现在监管机构之间。在监管方面也有竞争理念。美国多头监管体制，一定程度上促进了监管竞争，形成了激励机制，有利于提供更有效的市场监管。比如 1987 年股灾后，SEC 曾要求股票指数期货的管辖权从商品期货管理委员会转移到 SEC，但是国会没有同意该提议。

竞争理念的引入和坚持，促使美国资本市场不断创新，降低交易成本，提高市场效率，有利于吸引大量的国内外投资，为美国实体经济发展提供了资金支持。

最后，美国资本市场监管的自我纠错能力很强。回顾华尔街的历史是经历苦难和发展的历史，监管也是在每次痛苦后逐步加强的。美国资本市场并没有因危机而倒下，反而能迅速调整恢复，显示出强大的生命力和自我修复能力。1929 年“大萧条”后，确定了分业监管体制，《1933 年银行法》不允许金融企业混业经营。1999 年《金融服务现代化法》又顺应市场发展潮流，允许混业经营。《1933 年证券法》和《1934 年证券交易法》每次经历重大危机后，都会有

① 就如 SEC 第三任主席道格拉斯所言，如果自律监管有效的话，政府的监管就如同“放在橱柜里的猎枪”。

相应调整。1987 年股灾后，《1990 年市场改革法》强化了 SEC 在紧急情况下暂停交易的权力，并授权 SEC 可要求特定的大宗交易商报告信息，以适应跨市场间金融指数期货和股票交易方式的快速变化。1967—1970 年的后台危机①，推出了《证券投资者保护法》。从过去出现的安然事件、投资分析师丑闻等事件来看，美国证券市场显示了强大的自我纠错能力，《萨班斯—奥克斯利法》正是显示了这种自我纠错能力，虽然对于该法案给上市公司带来的高成本引致很多反对意见，如同在 1929 年“大萧条”后罗斯福总统力推监管新政时遇到强大的阻力一样。但是近百年过去了，我们可以说如果没有《1933 年证券法》和《1934 年证券交易法》，就没有美国二战后在伴随经济快速发展的同时，成为世界金融中心的可能。2008 年次贷危机发生后，美国政府迅速对金融监管进行反思、讨论，对存在的问题进行了研究。2008 年美国财政部《现代金融监管构架改革蓝图》，2009 年奥巴马政府提出《金融监管改革——新基础：重建金融监管》，提出了改革美国金融监管体系的方案，对监管机构、监管产品范围、监管对象等方面提出了改革方案，加强对冲基金、金融衍生产品、场外交易、评级机构的监管力度，强调“无盲区、无缝隙”全面监管理念，着力解决金融监管机构之间的平衡和协调问题，减少监管盲区和监管重叠，构建更为完整的投资者和消费者保护体系，恢复投资者对美国资本市场的信心。

难能可贵的是，对庞大资本市场既严密监管又不阻碍创新，是美国资本市场最为成功之处。美国的证券法规不仅十分严密，而且非常有效。它的作用不只是规范证券市场上的各种行为，更重要的是，它为证券市场的参与者，特别是中小投资者提供了一个强有力的法律保障。

### 四、创造需求和稳步扩大供给的政策确保资本市场有序发展

一是创造需求，为资本市场发展注入源源不断的动力。《1940 年投资公司法》和《1940 年投资顾问法》这两部法律的颁布，连同《1933 年证券法》、《1934 年证券交易法》对投资证券以及投资证券的公司等作出了一系列的规定，例如共同基金必须是经过注册的，于是开启了基金与股票市场紧密结合的先河。在美国，股票市场的机构投资者分为银行、保险公司、共同基金、投资顾问和

① 后台危机（Bank Office Crisis），是指前台证券交易量的剧增超过了作为后台的结算系统的承受能力，使证券交易无法实现而形成的危机。因为主要表现为在全球范围内搬移巨大数量的文件——实物证券或相关凭证——的无法克服的物流障碍，所以又称为文档危机（Paper Work Crisis）。

其他（分为养老基金和大学捐赠基金）[①]。但是部分投资者期望获得上述法规的豁免，亦可以成立私募证券投资基金。

满足了投资者的需求，投资者规模日益扩大。在20世纪“大萧条”中受到冲击的基金业也一直保持扩张态势，到50年代初的时候，开放式基金达创纪录的100只，60年代期间又有数百只被发行，到1971年面对基金行业的竞争和为了降低成本[②]，富国银行创建了第一只指数基金。

在美国，养老金计划甚至比这个国家的历史还要长，最初是国家为了退伍的将军、英雄及伤残人员而设置[③]。随后伴随着现在工业的兴起和工会的建立，养老金计划覆盖了越来越多的美国大众。目前养老金已成为机构投资者中最主要的力量之一。同时，由于美国受英国殖民的影响，美国的保险业也拥有长久的历史和雄厚的基础，尽管在发展过程中，对保险基金可以投资的种类有过不同的规定，但是保险基金一直是资本市场的主要力量。

因此，时至今日，共同基金、养老基金和保险基金构成了美国资本市场的中坚力量[④]。以美国的退休基金为例，2006年美国退休基金分别持有美国资本市场上21%发行在外的美国公司股票、10.3%的公司债券和外国在美发行的债券以及14.9%的共同基金份额。如此一个庞然大物随着养老金体制的变化，被注入了新的能量，其投资偏好和创新冲动对美国资本市场创新和发展的影响巨大。

二是稳步扩大供给，有效完善资本市场的供给结构。如前所述，美国上市公司结构与经济发展是密切相关的，因而这将有利于资本市场促进产业结构升级。如在19世纪70年代和80年代，股票市场的注意力集中在铁路，但是在19世纪90年代以后，注意力转移到工业股票，石油、钢铁和其他无数工业的巨型

---

① Paul A. Gompers and Andrew Metrick. Institutional Investors and Equity Prices [J]. The Quarterly Journal of Economics, February 2001, Vol. 116, No. 1, Pages 229 - 259.

② http://www.investopedia.com/articles/mutualfund/05/MFhistory.asp? viewed = 1.

③ Steven A. Sass. The Promise of Private Pensions: the First Hundred Years [M]. Harvard University Press, 1997.

④ 这也导致了金融脱媒现象的发生。在1950年，美国商业银行资产占金融中介资产总额的50.8%，养老基金、保险基金和共同基金占29.0%，而到了1990年，商业银行资产所占比重已降至27.0%，而养老金、保险基金和共同基金则达到43.7%，规模迅速增加。养老基金、保险基金和共同基金与美国资本市场发展息息相关，一方面其已经成为资本市场的重要机构投资者，从而促进资本市场的发展；另一方面资本市场的发展也有利于养老基金、保险基金和共同基金保值增值，提供合适的投资渠道，从而也有利于其快速成长。

企业成为股票市场的新宠①，如表5－5所示。

**表5－5　　美国股票的交易情况②**

| 年份 | 铁路股票 | | 非铁路股票 | | 铁路股票资产占总资产的比例（%） |
|---|---|---|---|---|---|
| | 公司数目（家） | 发行股票数目（只） | 公司数目（家） | 发行股票数目（只） | |
| 1870 | 30 | 45 | 13 | 16 | 0.75 |
| 1880 | 63 | 81 | 30 | 14 | 0.72 |
| 1890 | 91 | 129 | 38 | 33 | 0.75 |
| 1900 | 80 | 133 | 65 | 31 | 0.58 |
| 1910 | 67 | 105 | 84 | 31 | 0.45 |

稳步扩大供给和调整供给结构，这一方面有利于平抑资产价格的膨胀，另一方面也有利于带动实体经济的发展和大工业的发展，并促进产业结构的升级。20世纪70年代，美国资本市场的另一个重大事件就是1971年纳斯达克证券市场的建立，它的意义绝不仅仅是市场结构的再一个细分，更是为高科技企业提供了一个走向资本市场的舞台，从而使美国领先其他发达国家实现了信息技术革命。同时，纳斯达克市场的建立，使美国较早建立了多层次的资本市场，从而不断完善了资本市场的供给结构。

综上所述，宏观经济的快速发展、稳定的货币环境、有效的监管制度以及扩大需求和稳步扩大供给等政策的实施促进了美国资本市场的快速发展。

### 5.1.3　美国资本市场的发展与纽约国际金融中心的建设

美国资本市场的发展确保了自20世纪初以来纽约国际金融中心的地位。在整个19世纪，作为当时新兴国家的美国，成为国际资本投资的乐园，吸纳了欧洲对外投资的绝大部分。如1832—1839年，流入美国的外国资本净流入量不少于1.89亿美元，人均超过12美元；1850—1876年，美国资本净流入量超过17亿美元，人均超过52美元；1860—1869年，流入美国的国际资本为7.61亿美元，人均超过21美元。

---

①　19世纪90年代，股票市场促进了许多大型工业企业的诞生，如爱迪生电气公司（Edison Electric）、国际收割机公司（International Harvester）、阿里斯—查莫斯公司（Allis－Chalmers Co.）、联合制鞋机械公司（United Shoe Machinery Co.）以及美国钢铁公司（United States Steel Corporation），其中美国钢铁公司当时的市值甚至超过10亿美元。

②　表5－5、表5－6、表5－7和表5－8的数据均来自：斯坦利·L. 格尔曼，罗伯特·E. 高尔曼. 剑桥美国经济史［M］. 北京：中国人民大学出版社.

从表5－6可看到，在19世纪，资本源源不断地流入美国。尽管在某一时期，国际资本流入美国会出现一定程度的波动，但仍然可看到外国资本净流入占美国资本增量比重呈现上升的趋势。另外有数据显示，1790—1900年，外国资本输入占美国国内资本净值的比率接近5%，然而其中1870—1900年所流入的外国资本占1790—1900年的80%左右，这也充分说明了在19世纪后期流入美国的国际资本的速度在明显加快①。

**表5－6　　1799—1890年外国资本净流入占资本增量的比重**

| 时间 | 外国资本净输入/国内资本净值 | 时间 | 外国资本净输入/国内资本净值 |
|---|---|---|---|
| 1799—1805 | －0.012 | 1851—1860 | 0.027 |
| 1806—1815 | 0.05 | 1861—1870 | 0.158 |
| 1816—1840 | 0.220 | 1871—1880 | 0.055 |
| 1841—1850 | －0.008 | 1881—1890 | 0.086 |

资本是具有趋利性的，缺乏有效的投资渠道，或者说缺乏保值升值的渠道，是不可能吸引国际资本流入。外国资本蜂拥流入美国，这与其资本市场的快速发展是分不开的。从表5－7可看到，作为资本市场重要组成部分的债券市场和股票市场，为外国资本提供了多元化的投资渠道。尤其是直接投资和铁路债券，从表中数据可看到，1843—1914年直接投资和铁路债券增加更是极为迅速，从1843年为零分别增加至12.1亿美元和39.34亿美元。

**表5－7　　美国境内外国投资的分布情况**　　单位：百万美元

| 年份 | 政府债券 | 联邦政府债券 | 州和地方政府债券 | 铁路债券 | 其他私人有价证券 | 直接投资 | 短期投资 | 国外投资总计 |
|---|---|---|---|---|---|---|---|---|
| 1843 | 150 | 0 | 150 | 0 | 53 | 0 | 28 | 231 |
| 1853 | 159 | 27 | 132 | 52 | 8 | 5 | 150 | 374 |
| 1869 | 1 108 | 1 000 | 108 | 243 | 15 | 25 | 153 | 1 544 |
| 1914 | 213 | — | — | 3 934 | 1 607 | 1 210 | 450 | 7 414 |

国外资本的流入也不断促进了美国资本市场的快速发展，从表5－8可看到，无论从上市公司数目看，还是从发行的股票数目看，纽约证券交易所的规模和增长速度均远远超过同时期的伦敦证券交易所，从而奠定了20世纪初期纽

① 斯坦利·L. 格尔曼，罗伯特·E. 高尔曼. 剑桥美国经济史［M］. 北京：中国人民大学出版社.

约国际金融中心的地位。

**表 5－8　　纽约证券交易所和伦敦证券交易所的股票情况**

| 年份 | 纽约证券交易所 | | 伦敦证券交易所 | |
|---|---|---|---|---|
| | 公司数目（家） | 发行股票数目（只） | 公司数目（家） | 发行股票数目（只） |
| 1870 | 43 | 61 | 7 | 8 |
| 1880 | 93 | 112 | 34 | 44 |
| 1890 | 129 | 173 | 92 | 138 |
| 1900 | 145 | 239 | 92 | 145 |
| 1910 | 151 | 233 | 93 | 147 |

综上所述，我们可以看到这样一个循环系统，19 世纪中叶至 20 世纪初，伴随着工业大革命，作为后起之秀的美国经济快速发展，而经济快速发展促进了美国资本市场的跨越式发展，美国资本市场的跨越式发展为海外资本提供了保值增值和财务管理的渠道，从而吸引了大量的海外资本流入美国，海外资本投资股票、债券无论是从规模还是比重看都呈现出快速上升趋势，海外资本的流入进一步促进了美国经济的快速发展，从而步入一个良性循环，如图 5－1 所示。在这个良性循环系统中，美国资本市场快速发展及海外资本的流入是重要的一环，因为除了促进美国经济的快速发展外，也使美国资本市场所在地的纽约自 20 世纪初就成为国际金融中心。

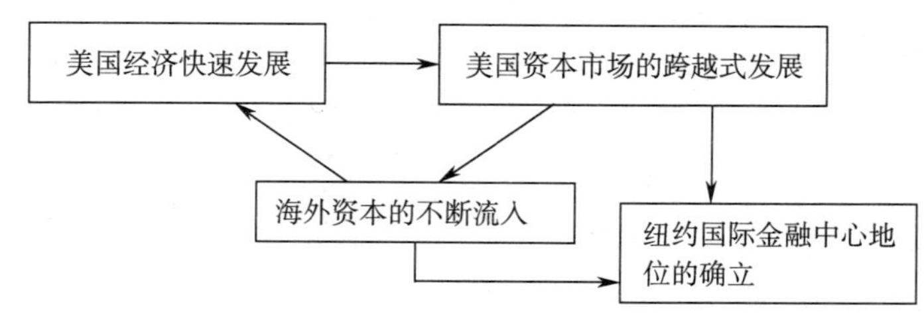


**图 5－1　纽约国际金融中心的形成图**

# 5.2　中国资本市场的发展与新的国际金融中心的形成

## 5.2.1　中国资本市场发展的机遇

### 一、中国经济的发展为资本市场发展奠定了坚实的基础

1978 年以来，在改革开放的有力推动下，我国经济发展进入加速阶段。

1979—2008 年经济平均增长速度为 9.8%，既高于我国历史平均水平，也高于主要国家同期平均水平。20 世纪 90 年代以来，在市场化改革以及由此带动的工业化、城市化等因素的有力推动下，我国经济增长速度进一步加快。1991—2008 年我国经济平均增长速度达到 10.3%。进入 21 世纪以来，在我国加入世界贸易组织、对外开放进一步扩大的背景下，改革进入攻坚阶段等有利因素，尤其是国际化因素的推动下，我国经济进入新的快速增长周期。虽然前期受东亚金融危机的后续影响、后期受美国次贷危机引发的国际金融危机的巨大冲击等不利因素，但 2001—2008 年我国经济增长速度仍然保持在 10.2% 的水平，经济波动幅度越来越小，经济增长的稳定性越来越好，较长时间呈现出高经济增长、低通货膨胀的合意局面。其中，2003—2007 年经济增长速度平均为 11.02%，仅次于 1992—1996 年的 12.44%，是第二个连续 5 年经济增长速度保持 10% 以上的繁荣周期。

2008 年下半年，全球遇到百年一遇的金融危机。金融危机直接导致国外需求急剧减少，如图 5-2 所示。

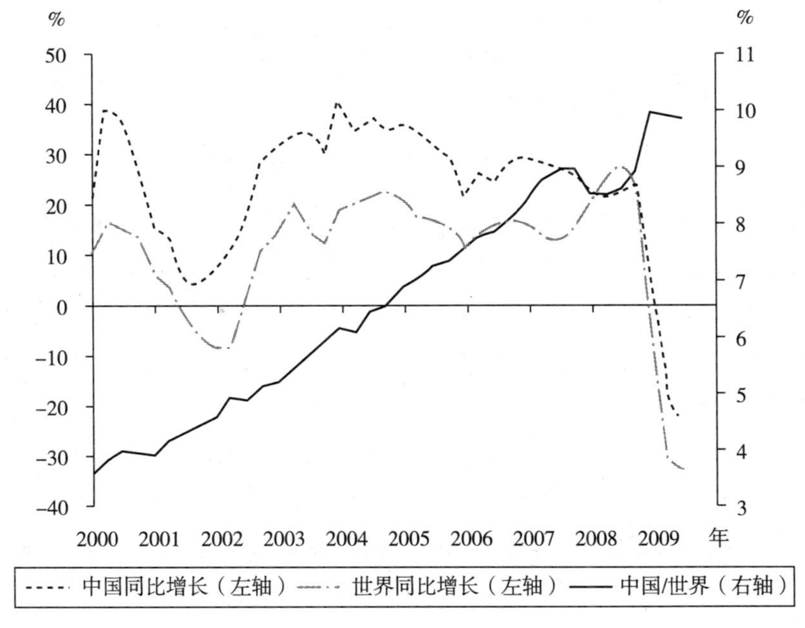


**图 5-2 我国出口情况及其占全球比例变动（2000Q1—2009Q2）**

在外需剧减并有可能长期回归中速增长的背景下，我国经济要保持长期持续快速稳定增长与发展，必须也只能越来越依靠内需拉动。由于及时出台了力度比较大的扩大投资计划，我国经济已经率先复苏。如图 5－3 所示，工业增加值已呈现出快速上涨的趋势。

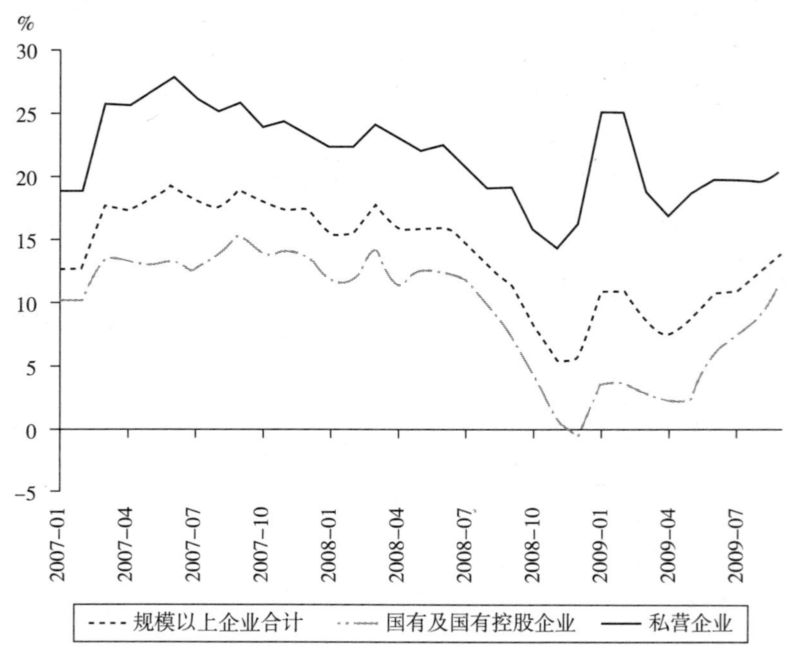


**图 5－3　工业增加值同比增长率（2007 年 1 月—2009 年 9 月）**

因此，可以说，尽管受到金融危机的影响，我国国民经济仍将保持较快的发展趋势。通过对 2003—2007 年我国潜在经济增长率进行模拟可以得到：潜在经济增长速度 = 3.1% + 0.5247 × 资本增长速度 + 0.4753 × 劳动力增长速度。我国的潜在经济增长能力分别为 9.8%、10.2%、10.6%、11% 和 11.2%，实际经济增长为 10%、10.1%、10.4%、11.1% 和 11.5%。从图 5－4 可以看到，潜在经济增长和实际经济增长收敛程度超过以前，这也说明了我国经济效率在逐步提升。因此，照此预测，至 2020 年之前，我国宏观经济保持 7% ~8% 的增速仍然非常可期。经济的快速发展，将为我国资本市场的日益强大提供重要前提条件。中国证监会的统计数据显示，截至 2009 年 7 月底，我国上市公司共有 1 628家，沪深股市总市值达 23.57 万亿元，流通市值 11.67 万亿元，市值列全球第三位。预计在 2020 年，我国资本市场将可能成为全球第二大资本市场，将仅次于美国。

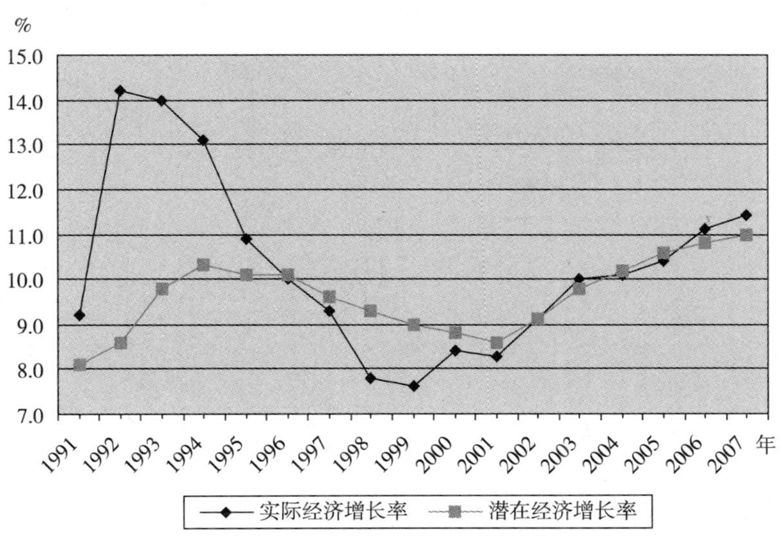


**图 5－4 实际经济增长和潜在经济增长的模拟**

## 二、人民币国际化将加快我国资本市场的国际化进程

货币的国际化和币值的稳定有利于国外资金源源不断地流入，这为资本市场的快速发展以及国际化带来巨大的促进作用。如前所述，美元的国际化和币值的稳定为美国资本市场的发展提供了有力的支撑。

目前，有多方因素促使我国政府在推动人民币国际化方面痛下决心，人民币的国际化进程正在不断加快。近些年，出口导向型的我国经济拥有着巨额的贸易顺差，这些以美元计价的贸易顺差带来的外汇流入，通过结汇使得国内人民币流动性泛滥，种下了近年来通货膨胀风险的祸根；而贸易顺差和热钱流入所累积的超过万亿美元资产，其安全性更在此次危机中遭受了严重挑战。人民币的国际化则能使得政府从根源上解决这一两难困境。目前国内企业“走出去”购买战略性资源的趋势，以及国家建设上海国际金融中心的任务，也都在客观上要求政府加快开放人民币资本账户，以加速推进人民币国际化的进程。

此前，中国人民银行已经与中国香港、韩国、马来西亚、印度尼西亚、阿根廷和白俄罗斯签订了货币互换协议；而且，中国人民银行也正在与俄罗斯及泰国研究签署换汇协议。人民币跨境贸易结算也在有序进行，这能够推进人民币国际化迈出实质性的重要一步。并且香港、上海以及珠三角的 4 个城市已于 2009 年 7 月份开展这方面业务，8 月初国务院又宣布将在东北边境与邻国试点实施人民币贸易结算。

与此同时，如图5－5所示，在不断加快国际化进程的同时，人民币币值一直处于稳中趋升的状态，使得海外资本积极流入我国，这将有利于我国资本市场的国际化发展①。

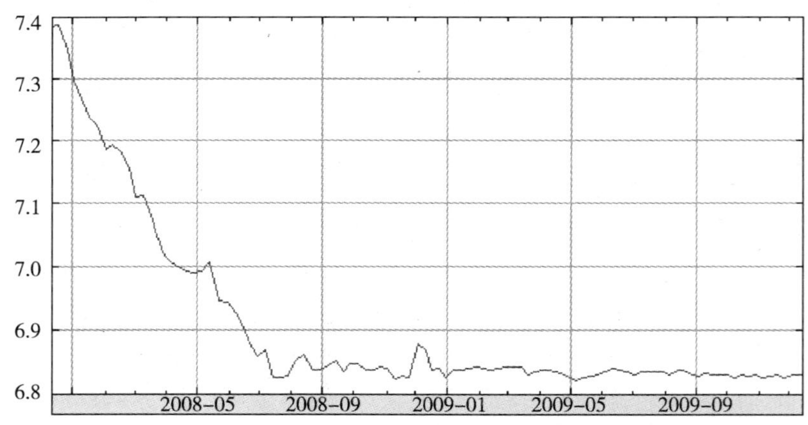


资料来源：http：//finance. yahoo. com/，2009－12－11.

**图5－5　人民币兑换美元的汇率**

## 5.2.2　中国资本市场发展过程中存在的问题

### 一、供给结构有待优化

与美国等发达国家甚至印度等发展中国家相比，我国资本市场整体规模偏小，直接融资比例较低，股票市场和债券市场的比例失衡。2007年，我国资本市场资产总额的比例虽然有了快速提高，升至37%，但是比例仍然较低，资本市场整体规模依然偏小。2001—2007年，我国境内直接融资筹资额与同期银行贷款增加额之比分别为9. 50%、4. 11%、2. 97%、4. 49%、2. 05%、8. 38%和21. 95%，虽然逐步提高但是仍然偏低。2007年底，我国债券市场规模仅相当于股票市场规模的26. 7%，远低于美国等成熟市场，甚至低于韩国、印度等新兴市场国家，结构失衡问题非常突出。如图5－6所示。

总的来看，债券市场，尤其是公司债券市场发展滞后。2006年底，我国债券市场资产总量为6. 02万亿元，仅相当于当年GDP的28. 7%，远低于境外成熟市场水平。2007年底，我国债券市场资产总量上升到8. 72万亿元，但是总体规

① 根据有关专家估计，由于人民币升值因素，导致海外“热钱”纷纷涌入我国，截至2009年底有5 000亿美元左右的规模。巨额“热钱”的涌入，也将增加我国金融体系的系统性风险。

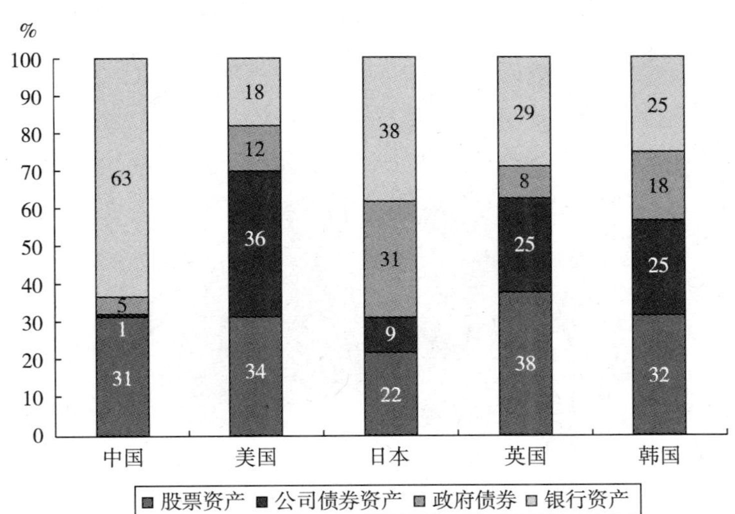


**图 5－6　2007 年金融资产结构国际对照表**

模仍然较小。同时，品种结构不合理，公司债券市场发展滞后。截至 2007 年底，我国债券市场只有少量的短期融资券、可转换公司债、可分离交易公司债以及上市公司债券。属于真正意义上的公司债券，在债券市场总量中的比例仅为4.1%。2006 年底，上述公司债券规模相当于 GDP 的比例仅为 1.4%，远低于成熟市场。

与此同时，商品期货和金融期货市场有待发展。体现在市场规模较小，品种结构简单，品种创新相对不足，投资者结构尚需进一步完善，中介机构实力有待提高，金融衍生产品市场尚未形成等方面。

## 二、需求结构有待进一步调整

近年来，随着机构投资者特别是证券投资基金的快速发展，投资者结构有所改善。但总的来说，与国外成熟资本市场相比，我国资本市场的投资者结构不合理，机构投资者整体规模偏小，发展不平衡。

个人投资者尤其是中小个人投资者比例偏高。根据深交所、上交所的统计数据，我国股票市场投资者目前仍然主要以短线投资为主，缺乏真正的长期投资者。与境外成熟市场相比，目前我国股票市场投资者平均换手率偏高。从投资行为分析，与机构投资者相比，个人投资者尤其是中小个人投资者更偏向于持有和交易小盘股、低价股、绩差股和高市盈率股，持股时间较短、交易较为频繁。

机构投资者整体规模偏小。与境外成熟市场同类型机构投资者相比较，目前我国股票市场上的各类机构投资者持股期限普遍较短、交易比较频繁、短期投资行为比较明显。同时，现有各类机构投资者之间在投资理念、投资标的等方面显示出较大的雷同性，不利于股票市场的长期健康发展。

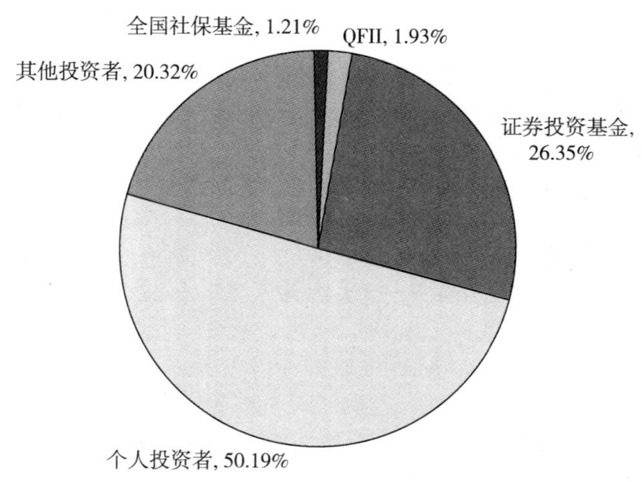


**图 5－7　2009 年 10 月股票市场投资者市场份额**

证券投资基金产品不够丰富、业务创新不足。过去几年中，基金市场取得了快速发展，成绩显著。但是，与成熟市场相比，我国基金行业规模仍然较小。证券投资基金管理公司现有经营模式单一、产品不够丰富。同时，现有证券投资基金管理公司股东结构不够合理、长期激励约束机制不到位等问题是制约基金业进一步发展的主要障碍之一。近几年基金业规模的快速扩展对专业人才提出了巨大需求，基金业人才瓶颈问题日益突出。

保险公司、社保基金、企业年金等其他类型机构投资者参与不足。第一，与成熟市场相比，养老金制度发展滞后；第二，保险资金实际投资于资本市场的资金规模偏小，占整个保险资金的比例较小。上述机构投资者的发展不足和对资本市场的参与程度不足使得资本市场缺乏长期机构投资者。

各种类型的集合型投资计划监管规则不统一。集合型投资计划产品的监管机构多，监管规则复杂。虽然不同集合型投资计划产品本质相同，而且相互之间存在较强的可替代性，但是监管机构各不相同，相应的监管理念和监管手段也存在较大差异。这种不统一加大了监管成本，降低了市场效率，也不利于该市场的长期发展。

非公募型投资基金发展不规范。在境外成熟市场上，非公募型基金市场规模大，参与机构众多。而我国本土的私募股权投资基金由于退出渠道不够畅通、管理机制落后等原因，发展较为缓慢，市场影响力还比较低。此外，我国二级市场非公募基金的发展长期处于灰色地带。随着股票市场的不断活跃，二级市场非公募基金的规模发展很快，对市场的影响日益增强。但是，部分基金在运作模式、内部风险控制、资金外部托管等方面有待进一步完善。

**三、监管制度和体系有待完善**

由于我国资本市场仍然处于新兴加转轨的阶段，市场的一些体制性问题仍然存在，需要随着法律法规的完善加以解决。同时，由于资本市场自身的迅速发展，内部和外部环境也处于不断发展变化之中，既有的法律体系和法律制度需要不断进行调整、补充和完善。

从监管体制看，目前过于依赖行政监管的局面已经明显不能适应资本市场发展的要求，导致“政策市”现象依然存在。同时，由于缺乏应有的灵活性，监管队伍的整体素质和监管工作的效率尚不能完全适应市场发展的需求。

监管协调机制、执法有效性都有待进一步完善。另外，当前自律组织功能尚不健全，自律监管过弱，行业协会并没有发挥应有的作用。

### 5.2.3　促进中国资本市场发展的战略安排

增加市场规模，完善市场结构，促进市场平稳发展，避免市场激烈波动，促进投资者投资理念的日益成熟，这些都将是很长时间内我国资本市场发展所面临的重大问题，也是我国资本市场取得长足进步的基本保证。我国资本市场要取得持续发展，应该从以下几个方面出发。

**一、创造市场需求**

我国居民投资意识的觉醒和对资本市场的信心是导致资产需求的直接原因，也是支撑我国资本市场发展的关键因素。与发达国家相比，我国资本市场规模偏小，而要实现规模的增长，我国必须不断增加新的市场需求。当前股市的暴跌，说到底还是我国市场需求的严重不足。长期以来，抑制需求的政策是我国调节资本市场的政策重心，严重地制约了我国资本市场的发展，如调高印花税来增加投资者的交易成本，而在很多国家，交易几乎都是免印花税的，如在美国，交易成本就非常低。因此，从发展资本市场、促进金融崛起的高度来看，我们的需求政策应该倾向于创造市场需求——内部疏导和外部扩张。具体而言，内部疏导包括引导居民调整资产结构，鼓励投资证券资产，促进银行系统过剩的流动性流向资本市场，并且还可以缓解当前通货膨胀的压力以及降低银行体系的系统性风险；外部扩张是指吸引国际投资者和境外投资者，逐步实现资本市场的对外开放。当然，还可以降低投资者的交易成本，增强资产的流动性，从而创造投资者对证券资产的需求。

**二、稳步增加市场供给**

对于我国的证券交易所而言，有着其他国家证交所不具有的优势，那就是不缺少优质的上市公司资源。目前包括纽约证交所、伦敦证交所、新加坡证交所、东京证交所在内的其他国家证交所都纷纷到我国游说优质企业到其挂牌上市。随着金融国际化进程的不断加快，如果我国证券交易所留不住优质的上市企业，这些企业必然会到海外上市，这对我国而言，可能会引起优质资产和国有资产流失，并且也导致优质上市资源的流失。因此，我国经济的快速发展为做大做强资本市场提供了不可多得的条件。然而，如何利用这些资源，成为我国资本市场发展所面临的一个重大课题。

目前，我国资本市场中主体企业是朝阳产业和具有垄断优势的企业，如金融和石油类企业，这些企业具有高成长性和稳定的垄断收益，相对于夕阳产业和小型企业而言应该具有较高的溢价率。而且，相比其他发展中国家，我国具有稳定的政治、经济环境，可以拥有一定的安全溢价。因此，对于我国刚刚经历股权分置改革的朝气蓬勃的资本市场，应该从呵护市场的角度出发，用市场化的手段去调控市场，有利于促进资本市场健康持续的发展和我国金融的崛起。

从总量而言，我国直接融资比例还处于较低的水平，从这个角度来看资本市场还有很大的发展空间。因此，扩大证券化资产的供给，不仅可以缓解资产价格过度上涨而出现泡沫的风险，而且可以优化融资结构，满足居民对证券化资产的强烈需求，从而实现资本市场的财富管理功能。从我国实际情况出发，扩大供给主要集中在四个方面：促进海外蓝筹股的回归，尤其是具有资源垄断的大型国有企业，如中国移动、中国电信等；有序发展债券市场和创业板，为企业提供多元化的融资渠道；借助上市公司平台，推动央企的整体上市；在条件成熟的情况下，鼓励和吸引外国优质企业到我国证券交易所上市。

**三、坚持循序渐进的发展策略**

我国资本市场在完善供给结构及国际化的进程中，应采取循序渐进的政策。2009 年，我国推出创业板市场，但海外创业板市场的发展情况告诉我们，目前可以说真正成功的仍然是纳斯达克市场。从表 5－9 可看出，纳斯达克市场市值是其他所有国家和地区创业板市场市值的总和。之所以会如此，是因为其他国家和地区创业板市场均普遍存在如下问题：一是上市资源缺乏是一些创业板市场发展的主要瓶颈，较多创业板市场运作多年达不到规模效应，它是导致不少创业板市场“关停并转”的主要原因；二是一些创业板市场运作机制存在重大缺陷，内部缺乏独立性，外部缺乏吸引力；三是一些创业板为追求市场规模，大幅度降低了发行标准，但市场监管未能跟上；四是与大型成熟企业比较，中小型创业企业是一个高收益与高风险并存的企业群体，并且同一个企业存在着严重的预期收益与风险的不对称性，增加了市场风险。因此，我国要促进创业板市场又好又快地发展，也须克服上述一些问题，并且今后我国要循序渐进地扩大我国资本市场规模和国际化进程，确保资本市场健康、持续向前发展。

**表 5-9　2007 年底全球各国（地区）创业板市场（按市值排名）**　单位：美元

| 排序 | 创业板市场 | 市值 |
|---|---|---|
| 1 | 美国纳斯达克 | 40 136 亿 |
| 2 | 英国 AIM | 1 933 亿 |
| 3 | 日本加斯达克 | 1 348 亿 |
| 4 | 韩国科斯达克 | 1 030 亿 |
| 5 | 中国台湾店头市场（OTC） | 623 亿 |
| 6 | 加拿大 TSX - V | 503 亿 |
| 7 | 日本 Mothers Market | 277 亿 |
| 8 | 波兰 SiTech | 224 亿 |
| 9 | 中国香港创业板 | 201 亿 |
| 10 | 日本 Hercules New Market | 201 亿 |
| 11 | 巴西 Novo Mercado | 189 亿 |
| 12 | 巴西 SOMA | 188 亿 |
| 13 | 印度 Indonext | 174.2 亿 |
| 14 | 希腊 Atex New Alternative Market | 141 亿 |
| 15 | 意大利 Nuovo Mercato Expandi | 136 亿 |
| 16 | 德国 Open Market Entry Standard | 126 亿 |
| 17 | 新加坡凯利板 | 73 亿 |
| 18 | 北欧 First North | 54.4 亿 |
| 19 | 马来西亚吉隆坡二板市场 | 50 亿 |
| 20 | 纽约泛欧交易所集团 Alternext | 45.3 亿 |
| 21 | 马来西亚麦斯达克 | 37.45 亿 |
| 22 | 爱尔兰 Enterprise Exchange | 32.5 亿 |
| 23 | 塞浦路斯二板市场 | 14.8 亿 |
| 24 | 土耳其 Second National Market | 14.5 亿 |
| 25 | 南非 AltX | 12.34 亿 |
| 26 | 泰国 MAI | 10.7 亿 |

续表

| 排序 | 创业板市场 | 市值 |
|---|---|---|
| 27 | 澳大利亚 NSX 市场 | 4.18 亿 |
| 28 | 澳大利亚 BSX 市场 | 3.9 亿 |
| 29 | 新西兰 NZAX 市场 | 3.85 亿 |
| 30 | 南非 Venture Capital Market | 1.85 亿 |
| 31 | 土耳其 New Economy | 1.02 亿 |
| 32 | 南非 Development Capital Market | 3 000 万 |
| 33 | 澳大利亚 APX 市场 | 1 600 万 |
| 34 | 菲律宾 SME Board | 700 万 |

## 四、增大监管力度以及提高监管政策的科学性、连续性和透明性

从创造需求和扩大供给这两方面着力，这一方面有利于壮大我国资本市场的实力，促进我国资本市场的稳定发展；另一方面也有利于解决目前的流动性过剩的问题。然而，仅从以上两个方面努力还是不够的，我国监管部门还应该不断完善监管手段和监管政策。

目前，我国资本市场投机之风盛行，这与监管政策有着密切关系。监管政策的科学性、连续性以及透明性将直接会影响到资本市场的走势，也会影响到投资者的投资信心。对于我国监管当局而言，需要从以下三个方面努力：

一是增大监管力度，真正实现“三公”原则。在我国资本市场，披露虚假信息、内幕交易现象时有发生，从而导致有些个股的股价大起大落，出现了“过山车”的走势，而这只会导致市场不公平现象的出现，从而导致投资者无法树立科学的投资理念。

二是要增加监管政策的科学性、连续性和透明性。我国资本市场的投资者之所以投机之风比较盛行，其中重要原因之一就是这些投资者对政策无法作出准确的预期，快进快出是当前很多投资者的投资选择，而这只会增加市场的波动幅度。

三是应该增加机构投资者的发展步伐。从其他国家资本市场发展历程来看，机构投资者稳定市场的功能与其所处的发展阶段相关。在发展初级阶段，资本市场主要由中小投资者组成，这时机构投资者通过操纵市场，可以获得超常收益，从而加剧市场波动。随着机构投资者的不断发展，规模的不断扩大，资本市场主要由机构投资者组成，这时机构投资者进行操纵市场的难度将大幅增加，并且短买短卖的行为也很难付诸实施，因此，此时机构投资者能够充当市场的

稳定器。目前，我国机构投资者发展还处于初级阶段，这在一定程度上会导致操纵行为以及“羊群行为”的大量存在。

## 5.2.4 我国资本市场的发展与上海国际金融中心的建设

### 一、资本市场的发展与国际金融中心的建设

在世界金融发展史上，全球国际金融中心经历了四个历史时期的四个城市：13世纪的威尼斯、17世纪的阿姆斯特丹、19世纪的伦敦和20世纪初期至今的纽约。[①] 最早的国际金融中心出现在13世纪的威尼斯，这个港口城市是当时最发达的国际汇兑和信贷市场，拥有强大的结算系统和政府公债市场，此时金融中心的核心功能在于银行系统的货币汇兑和国际信贷。然而大约在15世纪末期，金融中心离开威尼斯[②]，飘过葡萄牙的里斯本、西班牙的塞维利亚和尼德兰的安特卫普，到17世纪时，降落在荷兰的阿姆斯特丹。17世纪的阿姆斯特丹不仅拥有强大的银行体系，成为欧洲国际支付体系的中心，而且有发达的债券市场和最早的股票市场，其中股票市场的交易技术开始趋向复杂化和专业化，产生了卖空、远期、期货、期权和担保契约等多种交易方式，出现了现代金融业的雏形。17世纪末，荷兰的经济扩张开始放缓，金融中心也逐渐离开阿姆斯特丹，飘向崛起的英国伦敦。19世纪后半叶，英国建立了以中央银行为核心的现代银行体系，成为国际贸易多边支付体系的中心，而且非银行金融机构发展迅速，上市公司数量庞大，交易所遍布全国各地，资本市场获得了长足的发展。但是，随着两次世界大战的爆发，英国本土受到战争的打击，经济出现了严重的下滑，国际金融中心随之离开英国，飘向了大洋彼岸崛起的美国。20世纪初期，纽约拥有全球最发达、规模最大的资本市场，建立了市场主导型的金融体系，资本市场超过了银行体系在国民经济活动中的作用，华尔街成为全球最大的资金聚集地，是全球金融市场变化的风向标，迄今为止，仍然保持着国际金融中心的地位。2005年底，美国股票市场总市值达到约17万亿美元，占全球总市值的40%左右[③]。

从以上的分析中我们可以得出这样的结论：随着世界各国经济的不断发展，

---

① 真正的国际金融中心应该是功能性的全球金融中心，是国际性银行、其他金融机构以及金融市场的聚集地，向全球投资者提供和执行各类金融服务和交易的场所。因此，从这个角度理解，百慕大群岛、新加坡等只能称为区域性的金融中心或名义金融中心。

② 15世纪末奥斯曼帝国控制威尼斯和东方的贸易通道，新航道的开辟导致地中海贸易的中心向北欧转移，威尼斯的信贷和汇兑业务出现了急剧的萎缩，从而丧失了金融中心的地位。

③ 国际货币基金组织．全球金融稳定报告．2007－04.

产业结构的不断升级，金融中心的内涵也在发生深刻的变化，金融中心的功能、内部结构、形成条件等都发生了变化，而且资本市场在国际金融中心的地位呈现出显著的递增性，在促进金融中心形成过程中所扮演的角色也越来越重要。并且从美国资本市场发展历程可看到，其对纽约成为国际金融中心起到了不可磨灭的作用。

**二、我国资本市场的发展与上海国际金融中心的建设**

经过十几年的发展，我国资本市场取得了长足的进步。然而，我国资本市场仍然与财富管理中心具有一定差距。从图 5 –8、图 5 –9 可看到，伴随着我国经济的快速发展，我国对外贸易总额、银行总资产等也呈现出稳步增加的态势，然而股票总市值以及上证指数与 GDP 相关关系却并不是非常显著，这说明我国资本市场尚不能很好地体现经济发展的成果，从而其财富成长功能也存在一定的缺陷。

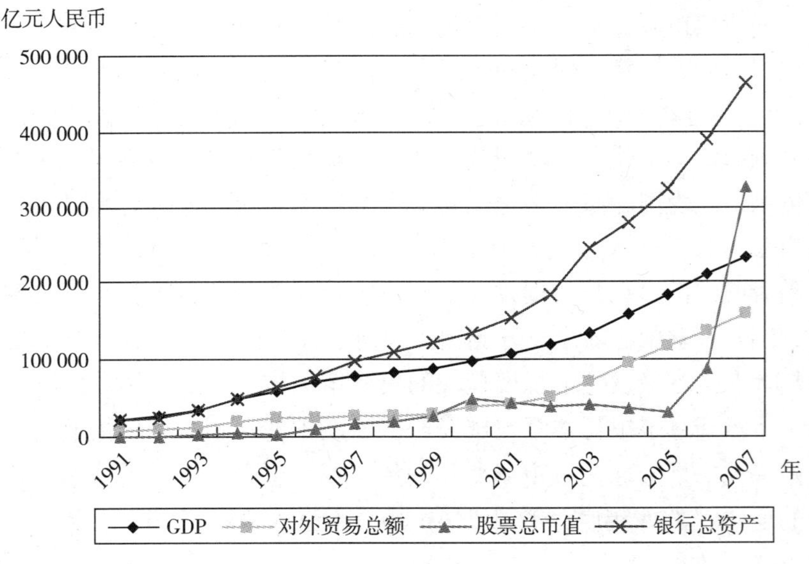


**图 5 –8　中国经济、贸易、股票市值和银行资产相关性**

资本市场具有资源配置、风险分散和财富成长的功能，而其中财富成长的功能有利于国际资本的保值增值，从而有利于吸引国际资本的流入，故财富成长功能是建设国际金融中心的重要基础和前提。对于我国资本市场而言，应该加快优质上市公司群体的培育，尤其是大盘蓝筹股群的培育，大力发展公司债券市场，改善供给结构，并在适当时机可以吸引一些国际优秀公司登陆 A 股市

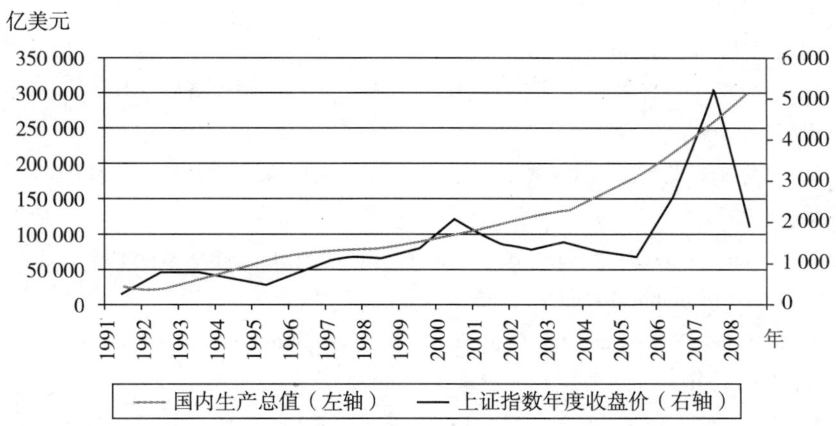


**图 5－9　GDP 与上证指数关系图**

场，同时在扩大供给和改善供给结构的同时，还要不断创造需求，放宽进入资本市场的投资者范围。并且证券监管部门应该增加政策的透明性、可预期性、连续性以及统一性，严格规范资本市场的各种行为，打击内幕交易和操纵行为，切实维护市场的“三公”原则。与此同时，资本市场的快速发展及国际化，为国际投资者提供了保值增值的平台，从而有利于加快人民币的国际化进程，为我国国际金融中心的建设也将有巨大的促进作用。

## 参考文献

［1］陈明．自由与权威的调和——论美国国民银行体系确立的背景、实质及影响［J］．湘潭大学社会科学学报，2003（5）．

［2］胡孝峰．战后美国的经济［J］．历史教学，1997（10）．

［3］黄安年．美国现代史上四次经济改革调整高潮及其特点［J］．北京师范大学学报（社会科学版），1993（3）．

［4］黄安年．美国的崛起与发展［J］．社会科学论坛（学术评论卷），2008（10）．

［5］洪荣文．试论美国内战后经济高速发展的原因［J］．黔东南民族师范高等专科学校学报，2004（2）．

［6］李建军．未来美元在国际货币体系中的地位［J］．理论参考，2009（10）．

［7］张晓军，王鑫．做市商制度与我国证券市场的完善［J］．西南政法大学学报，2003，Vol. 5，No. 1.

［8］朱邦宁．战后国际货币体系的沿革和发展［J］．新视野，1997（2）．

［9］黄少明．对冲基金透视［J］．北京：中国金融出版社，2001.

［10］米尔顿·弗里德曼，安娜·J. 施瓦茨. 美国货币史（1867—1960）［M］. 北京：北京大学出版社，2009.

［11］斯坦利·L. 格尔曼，罗伯特·E. 高尔曼. 剑桥美国经济史［M］. 北京：中国人民大学出版社，2008.

［12］约翰·S. 戈登. 伟大的博弈，华尔街金融帝国的崛起（1653—2004）［M］. 北京：中信出版社，2006.

［13］Adrian Tschoegl. Foreign Banks in the United States Since World War Ⅱ: A Useful Fringe. Financial Institutional Center, 2000.

［14］C. R. Fay. Newton and the Gold Standard［J］. Cambridge Historical Journal, Vol. 5, No. 1, 1935, pp. 109 – 117.

［15］Dufey, G. and Giddy, I. H.. The International Money Market［J］. Englewood Cliffs, N. J: Prentice – Hall Inc., 1978.

［16］Ewing, Jack, Andrea Zammert and Inka Resch. Booming Frankfurt［J］. Business Week, September 13, 1999, pp. 63 – 70.

［17］Farley Grubb. Creating the U. S. Dollar Currency Union, 1748 – 1811: A Quest for Monetary Stability or a Usurpation of State Sovereignty for Personal Gain?［J］. The American Economic Review, Vol. 93, No. 5, Dec., 2003, pp. 1778 – 1798.

［18］George G. Kaufman. Emerging Economies and International Financial Centers［J］. Review of Pacific Financial Markets and Policies, Vol. 4, No. 4, 2001.

［19］Kinderberg, Chris. The Formation of Financial Centers: A Study in Comparative Economic History. Princeton Studies in International Finance, 1974.

［20］Kristen L. Willard, Timothy W. Guinnane and Harvey S. Rosen. Turning Points in the Civil War: Views from the Greenback Market［J］. The American Economic Review, Vol. 86, No. 4, Sep. 1996, pp. 1001 – 1018.

［21］McCarthy, I.. Offshore Banking Center: Benefits and Costs［J］. Financial and Development, Vol. 16, No. 4, 1979, pp. 45 – 48.

［22］Michael Hudson, Super Imperialism. The Origin and Fundamentals of U. S. World Dominance［M］. 2nd ed. London and Sterling, VA: Pluto Press, 2003.

［23］P. M. Garber. Tulip Mania［J］. Journal of Political Economica, Vol. 97, No. 3, 1989.

［24］Prajit K. Dutta and Ananth Madhavan. Competition and Collusion in Dealer Markets［J］. The Journal of Finance, Vol. 52, No. 1, Mar. 1997, pp. 245 – 276.

［25］Richard Yan – Ki Ho, Robert Haney Scott and Kie Ann Wang. The Hong Kong Financial System［J］. Oxford University Press, 1991, pp. 381.

［26］Roger D. Huang. The Quality of ECN and Nasdaq Market Maker Quotes［J］. The Journal of Finance, Vol. 57, No. 3, Jun. 2002, pp. 1285 – 1319.

[27] Ronald E. Seavoy. Laws to Encourage Manufacturing: New York Policy and the 1811 General Incorporation Statute [J]. The Business History Review, Vol. 46, No. 1, Spring, 1972, pp. 85-95.

[28] Smith, W. D.. The Function of Commercial Centers in the Modernization of European Capitalism [J]. Journal of Economic History, Vol. 44, No. 4, 1984, pp. 985-1005.

# 6 中国金融崛起中的货币市场


## 摘　要

大国经济离不开大国金融的杠杆推动，大国金融离不开高效的金融机构和组织有序的金融市场。金融市场最核心的部分就是货币市场与资本市场。货币市场为资本市场功能的正常发挥、为所有金融机构的资金调剂、为中央银行进行宏观调控提供了一个类似于“金融蓄水池”的交易流动性的市场平台。这主要体现在，货币市场形成的利率影响着资本市场的利率及资金的流动；货币市场是所有金融机构进行流动性调剂的主要场所；货币市场是中央银行进行最主要货币政策工具——公开市场业务操作的主要平台。货币市场的重要性还表现在，任何金融危机都会因为对金融体系流动性的影响而表现为流动性危机，从而直接影响到金融体系的安全。因此，从事前预防金融危机和事后金融危机救助的角度看，一个大国金融体系需要高度关注货币市场的流动性状况，一旦货币市场出现流动性危机，就很有可能是金融危机的预兆；同时，在出现金融危机后中央银行对货币市场的流动性支持对恢复金融体系的信心也至关重要。因此，构建一个强大的、具有高度流动性的、有助于中央银行进行宏观调控的货币市场是大国金融的题中应有之义。

在本章中，我们以短期国债市场为例详细论述了大国经济和大国金融中货币市场应该具备的功能，以及货币市场上最重要的参与主体——货币市场共同基金的作用。我们进一步研究了美国金融危机中货币市场所受的影响及金融当局对货币市场的救助政策。本章的后半部分集中讨论了中国货币市场的发展历程、存在的问题及相关对策。历经二十多年的发展，中国货币市场已经粗具规模，未来发展重点应该放在参与主体的进一步扩大和加强金融产品创新上，推进货币市场基金发展及完善银行治理改革，建设真正市场化的货币市场基准利率体系。

## 6.1　大国金融体系中的货币市场功能分析

建设大国经济离不开大国金融的杠杆推动，建设大国金融离不开高效的金融机构和组织有序的金融市场。金融市场中最核心的部分就是货币市场与资本市场，资本市场的核心功能在于把储蓄者的资金通过各种金融契约转移到投资者手中，实现社会资源的有效配置。货币市场则为资本市场功能的正常发挥、为所有金融机构的资金调剂、为中央银行进行宏观调控提供了一个类似于“金融蓄水池”的市场平台。这主要体现在，货币市场形成的利率影响着资本市场的利率及资金的流动；货币市场是所有金融机构进行流动性调剂的主要场所；货币市场是中央银行进行最主要货币政策工具——公开市场业务操作的主要平台。货币市场的重要性还表现在，任何金融危机都会因为对金融体系流动性的影响而表现为流动性危机从而直接影响货币市场，因此，从预防金融危机和金融危机救助的角度看，一个大国金融体系需要高度关注货币市场的流动性状况，一旦货币市场出现流动性危机，就很有可能是金融危机的预兆；同时，在出现金融危机后中央银行对货币市场的流动性支持对恢复金融体系的信心也是至关重要的。因此，构建一个强大的、具有高度流动性的、有利于中央银行进行宏观调控的货币市场是建设大国金融的题中应有之义。

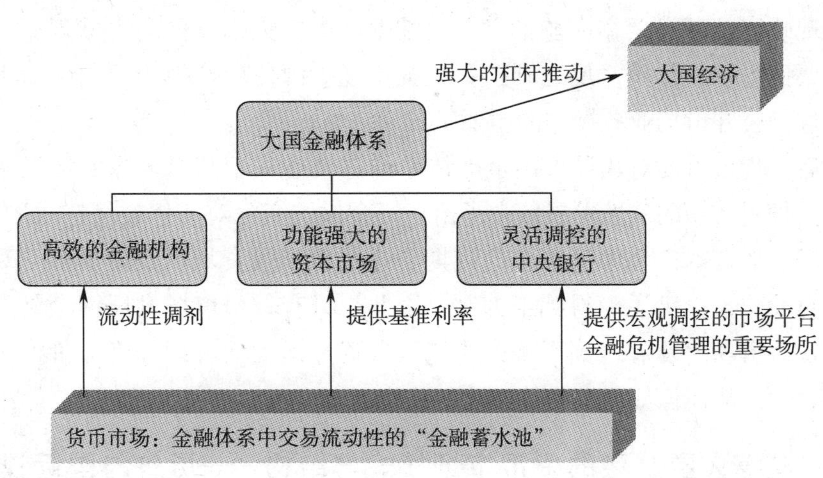


**图 6－1　大国金融体系中的货币市场**

首先，资本市场与货币市场都是金融市场的核心组成部分，也是大国金融体系的重要组成部分，其作用都在于把资金剩余者的资金通过市场机制转移到资金短缺者手中，实现社会资源的有效配置。与所有的经济子系统一样，一个完善的资本市场需要一个完善的货币市场的支持。货币市场对资本市场的支持主要体现在货币市场形成的利率影响着资本市场的利率及资金的流动。大国金融中资本市场能够使资金和风险在市场中流动，在风险流动的过程中，货币市场作为一个重要的市场，使得金融机构可以在这里调剂资金头寸，实现有效的流动性管理，从而进一步促进资本市场资金的流动。

其次，货币市场对建设大国金融体系的意义还在于其宏观经济政策的传导功能。大国经济体能够通过其货币政策和财政政策不同的传导机制对本国经济发展以及全球经济产生影响。这个传导的过程离不开发达的货币市场。众所周知，市场经济国家的中央银行实施货币政策主要是通过调整再贴现率、法定存款准备金率和公开市场业务等来影响市场利率和调节货币供应量，以实现宏观经济调控的目标，在这个过程中货币市场发挥了基础性作用。比如，在同业拆借市场上，中央银行通过货币政策工具的操作影响同业拆借利率，继而影响整个市场利率体系，从而达到调节货币供应量和调节宏观经济的目的。就超额准备金而言，由于稳定的超额准备金有利于提高中央银行货币政策的有效性，而发达的同业拆借市场帮助并促使商业银行的超额准备金维持在一个稳定的水平，这就给中央银行控制货币供应量创造了一个良好的条件。货币市场的另一子市场——票据市场中的各种票据为中央银行执行再贴现政策提供了重要载体。因为再贴现政策是针对票据实施的，一般情况下，中央银行提高再贴现率，会起到收缩票据市场的作用，反之则扩张票据市场。国债市场中的短期国债则是中央银行进行公开市场业务操作的主要工具。

最后，货币市场对建设大国金融体系的意义还在于其对大国实体经济运行的影响。货币市场的良性发展减少了由于资金供求变化对实体经济造成的冲击。货币市场为从资本市场中退下来的短期资金提供了投资场所，短期游资对市场的冲击力大减，投机活动得到了抑制。因此，只有货币市场发展健全了，资本市场和货币市场的发展得到平衡，才能保证资金运动的合理程度与价格机制的真实有效性，从而保证大国实体经济的稳定运行。

### 6.1.1 支撑大国金融的货币市场模式与结构——历史与国际视角的考察

当前国际货币市场基本上可以划分为两大类：一类是以美国和英国为代表的传统市场经济国家，其货币市场是在商业信用发展和直接融资的基础上产生的，其市场是先有票据市场，而后衍生和发展出同业拆借市场和其他票据市场；另一类是以中国香港和新加坡为代表的新兴工业化国家和地区，均为自由港或区域性金融中心，其融资体制以间接融资为主，先发展同业拆借市场，而后发展票据市场，就其总体货币市场而言，商业票据市场在整个市场中所占份额较小。

目前，美、英、日的货币市场是世界公认的三个最发达的货币市场。其中，美国货币市场自由化程度最高，规模最大。英国货币市场中传统的贴现市场和平行货币市场相互并存。相对而言，日本的货币市场存在较大的政府干预，发达程度和公开程度与美国、英国相比还存在一定差距。因此，美国和英国的货币市场发展经验对我国货币市场的发展有更为重要的借鉴意义。

**一、美国的货币市场发展历史**

美国货币市场的发展，大致可以分为四个阶段。第一个阶段是美国独立战争至20世纪初。在这一阶段，美国资本主义商品生产和贸易关系逐渐确立，以市场为导向的商业票据市场得到稳步的发展。受美国独立战争的影响，为筹集战争经费而发行的融资券在战争期间获得了发展，但这种交易体系还很不完备，不具有持续性。第二个阶段是20世纪初至第二次世界大战结束。这一阶段西方国家经历了经济“大萧条”和两次世界大战。这些重大历史事件对美国金融体系和货币市场造成了深刻影响。20世纪初，随着社会化、专业化工业大生产的建立，新型金融工具不断创新，美国货币市场得到了培育和发展，但是受20世纪30年代发生的经济“大萧条”的影响，其货币市场的发展受到了阻碍，为刺激经济，美国政府逐渐接受了凯恩斯的国家干预主义。第二次世界大战期间，为应对战争，美国政府大量发行国家债券和国库券市场。战争结束后，美国政府继续奉行国家干预主义，进一步刺激了以国库券和国家债券为主要交易工具的货币市场发展。第三个阶段是20世纪70年代至90年代末。金融全球化、一体化趋势的不断加剧，增强了货币市场的竞争机制，激发了市场的创新需求。在这一阶段，美国货币市场日趋活跃，金融结构更趋复杂，在金融工具、交易形式和金融组织形式等方面创新不断，诞生了货币市场基金。第四个阶段是进入21世纪以后，金融国际化的不断发展，金融自由化重新成为市场发展的主流。但是，次贷危机的爆发对货币市场造成了严重影响，中央银行对货币市场的救助措施也在不断出台。金融危机后，美国货币市场的发展和监管走向，成为货币市场的热门话题。

**二、英国货币市场发展历史**

英国的货币市场和资本市场几乎是同时开始出现的。伦敦证券交易所起源于1698年，正式建立于1801年，与此同时，英国的票据经纪业务发展并壮大，并导致了货币市场的前身——贴现市场的出现。贴现市场曾是英国唯一的货币市场。1929—1933年的“大萧条”曾使英国的货币市场停滞不前了几年，但是在英格兰银行开始许诺作为贴现行的“最终贷款人”之后，货币市场开始快速发展，到目前为止，贴现市场仍是英国唯一的有担保信贷的货币市场，它又分为国库券市场、短期资金拆借市场、商业票据市场和短期金融工具市场。

目前英国的贴现市场参与者主要由贴现行、英格兰银行、清算银行、商业银行及承兑行等金融机构组成，并以贴现行为中心，从事英国政府的国库券、商业票据和政府短期债券的贴现。贴现行在贴现市场上居中心地位，成为英格兰银行与商业银行之间的缓冲器。英国各种票据的贴现和再贴现都是在贴现市场上通过贴现行完成的。

20世纪50年代中期以前，贴现市场是英国唯一的货币市场。到了20世纪50年代中期，其他形式的货币市场如平行货币市场开始出现并迅速发展。平行货币市场的发展得益于英国地方政府的融资需求，以及个人和企业对短期资金需求的日益增长，使得传统的贴现市场已经无法满足需要。它也是一个无形的市场，由经纪人通过电话与资金需求和资金供给双方联系进行交易。目前，平行货币市场主要包括地方政府货币市场、银行同业市场、存款证市场、金融存款市场、公司同业市场和金边证券回购市场六大类，其中前三类规模相对较大。参与者有清算银行、大型欧洲银行、贴现行、金边债券做市商和政府机构等。同传统的贴现市场相比，平行货币市场上的资金有以下两大特点：一是借款没有英格兰银行提供保证；二是英格兰银行不干预平行货币市场，市场的利率完全由资金供求关系决定。

**三、大国金融体系中的货币市场——历史视角的总结**

从美国及英国这两个金融大国的货币市场发展历史来看，一个发达、完善的货币市场由于其社会历史条件不同、经济发展阶段不同而有所差异，但也有较多的共性。主要体现在：首先，市场的多样性与专业性，构成了比较完整的货币市场体系。这个体系中包括协调发展的子市场、多样化的交易主体、较为齐全的货币市场工具和发达的中介机构。比如，美国货币市场的子市场各自专门经营一种类型的金融资产，为其主要参与者提供专门服务，这为美国货币市场向更深层次发展提供了基础，为部门经济的发展起了推动作用。同时，美国和英国为了推进货币市场的发展，都降低了货币市场的准入资格，从而吸引了更多的参与者进入货币市场，形成了多样化的交易主体。证券经纪人、做市商作为中介机构对于提高市场交易效率、降低交易费用起到了积极作用，极大地促进了货币市场的发展。

其次，高度的市场竞争性。美国货币市场中几乎所有证券价格与利率均由市场供求所决定，其证券的发行方式多以公开拍卖形式进行，如国库券的发行通常是要用富有竞争性的公开拍卖方式标售，使得证券在发行之初便具有竞争性。美国的联邦储备银行只在必要时实施公开市场操作加以干预，使其市场具有充分的竞争性。英国也只对贴现市场中的贴现行实行“最后贷款人”政策，对平行货币市场不进行干预，使得其货币市场都具有高度的市场竞争性。

再次，中央银行体系都比较完善。中央银行在必要的时候对商业银行等金融机构执行最终贷款人的职责，以保证公众对金融机构的信心。如前面提到的英格兰银行对贴现行的担保承诺，使得贴现行不必持有大量的超额准备金以应对意外性挤提，间接保证了中央银行货币政策的有效性。

最后，信用和完善的法律、法规同时约束市场交易。前面提到，美国和英国的货币市场都是无形市场，不论是国库券买卖还是“欧洲美元”、“欧洲英镑”的市场交易，只需通过电话成交。这需要道德信用对交易主体进行约束。同时，更强的约束来自于有健全和完善的法律制度和市场惯例。美国和英国的货币市场都存在一套完善的监管法规，如美国的《银行法》、《证券法》、《证券交易法》等，为货币市场发展提供了良好的制度基础。

以上从历史与国际的视角，考察了美国和英国作为两个金融大国的货币市场模式与结构及其借鉴意义。为进一步讨论我国货币市场，我们按照货币市场的子市场的类别进行一些划分，如短期国债市场、银行同业拆借市场、企业商业票据市场、银行大额可转让存单市场、短期债券回购市场。由于各个市场具有各自不同的特点和功能，因此我们将以短期国债市场的具体功能和发展情况为例展开论述。

### 6.1.2　大国金融体系中的货币市场功能——理论视角的考察

我们以短期国债市场为例进行分析。对于中国建设大国金融体系来说，推动短期国债市场发展具有极端的重要性，首先是因为短期国债市场利率形成了社会中一个基本的参照利率，这就是金融学中的“无风险”利率。由无风险利率加上相应的风险溢价便成为各种风险资产的资本成本，也就是风险资产的收益率。利率是大国金融体系中最重要的经济变量。归纳金融市场上的金融产品，大致包括三类：一类是利率产品，一类是股权产品，还有一类是汇率产品。在这三类产品中，利率产品占据统治地位，无论是在基础金融产品市场上，还是在衍生金融产品市场上，利率产品都占80%以上的份额。[①]利率对这三类产品的价格都有直接和间接影响，体现为：对利率产品定价的直接影响；对权益产品影响其贴现率，并通过通货膨胀率影响权益的未来现金流；对汇率产品，由本外币之间的投资收益关系影响其汇率价格。由于利率在金融产品定价中处于关键地位，我们便要对利率的水平，尤其是作为基准的无风险利率的水平、结构和走势进行系统的刻画。

要进行这样的刻画，我们就需要有一个让基准利率的水平、结构、动态，及其未来发展能够充分展示的大国金融体系下的货币市场，这个市场首推短期国债市场。部分研究者指出："利率主要涉及两个领域，一个是银行存贷款，一个是债券市场。就银行存贷款特别是其利率决定而论，无论国内国外，其实都是黑箱。因为它不可能连续交易，流动性不高，双方信息不对称，而且提供贷款者居于强势。因此，世界上很少有国家用存贷款利率作为基准利率。这种情况在我国尤其突出。国债市场则不然，由于它没有存贷款市场的上述缺陷，在这个市场上，形成的收益率便能够较充分地反映买卖双方的风险偏好，反映资金的供求状况。"[②]所以，只有国债市场中，我们才能够观察到基准利率的水平、结构和走势，才能进行有效的价值评估和风险管理。

因此我们可以认为，一个功能完善、具有充分信息效率的国债市场能够为大国经济中其他金融资产的有效交易提供基础。从西方经济学者，尤其是美国学者对于国债市场的研究情况看，很多学者都在关注国债市场的流动性和定价效率问题，也说明了国债市场在大国金融市场中的重要性。Fleming（2000）分析了美国国债市场作为无风险利率的标准（Benchmark）具有的特征，指出国债有政府信用支持，国债的可信任（Creditworthiness）是它的高流动性的原因，从而使其被广泛应用于对其他债券的定价和风险对冲；国债市场的高流动性使市场中的国债价格接近于市场共识，同时价格的变化也相应反映了市场共识的修正；文章还指出一个有效的国债市场使得由国债收益所隐含的无风险利率近似地反映了市场对无风险利率水平的看法。基于这些分析，Fleming认为可信任、

① 资料来源：http：//blog. china. com. cn/liyang/art/109943. html.

② 李扬教授在"中国债券市场发展之路高层研讨会"上的讲话，刊登于《上海证券报》，2007－07－12。

流动性和有效性是国债利率作为基准利率的特征，其中流动性是关键。①

### 6.1.3 大国金融体系中的货币市场参与主体建设——货币市场基金发展分析

大国金融下的货币市场需要有成熟的投资主体和投资工具。参考美国货币市场发展的经验，货币市场基金是货币市场发展中参与的关键主体。根据美国证券交易委员会的定义，货币市场基金是按照法律规定投资于低风险证券的一种共同基金，这些低风险证券包括政府证券、银行定期存单、公司商业票据和其他高流动性、低风险、收益稳定的短期债券。货币市场的流动性，尤其是国债市场的流动性离不开货币市场基金的发展。从美国、英国等国家的情况看，货币市场基金的主要持有资产就是货币市场工具。比如，美国的顶级资产管理公司——Vanguard 资产管理公司的顶级国债货币市场基金（Admiral Treasury Money Market Fund），100% 投资于美国国债，其 2009 年净资产总额达到1 123亿美元。从 Vanguard 货币市场互助基金的资产组合中也可以看出，其投资的主要对象为货币市场工具。

从这只典型的货币市场基金的资产组合中可以看出，货币市场基金本身是货币市场工具的需求者；同时，货币市场本身也为货币市场参与者提供了一种具有独特经济性质的投资工具。鉴于现实中货币市场基金与货币市场相互促进发展的关系，我国要发展大国金融下的货币市场，就必须培育发达的货币市场基金市场。

理论方面，关于货币市场基金的福利经济学研究主要分析货币市场基金是否能改善传统商业银行的挤兑现象，从而有利于金融体系的稳定。在传统的商业银行运作下，银行通过吸收存款进行短期或长期的借贷。正如 Diamond 和 Dybvig（1983）指出的，这种类型的银行具有一个重要的特征，即容易出现挤兑现象（Bank Runs），继而导致金融危机。②针对这种现象，经济学者提出了建立狭义银行提议。狭义银行提议可以追溯到 1933 年美国一些学者提出的芝加哥计划（Chicago Plan）。从广泛意义上说，狭义银行就是专门从事存款和支付业务，不从事贷款业务的机构。狭义银行提议对于那些吸收存款的银行的贷款业务几乎

---

① Michael J. Fleming. The Benchmark U. S. Treasury Market: Recent Performance and Possible Alternatives [J]. FRBNY Economic Policy Review, 2000, pp. 129 – 145.

② Diamond Douglas E., Philip P. Dybvig. Bank Runs, Deposit Insurance and Liquidity [J]. Journal of Political Economy, Vol. 91, 1983, pp. 519 – 527.

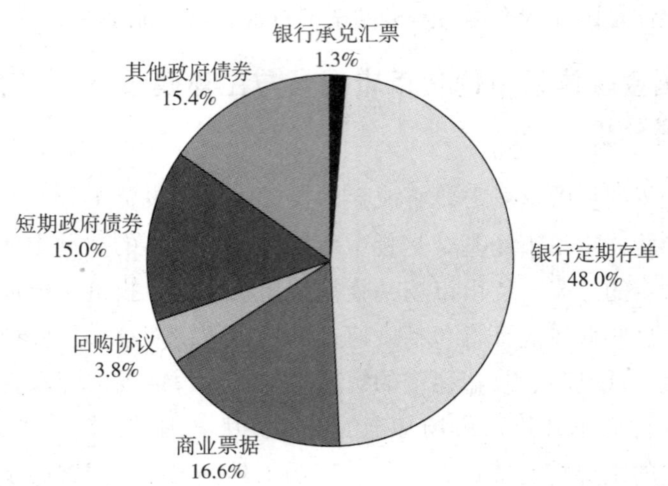


资料来源：http：//www. vanguard. com.

**图 6－2　美国 Vanguard 集团第一货币市场基金（Prime MMMF）的资产配置情况**

都进行了限制。对所有银行实施这样的限制，在理论分析上对社会福利的影响多为负面的。如 Ely（1991）认为狭义银行提议并没有从根本上解释存款保险制度出现问题的原因，而是期望通过完全限制银行的贷款业务达到避免风险的目的，是不可取的。①

货币市场基金的出现使得我们可以不用加以这样的限制，达到了既能在一定程度上规避挤兑风险，又能在一定程度上稳定金融体系的目的。这是因为，首先这时我们并没有限制银行的贷款业务，因此上述福利分析的结果并不适用于货币市场基金；其次，货币市场基金作为商业银行短期存款业务的竞争者，可以对银行的短期存款业务形成竞争，从而提高整体资金的使用效率，并由于其投资的产品均为高流动性产品，从而降低了整个金融系统的挤兑风险。同时，目前我国的货币市场基金还没有达到一定的规模，现在考虑其对货币政策有效性的影响还为时过早。事实上，货币市场基金发展的关键问题不在于要不要发展，而在于如何发展。笔者认为，首先要建立一个完善的清算系统，使其不再限制它的流动性服务功能。因此，立足于我国的现实，我们现阶段应大力发展货币市场基金，使其形成与储蓄存款的竞争，提高资金的使用效率。

---

① Bert Ely. The Narrow Bank：A Flawed Response to the Failings of Federal Deposit Insurance［J］. Regulation，Spring，1991.

## 6.2 大国金融的危机防范——金融危机时期的货币市场表现与功能

我们已经在理论上分析了货币市场在正常市场状况下的功能，但历史表明，金融危机在金融市场中时有发生，比如这次从2007年开始的美国次贷危机，就是在美国这个金融大国中爆发的，对我国建设大国金融有一定警示意义。这次危机对美国货币市场的流动性产生了很大的影响，进而影响了货币市场功能的发挥。下面，我们以这次危机中的美国货币市场为例，分析在大国金融危机中的货币市场功能及防范。当前金融危机产生的原因与货币市场并没有关系，但货币市场受到了金融危机直接的影响，主要体现在市场流动性大大下降。我们分别分析货币市场中的三个子市场：银行间市场、商业票据市场和货币市场基金市场。

### 6.2.1 金融危机时期的货币市场表现

首先，以银行间市场为例。危机发生后银行突然变得不愿意拆出资金，尤其是对于期限比较长的借款。表现为3个月伦敦银行同业拆借利率（LIBOR）与3个月隔夜指数互换利率（OIS）的利差不断上升。由于将反映预期的隔夜指数互换利率扣减掉了，这个利差（LIBOR OIS Spread）被普遍认为是反映市场风险和流动性的指标。①

其次，商业票据市场也经历了流动性紧缩。在2007年8月前，资产抵押商业票据（ABCP）构成了商业票据市场的最大份额。非金融商业票据所占市场份额最小。危机发生之后，商业票据市场规模经历了两次大的萎缩。住房抵押贷款证券（MBS）的连续下跌导致了第一次商业票据市场规模的萎缩，这是由于息票购买者不愿意再买入新的资产抵押商业票据，导致2007年8月和9月资产抵押商业票据销售的大幅下降；2008年9月雷曼兄弟的破产触发了第二次商业票据销售下跌，这是由于，一直以来货币市场基金发行者是商业票据的主要买方，当商业票据出现问题后，货币市场基金的投资者纷纷从基金撤资，尤其是撤出投资于商业票据资产的资金，这导致了商业票据市场的进一步衰退。

---

① 资料来源：John B. Taylor. The Financial Crisis and the Policy Responses：A Empirical Analysis of What Went Wrong. NBER Working Paper 14631 ，http：// www. nber. org/papers/w14631，2009.

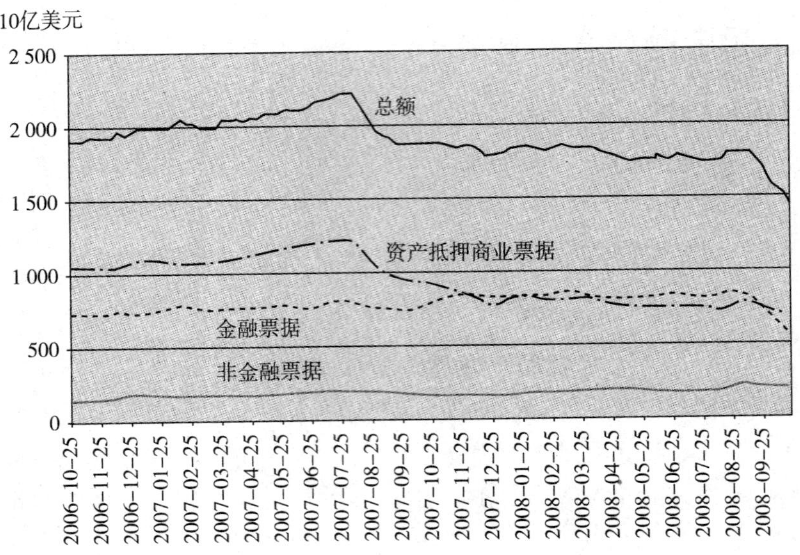


资料来源：Tatom John. The Fed's New Front in the Financial Crisis. MPRA Paper No. 11803，http：//mpra. ub. uni - muenchen. de/11803/，2008.

**图 6 - 3　美国商业票据市场的规模及其构成**

货币市场基金同样出现了流动性危机。虽然美国货币市场基金隐含承诺其净资产不低于每股 1 美元，但是在 2008 年 9 月，美国同时有两只货币市场共同基金的净资产值降到 1 美元以下，这在美国货币市场基金的历史上只发生过一次。其中，历史最为悠久的货币市场基金 Reserve Primary Fund 的净资产降为每股 0. 97 美元，这对货币市场无疑是一个很大的打击。① 消息公布之后，投资者从货币市场基金抽离资金，许多货币市场基金不得不以低价变现它们的组合以支付给投资者，导致货币市场基金的净资产出现普遍下降，这非常类似于传统商业银行的挤兑现象。因此，虽然 Miles（2001）指出紧缩性货币政策不会导致货币市场基金出现挤兑现象，但事实说明，在危机情况下货币市场基金存在着挤兑风险。

美国的货币市场共同基金由于它的安全性，一直是投资者信任的货币市场投资工具。它由美国 SEC 监管。1940 年《投资公司法案》（*Investment Company Act*）中 Rule2a - 7 要求货币市场共同基金只能投资短期的低风险证券，并维持

① 资料来源：Fei Sun. Money Market Funs Under the Current Financial Crises. Working Paper ; http：//conservancy. umn. edu/bitstream/50095/1/F_ Sun_ URS2009_ Poster. pdf，2009.

加权平均到期日不超过90天。在这次危机中，货币市场基金显示了它不安全的一面。要寻求此次危机的传导机制，就必须联系商业票据市场。美国的商业票据市场是货币市场基金投资的重要市场，也是信誉好的大公司进行短期融资的市场，这些公司为避免相对较高的银行借贷成本，直接在票据市场中寻求短期资金，比如，雷曼兄弟就是商业票据市场的一个主要发行者，且历史上它的商业票据评级为AAA级。当雷曼兄弟宣布破产后，它所发行的商业票据价值贬值为零，这直接导致那些购买了雷曼兄弟公司商业票据的货币市场基金被迫冲销该项损失，从而导致净资产价值的下降。

### 6.2.2 金融危机时期中央银行对货币市场的流动性注入

从上述分析可以看出，次贷危机对美国货币市场的流动性产生了负面的影响，而且市场本身没有能力快速恢复流动性。因此，联邦储备银行作出了一系列措施，包括连续降低联邦基金利率，以及直接或间接地向货币市场注入流动性，在一定程度上缓解了市场的流动性紧张。

针对商业票据市场出现的问题，2008年9月19日美联储宣布创立“货币市场互助基金商业票据支持资产的流动性工具”（the Asset – Backed Commercial Paper Money Market Mutual Fund Liquidity Facility，AMLF）。在这一工具下，美联储向银行发行无追索权贷款，让银行购买商业票据支持的资产。因为无追索权，银行无须履行因购买商业票据出现亏损而要赔偿的义务。美联储宣布声明的一个星期内，每天在AMLF名义下发行的贷款为1 520亿美元。考虑到信贷市场形势进一步恶化，以及商业票据对实体经济的重要性，美联储决定进一步行动以确保商业票据市场的稳定性。10月7日，美联储宣布设立“商业票据融资工具”（the Commercial Paper Funding Facility，CPFF），一种“特定目的工具”，即能从美联储获得借款去购买各类3个月、信用等级高的商业票据。美联储最终承担商业票据发行中的亏损。“商业票据融资工具”是美联储的一大创新工具，是美联储第一次采用连续购买资产的方式向市场注入资金，为商业银行和大型企业等商业票据发行者提供流动性支持。

针对货币市场基金市场，美联储宣布创设“货币市场投资者融资工具”（Money Market Investor Funding Facility，MMIFF），直接向萎缩的货币市场注入流动性。这些特殊基金的主要业务是从货币市场上买入货币市场基金出售的金融工具，从而向市场注入流动性。其次，向特殊目的机构（SPV）注资，通过SPV向合格投资者购买货币市场上的各类金融工具，有针对性地应对基金赎回潮，为货币市场注入流动性。

综合上述分析，我们可以看出，货币市场的流动性功能在金融危机中受到了严重的限制，并且市场没有自身的恢复能力，美联储实质上在作为货币市场流动性的提供方，帮助货币市场恢复流动性。这次金融危机虽然不是由货币市场引起的，但对货币市场的各子市场都产生了严重的负面影响，从中我们可以得到一些启示。

首先，是关于危机的传导机制。前面分析了货币市场基金受到影响的直接原因，即购买了大幅贬值的商业票据，如雷曼兄弟商业票据。但是潜在的原因我们并没有深究，比如为什么评级一直为 AAA 级的雷曼兄弟商业票据出现了违约，在这里面评级机构的角色是什么，以及为什么没有提前作出预警；还有，货币市场基金是否违反了 Rule2a－7 的要求，以及 Rule2a－7 中的“低风险”定义的模糊性。笔者认为，这一系列的因素共同导致了货币市场基金看似在投资于“低风险”证券，也间接导致了货币市场基金令人意外地出现了挤兑风险。这方面的研究已经有学者开始涉及，比如 Grauwe（2008）指出金融创新中评级机构出现的问题，即这些评级机构既给金融机构提供如何创造新金融产品的建议，之后又会给金融产品一个满意的评级。评级机构的激励不是去产生好的安全资产而是产生更加有风险的资产。①

其次，是关于货币市场在这次危机发生后的功能。在危机初期政府注入流动性的措施后，货币市场的流动性问题得到了缓解，开始发挥流动性提供的功能，但此时危机甚至出现了恶化。首先，从 LIBOR 和 OIS 利差的变化我们可以看出，利差在危机爆发后，还出现了几个高点和上升趋势；从商业票据市场的规模变化，我们也可以看出，商业票据市场的基本情况没有得到改善。显然，金融机构面临的问题不仅仅是流动性问题。

这次危机中，金融机构真正的问题是资产，尤其是抵押贷款相关的资产带来的巨额亏损，亏损导致金融机构产生了资本充足率问题。在危机的环境下，投资者和债权人都要求金融机构增加资本金，去对付可能出现的亏损。但金融机构亏损的信息损害了企业筹集资本的能力，市场上的投资者不愿意注入新资本，一些公司的股票急剧下跌，而企业业绩的下降削弱了未分配利润转变为资本的能力。在此背景下，如果企业的资本耗尽，资本不能再冲抵亏损，企业只能破产。贝尔斯登、美林、雷曼兄弟、房利美和房地美后来都出现了资本充足

① Paul De Grauwe. The Banking Crisis Causes, Consequences and Remedies. Working Paper , Centre for European Policy Studies, 2008.

率问题。这些机构再由资本充足率问题产生了流动性问题，因为其资产不能在市场上变现。

这说明，这次危机的本质不是流动性风险，即由于挤兑导致的风险，而是交易对手风险（或信用风险）。Taylor 和 Williams（2009）通过分析银行间无担保贷款和与有担保贷款（Government - backed Repos）的利差与 LIBOR - OIS 利差之间的相关性，也证明了交易对手风险在增大 LIBOR - OIS 利差方面起主要作用。[①] 因此，如果利差是交易对手风险造成的，政府就应关注银行资产负债表，并直接向可能违约的银行注资，或促成收购兼并。危机发生后，美国政府认为是流动性问题导致了不断增大的利差，并将主要精力放在解决流动性问题的干涉政策上，而没有去解决导致危机产生的本质原因，导致了危机的持续和恶化。当注入流动性已经明显不能解救金融机构时，美联储才仓促出台措施，开始了对可能出现违约的金融机构的救助，包括拯救贝尔斯登，以及接管“两房”。因此，正确地分析危机本质的原因，而不仅仅看危机的表象，才能够把握挽救市场的最佳时机，从而及时地化解危机，尽可能降低危机对其他经济子系统，尤其是货币市场的负面影响。

## 6.3 中国货币市场的发展历程与现状

### 6.3.1 同业拆借市场

同业拆借市场是金融机构之间进行短期、临时性头寸调剂的重要场所。1984 年以前，我国实行的是高度集中统一的信贷资金管理体制，银行间的资金余缺只能通过行政手段纵向调剂，而不能自由地横向融通，这极大制约了资金流动的效率。1984 年中国人民银行开始单独行使中央银行职能，对信贷资金管理体制进行了重大改革，允许各专业银行之间相互拆借资金，同时实行法定存款准备金制度，为以调剂银行准备金头寸为主要功能的同业拆借市场的产生创造了有利的条件。

1996 年 1 月，中国人民银行正式建立全国银行间同业拆借市场，并开始公布全国同业拆借市场加权平均利率（CHIBOR），开启了我国利率市场化改革。全国银行间同业拆借市场建立以来，发展十分迅速，市场参与主体不断增多。

① John B. Taylor and Jhon C. Williams. A Black Swan in the Money Market［J］. American Economic Journal Macroeconomics，2009.

这其中不仅有政策性银行、商业银行总行和分行、外资银行、信用社，还有包括证券公司、基金管理公司和财务公司在内的非银行金融机构。

2007 年，中国人民银行在同业拆借市场上，推出了作为基准利率的上海银行间同业拆借利率（SHIBOR），进一步推进了利率市场化改革，同时人民银行公布了《同业拆借管理办法》，延长了拆借期限，提高了拆借限额，市场交易主体也被扩大到 16 类金融机构。我国同业拆借市场进入了一个新的历史发展阶段。

截至 2008 年，我国银行间同业拆借市场年交易额已达到 14.88 万亿元人民币，是市场建立初期的 25 倍多。到 2009 年 9 月底，我国银行间同业拆借市场参与者达到 2 243 家，是市场建立初期的 41 倍；2009 年前三季度，同业拆借累计成交 13.72 万亿元，同比增长 23%。

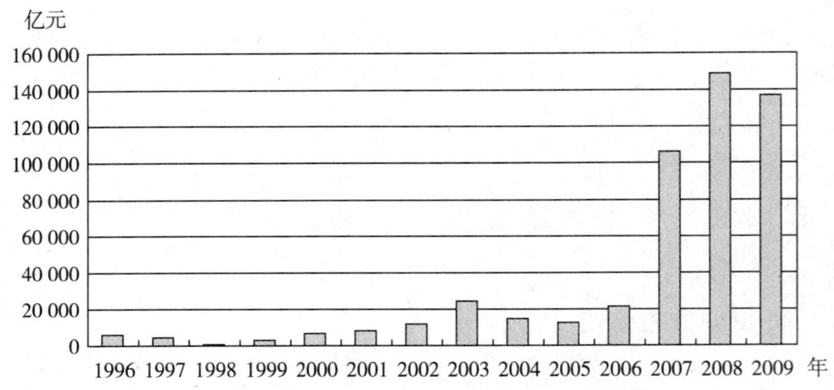


资料来源：中经网统计数据库。其中 2009 年的数据截至第三季度。

**图 6－4　我国同业拆借市场历年交易额变化情况**

## 6.3.2　银行间债券市场

1981 年，我国的国债市场重新启动，1991 年，为解决国债发行难的问题，刚刚成立不久的上海证券交易所宣布开始试行国债回购业务，回购协议市场因此产生。1997 年，股票市场过热，其中交易所的债券回购成为银行资金进入股票市场的重要渠道之一，为遏制银行资金违规进入股市导致股价异常波动的现象，商业银行被要求退出交易所市场，同时建立银行间债券市场。

随着我国可交易债券的存量不断增加，做市商制度的引入，以及市场交易主体的扩大，我国债券二级市场交易日趋活跃，交易的债券品种涵盖了政府债券、中央银行票据、金融债券、企业债券、短期债券和中期票据等。2009 年前三季度我国银行间债券市场交易总量达到 929 708. 56 亿元，比上年同期增长 37. 72%。按照交易类型，银行间债券市场可以分为现券、回购（质押式回购和买断式回购）和远期交易等。

## 一、现券市场

银行间债券市场现券交易规模快速增长。2008 年银行间债券市场交易量达到 371 431. 50 亿元。2009 年在流动性总体充裕的市场环境下，受国债供给大量增加、资本市场回暖、新股 IPO 重启等因素影响，债券市场现券交易活跃，2009 年前三季度，现券市场交易额达到 356 715. 15 亿元，比上年同期增长 34. 82%，市场流动性进一步提高。

同时，债券市场上不同类别金融机构的资产配置策略各有侧重，从交易的券种看，银行间现券交易仍以中央银行票据、金融债和政府债券这三大券种为主，从交易主体看，国有商业银行是银行间现券市场上的主要净买入方。

## 二、回购市场

2009 年前三季度，回购市场交易额达到 534 089. 51 亿元，比上年同期增长 31. 47%。其中质押式回购大幅增长是拉动回购市场规模扩张的主要原因，质押式回购结算额达到 513 745. 18 亿元，占总量的 96. 19%，买断式回购活力仍显不足，结算量为 20 344. 33 亿元，占总量的 3. 81%。

**表 6－1　　金融机构回购市场资金净融入、净融出情况表**　　单位：亿元

| 年份<br>机构 | 2004 | 2005 | 2006 | 2007 | 2008 | 2009. 1－9 |
|---|---|---|---|---|---|---|
| 国有商业银行 | －45 958 | －87 894 | －124 757 | －132 639 | －136 684 | －206 565 |
| 其他商业银行 | 28 608 | 36 096 | 52 114 | 9 899 | 12 690 | －7 351 |
| 其他金融机构 | 16 816 | 46 553 | 59 825 | 88 364 | 92 373 | 189 689 |
| 证券、基金公司 | 4 492 | 14 485 | 17 797 | 15 175 | 33 837 | 77 137 |
| 保险公司 | 1 661 | 9 296 | 18 664 | 31 055 | 26 538 | 32 013 |
| 外资金融机构 | 533 | 5 245 | 12 819 | 34 376 | 31 621 | 24 226 |

注：① 本表其他金融机构包括政策性银行、农村信用联社、财务公司、信托投资公司、保险公司、证券公司及基金公司。②负号表示净融出，正号表示净融入。③2009 年的数据截至第三季度。

资料来源：各期《中国货币政策执行报告》。

从表 6－1 可以看到，从 2004 年到 2009 年第三季度，国有商业银行一直是银行间债券回购市场的资金净融出方，其他金融机构和外资金融机构一直是银行间债券回购市场的资金净融入方。在适度宽松的流动性格局下，2009 年前三季度债券回购市场融资结构呈现以下特点：一是国有商业银行资金供给充裕，净融出资金增速和占比均比上年同期有明显提高；二是受自身资产负债结构特点及市场短期流动性需求增加等因素影响，其他商业银行净融出资金额同比明显少增；三是在资本市场回暖、新股 IPO 重启等多方因素综合作用下，证券公司、基金公司和保险公司的融资需求大幅上升。2009 年前三季度其他金融机构净融入资金同比增长 4.3 倍，其中证券及基金公司、保险公司净融入资金同比分别增长 4.5 倍和 1.3 倍。

**三、债券远期**

我国开始实行有管理的浮动汇率制度以来，人民币汇率波动加大，企业通过外汇衍生工具规避汇率风险的需求不断增加。为适应市场变化，满足企业在经营活动中的避险需求，银行间债券市场逐步扩大了远期结售汇的参与主体范围，并于 2005 年 8 月推出了银行间人民币远期交易，初步确立了以银行柜台零售市场为基础、以银行间批发市场为主体，分层次、互协调的人民币远期市场发展框架。2009 年，随着市场投资机构的不断成熟，远期交易和双边借贷交易更加活跃，前三季度远期债券成交量为 4 685.94 亿元。

## 6.3.3 票据市场

近年来，票据业务快速发展，市场规模不断扩大，并呈现以下特点：一是商业汇票成为企业重要的信用工具和短期直接融资方式。2009 年前三季度我国票据贴现累计发生 18.1 万亿元，余额达到 2.8 万亿元，占金融机构短期贷款余额的 7.2%。二是票据业务已成为商业银行的资产匹配、主动性负债管理的工具。在我国，票据承兑属于贷款业务，票据融资余额也被人民银行纳入信贷规模控制的范围，因此通过调整票据业务，各商业银行可以主动灵活地调整贷款结构和贷款总量。三是金融机构对中央银行的资金依赖明显减少，再贴现工具基本淡出票据市场。2009 年第三季度末再贴现余额仅为 87.7 亿元，占同期贴现余额的 3.13‰（见表 6－2）。

表 6-2 1994—2009 年我国票据市场发展情况 单位：亿元

| 年份 | 商业汇票 | | 贴现 | | 再贴现 | |
|---|---|---|---|---|---|---|
| | 累计发生额 | 期末余额 | 累计发生额 | 期末余额 | 累计发生额 | 期末余额 |
| 1994 | 640 | — | 470 | — | 49 | — |
| 1995 | 2 424 | 865 | 1 412 | 150 | 844 | 322 |
| 1996 | 3 898 | 1 285 | 2 264 | 505 | 1 358 | 416 |
| 1997 | 4 600 | 1 335 | 2 740 | 581 | 1 332 | 337 |
| 1998 | 3 840 | 1 596 | 2 400 | 547 | 1 001 | 331 |
| 1999 | 5 076 | 1 873 | 2 499 | 552 | 1 150 | 502 |
| 2000 | 7 442 | 3 675 | 6 447 | 1 535 | 2 667 | 1 256 |
| 2001 | 12 843 | 5 111 | 15 548 | 2 795 | 2 778 | 655 |
| 2002 | 13 914 | 6 950 | 19 597 | 4 909 | 246 | 8 |
| 2003 | 27 797 | 12 776 | 45 394 | 8 168 | 1 057 | 766 |
| 2004 | 34 177 | 14 840 | 47 058 | 10 247 | 227 | 33 |
| 2005 | 44 481 | 19 574 | 67 508 | 13 837 | 25 | 2 |
| 2006 | 54 263 | 22 075 | 84 918 | 15 327 | 40 | 18 |
| 2007 | 58 700 | 24 363 | 101 100 | 10 913 | 138 | 57.43 |
| 2008 | 71 000 | 32 000 | 135 000 | 19 000 | 109.7 | — |
| 2009 | 78 000 | 43 000 | 181 000 | 28 000 | 101.7 | 87.7 |

资料来源：各期《中国金融统计年鉴》和《中国货币政策执行报告》。其中 2009 年的数据截至第三季度。

## 6.4 支撑大国金融的中国货币市场构建

大国金融的崛起离不开一个健全和高效的货币市场的支撑，在资本市场占主导地位的金融体系中，且在中国这样的一个转轨国家中，货币市场应该发挥何种作用，应该如何发展和进一步构建，是我国金融发展战略中不可忽视的一个方面。

货币市场的作用，表现为三点：一是作为短期资金融通的场所，为参与交易各方提供短期的支付手段和融资功能，即为金融机构提供流动性交易的平台；二是为中央银行货币政策传导提供渠道，传递调控信号；三是形成市场基准利率，为一国利率体系提供核心指标。

在“先资本市场，后货币市场”的发展思路的影响下，我国货币市场发展客观上要稍落后于资本市场，这种非均衡性发展导致两个市场的一体化程度不高，某种程度上也影响了货币政策的传导。不过令人欣慰的是，近几年我国货币市场突破原有体制的束缚，在规模和结构上都有了很大的提升。

从规模上讲，货币市场交易量从1998年的1.56万亿元上升到2009年第三季度末的135.48万亿元。按照国际经验，一国货币市场相对规模可以从货币市场交易量与GDP比值的大小来反映，这样比较起来，我国货币市场相对规模已经增长了34倍（见图6-5）。

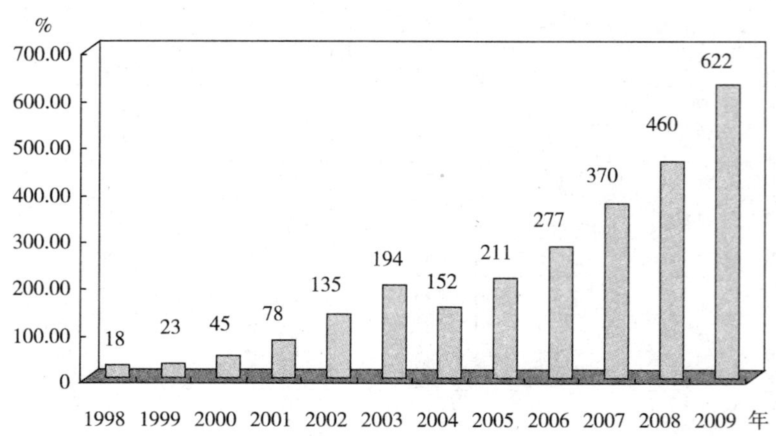


资料来源：中经网统计数据库。其中2009年的数据截至第三季度。

**图6-5　我国货币市场交易量占GDP比重**

从结构上讲，货币市场各子市场的格局在最近10年间也发生了相当显著的变化。1998年银行间债券市场和票据市场并驾齐驱，交易量均占我国货币市场的47%，同业拆借市场交易量占我国货币市场的6%。到2009年第三季度，银行间债券市场已经成为我国货币市场最重要的子市场，交易量占比为71%，票据市场规模相对减小，交易量占比降为19%，同业拆借市场占比为10%。

银行间债券市场的不断壮大为中央银行公开市场业务的开展提供了市场基础和依托，成为货币政策传导的重要载体。首先，商业银行债券资产的大幅增加，为中央银行开展增加和收回基础货币两个方向的操作都提供了足够的操作工具；其次，中央银行的货币政策信号，通过一级交易商在银行间债券市场与其他金融机构的交易，迅速、稳定地传导到金融体系，从而可有效地实现货币政策意图。

在拆借市场上，基于银行间同业拆借市场形成的SHIBOR，其货币市场基准利率的地位得到不断发展和巩固，利率市场化建设初见成效。2009年前三季度，我国货币市场发行的全部企业债券，30%的短期融资债，7%的中期票据，以及全部的远期利率协议，全部参照SHIBOR定价。特别是2008—2009年，中央银行货币政策由“从紧”转向“适度宽松”，多次下调存贷款利率和存款准备金利率，在这一过程中，短端SHIBOR与存贷款等工具利率的相关性进一步提高，短端市场利率与短端SHIBOR运行趋势的一致性更为显著①。以SHIBOR为核心的人民币市场利率体系的建立，有助于推进货币政策由数量调控向价格调控转变。中央银行可以运用价格手段调控SHIBOR，通过SHIBOR影响金融机构、企业和居民等微观主体行为，进而形成一个统一的利率形成和传导机制。

在对我国货币市场的规模、结构及功能做了整体分析后，笔者认为还有必要对一个重要的货币市场工具——货币市场基金，做一下简要探讨。2008年9月和11月，美联储为应对恶化的金融危机，围绕货币市场接连推出两个创新性货币政策工具AMLF和MMIFF，而这两个工具全部针对货币市场基金，足见成熟市场中货币市场基金举足轻重的地位。我国的货币市场基金虽然在规模和流动性方面远不能和美国相比，但也值得我们予以关注。2008年底，我国货币市场基金规模达到3 891亿元，占全部基金规模的20.07%，占同期货币总量$M_2$的大约1%。类存款性质的货币市场基金为个人投资者提供了参与货币市场的渠道，同时又扮演了货币市场和资本市场之间联系的桥梁，促进了两者之间的资金流动和配置效率。货币市场基金的发展可从两方面影响我国货币政策传导效果：一是货币市场基金扩大了货币市场的规模，会增大中央银行通过公开市场操作货币政策的弹性；二是货币市场基金是商业银行存款的竞争者，有利于商业银行不断创新，提高自身经营管理效率，增强商业银行对中央银行货币政策反应的灵敏程度，从而提高货币政策的实施效率。从某种程度上讲，货币市场基金是中央银行控制货币供应量的重要组成部分。

### 6.4.1 当前我国货币市场发展还不能适应大国金融体系的构建

从上述我国货币市场的发展历程和现状可以看出，我国货币市场在经过二十多年的发展和调整，交易量不断攀升，交易主体类型不断增多，交易主体数量也不断增加。随着经济全球化程度的不断深化和我国社会主义市场经济体制的不断完善，对宏观经济的管理也只能采取间接管理手段，这就客观上需要货币市场在政策传导上进一步发挥它的作用。但从实际情况来看，我国货币市场

---

① 中国人民银行济南分行课题组．Shibor基准地位确立及对我国货币政策传导效率影响研究［J］．金融发展研究，2009（8）．

在政策传导方面仍然存在着很多障碍，影响了货币市场职能的发挥。下面我们从货币市场的交易主体、交易品种和运行情况三个方面对此进行论述。

**一、货币市场交易主体的缺陷**

1. 货币市场交易主体较为集中

近年来，我国货币市场的市场参与主体不断丰富，截至2009年第三季度末，货币市场投资机构达到1 353个。但在交易量和债券持有的份额上看，市场交易仍集中在少数商业银行尤其是国有商业银行。从交易量看，以2008年为例，工商银行和建设银行的全年货币市场交易量达到14.60万亿元①，占市场交易量的13.2%。从机构投资者持有结构看，2008年末商业银行持有债券余额达到5.46万亿元②，占市场份额的57.07%。由于银行间债券市场中交易和债券持有主要集中于少数大型机构，并且机构投资者存在买卖行为趋同的情况，导致我国货币市场缺乏应有的弹性和缓冲空间，由于主要商业银行对货币市场具有较大影响力，如果其经营状况发生变化必然会导致市场利率的大幅度波动，不利于市场的稳定。

2. 货币市场专业中介机构还较少

2001年初，银行间市场的参与者仅有650家，而到2009年，银行间市场的参与者已经超过了2 000家。随着参与主体多元化、投资需求多样化，原有的交易模式和信息收集模式已经很难满足参与者的要求，市场迫切需要专门从事信息服务的专业机构。货币经纪公司恰好是专门从事搜寻并匹配供求信息、促使买卖双方达成交易的专业机构。

但是我国货币经纪行业尚处于起步阶段，行业规则和监管尚不完善，2006年以来，仅先后成立了上海国利、上海国际和平安利顺国际三家货币经纪公司，且采取的都是中外合资的形式，由国内适合条件的机构与国际知名货币经纪公司成立中外合资的经纪公司。不过，目前国内大部分金融机构对于货币经纪公司的认可程度还不高，有许多银行、券商、基金等机构都是自己在做货币业务，并不借助货币经纪公司，这就使得交易成本较高。

**二、货币市场的交易品种缺陷**

1. 货币市场信用工具品种单一

我国货币市场信用工具虽然在品种和结构上有了较大的发展，但同货币市场发达国家相比，发展层次还较低，市场工具种类比较少，与市场参与者的需

---

① 数据根据中国工商银行和中国建设银行2008年年报相关数据整理得到。

② 资料来源：中国债券信息网，www.chinabond.com。

求结构不对称。在债券市场中，企业债、公司债等以企业商业信用为基础的债券品种相对缺乏。尽管近两年针对企业类债券又推出了短期融资券和中期票据等新品种，但以商业信用为基础的债券发行量也仅占总发行量的18.23%①，处于一个比较低的水平。票据市场中，业务的发展主要依赖银行信用支撑，银行承兑汇票发行量占票据总发行量的95%以上，商业承兑汇票由于资金回收率低，风险性大，难以被交易对手接受，在票据市场中处于被排斥的地位。单一的银行承兑汇票格局，既不利于商业银行规避票据风险，引导企业扩大票据融资，也不利于票据市场的发展和深化。

2. 货币市场工具的流动性相对较差

流动性是货币市场的基本特征之一。但要实现货币市场工具的高度流动性，不仅需要发达的一级发行市场，更需要有二级市场的帮助。但我国货币市场各子市场的二级市场发展速度与发达国家相比有很大距离，其主要原因在于我们的信用体系尚未建立，因而每个市场工具契约的违约风险都很大。另外，我国金融机构也缺乏资产管理意识，还没有真正将货币市场作为其进行流动性管理和现金管理的场所，信用工具间的相互替代性差，交换流动变得不可行，削弱了货币市场的流动性、灵活性和安全性。

**三、货币市场运行机制不畅**

1. 货币市场的各子市场发展不均衡，彼此间缺乏联系

我们所了解的货币市场发达的国家，基本上都形成了包括多个子市场在内的多层次市场体系，而且每个子市场专门经营一种类型的货币市场工具，并为各自的市场主体提供服务；各子市场规模都相当，并且是均衡而协调地发展着。由于我国货币市场发展时间较短，除同业拆借市场、回购市场和票据市场以外的大部分市场都处于相对滞后的状态，并且每个子市场的二级市场都不发达。各子市场多围绕其一级市场形成一个个相对独立的、基本封闭的市场，资金在各子市场间不能自由流动，难以形成一个统一的货币市场体系，比如票据市场主要在中央银行、商业银行与企业之间进行交易，债券市场被人为地分割成上海证券交易所市场、深圳证券交易所市场和银行间债券市场三块。

2. 利率“双轨制”阻碍货币市场功能发挥

我国在利率市场化进程中面临着基于货币市场基准利率和基于管制利率（存贷款利率）的两条货币政策传导机制。前者的传导路径如下：货币政策三大

① 此数据指的是2009年前三季度的数据。

工具→货币供给→货币市场利率→证券市场、外汇市场→消费、投资、出口→货币政策最终目标；后者的传导路径如下：管制利率→消费、投资、出口→货币政策最终目标。在加入世界贸易组织后，利率市场化是我国金融改革的必由之路，但在目前的利率体系中，占据核心地位的仍然是中央银行对存贷款制定的管制利率，因此很大程度上降低了货币市场的货币政策传导效率。

3. SHIBOR 定价机制不健全

SHIBOR 报价作为中央银行重点打造的目标基准利率，标志着中央银行的货币政策开始由数量型调控转向价格型调控。随着 SHIBOR 的市场地位不断提高，其本身的缺陷也显现出来，主要表现在定价机制不健全和缺乏稳定的长期利率指标。

SHIBOR 目前是根据 16 家信用等级较高的商业银行组成的报价团自主报出拆借利率计算得出。由于没有强制成交义务，因此成员的报价将更多体现自己的利益诉求，而不是真实的资金供求。16 家报价行主要是债券市场资金的融出方，而对于报价行而言，SHIBOR 主要盯住银行的资产，而不是负债，因此报价行有动力合谋提高利率，增加自身收益。具体来讲是指，这种不具有实质交易约束的报价利率可能存在夸大预期的作用，其产生的直接结果将是：利率上升周期中，SHIBOR 利率上升的幅度可能要大于实际情况，在利率下降周期，则可能具有一定的“黏性”，下降幅度小于实际水平，导致人民币金融市场利率的紊乱。

## 6.4.2 支撑大国金融的货币市场发展建议

### 一、市场主体与市场品种建设——扩大参与主体，加强金融产品创新

为了进一步发挥货币市场短期资金融通的功能，中国货币市场必须进一步扩大市场的参与主体。应允许更多的证券公司、信托公司、财务公司、基金管理公司以及大企业进入货币市场，参与货币工具的投资与交易，增加货币市场的流动性。继续完善做市商机制，吸引合格的证券公司加入做市商行列，以弥补商业银行作为主要参与者、银行间市场的投资模式过于单一的缺陷，使更多的投资者通过做市商方便快捷地进入货币市场，以活跃二级市场的交易结算，提高市场流动性。同时加快货币经纪公司的试点建设步伐，大量引进并培养专门业务人才，扩大货币经纪业务的覆盖面，并做好交易过程中的风险管控工作。

鼓励产品创新，完善市场结构。大力发展为实体经济部门服务的债券种类，进一步丰富金融衍生品，在现有债券远期、利率互换交易等简单衍生品的基础

上，发展利率期权、信用违约互换等场外衍生品以及期货、期权等场内衍生品。通过金融产品创新满足市场参与者多样化需求，在金融市场的整体改革和发展中促进货币市场的稳定和完善。

**二、货币市场服务机构建设——加快信用体系建设，培育权威的资信评级机构**

信用制度的不完善是制约我国货币市场发展的瓶颈，人民银行要在《银行间债券市场信用评级规范》的基础上加快我国货币市场信用体系的建设。进一步加强市场参与主体的信息披露，完善监管标准和业务规范，提高信用评级机构评级质量，扩大评级范围，并将评级与货币市场利率定价相结合，发挥信用评级的市场约束与激励的功能，从而有效保护市场参与者的利益，引导货币市场健康发展。

权威的资信评级机构是防范金融风险的重要力量，也是推动货币市场发展不可或缺的一部分。在美国市场上，有95%的企业债券和票据经过了评级。权威资信评级机构通过专业优势，对受信主体的债务偿还能力进行综合评价，揭示其信用风险，并用简单易懂的符号表示结果，为投资者投资决策、降低信用风险提供重要参考。我国应加强与国际资信评估业的交流与合作，开发与国际接轨并符合中国国情的信用评级技术，提升运用信用评级技术揭示信用风险的能力，加强资信评估专业队伍建设，培育符合我国国情的权威资信评级机构。

**三、货币市场中坚力量培育——继续大力推动货币市场基金的发展**

货币市场基金是一种真正能够挑战银行业、进而推动银行业改革的金融机构。相比银行存款，货币市场基金独有的高收益、高流动性使得其能够吸纳庞大的居民活期储蓄，充分拓展货币市场的参与群体，从而有利于改变中国货币市场中资金单向流动的格局。由此，不仅居民的短期闲置资金能够直接为中小银行和非银行金融机构服务，而且整个货币市场将更为稳健，对外部冲击的抵抗力也将显著增强。

中国的货币市场基金销售主要是由银行系统代销，商业银行一方面有一定的积极性，但另一方面考虑到储蓄分流的缘故，其组织保证和激励机制还不到位。在这种情况下，可以考虑多由商业银行设立货币市场基金，这样的话，资金仅仅是改变了形式，但整体上还是留在了商业银行内部，同时消化了沉淀于银行的大量储蓄，提高了资金使用效率。2006年以来发行的多只银行系货币市场基金也充分显示了商业银行设立货币市场基金的优越性。

**四、完善商业银行治理改革，促进商业银行更加积极地参与货币市场**

银行治理改革的一项重要内容就是重塑银行激励机制，让银行有内在动力去主动进行资产负债管理，积极参与货币市场。

长期以来，商业银行一直固守资产和负债结构来考虑流动性问题，这是一种静态的、被动的传统观念，而货币市场本身独有的特点可以为商业银行流动性管理提供新的思路和工具。例如，为解决目前突出的、受到社会广泛关注的商业银行短存长贷问题，我国商业银行可以首先通过货币市场进行主动负债，如发行次级债券、大额可转让存单等方式，锁定商业银行负债期限，减少或消除面临的流动性风险敞口。还可以推进资产证券化，将商业银行较长期的资产，特别是信贷资产以证券化的方式通过货币市场进行销售，从而降低商业银行整体资产的余期，优化存量资产结构。

再者，在利率管制时代，商业银行在利率风险的管理上相对被动，其自主操作的空间也较小，但当利率市场化后，存贷款利率和机构之间的资金拆借根据风险和期限状况在 SHIBOR 基础上加价，SHIBOR 的微小变化就会对银行利率带来巨大影响。这就更决定了银行要迈向以市场为导向，以风险管理为主要特征的集约化经营模式。可以说，货币市场的发展和商业银行的改革之间是相辅相成的关系。

**五、加快货币市场基准利率体系建设**

加快货币市场基准利率体系的建设，并以 SHIBOR 作为推进利率市场化和货币政策转型的突破口。一是改革 SHIBOR 的形成机制。SHIBOR 应改为真实拆入报价，报价团应反映债券市场结构，建议增加三家已经大量发行 SHIBOR 浮息债的政策性银行作为报价团成员，保险和证券公司也应有代表参加。二是逐步放开信贷市场利率管制。不断增强金融机构的定价自主权，沟通货币市场和信贷市场利率传导路径，打破利率“双轨制”的既有框架。三是要建立以 SHIBOR 为基准的市场化定价机制，扩大 SHIBOR 在产品定价中的运用范围，在完善金融债、企业债等市场化利率产品定价机制的基础上，改革贴现、互换产品的利率形成方式。四是要建立以 SHIBOR 为中心的货币政策传导机制，在培养基准利率的同时，探索建立中央银行货币政策的价格型调控框架，逐步将 SHIBOR 利率确定为像联邦基金利率一样的目标利率，实现货币政策的价格调控。具体方法是中央银行通过公开市场操作使 SHIBOR 在其公布的目标值附近波动，从而建立起基于目标利率的货币政策调控机制。

当然，利率市场化是一项复杂的系统工程，不仅涉及中央银行的货币政策工具的转变，还涉及金融体制的改革、市场化经济环境的构建、商业银行自身风险管理水平的提高、完善健全的信用和法律体系等各经济社会层面，需要统筹规划，循序渐进，不可一蹴而就。

### 6.4.3 大国金融中货币市场对金融危机的防范

我们认为，大国金融目标下的货币市场除了要加快上述体系的建设外，还应注意加强对金融危机的防范和抵抗能力。总结金融危机起因的各种讨论，我们可以看出此次金融危机起源于房地产市场和金融衍生品市场，与货币市场并没有关系，但危机发生后货币市场的流动性及其功能受到了严重的影响。金融危机的起因和如何避免金融危机的发生是一个更大的话题，笔者在此不加以讨论。但是，我们只简要分析一下在建设我国货币市场的过程中应注意哪些问题，从而使货币市场能够在金融危机时具有更强的稳定性，进而更好地发挥其提供流动性的功能。

首先，要注意被评级公司和权威资信评级机构之间的利益关系，加强对权威评级机构的监管。权威资信评级机构通过专业优势，为投资者投资决策、降低信用风险提供重要参考。但是，如果对这些权威评级公司的监管不力，反而会导致风险的揭露不够和集聚。

从此次金融危机我们看到，一些评级为AAA级的商业票据发生了违约，如雷曼兄弟公司的商业票据，加剧了票据市场和货币市场基金的流动性危机。评级机构在此次危机中对商业票据的风险揭露不够，且没有提前对这些商业票据的风险性作出预警。笔者认为，这里涉及一些利益的冲突，导致评级公司的激励机制发生了扭曲。传统的理论分析认为评级公司为了维持良好的声誉，会公平公正地对产品进行风险评估，因此不需要对评级公司进行严格的监管，政府的一些监管措施反而会导致无效率。但在现实的金融市场中，评级公司与被评价对象之间存在着多重利益关系，比如，这些评级机构既给金融机构提供如何创造新金融产品的建议，之后又会给金融产品一个满意的评级。这样一来，评级机构的激励不是去产生好的安全资产而是产生更加具有风险的资产。这种情况一旦在权威评级机构发生，由于市场对其评级结果的信赖，会加剧货币市场的系统性风险，对货币市场的稳定性产生威胁。

其次，对货币市场基金进行监管时要提高其透明性，并加强正常市场状况下的风险监管。美国 Rule2a－7 对货币市场基金投资的“低风险”要求非常模糊，是导致货币市场基金对组合风险的判断出现失误的一个原因。另一方面，货币市场基金应提高其向投资者公布投资策略和业绩的频率，使投资者对货币市场基金的风险有及时的认识，降低危机发生时投资者的恐慌情绪，从而缓解挤兑风险。同时，货币市场基金不应简单依赖信用评级，要加强对基金的压力测试和极端情景分析，提前做好对危机的防范。

## 参考文献

[1] 艾洪德等．海外货币市场研究［M］．北京：经济科学出版社，2001.

[2] 陈柳钦．英、美、日货币市场发展模式的比较分析［J］．河南金融管理干部学院学报，2007（5）.

[3] 刘玉平．美国货币市场的特征与我国货币市场的改革［J］．当代财经，1998（9）.

[4] 尹继志．美联储应对金融危机的货币政策操作与效果［J］．财经科学，2009（9）.

[5] 朱民，边卫红．危机挑战政府——全球金融危机中的政府救市措施批判［J］．国际金融研究，2009（2）.

[6] 朱颖，李配．美国经济的信贷紧缩和美联储货币政策工具创新［J］．国际贸易问题，2009（3）.

[7] Bert Ely. The Narrow Bank: A Flawed Response to the Failings of Federal Deposit Insurance [J]. Regulation, Spring, 1991.

[8] Bruce Mizrach, Christopher J. Neely. The Microstructure of the U. S. Treasury Market. Federal Reserve Bank of St. Louis Working Paper2007 – 052B.

[9] Bryan, Lowell. Core Banking. McKinsey Quarterly, 1991.

[10] Chirinko, R. S., C. Curran. Greenspan Shrugs: Formal Pronouncements, Bond Market Volatility and Central Bank Communication. Presented at the American Economic Association Meetings, 2006.

[11] Chordia T., A. Sarkar, A. Subrahmanyam. An Empirical Analysis of Stock and Bond Market Liquidity. Review of Financial Studies, Vol. 18, 2005, pp. 85 – 129.

[12] Costas Lapavitsas. The Roots of the Global Financial Crisis. Working Paper, Center For Development Policy and Research, School of Oriental and African Studies, 2009.

[13] Dale L. Domian. Money Market Mutual Fund Maturity and Interest Rates [J]. Journal of Money, Credit and Banking, Vol. 24, No. 4, 1992, pp. 519 – 527.

[14] De Goeij P., W. Marquering. Macroeconomic Announcement and Asymetric Volatility in Bond Returns. [J]. Journal of Banking and Finance, Vol. 30, 2006, pp. 331 – 351.

[15] Diamond Douglas E., Philip P. Dybvig. Bank Runs, Deposit Insurance and Liquidity [J]. Journal of Political Economy, Vol. 91, 1983, pp. 519 – 527.

[16] Dungey M., M. Mckenzie, V. Smith. News, No – News and Jumps in the U. S. Treasury Market. Unpublished Manuscript, Cambridge University, 2007.

[17] Fei Sun. Money Market Funs Under the Current Financial Crises. Working Paper, ht-

tp: //conservancy. umn. edu/bitstream/50095/1/F_ Sun_ URS2009_ Poster. pdf, 2009.

[18] Franklin Allen, Elena Carletti. The Role of Liquidity in Financial Crisis. Working Paper, Pennsylvania University, 2008.

[19] Huji Kobayakawa, Hisashi Nakamura. A Theoretical Analysis of Narrow Banking Proposals. Monetary and Economic Studies, May, 2000.

[20] John B. Taylor, Jhon C. Willianms. A Black Swan in the Money Market [J] . American Economic Journal Macroeconomics, 2009.

[21] John B. Taylor. The Financial Crisis and the Policy Responses: A Empirical Analysis of What Went Wrong. NBER Working Paper 14631, http: // www. nber. org/papers/w14631 , 2009.

[22] Litan Robert. What Should Banks Do?. Brookings Institution, 1987.

[23] Madhavan A. , M. Richardson and M. Roomans. Why do Securities Prices Change? A Transaction – level Analysis of NYSE Stocks. Review of Financial Studies, Vol. 10, 1997, pp. 1035 – 1064 – 129.

[24] Menkveld A. J. , A. Sarkar, M. Van der Wel. The Informativeness of Customer Order Flow Following Macroeconomic Announcements: Evidence from Treasury Futures Markets. Unpublished Manuscript, 2006.

[25] Michael J. Fleming . The Benchmark U. S. Treasury Market: Recent Performance and Possible Alternatives. FRBNY Economic Policy Review, 2000, pp. 129 – 145.

[26] Michael J. Fleming, Eli M. Remolona. Price Formation and Liquidity in the U. S. Treasury Market: the Response to Public Information [J] . the Journal of Finance, Vol. LIV, No. 5, 1999, pp. 1901 – 1215.

[27] Michael W. Brandt, Kenneth A. Kavajecz. Price Discovery in the U. S. Treasury Market: the Impact of Order – flow and Liquidity on the Yield Curve [J] . the Journal of Finance, Vol. LIX, No. 6, 2004, pp. 2623 – 2654.

[28] Michael W. Brandt, K. A. Kavajecz, S. E. Underwood. Price Discovery in the Treasury Futures Market [J] . Journal of Futures Markets, Vol. 27, 2007, pp. 1021 – 1051.

[29] Mizrach B. , C. J. Neely. The Transition to Electronic Communication Networks in the Secondary Treasury Market [J] . Federal Reserve Bank of Minneapolis Quarterly Reivew, Vol. 88, 2007, pp. 527 – 541.

[30] Paul De Grauwe. The Banking Crisis Causes, Consequences and Remedies. Working Paper, Centre for European Policy Studies, 2008.

[31] Pierce James. The Future of Banking. Yale University Press, 1991.

[32] Pierluigi Balduzzi, Edwin J. Elton, T. Clifton Green. Economic News and Bond Prices: Evidence from the U. S. Treasury Market [J] . Journal of Financial and Quantitative Analysis Vol. 36, No. 4, 2001, pp. 523 – 543.

[33] Susan E. K. Christoffersen. Fee Waivers in Money Market Mutual Funds. Working Paper, Financial Institutions Center, Wharton Business School, 1997.

[34] Tatom John. The Fed's New Front in the Financial Crisis. MPRA Paper No. 11803, http: // mpra. ub. uni – muenchen. de/11803/, 2008.

[35] T. Clifton Green. Economic News and the Impact of Trading on Bond Prices [J]. the Journal of Finance, Vol. LIX, No. 3, 2004, pp. 1201 – 1233.

[36] Upper C., T. Werner. Tail Wages Dog? Time – Varying Information Shares in the Bond Market. Bundesbank Working Paper24/02, Frankfurt, Germany, 2002.

[37] Willianms Miles. Can Money Market Mutual Funds Provide Sufficient Liquidity to Replace Deposit Insurance? [J]. Journal of Economics and Finance, Vol. 25, No. 3, 2001, pp. 328 – 342.

[38] Neil Wallace. Narrow Banking Meets the Diamond – Dybvig Model. Federal Reserve Bank of Minneapolis Quarterly Reivew, Vol. 20 No. 1, Winter 1996, pp. 3 – 13.

# 7 中国金融崛起中的衍生品市场


## 摘 要

金融衍生品发展至今，已成为现代金融市场发展的重要标志。在发现价格和分散风险的同时，衍生品市场最主要的作用在于以杠杆机制提高金融效率，尤其是资本市场效率。金融衍生品市场的发展对中国金融的崛起具有重大而深远的意义。虽然从表面上看，过度的金融创新和泛滥成灾的金融衍生品是本次金融危机爆发的直接原因，但是面对金融危机的惨痛经历，针对中国衍生品极度匮乏的现状，我们仍应在加强监管的前提下发展中国的金融衍生品市场。总体上看，由于发展时间较短、市场活跃程度不足，中国的金融衍生品种类不能满足投资者对产品多元化的要求，尤其是在股票、债券、外汇、利率等主要市场中。同时，金融危机后以美国金融监管改革法案为代表的各国金融监管变革昭示着未来金融衍生品发展的趋势。由此，本章认为，应该在坚持风险空间预留原则、信息披露原则、全面系统原则、符合法律与公共利益原则和监管效率原则的基础上，在满足实体经济之需与金融风险管理之求的根本宗旨之下，以加强对衍生品杠杆率的控制为重要监管手段，遵循优先发展对国民经济发展和金融稳定具有重要意义的金融创新，在沪深300股指期货的基础上，继续推出其他股票类期货、国债期货、利率期货、外汇期货等衍生品，使衍生品市场在中国迈向金融大国的崛起之路中发挥应有的作用。


## 7.1 大国金融与衍生品市场的发展

巴塞尔银行监管委员会将金融衍生品定义为："一种价值取决于一项或多项标的资产或指数价值的合约。"金融衍生品发展至今，已成为现代金融市场发展的核心动力，成为了继工业时代之后金融时代的重要特征。21世纪的今天，以美国为首的发达国家已经迈入了大国金融时代，国外先进市场的发展经验证明，虽然金融衍生品在发展过程中留下了诸多负面影响，但其对于一国金融市场乃至实体经济的重要推动作用是不可否认的，金融时代的衍生品市场是全球经济一体化的接轨通道，是世界市场资源再配置和价值再实现的场所，更是全球利益再分配的重要市场。随着全球一体化趋势的进一步深入，中国要全面推进市场经济体制的完善和发展，要谋求参与世界化竞争与金融市场的崛起，就必然要发展金融衍生品、构建金融衍生品市场。因此，在我国金融市场发展过程中，能否正确认识金融创新工具的意义，如何充分发挥金融衍生品提高市场效率的基本功能同时抑制其负面作用，如何完善市场监管与控制体系并建立市场运行规则等，是我们迫切需要解决的问题。

金融衍生品从其产生起由于其自身巨大的投机性、高杠杆性等被誉为金融市场的核弹，亚洲金融危机以来，特别是2008年美国次贷危机所导致的金融海啸发生后，更是有很多人将金融衍生品视为罪魁祸首。实际上，我们必须理性客观地看待金融衍生品这一本质为中性的市场交易工具，金融市场发展的基本动力是金融创新，而金融创新的核心则在于金融衍生品的不断发展与丰富，在发展衍生品的同时，必须辅之以匹配的监管机制以预防与降低衍生品的杠杆性所可能带来的系统性风险，美国金融危机源于场外衍生品缺乏相应监管导致风险累积并最终爆发，这恰恰从反面印证了上述观点。因此，必须充分认识金融衍生品对金融市场乃至市场经济的巨大推动作用，并通过监管机制的同步匹配以预防风险，保证市场持续、稳定、安全的发展。

相较于国外发达市场金融衍生品的极端丰富而言，我国的金融衍生品市场发展尚处于起步阶段，还未形成不同种类、层次相对明确的金融衍生品市场，由于发展金融衍生品是现代金融乃至市场经济发展的必由之路，因此在我国金融衍生品市场未来的发展与崛起过程中，我们必须充分借鉴和吸取国外发达衍生品市场长期以来的经验教训，并结合本国实际情况，构建起符合中国社会主义市场经济发展的衍生品市场，并以此为动力推动我国多层次资本市场战略的稳步前行。

## 7.2 金融衍生品市场的理论功能与基础意义

如前所述，此次金融危机的爆发与金融衍生品的滥用之间是一种表象而非实质的联系。金融危机产生的深刻根源是“一个中心、两个基本点”。所谓“一个中心”，即经济结构的长期失衡；“两个基本点”，是指长期形成的以美元为核心的单极货币体系和日益严重的贸易、投资保护主义。因此，我们不能将金融危机的爆发简单归罪于金融衍生品的滥用而将其“封杀”。应当看到，各国衍生品市场的发展状况不同。对于国外发达国家而言，衍生品市场是创新过度，而对于中国来说，则是金融创新严重不足，衍生品市场发展滞后。金融衍生品市场是一国资本市场的重要组成部分，对一国金融市场乃至整体经济的发展具有非常重要的意义。在后危机时代，中国要谋求大国金融战略，走大国金融之路，金融衍生品市场不可或缺。我们必须加快和完善衍生品市场的建设。

创新是金融市场发展的灵魂。20 世纪 70 年代以来，金融创新不断，各种新型金融工具层出不穷，且大多集中在衍生品市场领域。国际金融衍生工具的创新使得虚拟资本的交易规模达到了前所未有的程度，并使虚拟经济越来越脱离实体经济而日益呈现为一个相对独立的金融活动领域。即使面临各种质疑，但衍生品自产生以来从未停止过创新发展的脚步，原因就在于，金融衍生品市场发挥着两大基本功能：风险管理与价值发现。衍生品市场正是通过这两大基本功能来推动金融体系的效率，从而提升整个经济的资源配置效率①。

金融衍生品是作为风险管理的工具出现的。17 世纪荷兰的郁金香球茎期权首开衍生品交易之先河，但真正的金融衍生品却产生于20 世纪70 年代。主要原因是世界经济环境、经济体制发生重大变化，美元地位不断下降，布雷顿森林体系濒临解体，固定汇率制被浮动汇率制所代替。这些变化导致国际金融市场动荡不定，利率、汇率变动频繁，各国股市也因此剧烈波动。金融市场的参与者均受到不同程度的影响，迫切需要新的金融工具以规避频繁发生的系统性风险，金融衍生品在此背景下应运而生。金融衍生品的重要特点，就是能够把虚拟经济中的风险剥离出来，变成可交易的产品，这样，风险具备了敞口，就可以得到有效释放。它通过在市场参与者之间实现收益与风险的重新分配，通过创新将权益的风险转移给最能承受该项风险的参与者，或者由多个参与者共同承担，从而优化金融配置的效率，有效管理风险②。具体来说：（1）金融衍生品的产生，将市场经济中分散在整个经济系统中的各种市场风险、技术风险、信用风险等集中在几个期货、期权、远期、互换等交易市场上，先将风险集中，进行“分割”、“打包”后再重新分配转移，为市场参与者提供了多种避险工具进行套期保值和风险转移，降低了实体经济的运行风险。（2）金融衍生品的产生，将单边现货市场拓展为双边市场，使得对冲交易成为可能，而大量对冲交

---

① 胡志浩．透过危机看金融衍生品的发展．http：//www. cs. com. cn/qhsc/02/200812/t20081217_1685744_ 1. htm.

② 刘明康．促进我国金融衍生品市场健康发展［J］．中国金融，2006（22）：8.

易的存在，又促进了现货市场的稳健运行。对冲机制的存在，使得投资者可以做多做空，从长远来看，大量对冲交易产生的抵消作用，将导致现货市场的走势趋于平稳，避免以往单边市场容易出现的暴涨暴跌现象，也使得操纵市场行为的难度加大，有利于抑制价格操纵行为。（3）大多数金融衍生品的交易都是杠杆交易，即投资者利用较少的资金成本就可以建立大额的交易头寸。对于规避风险、套期保值的投资者来说，可以充分利用衍生品的资金杠杆效应，以小博大，降低成本，提高效率。当然，避险效果的高效率是以恰当的杠杆率为前提的。如果杠杆率设置过高，投资者交易成本过大，其结果无异于现货交易，严重影响套期保值功能的发挥。（4）相比传统避险工具而言，衍生品市场，尤其是场内金融衍生品市场如期货交易所市场等，交易量非常大，具有很强的流动性，能够对市场价格作出灵活的反应，并随基础交易头寸的变动而随时调整，较好地解决了传统风险管理工具管理风险时的时滞问题。

金融衍生品的另一基本功能就是价格发现。衍生品的价格发现功能，能够指引现货市场的走向，引导资本的合理流向，提升资源配置效率。这种功能主要是针对场内交易的金融衍生品而言。由于场内市场参与者众多，集中了大量的市场信息和供求预期，交易者以公开竞价方式达成协议，这种形式接近于完全竞争市场，通过高频的、充分的竞争性交易，容易发现趋近于真正价格的交易价格，且这种价格具有时间上的连续性、超前性①。因为与现货市场通过个别交易、间断成交定价的方式不同，衍生品的市场价格是交易各方在现货市场的基础上，按照自己对未来交易量的预期，采取公开竞价方式并随着供求量的变化而不断修正形成的。这种价格形成机制实际上检验了众多交易者对未来供求状况的预测，它们的价格动态地、连续地反映了当前及未来一段时间内的供求关系，往往成为现货市场价格走势的风向标。价格信号是金融市场中资本有效配置的一项重要内在机制。金融衍生品市场通过不断地发现价格、传递信息，可以正确引导资金的流向，提高资源的配置效率，使金融市场运行更加灵活、有效。

作为广义资本市场的核心，金融衍生品市场在促进价格有效发现和分散风险方面发挥着关键作用。美联储前主席格林斯潘曾表示，经过股票市场财富缩水、资本投资严重紧缩以及“9·11”事件，美国经济之所以能够成功挺过来，金融衍生品市场的风险对冲功不可没。格林斯潘指出，“在过去的 15 年间，金

① 田超．金融衍生品：发展现状与制度安排［M］．北京：中国金融出版社，2006：39.

融衍生品以超乎寻常的速度发展，期货以及其他复杂衍生品的概念得以深化，加上计算机和通信网络的进步，对冲风险的成本显著降低，机会也大大增加，金融系统也因此发展得比20多年前更灵活、有效和富有弹性，世界经济也因此变得更有弹性”。①

对于中国来说，发展衍生品市场对于培育机构投资者、完善资本市场体系、争夺大宗商品及金融产品的定价权具有非常重要的意义。长期以来，中国股票市场股价波动剧烈，市场操纵行为频繁发生，严重影响了股票市场的健康发展。国外诸多理论研究显示，高比重的机构投资者的参与有利于维护资本市场的稳定。但中国股票市场的现状是，机构投资者的比重虽然已过半数，但并没有像国外机构投资者那样发挥“市场稳定器”的作用，反而成了操纵市场、加剧股价波动的始作俑者。主要问题在于，中国的市场是单边市场，机构投资者缺乏有效的避险工具来分散系统性风险，不得不采取散户投资者的投资策略，其引发的“羊群效应”、“短视行为”更甚于散户投资者，所导致的助涨助跌、加剧市场动荡的现象更加严重。理论上说，上述现象应该随着我国股指期货产品的推出而得到有效缓解，但目前由于上述产品推出时间较短，其稳定股价功能尚未显现。在此基础上，中国应继续加快金融衍生品市场的建设，完善资本市场体系，以培育机构投资者，促进我国资本市场稳健发展。

另外，大力发展衍生品市场，有利于中国夺取在大宗商品、金融产品上的定价权。相对于国外商品期货市场几百年的历史，中国的商品期货市场可谓是刚刚起步，运行仅十余年，虽然大连商品交易所已发展成为世界第二大农产品期货市场，但从实质来看，中国的商品期货市场虽然成交量较大，却是国外期货市场的“影子”市场，没有定价权。以铁矿石为例，中国虽然是全球最大的钢材生产、消费和贸易大国，在铁矿石定价方面本应有发言权，但实际上却屡屡受制于三大铁矿石巨头。中国工商银行总行分析师史晨昱则认为，近年来，全球金融市场格局出现了金融定价中心与现货市场分离的趋势，很多大宗商品都在被泛金融化，金融定价中心主宰着现货市场的命运，丧失定价话语权的惨痛代价就是实体经济处处挨打。② 近年来，境外交易所也陆续推出了有关中国概念的衍生品，如2004年10月芝加哥期权交易所推出中国指数期货、2006年9月新加坡交易所推出的新华富时A50指数期货。境外机构率先推出中国概念的金融衍生品，一方面会导致中国金融资源的流失，损害中国的金融竞争力；另

① 袁小文．金融衍生品与国家战略［J］．中国外汇，2006（5）：14.

② 王凯．我们不应丧失金融衍生品的定价权［N］．中国会计报，2009-07-03.

一方面会侵夺中国金融衍生品的定价权，损害中国金融安全。金融期货的重要功能之一是价格发现，境外期货市场可以通过价格机制对内地现货市场带来影响。由于不同地区所使用的估值标准有所不同，在两地估值标准存在差异的情况下，国内金融市场会受到境外市场的影响，导致金融资产定价权在一定程度上的丧失。国务院发展研究中心金融研究所副所长巴曙松指出，“在争夺股指期货等金融资源定价权方面，中国的金融、资本市场已陷入一种运行时间不短，但未来仍可能受制于人的尴尬局面。”巴曙松认为，“面对这些，我们应该立即在本币产品的主导权上做文章。基于长远眼光，单凭对外限制政策无法使我们真正掌握人民币衍生品市场的命运，而要迅速推进本币产品的监管体制建设与自身创新能力的提高。”①

综上所述，金融衍生品市场对于提升金融市场、实体经济的运行效率，掌握大宗商品及金融产品的定价权、维护金融安全具有非常重要的意义。在后危机时代，中国要走大国金融之路，金融衍生品市场的地位不容忽视。我们应根据条件，加快衍生品市场的建设，增加衍生产品的交易品种，优化市场结构，合理设置杠杆比例，使衍生品的风险管理和价格发现功能得到有效发挥。

## 7.3 我国金融衍生品市场发展现状

近年来，国际金融衍生品市场发展迅速，产品种类剧增，发展日趋成熟。受其影响，我国金融衍生品市场也得到了长足的发展，无论是交易总额，还是衍生品种类，都得到了较快的增长。但总体上看，由于发展时间较短，市场活跃程度不足，目前中国金融衍生品市场发展仍存在一系列问题，主要在于：品种缺乏，难以满足投资者对产品多元化的要求，尤其是在股票、债券、外汇、利率等主要市场中，衍生品的发展都较为薄弱，结构不合理，保证金比例设置过高等。首先，中国衍生品市场产品品种匮乏。一般来说，基本金融衍生品主要包括期货、期权、远期、互换（掉期）四类产品。就期货来说，中国目前除商品期货外，金融期货仅有沪深 300 股指期货。期权类衍生品，之前曾出现过认股权证，但目前 A 股的权证也已停止发行。银行间市场 2005 年后陆续推出了外汇远期和掉期、利率掉期、债券远期及交叉货币利率掉期等产品，主要是集中在远期和掉期两个领域，期货和期权目前还未出现。由此来看，相比国外种

① 杨涛．高度关注金融创新十二大战略重点．http：//biz.163.com/06/0911/10/2QNUID5400020QEV.html.

类繁多的金融衍生品市场来说，中国的衍生品市场发展严重滞后，产品极度匮乏。其次，中国的衍生品市场结构不合理，主要体现在两方面：一是场内衍生品市场发展严重滞后，难以发挥其价格发现和套期保值的功能。目前除商品期货和股指期货为交易所市场外，其余大多数产品都是在场外市场交易，场内市场发展不足。二是衍生品市场主体结构不合理。以外汇衍生品市场为例，外汇远期和掉期、利率掉期等产品，交易者主要为几大内资银行机构，使得该项业务处于寡头垄断状态，供给不足在一定程度上限制了业务的发展。市场主体种类的缺乏和数量的微小，也导致了交易的不活跃。最后，中国的衍生品市场，杠杆比例设置较高，以牺牲市场的效率为代价。衍生品大多是杠杆交易，杠杆比例的设置要在交易安全和市场效率间取得平衡。金融衍生品的功能本身在于，通过市场化的手段提升金融市场乃至整个经济的运行效率。如果杠杆比例过高，虽有利于保证交易安全，但却是以牺牲市场的效率为代价的，与现货交易差别不大。以期货市场为例，国际市场上期货保证金的比例一般是在3% ~5%，而中国期货市场的初始保证金一般都在5%以上，再加上各期货公司为了减少风险，要求客户在此基础上再增加几个百分点，总的保证金比例在8%以上，有的甚至达到15%以上，严重影响了期货市场价格发现和风险对冲功能效用。在谈及中国大宗商品及金融产品定价权的缺失时，国内一些人士往往把问题的焦点集中于外国机构推出的中国概念的衍生品上，未能触及问题的实质。真正的风险来自于如何改善市场运作的效率，这才是中国衍生品主导权面临旁落的真实隐患。为此，我们的衍生品市场要善用保证金杠杆，设置合理的杠杆比率，促进市场效率的提高，否则，日后我们无论发展多少衍生品市场，最终也会沦为国外衍生品市场的“影子”。

如上所述，在我国不同层次的市场中，金融衍生品的发展现状都不尽如人意，仍存在巨大的潜力和发展空间。随着金融改革的进一步深化，银行商业化、资金商品化、利率市场化、货币国际化、资产证券化势不可当，价格风险、利率风险、汇率风险将会日益突出，这必然要求金融市场提供风险转移和价格发现机制。作为对基础市场的补充，我国亟须推出相应的主要衍生品以对冲市场风险、夺回定价权、提高市场效率。

### 7.3.1 股票市场衍生品发展现状与沪深300股指期货

随着沪深300股指期货合约自2010年4月16日起在中国金融期货交易所正式上市交易，我国股票类金融衍生品市场的空白状态已逐渐改变。沪深300股指期货合约以沪深300指数为标的，合约乘数为每点300元，最小变动价位为0.2点，交易时间为上午9:15～11:30及下午13:00～15:15，每日价格最大波动限制为上一个交易日结算价的±10%，最低交易保证金为合约价值的15%。①作为中国首先推出的对整体市场稳定具有重要意义的衍生品，从长远来看，股指期货合约的推出，对于稳定股票现货市场价格、减小市场波动性、为投资者提供套期保值的避险工具、增强股票市场流动性、增大交易量、发挥价格发现和资源配置功能无疑具有极其深远的意义。虽然沪深300指数期货推出时间尚短，投资者对于其表现和现货市场走势之间的关系赋予了众多解读。然而，可以肯定的是，目前的交易情况和市场反应，已经暴露出沪深300股指期货在交易制度设计和监管理念上，存在亟须改进之处。

第一，沪深300股指期货过于强调一般代表性和反操纵性，相较国外已经存在的中国A股股指期货产品而言，引领性不足，从而导致其在对定价权的争夺中处于劣势，受外国同类衍生品影响严重。沪深300指数是国内第一只股指期货标的指数，也是目前中国内地证券市场中跟踪资产最多、使用广泛度最高的指数。其由沪深A股中规模大、流动性好、最具代表性的300只股票组成，以综合反映沪深A股市场整体表现。截至2009年7月1日，沪深300指数的总市值为15.99万亿元，占A股市场总市值的78.59%；调整市值为5.03万亿元，占A股市场总调整市值的68.83%。截至2009年6月底，沪深300指数成分股共成交12.37万亿元，占沪深A股成交金额的53%。按照中证指数公司的行业分类，沪深300指数样本股覆盖了全部10个一级行业，样本股行业分布与全市场行业分布较为接近，行业偏离度仅为2%。沪深300指数覆盖了沪深A股市场的主体部分，具有较强的市值代表性和行业代表性。②如此，样本股权重分布较为均衡，抗操纵能力较强，这主要是由于监管层着重于金融衍生品的安全角度考虑。从世界范围来看，相对于中国股票衍生品市场的缓慢发展，境外的交易所早已纷纷推出中国概念的股权类衍生品：芝加哥期权交易所（CBOE）于2004年10月推出第一只中国指数期货产品（CX·CBOE）、中国香港交易所于2005年5月23日推出的新华富时中国25指数期货及期权以及新加坡交易所2006年9月推出的以中国A股市场指数为标的新华富时A50指数期货。③上述股指期货合约产品所选取的指数样本空间都远小于沪深300股指期货。事实上，根据中证

① 资料来源：中国金融期货交易所网站，http：//www.cffex.com.cn/.

② 中证指数有限公司．沪深300指数问答［N］．上海证券报，2009－07－28（5）．

③ 谢圣姬．中国金融衍生品市场发展研究［D］．复旦大学硕士学位论文，40.

指数公司的数据显示：中国A股现货市场前10大权重股的累计权重为27.51%，前20大权重股的累计权重为39.6%。由此可知，沪深股市中前50名，甚至前20名的权重股所占份额已经足以带动大盘走势、引领涨跌。由于金融市场的日益国际化，不同国家金融市场信息传递速度和资金流动速度加快，市场之间的联动性明显增强。虽然市场的联动程度会受到多种因素的影响，但是无论程度的轻重，市场的联动性都引出了国外拥有对资产的定价主动权的问题。这意味着：沪深300指数期货相较于国外的A股指数期货产品效率低下，对于市场的反应迟钝，从而呈现出跟随其涨跌的局面。笔者认为，股指样本空间的选取直接关系到股指期货的市场效率。样本空间过大的股指期货产品不仅对于发挥股指期货的基本作用意义较小，而且易为外国同类产品所影响，从而使其在定价权的争夺中处于劣势，造成对资源的极大浪费。故未来在股指期货合约产品的设计上，应当从安全和效率并重的角度出发，吸取外国市场已有的成功经验，考虑选取50指数作为标的，体现中国股指期货产品的引领性和高效性。

第二，保证金比例过高，客观上造成中国股指期货产品难以与境外的A股同类产品相抗衡。沪深300指数期货的初始保证金率为15%，例如，内地IF1005合约的保证金率为15%，在关于沪深300股指期货合约上市交易有关事项的通知中，中金所规定股指期货近月合约保证金率为15%，远月合约保证金率为18%。这一比率与韩国KOSPI200指数期货的初始保证金率相同，低于印度NIFTY指数期货的初始保证金率，但明显高于美国、欧洲及其他新兴市场的初始保证金率。[①]这表明沪深300指数期货保证金设定较为保守。根据发达国家期货交易市场发展的基本经验，交易保证金比例高于15%的，一般便认为是现货交易，目前我国股指期货交易的保证金比例已经接近期货交易的临界值。从市场效率角度观察，我国股指期货畸高的保证金比例，将意味着我国市场必须具备相当于国内市场保证金与境外市场保证金之比的倍数的交易量，才可能与境外同类产品竞争。这显然严重影响了期货市场价格发现和风险对冲功能效用的发挥，无异于把市场的定价权拱手让人。从长远来看，在衍生品市场的发展过程中，市场的需求数量在很大程度上决定了市场的规模、交易所的盈利状况，并进一步影响到国内衍生品市场的有序发展。我国股指期货推出已经晚于境外市场，保证金比例过高将进一步使其发展在未来一段时间内受到国外市场的抑制。这样，原本需要在中国衍生品市场进行交易的投资者部分或者大部分分流

① 王乃生，喻博．从国际标准看沪深300指数期货推出的安全性［N］．中国证券报，2009－10－21.

到海外市场，中国衍生品市场的规模便可能长期达不到理想规模。

第三，抵御境外市场的间接影响和操纵是当前中国股指期货市场制度设计应当关注的首要方面。监管当局对股指期货交易严格法律管制，意图以严格的法律控制避免股指期货风险的方式，存在政策方向性偏差，收效甚微。其症结在于：全球期货市场具有联动性和一体性，跨市套利作用使得市场因素不能完全依靠政策解决。相比较而言，国外的金融中心都有较自由而成熟的金融监管体制，有利于吸引国际资本的进入，较快形成市场规模。中国目前对金融监管，特别是对人民币汇率、资本项目的进出等的控制还较严。这不利于吸引国际资本的进入，也不利于做大市场。由于上述因素，国内交易所在衍生品交易方面的利润便低于原先预期的水平。可以肯定的是，在不久的将来还将出现新的海外中国股指类衍生品。这将使市场竞争进一步激烈，给中国交易所的利润增长带来更大的压力。

从目前的情况来看，中国股指期货市场仍以投机性交易为主，因为首批试点的主要是散户投资者，机构投资者参与度不高，根据已公布的数据，20 万手的交易均来自散户，高频率的交易和以散户为主的投资者群体将使交易的投机性上升。散户投资者缺乏足够的资金量，必然意味着相对较小的交易量，从而导致中国股指期货市场走势依附境外市场的局面。未来随着期货市场的不断完善和成熟，应当加大鼓励机构投资者介入，从事套期保值和套利交易，形成以机构投资者为主的市场，将有利于稳定行情，进一步地发挥股指期货套期保值的功能，使交易更加活跃。

综上所述，现阶段中国股指期货市场的格局表明：在产品设计、保证金比例和法律监管方向上的缺陷，导致沪深 300 指数期货存在被境外市场严重影响的风险。一直以来，大宗商品期货市场存在着境内市场随境外市场波动的情形，但鉴于国际商品期货市场巨大的交易量，作为全球市场一部分的中国市场亦不可避免地受其影响。然而，在股票现货市场相对独立于境外现货市场的股指期货领域仍出现这样的局面，将大大降低我国推出股指期货的意义。这种反常的状况，一方面，缩小了国内金融衍生品的市场规模，挤压了国内衍生品交易的利润空间。更为重要的是，未来随着市场的迅速发展将严重影响对本国现货市场的定价主动权，使得国外市场对国内市场的影响大为增加，并且引起市场波动的可能性和波动程度都将增大，同时还可能引起大额资金频繁进出中国，对市场造成较大冲击。一旦出现境内市场走势完全依附境外市场的局面，则相当于放弃了对现货市场的定价权，也将导致市场监管难度的加大。应当指出的是，若跨市套利作用造成我国股指期货市场与全球市场的趋同，其唯一可能的积极因素在于导致政策因素的影响大为削弱，市场作用使政策控制无法发挥充分的功能，政策的合理性将经受市场规律的检验，这无疑将构成对政府和监管层政策的重大考验。

除沪深300股指期货外，现阶段我国股票市场上，虽然不乏针对个股的认股权证、股权类期权金融衍生品，但对整体市场稳定具有重要意义的衍生品总体上仍较为稀少。[①]从当前我国各主要金融资产的风险状况来看，股票类资产的风险也相对较大，因此，加快以股指期货为代表的股票类金融衍生品的发展，仍是未来中国股票市场发展的必由之路。

从世界范围内看，自1982年2月24日美国堪萨斯期货交易所（Kansas City Board of Trade，KCBT）最早推出股指期货——价值线综合指数期货之后，发达国家和部分发展中国家相继推出股指期货交易，随着全球金融市场国际化程度的提高，股指期货已经成为全球主要股票市场都具备的股权类金融衍生品。[②]同时，各类股权类资产的远期合约、单只股票期货、股票组合期货以及股权类期权和互换也都应运而生，极大地丰富了股票市场的交易品种，为市场中各种类型的投资者实现对冲和套利提供了众多工具。

历史上，我国在1993年3月至9月间，曾推出以深圳综合指数为标的的3、6、9、12月份交割的4种合约和深圳A股指数为标的的另外4种合约；1992年6月至1996年6月间，曾推出以飞乐权证、宝安权证、金杯权证、申华权证为代表的认股权证，[③]但终因当时中国金融市场不具备发展金融衍生品的基本条件，都以失败告终。股权分置改革政策正式出台后，上市公司股权分置改革不断深入，长期困扰我国资本市场发展的股权分置难题、市场的深层次矛盾和结构性问题都在逐步解决。《期货交易管理条例》于2007年4月15日开始施行，同时施行的《期货交易所管理办法》和《期货公司管理办法》也为中国推出品种丰富的股票类金融期货交易产品奠定了法律基础，这是国务院对1999年的《期货交易管理暂行条例》全面修订后出台的、着眼于中国期货业规范发展的一个全新的期货交易规范。该条例第一次从法律层面对金融期货做了明确定位，从制度层面为金融期货的推出清除了障碍。

应当指出的是，《证券法》修改以后，伴随《证券公司融资融券业务试点管

① 谢圣姬．中国金融衍生品市场发展研究［D］．复旦大学硕士学位论文，37.

② 蒋兰陵．发展中国股票指数期货市场的问题研究［D］．河海大学硕士学位论文，10.

③ 冉华．衍生品市场对经济增长的作用［M］．北京：中国金融出版社，2006：87.

理办法》的颁布，融资融券业务的开展，其本质是在股票市场中引入卖空机制，创造卖空交易市场。[①]但其作用在根本上与股指期货类金融衍生品不同：融券业务针对单只股票运行，亦即任意个股上都可以产生融券交易行为。这将导致数量极大的可卖空品种的产生，催生出大量的对冲工具，将市场风险层级放大。事实表明，针对个股的卖空工具存在较大风险，美国金融危机产生的一个重要原因就是滥发的衍生工具造成的市场风险的无限嵌套放大。出于双边市场发展的要求，我国市场固然需要卖空机制，但应当限定在不违反现行法和公共利益的前提下，将着力点置于推出类似股指期货的对整体经济和金融秩序有重大影响的低风险高收益产品。一旦推出股指期货，机构投资者需要吸纳大盘蓝筹股，将使大盘上涨、指数冲高，有利于挽救低迷的市场。开通融券交易后，机构投资者即可直接向大小非借券，通过对冲交易大幅度降低其建仓成本，这对于股票市场整体而言意义较小。

所以，根据我国股票市场的现状，应当继续推出样本容量更小、具备更高效率的50指数产品，降低保证金比例，根据安全和效率并重的理念，发展有利于促进股市做空机制建立、有利于股市稳定发展的股票金融衍生品，并以此为契机，促使现货市场完善指数体系，推动不同风格的指数期货产品、期权产品的产生，在此基础上发展品种丰富的股票金融创新产品。但从目前情况来看，我国还不具备大量发展基于个股的衍生品交易的条件。事实上，个股的衍生品交易，由于需要一个更加有效的市场、更加透明的信息披露制度和更为完善的监管体制为基础，各国对此类业务的开展都是相当谨慎的。

### 7.3.2 债券衍生品市场发展现状

自1981年恢复发行国债开始，我国债券发行规模日益扩大，近年来更成为政府财政政策和货币政策的主要调节工具，在宏观经济的调控中扮演着不可或缺的重要角色。在我国，债券市场分为银行间债券市场和证券交易所市场两个部分。它们之间相互独立，尚未实现资金的双向自由流动。两个市场的独立虽然有利于控制银行资金的风险，提高银行监管的便利性，却使得货币市场和资本市场之间的内在联系被人为地切断了，阻碍了债券市场的流动性和资金的转换，造成了交易的信息不对称和供求不对称。[②]

---

① 根据美国证券交易委员会SEC3B－3规则的规定，卖空交易（Short Sales）是指投资者出售自己并不拥有的证券的行为，或者投资者用自己的账户以借来的证券完成交割的任何出售行为。

② 柳铁山．我国银行间债券市场的作用分析及发展研究［D］．湖南大学硕士学位论文，46.

就金融衍生品的发展而言，全国银行间债券市场推出的金融衍生品主要包括债券买断式回购、资产支持证券、债券远期交易、人民币利率互换、债券借贷、远期利率协议等。具体来说，为提高债券市场流动性，借鉴国外发达债券市场经典回购的经验，结合银行间债券市场发展情况，设计了债券买断式回购的基本业务框架，并于2004 年4 月12 日发布了《全国银行间债券市场债券买断式回购管理规定》。买断式回购为远期交易等衍生工具的推出奠定了基础。2005 年5 月11 日，中国人民银行发布了《全国银行间债券市场债券远期交易管理规定》，6 月以后发布了相关的交易主协议和信息披露与风险监测方面的文件。债券远期交易指交易双方同意在未来日期按照固定价格买卖债券资产的合约，是基于交易双方对未来利率变化的不同预期以及市场承受能力而进行的交易，能够在一定程度上规避市场风险。债券远期交易可以有效地帮助投资者规避利率风险，提高市场流动性，促进价格发现功能的实现，同时为中央银行制定和执行货币政策提供参考信息，对完善我国债券市场产品结构，促进债券市场的发展具有重要意义。2006 年1 月24 日，为丰富全国银行间债券市场投资者风险管理工具，规范和引导人民币利率互换交易，加快利率市场化进程，中国人民银行发布了《中国人民银行关于开展人民币利率互换交易试点有关事宜的通知》，规定市场投资者中，经相关监督管理机构批准开办衍生品交易业务的商业银行，可根据监督管理机构授予的权限与其存贷款客户及其他获准开办衍生品交易的商业银行进行利率互换或为其存款客户提供利率互换交易服务，其他市场投资者只能与其具有存贷款业务关系且获准开办衍生品交易业务的商业银行进行以套期为目的的互换交易。利率互换是指交易双方约定在未来的一定期限内，根据约定数量的人民币本金交换现金流的行为，其中一方的现金流根据浮动利率计算，另一方的现金流根据固定利率计算。2005 年4 月20 日，中国人民银行和中国银行业监督管理委员会联合发布了《信贷资产证券化试点管理办法》，其他有关部门也都先后发布了有关规定。12 月15 日，国家开发银行和中国建设银行分别成功发行41. 77 亿元的信贷资产支持证券和30. 17 亿元的住房抵押贷款支持证券。资产证券化是指将能够产生稳定现金流的一部分资产，打包建立一个资产池，并以其将来产生的现金收益为偿付基础发行证券。这种资产支持证券是一种受益凭证，购买受益凭证的投资者实际是投资于未来有稳定现金流的资产。为改善银行存贷期限不匹配的状况，一方面可以进行负债方的操作，另一方面可以进行资产方的操作。将信贷资产证券化，可以使商业银行更主动地进行资产操作，提高资本充足率，分散信贷风险。资产支持证券是一种全新的券种，这种证券的推出，标志着我国债券市场的一个重大突破，不仅对商业银行调节资产负债结构有积极的作用，对其他金融机构、企业和政府机构的融资结构的调整，都会产生积极影响。[①]

交易所债券市场衍生品方面，上交所于1991年引进国债回购交易，1993年至1995年试点过国债期货交易。2002年10月以来，推出了短期国债回购和企业债券回购的两项交易新品种，包括1天、2天国债回购和1天、3天和7天企业债券回购。至2005年12月，上交所上市债券品种中，债券回购12只，包括国债回购9只、企业债回购3只。至2005年12月，深交所共有上市债券品种80只，其中债券回购15只，包括国债回购11只、企业债回购4只。然而，总体上看，集中交易市场中的债券衍生品交易量近年呈现萎缩态势。[②]另外，我国的可转换债券主要在集中交易场所内发行和交易。该类衍生品典型者如根据2006年5月8日中国证监会发布的《上市公司证券发行管理办法》中明确规定上市公司可以公开发行认股权和债券分离交易的可转换公司债券，该类债券应当申请在上市公司股票上市的证券交易所上市交易。

总体而言，我国债券市场仍存在着诸多问题，如尚未形成统一的市场、没有公允的征信机构、债券供应严重不足、基础设施尚需改善、市场流动性不足等，需要采取切实措施加以解决。根据市场需要，不断增加债券市场上市交易金融工具的品种，加快债券市场衍生品推出的步伐，可以强化债券流通市场的均衡机制，扩展债券市场的作用。[③]从中国目前经济金融的发展需要看，尤其是随着利率市场化进程的加快，急需利率风险管理工具，而各种国债衍生品就是最好的利率风险管理工具。所以，应当结合中国利率市场化的进程、金融市场对外开放的进展以及债券市场自身发展的需要，加快债券衍生品的引进与推出。[④]银行间市场推出的一般性债券远期交易与带有限制性卖空条件的开放式回购交易以及交易所推出的开放式回购交易，将使国债市场开始成为一个双向交易的市场，从而避免单向市场状态下容易积蓄投机力量、市场投机性较浓的弊端。

在此基础上，我们认为，可以考虑推出国债期货交易，为债券市场投资者

---

① 穆怀朋．银行间债券市场的产品创新与制度建设．http：//finance. sina. com. cn/bank/plyj/20060429/17582542367. shtml，2009－11－24.

② 邵玲．我国银行间债券市场与交易所债券市场比较研究［D］．厦门大学硕士学位论文，10.

③ 孙鑫，田宁．我国银行间债券市场现状与对策［J］．大连海事大学学报，2008，7（2）：68.

④ 邵玲．我国银行间债券市场与交易所债券市场比较研究［D］．厦门大学硕士学位论文，49.

提供丰富的风险管理工具组合。远期交易虽然可以为债券市场投资者提供个性化的风险管理工具，满足不同市场投资者的多层次需要，但由于其属于非标准化合同，且多在 OTC 市场进行，交易风险较期货交易更难控制。相反，国债期货采用保证金交易，并实行逐日盯市制度，能及时控制结算风险。同时，由于采用标准化合约形式，并在交易所上市交易，其流动性远远大于远期交易合同。鉴于我国目前中小投资者无法参与银行间 OTC 市场交易的状况，单一的远期交易模式无法充分满足该类投资者套期保值的需要，国债期货交易可以弥补远期交易的不足，实现债券衍生品交易场内与场外交易协调发展。[①] 20 世纪 90 年代初期，我国曾推出国债期货品种[②]，而 1995 年初春的“3·27”国债事件表明，当时情况下我国运行国债期货仍存在较大风险。目前国债市场的规模较之当时虽已不可同日而语，但由于我国长期以来对国债实行总量管理，造成国债的期限结构存在“中长期国债多，而短期国债少”的不合理状况。2006 年全国人大常委会决定对国债实行余额管理，这将有利于改善我国国债的期限结构，但要达到合理的收益分布还需要一段时间。[③]加之，我国目前债券交易市场分为交易所市场和银行间市场，市场参与者也被人为地分成两部分，所以在国债期货推出前，仍需要完善很多准备工作。从未来发展趋势看，国债作为利率市场的最基本品种，不仅是目前我国利率市场最受欢迎、市场交易最活跃的交易品种，而且它的发行机制、监管机制和现货市场都较为完善。根据发达国家的经验，国债期货交易必须以一定规模的现货市场为支撑。各国开展国债交易之初，其国债占 GDP 份额大致为 14% ~45%。目前，中国国债规模占 GDP 份额约为 15%，这个比例已经高于韩国（14.4%）等国开展国债期货时的水平。故此，当务之急是增加各个期限国债的发行量，加速推进交易所市场和银行间市场的融合。国债期限结构的完善，不仅将为市场提供更多的投资途径，并且推进国债期货的发展，也有助于建立一个具有流动性的人民币收益率曲线。具有流动性的人民币收益率曲线的建立，不仅将解决目前中国市场缺乏无风险收益率曲线作为利率衍生品的定价基准的问题，也将为中国利率衍生品的发展扫清最后的障碍。[④]

---

① 胡政．完善资本市场 推动债券衍生品交易［N］．经济参考报，2003-12-31.

② 张晓菊．中国国债期货的运行制度研究［D］．同济大学博士学位论文，74-76.

③ 江宵．浅谈我国金融衍生品市场的发展［J］．商场现代化，2008（544）：386.

④ 谢圣姬．中国金融衍生品市场发展研究［D］．复旦大学硕士学位论文，43.

### 7.3.3 利率衍生品市场发展现状

利率类衍生品中，除债券衍生品外，还包括主要参考——利率衍生品。经过若干年的不断改革和建设，我国利率市场化改革已取得重大进展。2005 年 3 月 17 日，我国又进一步放开金融机构同业存款利率，标志着我国的利率已基本由市场供求决定。2006 年 10 月，人民银行又在银行间市场推出 SHIBOR，旨在构建中国货币市场基准利率，将利率市场化进程又向前推进一步。我国利率衍生品市场自 2005 年起步，主要交易品种包括债券远期、人民币利率互换、远期利率协议等，整体规模上保持了跨越式大幅增长态势。尽管人民币利率互换交易从 2006 年 2 月才正式推出，但发展迅速，从成立至 2007 年 3 月 31 日止，总成交名义本金达到约 733.33 亿元人民币，互换市场备案机构达到 55 家，成员类型包括 2 家政策性商业银行、15 家中资商业银行、33 家外资银行、3 家中资保险资产管理有限公司、1 家外资保险资产管理有限公司以及 1 家国际开发机构。① 2007 年中国银行全球金融市场部发布的报告指出，人民币利率互换市场发展迅速，已成为中国最主要的金融衍生品市场。但目前市场还尚未形成公众接受和认可的利率基准曲线，尤其是缺少获得中长期收益率的稳定价格来源，影响无风险收益率曲线编制的准确性，对利率衍生品的定价带来一定困难。因此，中国利率衍生品市场上以 7 天回购定盘利率作为浮动利率的利率互换交易最为活跃。一方面，7 天回购定盘利率每天由外汇交易中心公布，具有良好的公信力；另一方面，它作为货币市场的主要指标，能够准确反映参与机构的市场资金成本，与 7 天回购利率挂钩的利率互换定价相对容易。随着市场活跃程度的进一步提高，2007 年以来 1 年期以下利率互换品种以及 1 年至 10 年各期限品种也均有成交。②远期利率协议自 2007 年 11 月推出，是目前中国利率衍生品市场三大交易品种中最后推出的一个，也是规模最小、波动最大的产品。③

在这样的格局下，中国实际上已经具备国际市场已有的基本利率衍生品种，但还缺乏利率期货和期权，而在西方国家，利率期货已经走过了 30 多个年头，利率期权也有 20 多年的历史。在市场经济条件下，利率作为调节经济的杠杆经常发生变化，特别是在西方国家的经济生活中，利率的剧烈波动是一个重要的经济现象。利率的波动给各种经济主体，尤其是各类金融机构的生产经营带来

---

① 谢圣姬．中国金融衍生品市场发展研究［D］．复旦大学硕士学位论文，37.

② 谢圣姬．中国金融衍生品市场发展研究［D］．复旦大学硕士学位论文，37.

③ 周荣芳等．金融危机以来我国利率衍生产品市场运行情况［D］．中国货币市场，2009（7）．

了极大的风险。利率期货的出现，正适应了投资者避免利率波动风险的要求。自 1975 年 10 月美国芝加哥商品交易所（CME）首先推出国民抵押协会的抵押存款证（GNMA）的利率期货交易、开创利率期货交易的先河以来，利率期货不断推陈出新。以美国为例，目前所有重要的且交易活跃的利率期货都集中在两个交易所，一是芝加哥期货交易所；二是芝加哥商业交易所（国际货币市场分部），其中，前者以长期利率期货见长，最有代表性的是 30 年期的美国长期国债期货及 10 年期的美国中期国债期货，后者以短期利率期货见长，最有代表性的是 13 周的美国国库券期货及欧洲美元期货。①其他国家和地区所推出的其他各种利率期货合约，基本上都是以这 4 种利率期货合约为蓝本的。② 1982 年，芝加哥期权交易所首次引入美国国库券期权交易，成为利率期权交易的开端。③ 20 世纪 80 年代后期以来，随着欧洲和亚太地区金融期权市场的建立，利率期权的新品种更是层出不穷，其大致有两种类型，即传统的以利率相关商品（各种债务凭证）作为标的物的利率期权和以某种利率或某种债券的到期收益率作为标的物的利率期权。④

利率期货和利率期权对中国同样有着重要的意义。其一，随着中国利率市场化的发展，利率波动风险日益突出，在缺乏有效风险对冲工具的情况下，广大经济主体面临着越来越大的风险暴露，利率期货和利率期权可以为广大经济主体提供规避利率风险的对冲工具，可以起到稳定利率市场，降低由升息或降息等货币和财政政策产生的系统风险的作用。其二，利率市场化是中国金融体制改革的重要目标，然而在仅有现货的市场上，要形成完整合理的利率体系是十分困难的。推出利率期货合约，通过价格发现功能的实现，有助于形成市场认可的、充分反映市场货币供求的市场基准利率。⑤利率期货与期权等利率衍生品的重要意义决定了这些金融衍生品将是今后金融市场发展的一个重头戏。

事实上，中国人民银行在 2008 年 4 月举行的第五届中国衍生品峰会上就已经提出，要研究并适时推出利率期权等金融衍生品。⑥具体言之，在利率期货和

---

① 欧洲美元期货并不是货币期货，因为欧洲美元本身是一种存在美国境外银行的美元存款，欧洲美元期货的标的物是 3 个月期的欧洲美元定期存款。

② 施兵超．金融衍生产品［M］．第 1 版．上海：复旦大学出版社，2008：42.

③ 卢文莹．利率期货与期权［M］．第 1 版．上海：复旦大学出版社，2008：11.

④ 施兵超．金融衍生产品［M］．第 1 版．上海：复旦大学出版社，2008：156.

⑤ 卢文莹．利率期货与期权［M］．第 1 版．上海：复旦大学出版社，2008：81.

⑥ 人民银行金融市场司．适时推出利率期权等衍生品．中国经济网，http：//finance. ce. cn/futures/qhgdbd/200804/10/t20080410_ 12930283. shtml.

利率期权的进程设计上，在发展初期应以国债期货和期权等面向债券投资者的产品为先导，然后再推出面向一般投资者的以市场利率为标的的标准化的利率衍生品。虽然现有利率衍生品的实施已为其他利率衍生品的推出创造了条件，但其他利率衍生品的推出，还需要市场其他条件的配合，尤其是作为金融衍生品市场重要基础设施的利率市场化的深化：衍生品的报价和定价的实现，需要完善的市场利率曲线作为市场定价的基准。目前人民币利率曲线不尽完善，市场参与者缺乏进行准确定价和设计产品的依据，这正是中国债券远期和利率互换等衍生品不活跃的主要原因。应当看到，中国在利率市场化方面已经作出了突出的成绩，并已经对利率衍生品的推出提供了条件，以 3 个月上海银行间同业拆借利率（3MSHIBOR）为基础的利率远期协议和以 3MSHIBOR 为基础的人民币利率互换协议就是在中央银行 2007 年 1 月 4 日推出 3MSHIBOR 后应运而生的。但不容忽视的是，市场化的广泛认可的利率并未形成，利率市场化改革仍需提速。另一方面，必须进一步发展和壮大利率基础产品，为利率期货和期权等利率衍生品的推出提供有利的市场基础。如此，才能在保证流动性的前提下，充分发挥利率期货和期权等利率衍生品价格发现、对冲风险的功效。

### 7.3.4 外汇衍生品市场发展现状

作为金融市场的重要组成部分，我国外汇市场从结构上看，分为银行结售汇市场和银行间外汇市场两个层次,①其中银行间外汇市场是主要部分。外汇市场在完善汇率形成机制、推动人民币可兑换、服务金融机构、促进宏观调控方式的改变、促进金融市场体系的完善、支持经济增长和改革开放等各方面发挥了重要作用。②构成一国对外金融体制基本框架的外汇市场与汇率制度是紧密联系的，决定外汇市场发展状况的重要因素之一就是汇率制度。在不同汇率制度下，政府对汇率形成的各种干预，特别是限制外汇交易的各种直接干预，直接影响外汇市场的发展。1994 年以前，中国先后经历了固定汇率制度和双轨汇率制度。1994 年中国外汇管理体制进行了重大改革，官方汇率和外汇调剂市场汇率并轨，改变了市场分割、汇率不统一的局面，实行以市场供求为基础的、单一的、有管理的浮动汇率制度，建立了全国统一的银行间外汇市场。自 2005 年 7 月 21 日起，中国开始实行以市场供求为基础、参考一篮子货币进行调节、有

① 黄达．金融学［M］．第 1 版．北京：中国人民大学出版社，2003：217.

② 余学斌，马碧红．中国外汇市场的现状分析［J］．科技创业月刊，2008（6）.

管理的浮动汇率制度，形成了更富有弹性的人民币汇率机制。[①] 1994 年汇率形成机制改革以来，银行间外汇市场增长速度明显高于国际市场。2008 年，银行间外汇市场累计交易突破 3 万亿美元。[②]银行间外汇市场在品种的丰富以及市场服务的完善方面也不断作出努力。银行间外汇市场开办了美元、日元、港元对人民币的交易，2002 年推出了欧元交易和外币拆借中介服务。[③]

外汇市场的发展，客观上促进了汇率衍生品市场的发展。以 2005 年 7 月 21 日汇率形成机制改革为界，中国外汇衍生品市场可分为两个发展阶段。1994 年至 2005 年，中国外汇衍生品市场发展缓慢。1995 年中国外汇交易中心正式试行人民币远期交易，1997 年 4 月以中国银行作为中国境内唯一的授权试点银行开展人民币远期结售汇业务。人民币远期结售汇业务的推出开创了中国外汇衍生品市场。人民币远期结售汇业务在发展初期交易量不是很活跃，交易规模也较小。2005 年汇率形成机制改革至今，人民币衍生品市场发展迅速。中国相继推出多项人民币外汇衍生品，2005 年 8 月 15 日在中国外汇交易中心推出人民币外汇远期业务，2006 年 4 月 24 日银行间外汇市场推出人民币外汇掉期交易，2007 年 8 月 17 日推出人民币对美元、欧元、日元、港元、英镑 5 种货币的货币掉期业务，增加了中国场外外汇衍生品市场的交易品种，[④]有助于中国外汇市场形成即期、远期、外汇掉期及货币掉期等从基础到衍生品、从短期到长期衍生品的产品系列，更好地为市场主体提供避险服务。[⑤]其中，人民币外汇掉期占人民币外汇衍生品市场的 96.2%，已成为银行日常重要的财务管理工具和避险手段。[⑥]目前，银行间汇率和利率衍生品市场已经是境内品种最丰富、交易最活跃、交易量最大的衍生品市场。可以说，银行间汇率衍生品市场已经粗具规模且发展空间巨大。[⑦]

尽管如此，总体上来看，我国现行外汇市场交易的内容和品种仍过于单一化，从成交量上看中国银行间外汇市场仍然是以即期交易为主的市场。虽然在

---

① 中国经济网，www. ce. cn，2008 - 09 - 27.

② 国家外汇管理局国际收支分析小组 . 2008 年中国国际收支报告 . 27.

③ 中国外汇交易中心 . 把握金融体制改革方向　稳步推进银行间市场发展［N］. 上海金融报，2008 - 12 - 02（A16）.

④ 韩立岩，王允贵主编 . 人民币外汇衍生品市场：路径与策略［M］. 第 1 版 . 北京：科学出版社，2009：5.

⑤ 国家外汇管理局国际收支分析小组 . 2007 年中国国际收支报告 . p. 28.

⑥ 国家外汇管理局国际收支分析小组 . 2008 年中国国际收支报告 . p. 33.

⑦ 中国外汇交易中心 . 把握金融体制改革方向　稳步推进银行间市场发展［N］. 上海金融报，2008 - 12 - 12（A16）.

2005 年汇率形成机制改革之后，引入了银行间远期外汇交易和掉期交易等，但由于引入时间短、限制多等方面的原因，市场流动性缺乏、交易清淡；外汇与外汇间衍生品交易虽然品种发展较快，但交易规模与中国外汇存款规模相比仍相对较小。①而在国际成熟外汇市场中衍生市场占据了主导地位，即期交易则往往居于次要地位。外汇期货和期权 20 世纪 70 年代就出现在国际金融市场的舞台上，并成为国际金融市场不可或缺的组成部分。

另一方面，自 2005 年 7 月以来，新的汇率制度坚持了市场化的原则，人民币汇率双向浮动，弹性明显增强，这也对如何充分发挥我国外汇市场的功能提出了新的要求。2008 年，人民币对美元中间价升值 6.9%，2005 年汇率形成机制改革以来累计升值 21%。其中，2008 年 7 月至 12 月，人民币对美元中间价升值速度显著放缓，双向波动特征更加突出，在 6.80 至 6.87 间反复震荡。②在这一形势之下，包括中国的商业银行、进出口企业及外汇投资者在内的广泛的市场主体，客观上急需避免汇率风险的工具，而金融衍生品就是锁定未来汇率水平或对冲汇率波动风险的有效工具。但是，从中国现有的外汇市场体系来看，人民币外汇衍生品主要包括：人民币远期结售汇交易、人民币远期外汇交易、人民币与外币的掉期交易等交易品种，是非常初级、简单的产品，而人民币期货期权产品尚未被审批推出。因此，无论从交易品种上，还是交易规模上都远不能满足需要，银行间外汇市场的广度和深度不够，与企业规避外汇风险的需求仍有一定差距，因此大力发展外汇衍生品是非常必要的。

发展中国衍生品市场，出发点应落在裨益于整体社会经济，具体言之就是要最小化中国金融系统面临的风险。对于处于起步阶段的中国衍生品市场而言，外汇衍生品市场最重要的正面功能是进行国际金融市场中的汇率风险配置。同时也要注意到外汇衍生品市场扩大风险滋生投机的功能缺陷。③前文已述，汇率制度是决定外汇市场发展状况的重要因素之一。事实上，市场化的汇率是发展外汇衍生品的重要条件，这是一条国际经验。自 2005 年汇率形成机制改革以来，人民币汇率形成机制已逐步完善，当中国汇率市场化进程进入高级阶段后，外汇衍生品的发展条件就会相对更加成熟。④

---

① 高扬．构建人民币汇率的避风港——中国外汇衍生品市场研究［M］．第 1 版．北京：中国经济出版社，2006：145.

② 国家外汇管理局国际收支分析小组．2008 年中国国际收支报告．27.

③ 杨臻佳．试论我国人民币外汇衍生品市场的进程设计［J］．商业时代，2008（35）.

④ 郑振龙等．外汇衍生品市场：国际经验与借鉴［M］．第 1 版．北京：科学出版社，2008：304.

同时应当注意的是，境外人民币外汇衍生品的推出，也使得我国外汇类衍生品的发展问题变得更加紧迫。境外人民币外汇衍生品交易首先出现在 OTC 市场，交易品种主要为人民币无本金交割远期（NDF）、人民币期权（NDO）、人民币掉期（NDS）、人民币期货、与 NDF 挂钩的存款、人民币结构性票据等多个交易品种，其中最活跃的产品是人民币无本金交割远期合约。2006 年 8 月 28 日，全球最大的金融期货交易所——美国芝加哥商品交易所推出了人民币对美元、欧元及日元的期货和期权交易，这很有可能会对人民币汇率定价权造成深远影响。今后，随着我国经济进一步发展，人民币可自由兑换在不久的将来就会实现。从金融学机理和国际经验来说，由于外汇衍生品天然具有的一些交易优势，如果一个外汇衍生品市场较为发达，流动性较强，就更容易吸引套期保值者、套利者和投机者的加入，在这样的外汇衍生品市场上形成的价格可能引领现货汇率的变化，如果离岸人民币衍生品市场成为中国之外的人民币汇率定价中心，这对中国的金融安全就提出了严峻的挑战。因此，深入发展人民币的外汇衍生品市场已势在必行。①

在中国外汇衍生品市场进程设计上，应在完善即期外汇市场的基础上，按照从简单到复杂的发展顺序，将完善远期外汇市场（包括直接远期和外汇掉期），尤其是积极发展掉期交易作为重点，规范发展货币掉期，并谨慎推出期货、期权产品。重点发展远期外汇市场是符合国际惯例的。在国际外汇市场中，远期外汇交易是传统的外汇衍生品种，并且远期外汇市场中有约 90% 的合约进行交割，交易规模大，在外汇衍生品交易中占主导地位；此外，掉期交易是常用的对敞口头寸进行套期保值的方式，对于促使利率与汇率保持利率平价关系具有积极作用。②外汇期货市场并非所有国家外汇市场的必然构成，但从整个外汇市场体系来说，外汇期货作为外汇远期交易工具的有机组成部分，发挥着特殊的作用，它有助于保持外汇远期市场和外汇期货市场的价格联系，有利于价格形成的合理化。此外，在适当的时机在中国国内推出人民币外汇期货，有利于占领市场先机，赢得主动权，对中国还具有特殊的战略意义。但考虑到外汇期货杠杆效应较大，对外汇期货的推进应当谨慎为之，③可有选择地进行人民币

① 郑振龙等．外汇衍生品市场：国际经验与借鉴［M］．第 1 版．北京：科学出版社，2008：304.

② 高扬．构建人民币汇率的避风港——中国外汇衍生品市场研究［M］．第 1 版．北京：中国经济出版社，2006：147 - 148.

③ 高扬．构建人民币汇率的避风港——中国外汇衍生品市场研究［M］．第 1 版．北京：中国经济出版社，2006：151 - 152.

外汇期货试点。由于期权市场的交易条件较为严格和复杂，对于投资者素质要求高，更重要的是缺乏期货市场做基础的期权交易通常不活跃，因此建议在发展期货合约的场内交易并待其平稳运行并保持一定交易量后再推出期权交易。① 在丰富外汇衍生品市场产品结构，增加以货币期权为代表的较复杂的外汇衍生品之外，更为深层次的问题是，面对中国外汇衍生品市场一直不发达的现实，需要进一步推进汇率市场化，并渐进式推行外汇管制的放开。

综上所述，今后一段时期内，我国仍应进一步发展金融衍生品市场。更为丰富和复杂的金融衍生品的问世，将使我国在迈向经济大国目标的同时，实现金融强国的梦想。总体而言，目前我国金融行业形势稳定，发展态势良好。但从金融衍生品发展的角度看，我国金融行业的发展已经滞后于经济发展的需要，金融衍生品业务发展的不足，业已成为制约金融发展的一大瓶颈。同发达国家相比，我国的金融衍生品发展还处在初学者的水平。国内一些较为先进的企业虽然意识到了金融衍生品的作用，但由于缺乏相关的知识无法对其进行充分地理解运用，加之风险意识不足，以致蒙受巨大损失。②事实表明，我国金融衍生品市场的发展还要有一段相当长的路要走：股票、债券、外汇、利率等主要金融市场都需要相应的对整体经济秩序和金融稳定具有重要意义的衍生品市场的补充。同时，国内外经济形势的发展，迫切需要更多、更完善的与之相配套的金融衍生品服务体系。当前我国衍生品发展不足的状况，正预示着未来的美好前景和巨大潜力。经济发展催生的日益庞大的资本市场，客观上既需要多样化的金融衍生品的推动，同时也将为其发展提供丰富的土壤。

## 7.4 后危机时代衍生品监管改革动向与美国金融监管改革法案

承上所述，从我国金融衍生品市场的发展现状来看，可以肯定的是，在今后一定时期内，我国仍应进一步发展和丰富金融衍生品的品种，满足资本市场的基本需求。但是必须强调的是，金融衍生品种类的丰富与市场的扩大必须辅之以相应的监管与控制，2008 年美国金融危机强大的破坏力已经为我们生动地揭示了金融衍生品（特别是场外交易产品）在缺乏监管的情况下，盲目发展膨胀导致风险累积，并最终酿成全球金融海啸的弊端。在经历了金融危机的洗礼

① 韩立岩，车瑜．以股指期货推出为开端　适时推出股指期权产品［J］．当代金融家，2009.

② 黄炳国．浅谈金融危机对我国金融衍生品市场发展的启示［J］．金融经济，2009（16）：100.

后，美国政府及相关监管部门在其国内金融市场掀起了一阵加强金融衍生品监管的风暴。2010 年 7 月 21 日，经美国总统奥巴马签署，《多德—弗兰克华尔街改革与消费者保护法》正式生效成为法律。这部被称为数十年来最严厉的金融监管改革法案，是美国监管者和立法者对金融危机进行全面反思的集中体现。其主要内容包括：第一，成立金融稳定监管委员会，负责监测和处理威胁国家金融稳定的系统性风险。第二，在美国联邦储备委员会下设立新的消费者金融保护局，对提供信用卡、抵押贷款和其他贷款等消费者金融产品及服务的金融机构实施监管。第三，将之前缺乏监管的场外衍生品市场纳入监管视野。大部分衍生品须在交易所内通过第三方清算进行交易。第四，限制银行自营交易及高风险的衍生品交易。第五，设立新的破产清算机制，由联邦储蓄保险公司负责，责令大型金融机构提前作出自己的风险拨备，以防止金融机构倒闭再度拖累纳税人救助。第六，美联储被赋予更大的监管职责，但其自身也将受到更严格的监督。第七，美联储将对企业高管薪酬进行监督，确保高管薪酬制度不会导致对风险的过度追求。①同时，欧盟、英国以及以日本、韩国为代表的亚洲国家面对自身金融监管体制在金融危机中暴露出的问题或得到的有益经验都进行了一定程度的改革。以美国为代表，综合世界范围内金融改革的主要政策，反映出金融衍生品监管的动向和未来基本趋势。

### 7.4.1　加强对场外金融衍生品的规制

严格限制金融衍生品的场外交易，鼓励场内衍生品交易以加强对衍生品交易的监管。美国的金融改革法案，使场外金融衍生品的监管政策再次得到强调。其首度将金融衍生品、以基础证券的期货交易为标的的复杂投资品纳入联邦政府监管视野，监管范围包括产品的交易和出售产品的公司。要求大多数衍生品须在交易所内通过第三方清算进行交易，部分场外交易的金融衍生品需经清算和交易机构或类似机构审查，未集中清算的信用违约掉期必须向交易所或监管者披露。监管者可对信用违约掉期交易以及基于证券和商品交易的衍生品设定头寸限制。将所有场外交易衍生品以及资产抵押证券纳入统一的管理框架中，以达到增加市场透明度以及提高市场表现的目的，具体包括：实施交易记录和提交报告。为了减少系统性风险，要求标准化场外衍生品交易在受监管的市场中进行，而且通过中央结算机构结算，同时，增强美联储的管理权限，加强对

① 朱周良．美国金融监管改革法案要点［N］．上海证券报，2010－07－17：（6）．

金融机构以及金融市场的管理。相比较而言，日、韩等国通过将所有类型的金融衍生品纳入统一监管的范畴，从而限制了金融衍生品进入柜台交易市场，起到了对本国市场更为明显的保护效果。目前中国对于大量场外衍生品交易的监管，既未形成统一监管的格局，也未以立法形式明确监管的范围和类别。这类法律安排和准备的阙如，导致实际交易中大量以柜台交易和合同交易的形式存在的衍生品未得到有效监管，从而为对赌或违法性质的衍生品交易提供了滋生的温床。就实践的情况而言，集中交易市场内的衍生品交易并未导致毁灭性的金融风险。因此，将衍生品交易纳入场内监管，同时严格限制场外衍生品交易的规模、种类和数量，这已经成为未来衍生品监管的必由之路。

### 7.4.2 防止过度金融创新和误导欺诈投资者

对衍生品设计采取相对保守的态度，避免过度的金融创新，同时禁止在评级机构的评级和金融创新的产品说明中误导和欺诈投资者。金融危机爆发前，美国金融市场一直以市场自由化程度高、金融创新活跃而备受称道。但金融创新的泛滥也使得次级按揭贷款、信用违约掉期（CDS）等金融工具脱离了监管控制，过高的杠杆率最终导致了金融风险集中爆发。美国金融监管改革法案要求银行将农产品掉期、尚未结算的大宗商品掉期、多数金属掉期以及能源掉期业务等风险最大的衍生品交易业务分拆到附属公司，银行能够保留利率掉期、外汇掉期以及金银掉期等业务。由此可见，受金融监管全面强化的影响，金融创新的步伐活动可能出现放缓，创新动力将受到削弱，预计金融机构的各种业务创新将进入一段“缄默期”，金融产品的衍生化进程也将有所减缓，未来的金融创新将更加回归实体经济需求。

相对于主观上较为虚化的针对衍生品设计的保守意识，从技术角度，加强信息披露制度对金融创新的潜在风险进行控制和预防显得更为重要。全球金融危机中暴露出的信息不对称现象在复杂的金融活动中尤为突出，如由于缺乏透明性，包括对手风险在内的一系列风险难以被监管机关以及金融市场的参与者认识和警觉。这使得各国意识到，加强对于重要金融机构和复杂金融产品及衍生品的信息披露，加强对投资者与消费者利益的保护，已成为成熟金融市场体系下不可或缺的内容。鉴于此，保障投资者与消费者的知情权与索赔权，强调金融机构进一步增强其透明度，增加复杂金融产品和衍生金融产品的信息披露，已经成为金融危机爆发后欧美监管机构的共识。将“影子”银行体系纳入监管体系，要求其进行适当的信息披露和适度的资本要求，成为后金融危机时期包括美国在内的各国金融监管改进的重要内容。美国金融监管改革法案制定了严格的规定，以保证投资顾问、金融经纪人和评级公司的透明度和可靠性，强调华尔街经纪人的受托职责，加强美国证监会的监管职能。对评级机构要求更完全的信息披露，降低评级公司与被评级机构和承销商间的利益关联度，鼓励投资者建立内部评级标准，以降低监管方和投资者对评级公司的依赖。当然，完全按照场内基础证券产品的标准对衍生产品进行信息披露虽然较为完满，但在客观上却无法实现，并且事实上完全杜绝销售人员的欺诈和误导行为也存在较大难度，但随着金融改革的推进和金融创新的发展，法律控制的留白相较以往将大为削减。

### 7.4.3 限制或禁止高风险交易行为

对裸卖空等高风险交易行为采取限制措施，甚至是禁止此类滥用行为。裸卖空（Naked Short Selling）是指卖空者本身不持有股票，也不借入股票，只需缴纳一定保证金并在规定的T+3时间内借入股票并交付给买入者，如果在结算日卖空者未能按时借入股票并交付给买入者，则被称为交付失败，即使交付失败，此项交易依然继续直至交付完成，而并不违法的交易形式。[①]起初，仅当滥用裸卖空对股价进行操纵时才被认为是违法。2008年7月15日，SEC紧急下令禁止对房利美和房地美及花旗、高盛、雷曼兄弟等19家金融类上市公司股票的裸卖空以减少金融类股票的波动，SEC后续实行了更加严格的禁止裸卖空措施，并指出对裸卖空滥用行为已经达到了零容忍的程度。德国上议院也于2010年7月批准了禁止股票和欧元区国家主权债及其相关信用违约互换裸卖空的法案。取消和限制裸卖空的实际效果，是限制了以此类产品为标的的对冲交易。对冲交易是在衍生品的基础上设计的与现货配合的交易模式，限制裸卖空后，以此类产品为基础的对冲交易便不可能实现。上述措施在金融危机爆发后被作为紧急措施得以执行，并且在实施过程中几乎未引起争议和抵制，从而暴露出对冲交易者对裸卖空可能造成的风险和危害心知肚明。目前，中国对裸卖空交易的禁止被作为期货市场中采取的特别措施而规定，拥有明确的政策依据和法律支持，但仅限于集中交易市场领域。对该类限制措施能否推及覆盖所有衍生品仍有待进一步讨论，未来应当根据金融创新的发展程度考虑与之相匹配的控制范围。

---

① 佚名．融资融券的实质［J］．投资与证券，2010（7）：16；原载：中国证券期货，2010（2）：26－52.

### 7.4.4 扩大金融监管横向法律规制

从监管体制层面，以日本、韩国、英国为代表，将金融衍生品纳入金融投资品的概念范畴，建立统一的大金融监管体制，从纵向的金融行业规制向横向的金融商品规制发展。以日本为例，制定了《金融商品交易法》，将“证券”的定义扩展为“金融商品”的概念，最大限度地将具有投资性的金融商品、投资服务作为法的规制对象，避免产生法律的真空地带，构筑了从销售、劝诱到资产管理、投资顾问的横向的、全方位的行业规制和行为规制的基本框架。《金融商品交易法》对金融衍生商品的对象范围予以大幅度扩大，除《金融期货交易法》的金融期货交易之外，还包括利息、外汇互换、信用金融衍生商品、天气衍生商品等金融衍生商品。《金融商品交易法》确立了范围广泛的“金融商品”的定义，沿用《金融期货交易法》的“货币”等定义，并将有价证券和投资者保护所必须的价格变动明显的原资产金融衍生商品等加以融合而形成。[①]韩国的《资本市场统合法》和英国的《金融服务与市场法》都体现出相同的趋势，即将包括金融衍生品在内的各种金融投资品纳入统一监管的范畴，形成横向规制格局，从而减小监管漏洞存在的可能性。在金融技术发展的大背景下，诸多购买创新金融商品的投资者和金融消费者的权益无法从传统的以金融机构的类别划分而制定的法律规则体系中得到救济，使得金融消费者面临蒙受损失的威胁。同时，传统的金融机构和金融市场已经发生了结构性变化，依照传统方法已经很难界定金融机构的类型。另外，金融衍生工具的发展必然带来金融机构间兼营业务的不断扩大和融合，金融监管的基础已经发生了本质的变化。

诚然，上述改革涉及金融监管体制中机构改革层面和制度观念层面众多敏感、复杂的问题。与之相较，美国监管部门试图在维持原有监管格局的前提下，尽可能地加大对衍生品的监管力度。金融危机后，美国反思的第一个问题就是金融监管层面，并从多头监管模式逐渐转向澳大利亚、荷兰模式即目标性监管模式。其虽与英、日、韩有一定区别，但都属于集中监管模式。美国金融监管改革法案中规定：成立金融稳定监管委员会，负责监测和处理危及全国金融稳定的系统性风险。给予联邦储备委员会新权限，对大型金融机构进行监管。将美国储蓄机构管理局（Office of Thrift Supervision）纳入美国货币监理署（Office

---

① 杨东．论金融法制的横向规制趋势［J］．法学家，2009（2）：129.

of the Comptroller of the Currency），对大型银行设置资本标准，监控其系统性风险。加强对“大而不能倒”的超级金融机构的监管，将所有具有系统重要性的银行和非银行机构纳入美联储的监管，设立新的破产清算机制。美国联邦储备委员会有权力和责任综合监管和调控一级金融控股公司。一级金融控股公司的标准包括：资本、流动性和风险管理。对一级金融控股公司的综合监管扩大到母公司及所有子公司。仿照联邦储蓄保险公司（FDIC）对银行的破产清算程序，在超大金融机构经营失败时，对其采取安全有序的破产清算程序，责令大型金融机构提前作出自己的风险拨备，相关成本由金融业界而不是由纳税人来承担。对于那些对金融体系不会产生重大影响的金融机构，则可以不受监管或受较少监管。另外，法案还要求所有资产管理规模超过一定门槛的对冲基金以及其他私人资产池（包括私募股权基金和风险投资基金）的顾问向证券委员会注册，并接受管理。

由此可知，现行美国的监管政策虽未采取统一的横向监管体制，但仍面临类同的问题亟须解决。因此，未来不应简单地采取限制衍生品类型和衍生品市场交易的方法解决金融创新中的监管疑难，而应当转向寻求疏导型法律规制模式的帮助。

## 7.5 我国金融衍生品市场的控制监管原则

从前文的论述可以看出，以美国为代表的世界各国政府及市场监管部门在金融危机后已经认识到了金融衍生品过度“去监管化”与“自由化”发展所存在的问题与巨大的潜在风险，并确立了一系列监管原则。可以预见的是，未来各发达国家必然会加强对场外金融衍生品市场的监管，当然各国基于法制传统和理念在严格程度上和具体细节上会有所不同。

我国金融衍生品市场的发展虽然尚处于起步阶段，但前事不忘后事之师，美国金融危机的苦果与后期跟进的一系列监管措施启示我们，在我国金融衍生品市场的发展过程中必须强调产品丰富与监管控制的匹配。换句话说，金融创新与市场监管必须双管齐下，缺一不可。我国目前刚刚起步的金融衍生品市场也存在着监管不全面的问题，特别在对银行间市场产品的监管上，长期以来诸多机构形同虚设，监管与《巴塞尔资本协议》重叠，往往对于经营性问题，如银行机构的资本充足率等关心较多，而对其推出产品的监管则持完全放任的态度。我国与欧美各国的金融衍生品差别在于，虽然理论上我国任何金融产品的发行与上市都需要经过相关监管部门的批准，而实际上我国目前对银行间市场衍生品并没有实行有效的监管。[①] 可以说长期内处于监管的“真空状态”，只是所幸目前我国银行间金融衍生品市场规模尚小，另外也没有发达的高杠杆类证券衍生品和对冲基金将市场的潜在风险放大。由于美国金融危机强大的破坏力，我国银行间市场监管部门也开始认识到了对于银行间交易产品进行相应监管的必要性与紧迫性，2009 年 8 月 5 日，银监会发布《关于进一步加强银行业金融机构与机构客户交易衍生产品风险管理的通知》，该通知规定，银行业金融机构与机构客户交易衍生品应遵循实需原则、简单产品原则，要求银行业金融机构在符合机构客户真实需求背景的前提下设计和销售产品，帮助机构客户积极参与市场竞争、有效规避风险，而不得销售脱离实体经济需求，交易过于复杂化、缺乏透明度的衍生品。在此基础上，面对未来我们必须做到未雨绸缪而不是亡羊补牢，应结合发达国家市场特别是美国相关监管部门的经验，确立一系列基本原则，在丰富我国金融衍生品种类的同时加强对金融创新产品的市场监管与控制，包括现存的银行间市场和未来的证券衍生品市场。

如何确立我国金融衍生品市场的监管与控制原则？我们认为，所谓监管原则应是指贯穿于金融衍生品监管法律体系始终的根本指导思想或基本规则，对相关的立法、执法、守法以及相关的法学研究均具有重要的指导意义，是金融衍生品监管法律制度的核心价值取向。我国金融衍生品市场的发展必然要经历衍生品的丰富化与复杂化的过程，未来也一定会面对以期货、期权、远期、互换等品种，并可能结合股指、利率、汇率等指标的纷繁复杂的衍生品种类及其监管问题，因此，结合国际经验确立符合我国金融衍生品市场发展的基本监管与控制原则是大势所趋。

### 7.5.1 风险空间预留原则

所谓风险空间预留原则即指金融衍生品必须预留必要的风险防范空间，金融产品的杠杆率应当在效率与风险之间寻求平衡。美国金融危机爆发的重要原因就是其金融产品的过度高杠杆化使得金融机构基本丧失了抵御重大风险的能力，欧美一些金融机构陷入危机或者破产莫不因为如此，百年的巴林银行如是，美国金融危机中几大投资银行的命运亦如是。在这方面，巴塞尔银行监管委员

① 除银行间市场外，我国金融衍生品市场只有管制，没有监管，实际是没有市场。

会始终是风险预留原则的极力提倡者，其发布的银行业资本充足率标准和一系列协议及指南均体现了完善与补充单个国家对银行监管体制的不足，提高银行风险抵御能力，减轻银行倒闭的风险与代价的风险预防价值取向。实际上，金融衍生品品种的发展必将导致相应监管措施的灵活与多样化，但万变不离其宗，我国未来金融衍生品的推出必须控制风险，使任何衍生品的交易规则均留有风险防范空间，并在此基础上结合国际市场甚至相近行业领域（如期货业）之监管经验，指定具体有效的监管与控制措施。

### 7.5.2 信息披露原则

金融衍生品的质量无法通过表面判断，必须通过信息披露才能说明。很多情况下，推出未经过信息披露的产品实际上将会使投资者的利益处于巨大的潜在风险之中，在法律上甚至可能导致欺诈。因此，国际证监会组织（IOSCO）早已提出对交易市场的监管提高透明度，而信息披露制度则是实现这一目标的有效途径。任何金融衍生品都必须有充分的可以查询引证的信息披露，这是保护投资者权利的需要，也是对发行人、承销人追究、衡量责任的需要。

发展金融衍生品市场应当充分重视信息披露原则。充分的信息披露，既包括场内交易中的信息披露，也包括场外市场中的信息披露；目前世界各国对衍生品的场外交易的监管不够，对于规模巨大的包括银行间市场在内的场外衍生品交易，信息披露制度未被重视和发挥应有作用。传统上的银行监管不注重信息披露，介入金融衍生品市场后，信息披露制度的加强和完善成为银行监管制度的一个重要趋势。[①] 随着美国金融危机的爆发，对场外金融衍生品交易的信息披露开始为各国监管部门重视，上述美国政府及SEC的措施充分体现了信息披露原则的重要作用。此外，充分的信息披露，既包括发行上市时的披露，也包括上市交易后的持续信息披露，并且所披露的信息应当真实、准确和完整。新品种上市时的信息披露，既包括披露义务人将有关信息及时报告给监管部门，以利于监管部门及时、正确地制定相关规则，减少市场操纵和其他不良交易行为的发生；也包括向社会公众所做的公开披露，以此使社会公众对金融产品的质量作出表面判断。充分信息披露的理想效果应当是客观揭示产品的交易状况和市场风险，使社会公众可以较为准确地评价产品及机构的表现，并使地位相似的市场参与者拥有获取同等信息的权利及可能。

---

① Companies and Securities Advisory. Rebulation of the Over - the - Counter Derivatives Market Final Report. http：// www. camac. gov. au/camac/camac. nsf/.

实现这种目标的具体途径首先在于设立简单明确的监管规则并在实践中发挥作用。监管部门在审批新产品时应当明确信息披露义务人，除申请人应当作为当然的披露义务人外，还可通过推定原则的引入将申请过程中的承诺人纳入义务人范围，同时将信息披露规则与反欺诈条款相结合，如果发行人未能真实、及时、完整地披露证券信息，将有可能构成欺诈，并向因此受损失的投资者负赔偿责任，且可能承担刑事责任。信息披露确立了欺诈的行为标准和过错标准。如果发行人没有或者选择性进行信息披露，从行为上说就符合欺诈的构成要件；从过错的角度看，发行人基本上也不能以无过错进行免责；即便是无过错的，作为一种不诚信的发行行为，发行人所得的发行款项也属于不当得利，应当退还给投资者，从而尽可能保护投资者的合法利益。其次，充分的信息披露需要明确信息披露的合理内容和范围，要求义务人全面、及时、完整地披露基本信息和交易信息。对于产品基本信息的披露应当以尽量简易的方式充分说明衍生品和基础资产或权利之间的联系。最后，建立与金融衍生品相辅的资信评级机构，针对结构性衍生品给予市场投资者更加专业通透和易懂的信息披露，完善定价机制，明确信用评级机构与衍生品发行上市申请人的民事责任、行政责任，甚至刑事责任。

因此，不符合强制性信息披露要求的金融衍生品应被视为不合格、有缺陷的产品，不得发行上市。披露的财务信息必须经过强制审计，相关投资机构必须接受这样的成本。故而，信息披露连接着非常复杂的一系列规则。我国目前存在一些分级的审计机构，且存在大量的作假现象，没有证券资格的审计机构水平更为低劣，必须由监管部门加强管制并建立起完善的淘汰机制。再者，信息披露的主体包括发行人也包括信用评级机构，不仅申请人应当负责信息披露，信用评级机构在评级活动中亦应负职责范围内的持续性信息披露责任。现行美国法律将信用评级机构排除在证券侵权赔偿责任主体范围之外，这也使得信息披露责任主体存在一定的虚化的状况。此外，信息披露应能够充分揭示金融衍生品的价格与风险，在信用评级的标准和规则上应当改进，可以针对不同的衍生品进行分类，对其杠杆率和整体风险作出说明。这就要求投资机构要给出金融衍生品的定价原理，这个定价原理必须是专业、明确且是科学的。金融衍生品的价格构成是极端复杂的，这对于处于信息弱势一方的投资者识别产品品质和风险是极端不利的。评级机构有能力建立和发展出一系列的专业技术判断规则，把复杂的问题简单化，使投资者能够了解金融衍生品的价值和风险度。[①] 评级制度与信息披露联系密切，本质上看，评级是简化信息披露的手段，是表示风险的工具，对于一般投资者来说，这不仅是极其重要的定价参考工具，更能使其简单、便利地了解产品的品质。

综上所述，充分的信息披露是保障投资者权益的关键，是高质量信息披露的关键性标准，是金融衍生品市场安全、高效、公开运行的基石。因此，我国金融衍生品市场在未来发展的过程中必须将信息披露原则作为基本的监管控制原则之一。

### 7.5.3 全面系统原则

如上所述，金融衍生品市场是多种因素有机构成的开放性体系，而针对类型丰富、结构复杂的金融衍生品进行监管，除了在监管侧重点、监管技术层面体现出灵活性和针对性以外，必须从市场内部普遍联系的高度建立起全面系统的监管与控制。具体来说，首先，所有的市场参与主体都应纳入监管范围。由于在金融衍生品市场中，任何参与个体所发生的风险都可能导致整个金融体系的不稳定，故监管所有的市场参与主体十分必要。[②] 其次，对不同种类的金融衍生品应进行全面系统的监管，举例来说，不仅交易所产品要进行监管，场外交易产品特别是银行间金融衍生品更要纳入监管范围；不仅期权、互换产品要进行监管，利率、汇率等衍生品交易也应纳入证券监管机制当中。美国金融危机的爆发原因之一恰恰在于留下了银行间市场这一监管死角，导致了源于次贷危机的系统性风险层层叠加放大并最终酿成金融海啸。最后，对不同类型的风险必须进行全面系统的监管。虽然在金融衍生品市场中，信用风险与市场风险是主要的风险表现形式，但金融衍生品的迅速发展必将导致市场内部风险界限的模糊化。因此，在信用风险与市场风险的基础上，必须将流动性风险、操作技术风险、法律风险及跨国风险等具体的风险类型通盘考虑，全面纳入市场监管体制之中。

从实践上来看，在我国金融衍生品市场的发展过程中，虽然新《证券法》

---

① 也有观点认为，对金融产品评级并不是评价该种产品的市场价格和投资收益，而是对该种金融产品的发行质量、发行者的资信和投资者所承担的风险进行评估。笔者认为，现在的金融衍生品非常复杂，如果不对产品进行定价分析，实际上也是无法评估出发行者的资信状况和投资者的风险的。参见：孔敏，叶桂刚. 中国证券交易大全［M］. 北京：警官教育出版社，1992：840.

② 洪治纲. 国际金融衍生品监管法基本原则探析［J］. 湖北社会科学，2007（2）：144.

为混业经营管理打开了法律之门，但囿于长期以来分业经营管理的监管模式和证监会、银监会、保监会三大机构并立的局面，我国的金融衍生品市场确立全面系统监管原则所面临的挑战是十分巨大的。一方面，金融衍生品的发展必然是跨行业跨领域的结构化趋势走向，这本身要求相应监管部门具有证券、银行、保险等不同市场领域的专业素养并具有统筹全局的应变能力，而“三驾马车”分业管理的监管模式明显不利于监管机能的整合与联动，反而为金融衍生品市场的全面监管设立了行政化的栅栏；另一方面，分业监管的模式必将导致不同监管机构面对迅速发展的衍生品市场时产生行政权力的矛盾与冲突，不仅不利于监管技能的有效发挥，反而会浪费国家行政成本，降低市场效率。因此，如何借鉴欧美发达市场的监管经验，构建符合我国衍生品市场的全面系统监管机制，必将成为今后一定时期内，值得深入探讨的问题。

### 7.5.4 符合法律与公共利益原则

有学者认为金融衍生品市场的发展应当遵循一定的发展路径①，从法律角度而言，对于衍生品的创新应当着眼于价值判断。国际证券监督委员会（IOSCO）在《证券监管目标和原则》（1998 年）将证券监管的目标设定为：保护投资者利益，保证市场公平、有效和透明以及减少风险。因此，法律的视角应当以这些目标为原则从立法或监管角度来规范金融衍生品的创新。美国《商品交易所法》（CEA）第 7 条第 5 款要求交易不会与公众利益冲突，交易所在申请新合约时必须说明合约条款跟现货市场的实际做法一致，从而防止价格操纵或市场混乱发生。同时美国《1934 年证券交易法》第 6 节（B）项规定，期货交易委员会和证券委员会必须确认任何新期货期权合约的推出符合公众利益。加拿大安大略省有关法律规定，商品期货期权合约的推出不应损害公众利益。② 在这些国家的立法或监管中，均把金融衍生品的创新符合社会公众利益放到首位。我国《证券法》也开宗明义将证券法的立法指导思想规定为：保护投资者的合法权益，维护社会经济秩序和社会公共利益，促进社会主义市场经济的发展。因此，符合法律与社会公共利益原则是创新衍生品种中必须遵循的原则。

这一原则可以具体到我国金融衍生品市场的实际监管细节中，如在核准新

---

① 罗培新．构建金融衍生工具上市机制的若干思路［J］．法学，2006（3）：44. 该文认为我国衍生金融市场的发展顺序是：商品类期货交易——期权类期货交易——国债期货、外汇远期交易、商品期权、股权类期权——债券期权、外汇期货及期权、互换。

② 白钦先．各国衍生金融市场监管比较研究［M］．北京：中国金融出版社，2003：178.

型衍生品种时，应当从符合社会公共利益角度核准整体型衍生工具而不是个股型衍生工具。金融衍生品市场是零和交易的市场，针对个股的衍生工具容易沦为技术性赌博工具，而赌博在我国是违反法律和社会公众利益的行为。金融衍生品市场允许适度投机而抑制过度投机，个股型衍生工具只为部分投资者提供对冲交易的条件，仅具有有限的交易意义，容易被控制和操纵从而沦为有悖于社会公共利益的违法性赌博产品。整体型衍生工具，如建立在沪深300或50指数上的期货期权产品，和国债、债券相联系的衍生产品，以及在利率、汇率市场条件下关于利率、汇率的期货产品等，都是对社会经济或金融秩序具有重大作用的产品。因此，在创新衍生品方面，从符合法律与社会公共利益原则的角度出发，应当核准对整体社会经济有重大作用的整体型衍生产品而禁止个股型衍生品。美国金融危机带给我们的启示之一就是完全的市场自由主义具体到交易所审核证券衍生品的上市而缺乏行政监管是导致赌博性金融衍生品盛行一时的重要因素，而这些个股型衍生品所无限放大的潜在性风险一旦爆发则会导致巨大的市场危机。

### 7.5.5　监管效率原则

"效率"是商事领域，特别是证券市场永恒追求的价值取向之一，在市场稳定安全的基础上，如何追求效率最大化是各国证券市场的共同目标，而金融衍生品的诞生和发展也正是效率二字的充分体现。其通过自身价格发现与风险管理等基本功能大大提高了证券市场的流动性，促进了资本市场的快速发展。与之相应的，针对金融衍生品市场的监管控制必须符合市场步调，监管效率原则意义重大。具体来说，监管效率原则主要应包括以下几方面内容：首先，从监管主体监管上讲，应该以尽量少的监管成本获取最大的监管绩效。这要求在设计监管体制、获取监管信息、作出和执行监管决策时，应该尽量降低成本，缩短决策时间，减少决策措施的传递环节，增大监管绩效①；其次，从市场监管措施的实行上看，在保证市场稳定安全运行的基础上尽量减少外部行政干预，降低不必要的交易费用，废除阻碍效率的交易壁垒与政策桎梏，充分发挥金融衍生品市场的创新功能，切实有效地保护投资者合法权益，保护和提高投资积极性；最后，从违法行为的制裁上看，必须通过建立适合证券市场运行特点的迅速有效的责任判断与赔偿执行机制，避免证券市场纠纷陷入冗长繁杂的司法审

① 洪治纲. 国际金融衍生品监管法基本原则探析［J］. 湖北社会科学，2007（2）：145.

理窠臼。总体来说，监管效率原则实质上是要求相关监管部门建立起与金融衍生品市场发展步调与脉络相一致的监管机制，这对我国证券市场长期以来行政化的监管模式无疑又是一个巨大的挑战。

综上所述，在我国金融衍生品市场未来的发展过程中，确立如上基本监管和控制原则是十分必要的，其不仅会为迅猛发展的衍生品市场之监管提供最基本的法律价值取向判断与指引，更为解决证券市场法律纠纷提供了除却具体规则之外的弹性适用空间。因此，我们认为，必须重视金融衍生品市场监管机制基本原则的构建。

## 7.6 我国金融衍生品市场的未来发展路径

考虑到我国金融衍生品市场一直以来发展缓慢而导致我国在分享全球金融收益、防范金融风险所处于的被动局面，为满足我国银行业规避不断增大的市场风险的需要，我国金融衍生品市场应遵循“适应经济金融改革进程、满足市场需求、结构上由简到繁、风险上由高到低”的总体发展原则，从将近二十年的金融衍生品市场发展的不断实践出发，充分考虑国内和国际经济的大环境，有步骤、有选择地循序渐进地发展金融衍生品。

### 7.6.1 我国金融衍生品市场的发展路径

总结新兴国家（地区）金融衍生品市场的发展路径可以发现，虽然各国的经济条件和实际需要各不相同，但是各国都进行了相似的路径选择：从股指期货切入，到股指期权，再到股票期权，而不同于发达金融衍生品市场先货币，后债券、指数的道路。[①] 就我国的现状来看，应在确立上述基本监管控制原则的基础上，首先发展对整体经济秩序和金融稳定具有重要意义的金融衍生品，而对那些仅针对个别基础资产的，甚至是具有对赌性质的金融衍生品，应该缓行。即在已经推出股指期货的基础上，继续发展有良好基础市场支持的股票类衍生品，积累经验后再推出国债期货等债券市场中的衍生品种，之后在利率、汇率市场化程度充分提高后再发展利率期货、外汇期货等利率外汇类衍生品，从而步步成就中国金融衍生品市场的繁荣。

第一，应当在沪深300股指期货的基础上，继续推出各类样本容量更小、

---

① 巴曙松．中国金融衍生品发展路径　从国际比较看中国选择．http：//finance. sina. com. cn，2006－02－24.

具备更高效率的指数产品，并以此为契机，促使现货市场完善指数体系，推动不同风格的指数期货、期权产品的产生，发展品种丰富的股票金融创新产品。从国外新兴市场发展金融衍生品市场的经验以及我国现货市场规模、机构投资者发展状况和市场监管体系来看，股票市场无疑是现阶段证券市场中相对较为成熟的部分。截至2010年5月底，我国沪深股市总市值已达到209 639亿元。在股票市场规模不断扩大的同时，投资者的结构也在不断发生变化：基金、券商、QFII、社保基金、企业年金等机构投资者逐渐成为股票市场中的中流砥柱。机构投资者在股票市场的发展中不断成长，且越发成熟。根据“垂直管理、统一监管及监管独立”的精神，1998年中国对证券监管体系进行了大规模的调整，撤销了国务院证券委，中国人民银行承担的部分监管职能移交中国证监会统一管理，收回地方政府对当地证券监督机构的管理职能，归中国证监会垂直管理，从而形成统一的监管体系，[①] 这对股票类期货的上市极为有利。在证券期货市场的风险控制方面，形成了证监会、交易所、经纪公司及结算机构间的层层监控制度，风险控制能力大幅度提高。因此，从总体上看，股票类期货、期权产品仍应成为我国金融创新发展的重点。

第二，虽然我国现在已经存在一定规模的可转换债券市场，但与大规模的基础债券市场和对利率风险规避的需求不符，各类投资者对于推出债券衍生品的呼声是强烈的。我国在1992年推出国债期货，虽宗旨在于利用该衍生品推动现货市场发展，但由于对产品本身特有的风险和相关的监管未能给予应有的重视，致使其于1995年被关闭。“一朝被蛇咬，十年怕井绳”，直到2004年我国才推出了所谓的开放式回购。鉴于国债期货是债券衍生品市场中的“佼佼者”，可以弥补远期交易的不足，实现债券衍生品交易场内与场外交易协调发展，加之债券基础市场的蓬勃发展和投资者、监管者的逐步成熟，可以说，发展国债期货等债券衍生品的时机也是较为适当的。然而尽管如此，要拓展债券衍生品市场、大力发展债券衍生品，下列问题仍需要重视。

首先，国债是债券衍生品市场中重要的基础产品，而我国国债的发行政策、财政政策以及国债市场结构等对未来的国债衍生品发展实际上构成了障碍。例如，作为基础产品，债券市场中国债规模远远不够、短期债券由于种种原因迟迟难以发行等。虽然我国国债市场规模较10年前已有了长足的发展，但是比起发达国家的债券市场规模还是不够的。20世纪80年代我国国债的发行对象主要

① 何小燕，焦玲．论我国现货市场发展与结构金融发展［J］．时代金融，2008（10）．

是个人、企业、机关事业团体等。从1993年开始，国债的持有者就开始集中在个人、金融机构及社会保障基金等部门，其中个人是国债的主要持有者。从1992年到1998年的有关统计数据上看，个人国债持有量占国债发行量的比例从未低于50%，有些年份高达70%以上。国债第二大持有者是金融机构，但从比例上看，从未超过个人持有者。如果说金融机构国债持有量与个人国债持有量的比例还不能充分说明问题，我们采用另一个指标即金融机构国债持有量占其总资产的比率来进行分析，从近几年的数据看，这个比率从未超过3%。[①] 从目前市场状况和财政政策上来看，大量发行新的国债来增加债券市场中债券总量的可能性不大，而稳定的国债现货供给可为期货到期交割提供充足的现货保证，避免期货价格偏离现货价格。

其次，短期国债品种严重缺乏也是债券市场中另一个亟待解决的问题。短期国债期限短、安全性高、流动性强，一般被市场参与主体视为“准货币”。对投资者来说，短期国债几乎不存在利率风险，其利率可以随市场利率的波动被及时加以调整，投资者在交易中不至于蒙受利率损失。因此，在流动性过剩、通货膨胀的宏观经济背景下，在市场利率会进一步上升的预期下，投资者为了避免利率风险，往往会更加倾向于用闲置资金购买短期国债。另一方面，现在市场中往往由中央银行发行的中央银行票据来替代短期债券的位置，但中央银行票据的不足也是非常明显的。由于持有人范围狭窄（仅限于银行等金融机构，社会公众无法参与）、期限结构单一、不能够随时贴现，所以交易的活跃程度及调控的范围及力度就会大打折扣。而且大量发行中央银行票据将使央行亏损增大，资金在中央银行体内循环，社会效益和经济效益有限，同时利息支出又构成基础货币投放。相对于央行票据，短期国债筹集的资金能够直接使实体经济受惠，更好地促进实体经济的发展。[②]

要促进国债期货的发展，还有一个中国特色的问题就是财政部与相关部门（如发展改革委、人民银行）配合协调的问题。比如短期国债，既是财政政策工具，同时又是货币政策工具。因此，在短期国债发行规模问题上，财政部与中央银行应加强沟通与合作，使短期国债的发行规模能同时满足财政与金融两方面的需求。基于这种考虑，财政部和相关部门的合作对于债券市场中债券品种和规模的发展必然成为至关重要的先导性因素。

最后，我国目前债券交易市场主要分为交易所市场和银行间市场，市场参

---

① 左毓秀．完善国债市场功能与货币政策操作［J］．中央财经大学年报，2000（6）.

② 沈巍．短期国债与流动性调控研究［J］．财政研究，2009（4）.

与者因此被人为地分成两部分，债券交易市场不统一也对债券衍生品市场的发展带来相当影响。由于市场的分割，市场参与主体不能充分有效地利用两个市场的优势，影响了各类主体的参与积极性和参与程度，限制了市场功能的发挥。在市场分割的情况下，商业银行无法进入交易所市场参与公司债券的投资和交易，作为资本市场中最为重要的一类投资者，这无疑制约了公司债券投资者结构的丰富和市场流动性的提高，也影响了债券市场直接融资功能的发挥。因为商业银行被排除在交易所市场之外，证券交易所市场缺少了资金最雄厚的机构投资力量，债券市场价格形成不能准确反映市场资金的供求情况，使我国债券市场缺乏能够真实反映市场状况的收益率曲线，影响了市场价格机制的完善和功能的有效发挥。2007 年 7 月，为提高交易所市场的流动性，上海证券交易所推出了固定收益证券综合电子平台交易，这一平台的建立在很大程度上为促进两市场之间的统一奠定了基础。要促进我国国债市场的流动性效率提高，解决债券市场中的结构性矛盾，就需要打破市场分割的局面，加快建立统一的债券市场，使债券市场的参与主体可以自由选择交易的场所。①

第三，伴随着不断深化的利率市场化改革，市场中利率的波动越发频繁，业内对推出利率衍生品的要求也日渐高涨。从世界范围来看，无论从绝对额看还是从对金融机构的重要性看，利率衍生品都占据了金融衍生品市场的重要地位。从我国当前来看，利率衍生品市场才刚刚起步，要真正发展起来还有相当多的工作需要做，主要是制度协调方面和基础设施方面。

利率衍生品的发展首先取决于利率市场化的推进。与美国的情形不同，在我国仍有一部分利率未实现市场化，中国的利率管制和汇率管制意味着由国家来承担风险。所以，在利率没有完全市场化的时候推出利率衍生品，归根到底说的是利率风险的分担机制问题。解决利率风险的分担机制问题，或是稳中有升地推进利率市场化的程度，是利率衍生品发展的重中之重。如果没有充分或有效的利率市场化为前提，那么所推出的利率期货就会因利率变量的非市场性的变化而导致交易市场的运作难以为继或品种变异，哪怕这种变化只是微量的。历史上曾经的国债期货嬗变为通货膨胀率期货就是证明。我国目前已经推出了上海银行间拆借利率作为参考利率，但还需要进一步完善。

同时，金融期货交易的相关法规是否行之有效还有待于实践检验。虽然由国内三大商品期货交易所和两大证券交易所共同出资，发起设立的中国金融期

① 安国俊，刘劲松．再谈债券市场统一问题．http：//www.jrj.com，2009－04－14.

货交易所已于2006年9月8日成立，且相关部门制定并颁布了一系列关于金融期货交易、风险管理、结算以及信息披露等制度法规，但是这些规定是否存在纰漏以及纰漏程度的大小还只能待相关金融衍生品上市交易后进行检验和完善。故此，利率期货应该在股指期货运行一段时间、取得经验的前提下，再考虑推出。

另外，需要为利率衍生品的发展建立良好的金融基础设施。例如，完善债券市场的做市商制度，加强债券现货市场的品种、期现结构以及存量建设，重视投资者保护问题，法制环境、监管框架的市场化与国际化等。这些问题都不利于推出利率衍生品的推出。随着利率市场化进程的开始，利率衍生品市场的发展也提上了议事日程，但在短期内以国债（国债期货）市场为基础来发展一个利率衍生品市场恐怕是有难度的。

第四，我国自2005年7月21日起开始实行以市场供求为基础、参考一篮子货币进行调节的、有管理的浮动汇率制度。人民币汇率形成机制更加市场化，汇率的变动更加灵活和富有弹性，汇率的风险也随之放大。2009年第二季度以来，伴随着世界经济的整体强势反弹，发达国家针对中国出口的贸易保护主义压力卷土重来。G20匹兹堡峰会与G7意大利会议均提及全球经济失衡与再平衡，要求人民币升值的外部压力重现。在人民币升值压力的诱导下，大量短期国际资本流入我国大陆，进一步推高资产价格。在这种国内外宏观经济背景下，为了避免这种方式造成的热钱流入，人民币汇率的最可能变动方向是回归到小幅、渐进的升值趋势。[①] 为汇率体制改革创造有利的基础环境，就必须建立完善的汇率避险工具和市场。从我国外汇衍生品的现状来看，外汇衍生品的交易品种、交易方式和市场规模尚不能满足市场对风险规避的需求。

首先，我国对外汇衍生品市场的监管同样存在着多头管理、权责不明的问题。2004年3月1日，《金融机构衍生品交易业务暂行管理办法》开始实施，该办法中明确规定了银监会对金融机构从事衍生品交易的管理权力，而我国《期货交易管理条例》则规定期货交易的管理部门是中国证监会期货部，其监管的主要对象又是商品期货，对衍生品的监管范围规定明显不够明确。可以推断，目前我国对外汇衍生品监管为多元监管安排，但职责范围不清晰。从基础资本市场监管权限看，主要分散在中国人民银行、外汇管理局、银监会以及财政部等单位和部门。责职不分明，易出现监管的真空地带。[②] 这种现状

---

① 张明．人民币汇率的未来［N］．中国证券报，2009－11－26.

② 王芳．对我国外汇衍生品市场发展及监管的思考［J］．河北法学，2009（6）.

对于有效控制衍生品的风险和促进衍生品对于实体经济的积极作用是非常不利的。

其次，市场的成熟度远远不够。一个成熟的远期外汇市场依赖于即期外汇市场和货币市场。它们之间呈现出密切的联系，如果货币市场运行良好，则有助于外汇市场的发展，反之则有碍于外汇市场的发展。远期外汇市场要求货币市场具有下列特质：高度的流动性和开放性，期限完备的短期金融工具且种类多样和高度的竞争性，以及应以各种利率衍生工具的发展为前提。① 从这个意思上来说，外汇衍生市场的发展需要以成熟的利率衍生品市场为基础。

再次，与外汇衍生品相关的会计制度滞后。与外汇衍生品相关的会计制度的完善程度对于外汇衍生品市场的发展也是一个重要因素。从我国现有的会计制度来看，在外汇衍生品方面的会计制度规定还是相当滞后的。例如，企业进行外汇管理，在利润表上无法反映由此给企业带来的利润，这点会严重影响企业参与外汇衍生品交易的积极性。

最后，我国企业汇率风险意识不足。我国改革开放已经三十个年头，虽然有些企业已经开始意识到汇率风险对企业自身的影响，开始使用汇率工具来规避风险。但从整体上来看，多数企业管理层和财务人员对外汇工具是陌生的，对外汇市场上的波动性认识不足，许多潜在的外汇风险没有被重视。因此，强化企业的外汇风险意识，增进对外汇衍生工具的理解，对于企业的未来发展来说是相当重要的。②

当然，对外汇衍生品市场来说，还有人才匮乏等问题存在。在种种问题未能妥善解决之前我们认为，外汇衍生品市场应该放在上述几个衍生品市场特别是利率衍生品市场后发展。毕竟如此之大的市场建设需要扎实稳妥的推行，不能拔苗助长，毕其功于一役。

### 7.6.2 加强我国金融衍生品杠杆率的监管

健康有序的发展我国金融衍生品市场是维护国家经济利益和经济安全的需要。2008 年这场源于市场规模不到 2 万亿美元的房地产次级贷款并由衍生品过度发展而引发的全球性金融危机，虽然核心问题源于宏观经济方面，但其与场外金融衍生品的监管缺失是分不开的。金融衍生品具有杠杆交易、风险性大的特点，在推进金融衍生品中要始终把风险控制放在首位，尤其要对杠杆率的监

① 高扬，何帆．中国外汇衍生品发展的次序［J］．财贸经济，2005（10）．

② 高扬，何帆．中国外汇衍生品发展的次序［J］．财贸经济，2005（10）．

管给予相当的重视。

第一，提高金融监管者之间的协调度，需要尽可能地建立统一的、与衍生品市场创新同步发展的监管体系，这是做到对金融产品杠杆率监管到位的前提。虽然在此次金融海啸中，我国的银行和非银行金融机构并没有显现出危机，但是随着全球金融一体化进程的不断推进，以目前市场的监管强度显然是非常不够的。多方的监管机构以及中央银行之间的监管分工在一定程度上混乱不清，在实际执行中难免出现“监管真空”和“权力冲突”，这种局面带来的后果是可想而知的。所以在我国大规模地推进衍生品市场的前期，切实地解决监管者之间的协调问题，构建行之有效的衍生品监管机制是十分必要的。

第二，具体环境下适当限制衍生品的杠杆倍数，并严格监管企业的资产负债表。毫无疑问，在金融周期的上升期和繁荣期，较高的杠杆率对于市场来说有很大的吸引力。由于杠杆率和资产价格的变化是正相关的，资产价格快速上涨期，一些企业资产负债表中的资产价值快速泡沫化上升，负债率短期下降。但由于企业乐观预期，资产价值泡沫化上升导致的负债率下降增加了企业进一步负债的能力和信心，负债也随之继续上升，对资产的需求增加，进一步刺激资产价格上涨。资产价格的泡沫化上涨带来的是对于更高杠杆率的追求。如此恶性循环，直至泡沫破裂。在股市和房地产市场泡沫破裂后，市场价格的大幅下跌会造成在泡沫期过度扩张的企业资产大幅缩水，资产负债表失衡，企业的债务远高于资产。因此，即使企业此时是正常经营，也已经陷入技术性破产的困境。根据辜朝明先生的资产负债表衰退理论，在这种情况下，大多数企业会将企业的目标从“利润最大化”转为“负债最小化”，在停止贷款的同时，会将企业的现金流投入到归还债务当中，最大限度地去修复受损的资产负债表，以期尽早走出技术型破产的泥潭。在大规模企业进入“负债最小化”过程中，就会出现即使银行愿意继续发放贷款，也难以找到借贷方的异常现象，进而引起信贷紧缩、流动性停滞等比一般经济衰退更为严重的后果。[①] 由于金融机构的杠杆率是顺周期的（经济繁荣时杠杆率高，经济衰退时杠杆率低），杠杆效应总是将资产负债表中的利润和负债放大，使其资产负债表在经济繁荣时看起来异常的强大，在经济低潮时异常的脆弱。

当然，对于杠杆率的监管还可以针对不同的衍生品交易品种通过设定较高的保证金比例、严格的强制平仓制度和逐日盯市乃至逐笔盯市制度来加以保证。

---

① 辜朝明. 大衰退［M］. 北京：东方出版社，2008.

上述所谈到的都是具体情况下针对资金杠杆的监管措施。对于产品杠杆的监管，需要监管者不但要考虑推出产品机构本身的风险抵御能力，还要考虑到该衍生产品所针对的投资者的抗风险能力，以及市场中对于此类衍生品所带来风险的容纳能力，这与前一部分所述全面系统性原则是吻合的。所以，在我国这样的新型金融衍生品市场的发展初期，在各类投资者和监管者的成长过程中，对监管者的要求理应更为审慎。

在此次金融危机中，金融衍生品过高的杠杆率被一再指责，但笔者认为，并不能因此就大力压制衍生品杠杆率甚至将其“妖魔化”，不能对其在满足投资者规避风险、价格发现特别是提高市场效率等方面不可忽视的作用视而不见。需要强调的是，我们必须将对杠杆率的监管与市场结合起来，在合理的限度内由市场去决定，不能因为对高杠杆率一味抵制而在市场经济和计划经济中徘徊。前美联储主席格林斯潘曾说：“在国际货币市场的批判中成长的金融衍生品市场，极大地降低了成本，增加了避险机遇，使金融系统比30年前更加灵活有效，经济自身对金融动荡更具有弹性。”在衍生品市场几十年的发展历程中，其对于金融市场的振兴和对实体经济的支持可谓居功至伟。金融衍生品市场，目前来讲也是世界各大国之间进行金融竞争的战略制高点，是获取国际金融资源的重要来源。丰富产品种类，拓宽市场层次，活跃市场交易，提高我国金融机构的产品自主设计能力和定价能力，增强抵御金融发达国家转嫁市场风险的能力，是大力发展我国金融衍生品市场的首要任务。

综上所述，为了促进我国金融市场崛起这一宏伟目标的达成，在我国金融衍生品市场的发展过程中，我们必须重视衍生品市场对大国金融的重要作用，建立与衍生品同步发展的监管体制，并结合我国市场现状在确立一系列基本监管控制原则的基础上逐步丰富市场品种和完善市场层次。只有如此，才能充分发挥出衍生品对于我国金融市场的核心作用，我国的多层次资本市场战略才能在金融衍生品市场的强大推动下稳步前进，我国的金融市场才能在支持实体经济发展的同时更好地参与国际化竞争，发展金融衍生品市场是中国迈向大国金融的必由之径。

## 参考文献

［1］田超．金融衍生品：发展现状与制度安排［M］．北京：中国金融出版社，2006.
［2］冉华．衍生品市场对经济增长的作用［M］．北京：中国金融出版社，2006.
［3］施兵超．金融衍生产品［M］．第1版．上海：复旦大学出版社，2008.

[4] 卢文莹．利率期货与期权［M］．第1版．上海：复旦大学出版社，2008.

[5] 黄达．金融学［M］．第1版．北京：中国人民大学出版社，2003.

[6] 韩立岩，王允贵主编．人民币外汇衍生品市场：路径与策略［M］．第1版．北京：科学出版社，2009.

[7] 高扬．构建人民币汇率的避风港——中国外汇衍生品市场研究［M］．第1版．北京：中国经济出版社，2006.

[8] 郑振龙等．外汇衍生品市场：国际经验与借鉴［M］．第1版．北京：科学出版社，2008.

[9] 白钦先．各国衍生金融市场监管比较研究［M］．北京：中国金融出版社，2003.

[10] 辜朝明．大衰退［M］．北京：东方出版社，2008.

[11] 汪昌云．金融衍生工具［M］．第1版．北京：中国人民大学出版社，2009.

[12] ［美］Louis Loss，Joel Seligman 著，张路译．美国证券监管法基础［M］．第1版．北京：法律出版社，2008.

[13] 刘明康．促进我国金融衍生品市场健康发展［J］．中国金融，2006（22）.

[14] 袁小文．金融衍生品与国家战略［J］．中国外汇，2006（5）：14.

[15] 王凯．我们不应丧失金融衍生品的定价权［N］．中国会计报，2009-07-03.

[16] 孙鑫，田宁．我国银行间债券市场现状与对策［J］．大连海事大学学报，2008，7（2）.

[17] 胡政．完善资本市场　推动债券衍生品交易［N］．经济参考报，2003-12-31.

[18] 江宵．浅谈我国金融衍生品市场的发展［J］．商场现代化，2008（544）.

[19] 周荣芳等．金融危机以来我国利率衍生产品市场运行情况［J］．中国货币市场，2009（7）.

[20] 余学斌，马碧红．中国外汇市场的现状分析［J］．科技创业月刊，2008（6）.

[21] 杨臻佳．试论我国人民币外汇衍生品市场的进程设计［J］．商业时代，2008（35）.

[22] 韩立岩，车瑜．以股指期货推出为开端　适时推出股指期权产品［J］．当代金融家，2009.

[23] 黄炳国．浅谈金融危机对我国金融衍生品市场发展的启示［J］．金融经济，2009（16）.

[24] 洪治纲．国际金融衍生品监管法基本原则探析［J］．湖北社会科学，2007（2）.

[25] 罗培新．构建金融衍生工具上市机制的若干思路［J］．法学，2006（3）.

[26] 巴曙松．中国金融衍生品发展路径——从国际比较看中国选择．http：//finance. sina. com. cn，2006-02-24.

[27] 何小燕，焦玲．论我国现货市场发展与结构金融发展［J］．时代金融，2008（10）.

[28] 左毓秀．完善国债市场功能与货币政策操作［J］．中央财经大学年报，2000（6）.

[29] 沈巍．短期国债与流动性调控研究［J］．财政研究，2009（4）.

[30] 安国俊，刘劲松．再谈债券市场统一问题．http：//www. jrj. com，2009－04－14.

[31] 张明．人民币汇率的未来［N］．中国证券报，2009－11－26.

[32] 王芳．对我国外汇衍生品市场发展及监管的思考［J］．河北法学，2009，27（6）.

[33] 高扬，何帆．中国外汇衍生品发展的次序［J］．财贸经济，2005（10）.

[34] 谢圣姬．中国金融衍生品市场发展研究［D］．复旦大学硕士学位论文.

[35] 蒋兰陵．发展中国股票指数期货市场的问题研究［D］．河海大学硕士学位论文.

[36] 柳铁山．我国银行间债券市场的作用分析及发展研究［D］．湖南大学硕士学位论文.

[37] 邵玲．我国银行间债券市场与交易所债券市场比较研究［D］．厦门大学硕士学位论文.

[38] 张晓菊．中国国债期货的运行制度研究［D］．同济大学博士学位论文.

# 8 中国金融崛起中的商业银行体系


## 摘　要

商业银行是现代金融体系中极为重要的一种制度安排，在支付结算、储蓄动员及配置、流动性提供以及风险管理等方面都履行着重要功能。在过去的30余年间，以金融市场蓬勃发展为核心的全球范围的结构性金融变革使商业银行组织形式、业务模式进而收入结构都发生了极为显著的变化，风险管理逐渐取代融资中介成为其最核心的功能。这一变化，在以美国为代表的发达国家最为明显。对于中国而言，目前以国有商业银行为主导的规模庞大的商业银行体系仍然是金融体系的主体。因此，一方面，鉴于制度演进的路径依赖以及中国现有的政治、文化、法律以及会计等其他金融基础设施建设的现状，中国商业银行体系的成功转型不仅是中国金融崛起的主要表现，而且是中国金融崛起的内在要求；另一方面，由于中国经济转轨的特殊定位，中国商业银行体系尽管为转轨贡献了很多，但从金融核心功能或者说资源配置视角着眼，除带有政府隐性支持的储蓄动员能力之外，其在很多方面都和发达国家，甚至一些发展中国家相比都存在较大的差距。在这样一种背景下，考虑到未来随着中国经济规模的不断扩大，以股票市场、金融衍生品市场等将获得极为快速的发展，因此，为了构建一个以“多层次”、“竞争性”和“市场化”为基本内涵与中国金融崛起相适应的商业银行体系，在未来我们不仅需要通过实施制度创新的金融深化，从外部营造商业银行创新进而转型的制度环境，强化其转型的内在动力，而且也需要通过公司治理、业务模式、组织形式、经营理念以及业务流程再造等内部转型来加快其实现。


众所周知，伴随着改革开放进程的不断推进，以“大一统”银行体系为起点的中国金融在经历了30余年的制度变迁和发展之后，已经发生了极为深刻的结构性变化，初步构建了一个市场化的金融体系。从当前中国金融体系的整体架构着眼，我们发现尽管在过去20余年间，以股票市场为核心的中国金融市场从无到有、从小到大，获得了极为迅猛的发展——仅从股票市场市值的变化来看，2008 年至 2009 年末的中国沪深两个市场的总市值分别达到 12.14 万亿元（其中流通市值 4.52 万亿元）和 24.39 万亿元（其中流通市值 15.12 万亿元），分别约占 GDP 的 40% 和 73%，但商业银行体系，尤其是国有控股银行在中国经济金融领域中仍占据着主导性的地位——截至 2009 年底，银行业金融机构资产总额达到 78.8 万亿元，其中大型国有控股商业银行、股份制商业银行和城市商业银行三类机构资产占银行业金融机构资产的份额分别为 50.9%、15.0% 和 7.2%。

对于中国而言，1978 年以来的 30 余年间，为了最大限度地维持以国有企业为代表的“体制内产出”的稳定，避免整个经济转轨过程中由于“体制内产出”的巨大波动而引起社会动荡和组织崩溃，当前这种以国有商业银行为主体，或者说单一国有产权的国有银行在市场竞争中处于绝对垄断性优势地位的商业银行体系进而整个金融架构所发挥的极强的储蓄动员和资源配置控制力在客观上发挥了极为重要的作用，事实上也成为推动中国经济“渐进转轨”取得巨大成功的重要基础经济制度之一。不仅如此，在当前这场由美国次贷危机所引发的全球金融危机中，相对稳健的中国商业银行体系对维系金融体系的稳定，进而通过巨额信贷投放使中国经济在世界范围内率先走出衰退进入复苏起到了极为关键的作用。但问题是，30 年后的今天，在中国经济金融已经取得巨大发展，以全球化、自由化等为内核的外部经济金融环境已经发生重大变化，中国经济增长模式亟待重新调整的大背景下，中国商业银行体系在未来是否应该（或者说有可能）继续维持现有的市场或业务格局？如果说其需要转型的话，中国商业银行体系又应该往何处去？进一步地，鉴于商业银行体系在中国金融体系中的特殊地位，在可预见的未来，商业银行体系在中国金融崛起中又将扮演什么角色？……显然，对于这些问题的回答，有助于我们更理性地把握中国商业银行体系，甚至中国金融体系的未来演变态势。本章试图立足理论界对银行等金融中介功能定位的最新理论判断，结合近年来发达国家商业银行体系的最新发展和中国经济金融环境的变化，通过比较、反思中国商业银行体系现有功能定位，对中国金融崛起大背景下中国商业银行体系的转型目标及路径做一个前瞻性的思考。

## 8.1 结构性金融变革中的商业银行：功能视角的一个理论思考

以 13 世纪、14 世纪地中海城邦中的“货币兑换者”为起点、历经数百年演变而形成的现代商业银行体系无疑是当前金融体系中最为重要的构成之一。作为一种金融制度安排，商业银行在市场经济中占据着极为重要的地位，行使着独特的功能。但随着外部经济环境，尤其是金融领域中技术、管制放松以及制度的不断变化导致的“脱媒”进而金融商品化趋势的凸显，理论界关于商业银行在现代金融体系中功能定位的理解在过去30余年间发生了显著的改变。

### 8.1.1 商业银行：概念及其基本功能

尽管当前世界各国的商业银行经营业务及盈利模式呈现日益明显的多样化和复杂态势，但无论是从监管还是理论层面考察，如果试图对商业银行做一个最为简单、实用的界定的话，那么银行应该是“一个主要从事吸收公众存款和发放贷款的机构”（Freixas 和 Rochet，1997）。

从实践来看，与市场经济中的一般企业相比，以商业银行为代表的金融中介机构存在一些较为显著的特征：第一，与主要从事非金融性业务的公司相比，相对于“真实”资产，它们有一个高的金融资产比率；第二，银行负债比其他大多数公司的流动性强得多；第三，许多银行负债是可交易的，甚至作为交换媒介；第四，银行资产通常比其负债有长得多的到期期限，并因此流动性要小；第五，银行比其他公司有更高的杠杆效应。

独特的业务及特征使得传统意义上的商业银行拥有了经纪和资产性质转换等很多独特的基本功能（见图8－1）。

### 8.1.2 为什么商业银行仍会存在

历史地看，尽管理论界并没有人对商业银行内涵的上述功能存在的必要性表示疑问，但对于为什么这些功能交由商业银行这样一个特殊的“集存款与贷款业务于一身”并且资产负债（流动性、期限以及风险）不对称进而较为脆弱的金融中介机构来提供却存在相当大的争议。① 那么，作为一种业务颇为特殊的金融中介，商业银行为什么会产生、存在并得到发展，并且在几百年的演变中一直保持其基本业务格局呢？

现代契约理论认为，市场和企业都可视为一种市场合约，人们对企业和市

---

① 一些经济学家预言，总有一天，既发放贷款又吸收存款的商业银行将会消失，取而代之以两种专业机构：一是将公众存款投资于证券交易的狭义银行或互助基金，另一种则是通过发行债券或股票获得资金并提供信贷的金融公司或信用机构（Gorton 和 Pennacchi，1993）。而历史地看，自 1948 年 Simons 提出“狭义银行”这一设想以来，这种关于银行的判断在理论界就一直存在。

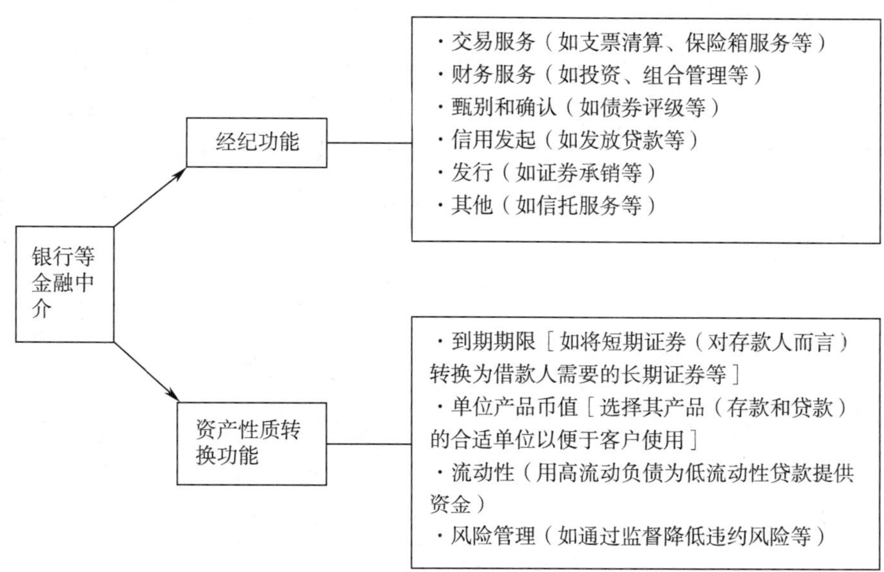


资料来源：Bhattacharya，Thakor Contemporary Banking Theory［J］. Journal of Financial Intermediation，1993（3）.

**图8－1　银行等金融中介的功能**

场的选择实质上是对不同市场合约的选择；更进一步，企业是以一种市场合约（劳动市场）代替另一种市场合约（中间产品市场），并不是用非市场合约代替市场合约（Cheung，1983）。从这样一个视角着眼，如果我们把商业银行视做金融市场中的企业，那么，和市场经济中任何其他企业类似，商业银行（中介）的产生及其存在无外乎两大成因：一是垄断性，即银行拥有的某些独特专长使其能履行其他企业或市场无法实现的业务；二是比较优势，即虽然技术上说银行业务能被其他企业所复制，但银行拥有某些比较优势使得其能够比其他企业或市场更有效率地执行这些业务或经济功能。当然，如果以主流金融中介理论为基础，更为深入、具体地分析的话，市场经济中银行特有的这种垄断性与比较优势似乎和以下八个要素存在非常密切的关系。

（1）信息问题（Information Issues）

关于银行存在性的这一分析思想最早起源于 Leland 和 Pyle（1977）——他们通过研究借款人组成联盟（假定在联盟中他们能够相互之间交换真实信息），而克服融资过程中逆向选择的“信号显示成本”比联合规模增长速度慢，或者说借款人形成“合伙关系”（金融中介）的话，中介将获得比单独借款人能够达到的更好的融资条件，进而导致了银行等中介的存在。此后，克服信息成本一直是学术界关于银行存在性的主流观点，如 Ramakrishnan 和 Thakor（1984）提出多样化非储蓄中介自发形成其主要功能是验证借款人信用的理性理论；Boyd 和 Prescott（1986）认为，利用银行的审查功能能够减少在劣质项目上投资的信号，再加上群体内部交叉补贴的存在可以通过降低好项目的收益来增加坏项目的收益，使得每个部门都有透露项目特征的动机，因此，联盟（银行）可以提高市场均衡产出，增进社会福利。

（2）不完全市场（Imperfect Markets）

从一般均衡的思路着眼，鉴于在一个 Arrow - Debru 的完美世界里，银行等金融中介并没有存在的必要（或者说银行是多余的），因此银行等中介的存在主要是由于金融市场的不完全或不完美所导致的，而金融市场这种不完全或不完美性的形成或者是出于（由于规模经济、范围经济等因素导致的）交易成本（Gurley 和 Shaw，1960；Benston 和 Smith，1976），或者是由于信息摩擦（信息不对称）（Freixas 和 Rochet，1997；Allen 和 Santomero，1998）。

（3）委托监督（Delegated Monitoring）

在信息不对称的环境下，监督不失为一条提高效率的途径（Hellwig，1991）。因此，银行的重要经济功能之一是作为存款人的代理人，甄别有潜力的借款人并形成关于他们信用的信息。关于银行存在性分析的这一思想最早提出者是 Diamond（1984）——在一个高成本的由国家来验证借款人信用的框架下，他论证了为了监控借款人现金流，防止借款人的机会主义行为，规模经济导致由专业性中介（银行）来执行监督将更有效率。

（4）控制（Control）

控制是一个与监管相关的概念。从理论上分析，即便单就旨在解决道德风险等机会主义行为的控制机制设计及实施的有效性着眼，银行（与分散主体的市场相比）具有很多优势：第一，通过要求提供抵押（或内部权益）、制定保护性条款以及信贷分档等活动，银行更有能力设计与实施激励相容的信贷契约；第二，避免“免费搭车”效应，提高契约实施、监督的现实性以及事前可信度，弱化利益冲突；第三，银行可以介入公司管理，取得相应的利益保障；第四，银行信贷抵押品的存在，不仅可以最大化银行资产补偿、最小化代理成本，而且可以作为一种信号，最大化投资资产集合的质量。

（5）（流动性）保险功能（Insurance Role of Banks）

自 Byrant（1980）、Diamond 和 Dybvig（1983）以来，关于银行中介功能的一般看法是认为它们可以作为“流动性蓄水池”或“存款人的联合体”，为家庭提供防范影响消费需求的意外流动性冲击的保险手段，或者说银行依靠非流动性贷款发行流动性索取权来创造流动性，因此只要这些冲击不是完全相关联的，规模为N的银行需要的总现金准备（视为N个存款人的联合）增加的比例小于N的增加比例，进而提供较市场更为优惠的风险分担功能。

（6）监管补助（Regulatory Subsidies）

现实地看，银行面临的诸多特殊保护性管制措施，诸如机构准入制度、存款保险制度、隐含的最后贷款人救助便利等，在限制市场竞争的同时客观上为银行创造了“特许权价值”（Franchise Value）（或经济租金）。因此，在很多经济学家眼中，银行之所以特殊，监管扮演了非常重要的角色（Tobin，1967；Kareken，1985）。

（7）参与成本（Participation Cost）

从概念上说，参与成本指的是投资者花费时间、金钱等去学习某种金融工具、了解市场走势进而参与市场的机会成本。Allen和Santomero（1998）认为在信息技术革命导致交易成本以及信息不对称程度日益下降的背景下，由于人们的时间价值随着收入和生活状况的改善而大为上升导致的参与市场的机会成本迅速提高，所以由银行等金融中介代替个人来参与市场和进行投资，通过银行创造现金流量稳定分布的金融产品，节约参与成本的同时，提供参与市场的便利就成为银行存在的重要原因。

（8）支付优势（Payment Advantage）

一直以来，为了克服交易中“双重巧合”问题，银行以其特有的存款派生（或货币创造）功能与广泛的分支机构网络优势在支付体系中扮演着极为重要的角色（Merton和Bodie，1995）。

综合地看，我们认为即便在信息通信技术不断进步导致交易成本、信息不对称程度日益下降的大背景下，如果不考虑监管补贴等外部约束的话，那么市场经济中商业银行内生形成与发展的根源有两个：一是由于规模经济、范围经济导致的成本优势（含参与成本）；二是“专属信息”（Proprietary Information）优势①，而商业银行脆弱的资本资产结构则提供了一个可靠的“信誉机制”，约

① 从理论上说，银行这种专属信息优势的形成有着内在必然性：首先，银行通过贷前调查、事中审查、事后核实以及日常的账户监控活动实现了大量私有信息的收集与处理；其次，来自关系型融资契约中内生的借款人自我信息显示意愿（向银行披露一些由于可能影响核心竞争力而不愿公开的内部信息）；最后，来自银行的自我信息投资意愿（出于长期关系的重要性及价值、信息的重复使用性等考虑积累“关系专用性资本”的同时减少中介的代理成本，进而创造经济租金）。

束着商业银行家谨慎开展业务，避免由于行为失当引发来自存款人的挤兑或非银行金融机构与金融市场（尤其是货币市场）的竞争（Diamond 和 Rajan，2001）。

### 8.1.3 金融的结构性变革与商业银行的功能转型：一个基本判断

近年来，伴随着技术、信息等经济环境以及法律等政治环境的进一步变化，信息透明度、即时性的提高，交易成本的降低对银行传统信贷活动客观上产生了巨大的冲击和影响，不仅使得实践中各国金融体系的内部结构（透明的证券市场、半透明的以投资基金为代表的各类非银行金融机构以及如商业银行与保险公司类似的不透明金融中介的相对地位）发生了很大的改变——大量的传统上由中介提供的产品最终都走向了市场，导致银行等金融中介的部分功能正在被金融市场的制度性安排所替代，而且由于学习成本的不断下降，在规模迅猛扩张的同时金融市场的创新日新月异，涌现出了大量的创新产品服务、全新的市场以及交易技术（或策略），极大地深化了金融体系的资金集聚与分配、资源转移、风险管理、信息显示以及弱化利益冲突等核心功能。

在这样一种结构性金融变革的大背景下，银行等金融机构与金融市场之间的关系发生了重大变化，客观上改变了商业银行在金融体系中的功能与业务定位，即从传统意义上的“融资中介”转向相对较为纯粹的“风险管理中介”。

之所以有这样的判断，一方面是因为从理论上讲，无论是“成本优势”，抑或“专属信息优势”的存在，都使得银行等金融中介可以用更低的成本进行风险管理，进而开展相关经纪或资产性质转换等业务，或者说银行存在的目的之一就是在依靠脆弱的资本结构提供关于其管理层的可靠信誉前提下，通过不断存储或累积只有其自身能够管理的独特风险，促进全社会资源配置的跨时或跨区优化。这意味着当外部环境发生变化，使得某类（些）风险的认知、定价和管理变得更加“标准化”进而有可能转移到其他金融部门时，从比较优势的角度看，战略和资产负债表都透明度较低进而吸引资本成本较高的商业银行，就会把这类（些）风险转移给透明度相对较高进而资金成本相对较低的中介机构（如投资基金、保险基金等）或金融市场（Myers 和 Rajan，1998），同时，迫使其不断开拓新的业务以承担更多的更加复杂的金融风险，以实现更多、更好地利用其自身的独特风险管理能力。在这个过程中，资金不再是制约银行业务拓展的主要因素，而风险管理能力的强弱则成为决定银行命运的核心。

关于这一点，我们可以银行传统贷款业务的变化为例作一说明。众所周知，当银行向某公司客户发放一笔固定利率信贷时，它就面临着很多风险，诸如与客户违约相关联的信用风险，与利率波动相关联的利率风险等。作为融资中介，传统银行必须通过负债业务获得资金，来作为在账户上持有这笔资产（相应伴生各类风险）到期的对价，而对信贷内生的各类风险，只能最大限度地把风险通过更分散化的借方加以处置，一般无法向外部转移。但当金融体系提供了更多有效的风险管理工具或技术（由此导致的金融风险原子化和金融商品化）的背景下，考虑到其资本成本的相对劣势，商业银行似乎没有任何理由必须继续再持有这些风险到期——利用利率互换等利率衍生品，此时的银行完全可以把与信贷相关的利率风险转移给市场中原本就想投资固定收益资产的保险基金或投资基金；而信贷违约互换等信用衍生品以及信贷资产证券化技术的成熟，则使银行等金融中介无须维持所有与信贷相关的金融服务“垂直一体化”的传统业务模式，而是可以通过信贷业务构成的分解及外包，把传统融资中介活动内含的信用风险与收益以各类资产支持证券为载体重新配置，实现金融（服务）契约性质从内生向外生、从单一期限向多期限、从风险收益相对凝固向高流动等特征的转换，完成信用风险、利率风险等的转移与有效配置。

当然，在银行信贷中介模式的这个转换过程中，为了向潜在资产购买者显示风险质量以及继续监控借款人的信息，降低资产的违约概率，商业银行往往会持有特定风险份额（一般是第一损失头寸，First Loss Position）。容易理解，当信贷资产质量越差时，对于资产购买方而言，其不仅对银行的监控作用越为依赖，而且银行监控能力的强弱也成为其是否介入的最主要的考虑因素。因此，银行持有的第一损失头寸规模往往和信贷质量成反比例关系。这意味着商业银行通过贷款或违约风险出售实现的风险转移并不能完全从其资产负债表中消除风险，进而减少其承担的风险规模，而是恰恰相反，商业银行风险转移能力的提升使其为了更有效地使用资本、增强获利能力，需要高度专注于其具有管理比较优势的风险，或者说在其资产负债表中仅持有其自身创造巨量业务风险的冰山一角（尽管这往往是极度复杂、带有创新性进而具有极高不确定性的部分），而把其他较为一般化的风险转嫁给投资基金、保险基金等资产负债表相对透明的金融机构。这在客观上对商业银行风险管理能力提出了更高的要求，迫使其成为相对纯粹的“风险管理中介”，进而在日益复杂的市场中生存并得到发展。

把商业银行定位成现代金融体系中相对纯粹“风险管理中介”的另一方面原因则和当前的“金融创新螺旋”以及与之对应的“产品创新客户化导向”

（Customisation）直接相关。

"金融创新螺旋"指的是金融市场和银行等金融机构之间业务分工基础上的"静态竞争、动态互补"的动态关系——尽管金融市场适合于标准化或者说成熟的金融产品（服务于大量的消费者且在定价中被交易双方所充分理解），而银行等金融中介则更适合于量少且带有"度身定做"的金融产品，但一旦外部环境成熟（尤其是信息不对称的困难得到克服），（以孵化器身份出现的）金融中介高度定做的产品就会从中介转向市场，在市场中进行交易，使得金融体系朝着一个充分有效率的理想目标演进（Merton，1995）。这意味着由于金融市场的内在缺陷（一方面具有流动性的交易所产品数量较为有限，远远无法满足客户的需求，另一方面，客户导向的 OTC 产品也无法通过现有交易所产品的简单分解和重组被创造出来），银行等金融中介和金融市场处在一个先后具有内在联系的逻辑链条之上，履行着不同金融产品"创造"和"打造"功能的制度安排——其中银行等金融中介通过创造构成新市场基础的产品和加大已有产品的交易量来帮助市场成长，而市场则通过降低生产这些产品的成本，帮助中介创造更具特色的新金融产品。[①]

无论从理论还是实践来看，在"创新螺旋"中相当一部分 OTC 产品的创造过程中，一方面是出于对于对手风险和缺乏信息披露的忧虑，市场参与者对于信用评级高的对手（往往是商业银行等金融中介）在 OTC 市场进行交易有强烈的偏好；另一方面则出于保值中规模经济的考虑（通常情况下，对于为某一方定制的一个产品，在 OTC 市场上的交易商很难立即找到两个匹配的对手方，往往只能由交易商作为头寸的另一方来实现，此后或找到一个合适的下家，或通过交易所产品实现对冲，由此导致交易商的规模越大，越有可能找到账上可以互相冲销的头寸，进而降低交易的保证金和交易成本，产生规模经济；此外，技术发展、信息获取与学习等活动也存在规模经济），以商业银行为主体的少数大型市场参与者往往主导着这个市场，客观上强化了其风险管理中介的功能定位[②]。

---

① 由此在现实中可能出现一种金融产品往往在中介和市场间作周期性的摆动和循环，直至达到某种稳定状态（Bodie 和 Merton，1995）。

② 此时，对于商业银行而言，评估和管理涉及金融市场交易中信用额度和 OTC 风险管理头寸中的信用风险能力，已经与评估传统商业和工业贷款的信用风险居于同等有时甚至更为重要的地位。

### 8.1.4 结构性金融变革中的商业银行：基于发达国家实践的一个考察

从实践来看，在以美国等为代表的发达国家，其商业银行的上述功能转型在过去的30多年间正日益成为现实——事实上，自20世纪六七十年代开始，随着技术进步、管制放松以及相伴随的金融创新的日新月异，众多发达国家商业银行纷纷调整自身的机构定位和经营策略，通过组织模式或业务创新寻求新的业务增长点，完成或正在经历着一场与传统商业银行相比而言的根本性转变。

**一、金融变革中银行与非银行金融机构相对地位的变化**

近四十年来，世界各国金融机构体系中银行与非银行金融机构的相对地位发生了极为显著的改变，其基本趋势是相对银行而言，以投资基金、养老基金以及保险基金等为代表的非银行金融机构在金融体系中的重要性不断上升——仅以美国为例，1950年其商业银行在全部金融机构体系中资产所占比重为51.2%，共同基金和养老基金的比例仅为1.1%和4.1%，而到了2007年，商业银行所占比重下降到仅18.3%的水平，而共同基金和养老基金的比例则分别达到了12.8%和17.3%[①]（见图8－2）。

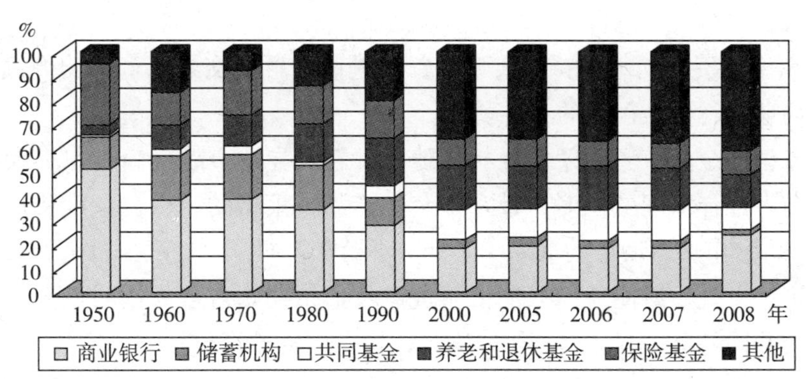


资料来源：1950—1990，Barth et al.，1997；2000—2008，Flow of Funds Accounts of the United States，各期。

**图8－2 美国银行业与非银行金融机构资产相对变化态势（1950—2008年）**

① 2008年由于金融危机的影响，一方面，美国真正意义上的投资银行已不存在，大都转型成为商业银行；另一方面，股票、债券市场价格的大幅下跌减少了共同基金、养老基金的资产规模，导致商业银行占比回升至23.4%，而非银行金融机构比重有了明显的下降。

值得注意的是，这种状况不仅仅发生在美国，在欧洲和日本，共同基金、养老基金和保险基金资产规模同样在过去的三十多年间获得了极为迅猛的扩张——从相关统计来看，1980—1995 年，主要发达国家机构投资者管理的资产就增长了近 10 倍，远高于银行体系的增长速度，而 1995 年七大工业国中这三类机构及其他机构投资者管理的资产总额超过了 20 兆美元，相当于其 GDP 的 110%、这些国家流通在外的债券和股票总额的一半及其银行体系全部资产的 90%。

学术界目前普遍认为金融机构体系构成这种变化的出现及持续有着极为深刻的原因，既与管制放松（尤其是各国对金融机构业务限制的放松，进而导致银行、保险、证券等各类机构界限日益模糊，金融机构业务交叉、趋同并走向多元化、综合化）使得非银行金融机构大举入侵传统商业银行业务领域相关，更为重要的是和金融市场快速崛起导致的各国金融体系构成发生结构性变化的适应性相关。

第一，随着金融市场的不断深化，各国信息披露法律制度不断完善，导致公司及个人的信息透明度大大提高，而信息网络技术的发展又可以使各类信息便捷快速地传到全球各地的消费者手中。客观上看，日益透明的市场环境弱化了商业银行的传统信息优势，发达国家的金融交易普遍出现了（通过“脱媒”）从“关系型融资”向“保持距离型融资”进而金融（交易）商品化的倾向，直接导致商业银行资产规模的相对萎缩。

第二，与金融市场迅猛发展相伴随的日新月异的金融创新，在极大地丰富市场参与者选择空间的同时，带来了金融产品或策略的内生复杂度快速提升和（OTC 产品）市场流动性的下降。对于中小投资者而言，这意味着金融市场的参与成本迅速上升，迫使他们只能依赖资产负债结构相对较为透明但却有专家管理优势的共同基金、养老基金等非银行机构完成资产管理。

第三，在经济快速发展、财富不断积累的大背景下，与老龄化等人口结构相伴生的市场需求日益多元化，传统商业银行提供产品的“风险收益”特征逐渐无法满足这种不断增长但却极为旺盛的需求，只能通过管制较少、市场化程度更高的非银行金融机构来通过创新满足。

## 二、金融变革中的商业银行组织模式

随着管制放松导致的各国金融机构业务融合、交叉趋势的持续，商业银行面临的市场环境日益严峻。如果说在金融结构性变革的早期，商业银行还是为了应对由“脱媒”导致的竞争压力不得不进行金融创新以维持自身生存，或者说处于一种“被动性适应”状态的话，那么，当持续变革导致的混业经营态势日益明显的今天，商业银行已经通过主动创新，进入新市场、开拓新业务、推出新产品，力图在保留原有中介优势的基础上实现新的跨越。完成这一跨越，至关重要的一个环节是组织模式变革，实现从单一业务机构向一体化（或“一站式”）金融服务机构的转变。

现实地看，世界各国实现这一业务格局的组织形式主要有两类：以德国为代表的全能银行模式和以英、美为代表的金融（或银行）控股公司模式。

1. 全能银行模式

全能银行指的是可以直接从事银行、证券、保险等全方位金融业务的机构，并在事实上成为全社会资金流动的中心——这类机构汇集储蓄，并通过发放信贷成为储蓄与企业之间的中介，另外也承销企业客户的债券和股票，向机构投资者推销这些证券；此外，银行家在公司董事会拥有席位，资助公司的拯救计划，并管理养老基金，同时银行也管理公司的资产负债表，发放公司短期贷款，并接受公司短期储蓄。

一般而言，全能银行内部的各类金融业务以业务部的形式相互区别，彼此之间不设置“防火墙”，公司呈现一种“一个法人、多个牌照、多种业务”的形态。理论上说，由于利用了范围经济并扩大了银行服务的范围，全能银行模式可能存在独特的业务协同效应，但由于缺乏竞争，这种模式可能抑制金融创新，进而限制金融市场的发展。

2. 金融控股公司模式

作为一种金融机构，金融控股公司是指“在同一控制权下，完全或主要在银行业、证券业、保险业中至少两个不同的金融行业大规模地提供服务的金融集团公司”。显然，金融控股公司本身是一个具有法人资格的机构（该机构可以是金融企业，如美国花旗集团和大通集团等，但也可以是非金融企业，如英国的汇丰集团），而集团下属的每一个业务单位也都是合法而独立的金融专业法人机构，都有相关的营业牌照，独立地对外开展相关的业务和承担相应的责任，金融控股公司作为控股股东，（其董事会）有权决定和影响子公司最高管理层的任免决定及重大决策。

根据母公司控股的方式和动机，金融控股公司有纯粹控股公司和混合控股公司之分：纯粹控股公司的母公司不从事业务活动，其全资拥有的各个子公司（或控股）专门从事某些具体的金融业务，并从中获取投资收益；混合控股公司的母公司除了从事一定范围的金融业务之外，同时还拥有（或控股）某些专门从事各种具体业务的子公司[①]。但无论何种模式，为了防范利益冲突导致的激励问题，金融控股公司必须建立内部和外部多重“防火墙”，限制不同业务信息交流的同时也隔离了不同业务的风险。

### 三、金融变革中的商业银行业务模式与收入结构

面对始于20世纪60年代“脱媒”导致的传统存贷款市场份额的日益萎缩，在监管日益宽松的大趋势（见表8－1、表8－2）下，以美国为代表的各国大型商业银行早已突破原有业务领域的制约，通过依托日益庞大的金融市场，向非银行金融服务领域（主要是证券和保险领域）的拓展，成功地寻找到了新的发展空间，完成了从传统存贷业务向基于市场为平台的业务多元化模式的转型。从实践来看，自20世纪80年代以后，美国银行业来自证券承销、证券经纪、资产管理、资产证券化以及衍生品交易等与金融市场相关的业务收入迅速增加，并由此带动了非利息收入占比迅速提高，从1981年的7%上升到2003年的接近36%[②]（见图8－3、图8－4）。

**表8－1　　主要发达国家银行业务范围变化情况**

| 国家 | 过去经营模式 | 现在经营模式 |
|---|---|---|
| 美国 | 分业（1933年） | 混业（始于20世纪80年代，1999年《金融服务现代化法》的实施成为一个分界点） |
| 英国 | 分业（自律） | 混业（始于1986年“Big Bang”改革） |
| 日本 | 分业 | 混业（始于1996年改革） |
| 德国 | 混业 | 混业 |
| 加拿大 | 分业 | 混业（始于1987年金融改革） |

资料来源：李仁杰，王国刚．中国商业银行发展研究［M］．北京：社科文献出版社，2006.

① 根据控股母公司业务性质的差异，混合金融控股公司有银行控股公司、投资银行控股公司和保险控股公司之分。

② 2005—2008年，美国商业银行的非利息收入比例基本稳定在43%左右，而欧盟大银行的非利息收入平均占比在2005年则达到了54.6%，日本三井住友等大银行的非利息收入也达到约40%（陈雨露和马勇，2009）。

表 8－2　　　　美国金融服务业提供的产品

| 机构 | 支付服务 | | 储蓄产品 | | 信托产品 | | 贷款 | | | | 承销 | | | | 保险与风险类产品 | |
|---|---|---|---|---|---|---|---|---|---|---|---|---|---|---|---|---|
| | | | | | | | 商业 | | 消费 | | 股票 | | 债券 | | | |
| | 1950年 | 1999年 | 1950年 | 1999年 | 1950年 | 1999年 | 1950年 | 1999年 | 1950年 | 1999年 | 1950年 | 1999年 | 1950年 | 1999年 | 1950年 | 1999年 |
| 存款机构 | Y | Y | Y | Y | Y | Y | Y | Y | Y | Y | | * | | * | | Y |
| 保险公司 | | Y | Y | Y | | Y | # | Y | | Y | | * | | * | Y | Y |
| 金融公司 | | Y | | Y | | Y | # | Y | Y | Y | | * | | * | | Y |
| 证券公司 | | Y | Y | Y | Y | Y | | Y | | Y | Y | Y | Y | Y | | Y |
| 养老基金 | | | Y | Y | | Y | | Y | | | | | | | | Y |
| 共同基金 | | Y | Y | Y | | Y | | | | | | | | | | |

说明：Y 代表可以提供；#代表可以有限涉及；＊表示可以通过附属机构提供。

资料来源：Saunders Financial Markte and Institution：A Modern Perspective. Irwin/McGraw－Hill，2000.

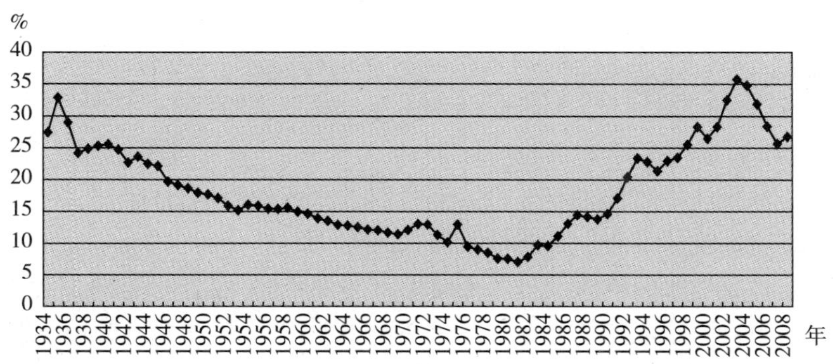


资料来源：FDIC，www. fdic. gov/bank/statistical.

**图 8－3　美国商业银行非利息收入占比变化态势（1934—2008 年）**

## 8.1.5　小结

无论从理论还是实践来看，作为一种基本的金融制度安排，商业银行的资产负债结构以及利润结构应该在金融创新的驱动下满足现代经济发展的多层次

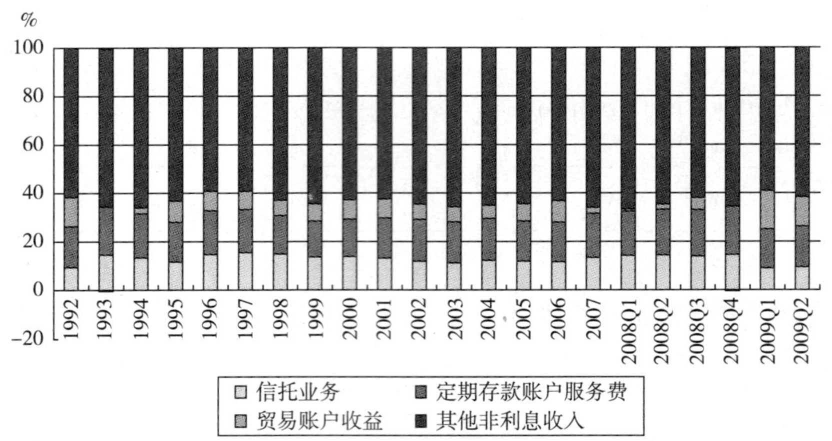


资料来源：FDIC，www. fdic. gov/bank/statistical.

**图 8－4　美国商业银行非利息收入构成变化态势（1992 年至 2009 年第二季度）**

需求。这意味着当金融市场快速崛起，金融体系的结构性变化日益凸显的今天，面对竞争的压力，现代商业银行早已不再局限于其传统业务，而是通过业务模式以及与此伴生的组织形式变革，利用金融市场与金融中介演进的“创新螺旋”，并与非银行金融机构的竞争和合作，在完成自身业务及功能定位转型的同时，推动着实体经济的转型。

## 8.2　商业银行体系的变革与中国金融崛起

整体上看，当前的中国金融体系表现出较为显著的银行主导型特征——控制着巨大金融资源的中国商业银行体系的构成变化及其效率成为影响当前中国金融体系功能高低，进而影响全社会资源配置效率乃至宏观经济稳定的重要因素之一。考虑到金融结构演进的路径依赖性，当前中国这种以国有控股商业银行为主体的金融制度安排无论是否有效，都会在一定时期内持续存在并影响其后的制度选择，进而在可预见的未来，经济功能效率整体不甚理想的商业银行体系转型与变革不仅是中国金融崛起的外在表现，也是中国金融崛起的内在要求。

### 8.2.1　中国银行体系概况

与其他国家类似，商业银行是中国金融机构体系的主体。就当前中国银行业金融机构来看，中国在稳步推进国有银行改革的同时，新型金融机构的种类和数量也不断得到拓展：截至2008年底，中国银行体系包括3家政策性银行，5家大型商业银行，12家全国性股份制商业银行，136家城市商业银行，22家农村商业银行，163家农村合作银行，22家城市信用社，4 965家农村信用社，1家邮政储蓄银行，91家村镇银行，10家农村资金互助社以及32家外资法人金融机构。不仅如此，中国还形成了包括4家金融资产管理公司，54家信托公司，84家企业集团财务公司，12家金融租赁公司，3家货币经纪公司，6家贷款公司以及9家汽车金融公司在内的非银行金融体系。中国银行业金融机构资产总额达62.4万亿元，负债总额为58.6万亿元（见图8－5）。

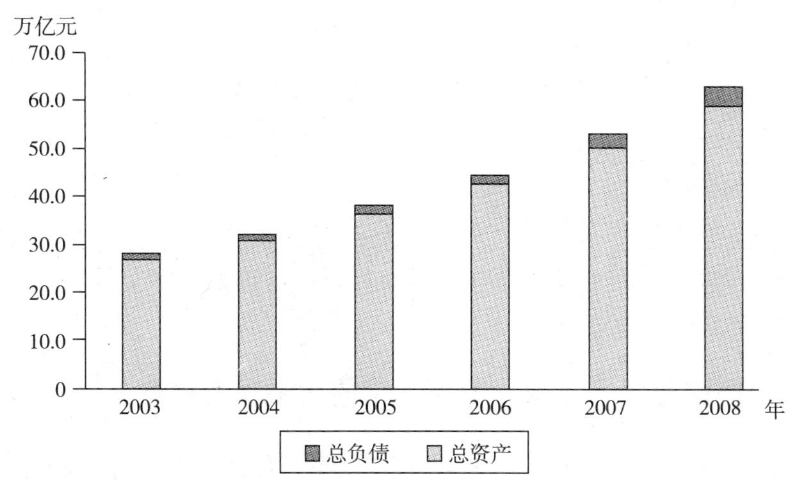


资料来源：《中国银行业监督管理委员会2008年年报》。

**图8－5　中国银行业金融机构资产负债变化**

借助图8－6，我们可以发现尽管近年来伴随着股份制商业银行和城市商业银行的迅猛发展，中国商业银行体系的整体市场结构垄断度有所下降，竞争度呈现出不断上升的态势，但以工、农、中、建为主体的大型国有控股商业银行目前仍然是中国银行业的主体，且占据着垄断地位（见表8－3）。

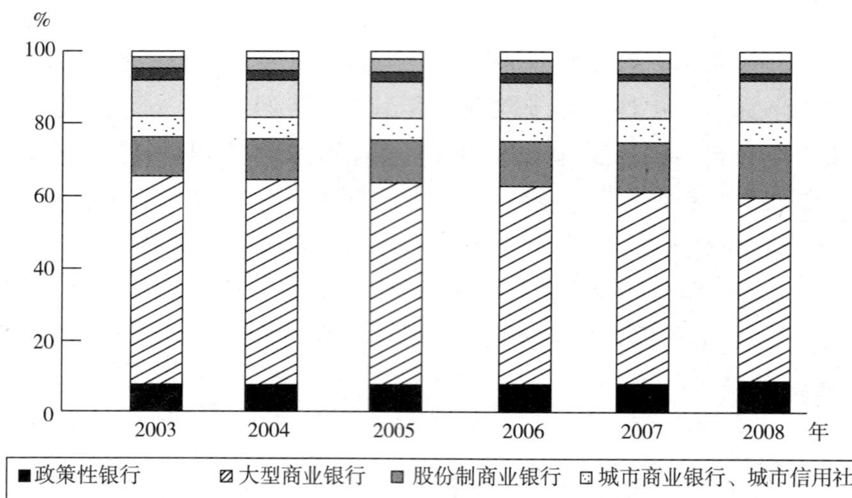


资料来源：《中国银行业监督管理委员会2008年年报》。

**图8-6　中国银行业金融机构市场份额（按资产）**

**表8-3　　中国银行业市场集中度变化情况（CRn）**　　单位：%

| 年份 | 1996 | 1998 | 2000 | 2002 | 2004 | 2006 | 2007 |
|---|---|---|---|---|---|---|---|
| 贷款 | 72.7 | 72.0 | 76.5 | 62.1 | 58.2 | 50.8 | 48.7 |
| 存款 | 61.8 | 62.2 | 62.6 | 64.5 | 59.1 | 54.6 | 52.4 |

注：CRn指数指的是一个国家或地区的银行业中n个最大银行的业务占全行业的比重。
资料来源：各期《中国人民银行统计季报》。

## 8.2.2　中国商业银行体系：功能视角的一个现实考察

与发达国家相比，由于监管以及市场竞争、市场需求等内外部环境的巨大差异，中国现有的商业银行体系无论从业务模式、收入利润结构还是组织模式、公司治理等方面都存在较为明显的区别——仅以业务模式及其相关的收入利润结构为例，尽管近年来中国金融市场也有了很大的发展，但中国主要商业银行的业务模式依旧非常传统，主要集中于存贷款业务，进而在收入结构中，利息收入占比达到了近87%（其中超过70%来自于贷款，20%来自于债券投资），手续费收入、净交易收入、投资收益等非利息收入仅占不到14%的水平（其中仅手续费收入1项就占到近60%）。

过于传统的业务模式（进而伴生的不合理收益结构）不仅直接导致了中国银行业整体效率低下、竞争力较差，而且成为商业银行发挥现实金融功能的主要内在制约因素。但是，如果再考虑到中国商业银行在产权上的国有主导特征以及由此导致的治理结构的话，我们发现相比其他国家，中国商业银行体系的现实功能颇为特殊，即在功能金融视角（或者说金融核心功能层面）进而资源配置效率较低的同时，却对于推进中国经济的渐进转轨进而宏观经济的平稳运行起到了至关重要的作用。

**一、中国商业银行的经济功能：基于功能金融分析框架的考察**

如果从微观层面的商业银行核心功能着眼，客观地说，在改革开放 30 年的实践中，中国商业银行体系除表现出极强的储蓄动员能力和支付结算效率有明显改进之外，不仅在风险管理（定价）、克服激励问题、信息显示和资源跨期或跨区域配置等方面都显得很不理想，而且其自身的资产质量进而收益方面也远落后于西方发达国家的同行。

1. 支付结算

商业银行体系向来是各国支付系统得以有效运行的基础。改革开放以来，伴随着银行机构体系的分立和完善，目前的中国已基本形成了以中国现代化支付系统（CNAPS）为核心，商业银行行内系统为基础，各地同城票据交换所并存，可以支持“三票一卡”、电子货币以及其他非现金支付工具的支付系统布局体系。目前，在众多商业银行的努力之下，随着银行卡的广泛运用以及“银联一卡通”标识区域范围的不断拓展，全社会的支付清算效率较以往有了极大的提升。

但如果考虑到目前中国极高的现金交易比例、票据市场发展的明显滞后以及较低的银行卡（尤其是信用卡）人均占有量、较高的“睡眠卡”比例、银行卡应用城乡间及地区间的巨大反差，对于商业银行而言，其提供的支付结算体系（含工具、制度、效率）仍处于经济转轨阶段的建设期，对于促进经济发展及社会进步的基础性支持能力仍显不足，尚不能充分满足开放条件下经济及社会发展对高质量支付服务的普遍需求。

2. 储蓄动员

随着社会主义市场经济体制的逐步建立和完善，中国国民收入分配格局的巨大变化导致储蓄主体和投资主体分离的倾向日益突出，使得金融体系的储蓄动员和资源配置功能的重要性日益凸显。从储蓄动员角度看，同世界其他国家相比，中国现有的以商业银行为主导的金融体系表现出了较高的效率——

1995—2009年，中国的年均储蓄率达到了40.2%，其中隐含国家信用支持的国有银行起着重要的作用，即便在通货膨胀率高企、银行不良资产比率远超国际水平的背景下，银行储蓄存款在改革开放30年间始终维持了较高的增长势头，为维持中国高投资率，进而为宏观经济的持续、稳定增长态势的实现提供了极为重要的金融支持（见表8－4）。

**表8－4　总储蓄和存款的国际比较**　单位：10亿美元，%

| 年份 | 1997 | 1998 | 1999 | 2000 | 2001 | 2002 | 2003 | 2004 | 2005 |
|---|---|---|---|---|---|---|---|---|---|
| 中国 | | | | | | | | | |
| 活期存款 | 298 | 335 | 391 | 465 | 534 | 647 | 777 | 900 | 1 005 |
| 储蓄存款 | 559 | 645 | 720 | 777 | 891 | 1 050 | 1 251 | 1 444 | 1 704 |
| 定期存款 | 81 | 100 | 114 | 136 | 171 | 198 | 253 | 307 | 400 |
| （定期＋储蓄存款）/GDP | 67 | 73 | 77 | 76 | 80 | 86 | 92 | 91 | 95 |
| 韩国 | | | | | | | | | |
| 活期存款 | | 23 | 29 | 30 | 36 | 45 | 50 | 56 | 71 |
| 定期＋储蓄存款 | | 170 | 210 | 242 | 252 | 294 | 322 | 350 | 397 |
| （定期＋储蓄存款）/GDP | | 9 | 47 | 47 | 52 | 54 | 53 | 51 | 50 |
| 印度 | | | | | | | | | |
| 活期存款 | 28 | 29 | 32 | 34 | 36 | 40 | 46 | 58 | 79 |
| 定期＋储蓄存款 | 145 | 162 | 182 | 194 | 217 | 257 | 288 | 343 | 418 |
| （定期＋储蓄存款）/GDP | 35 | 39 | 41 | 42 | 46 | 52 | 50 | 51 | 54 |

资料来源：Allen et al.. A Review of China's Financial System and Initiative for the Future. Wharton School, University of Pennsylvania Working Paper, 2008.

3. 信息显示

作为市场经济的一种独特制度安排，以银行与资本市场为基本架构的金融体系潜在而又至关重要的一个功能就是充当实现市场经济中部门行为协调的信息源（Bodie和Merton，1995）。从理论上说，由于银行信贷具有的关系型融资特点，其信息处理过程一般是伴随着银行对企业信贷申请、运行以及偿还全过程的监督活动而实现的。一旦银行作出了贷款决策，银行与企业之间的关系就进入了一个新的阶段，此时一方面由于银行为了对企业进行持续监督，以保证银行能够观察到贷款合约的执行状况，客观上必须进一步收集与企业有关的信息；另一方面，银行自然地具备了、强化了其企业信息收集能力——通过企业开立的资金账户，银行可以方便地通过资金流动、账户核查获得外部人无法获得且无法证实的私人信息，而企业为了降低由于激励问题所致的融资成本，也在一定程度上存在向银行披露信息，进而减少信息不对称的经济动机。银行资产、负债业务本身高度的“不透明”性决定了这种来自银行内部监督的有关信息往往只限于自身范围，而被外界其他主体分享的可能性很小。①

如果从这样一个角度考察中国商业银行体系的话，那么由于长期的“信贷所有制歧视”与利率管制的存在，中国商业银行的信贷投放对象选择以及相应的信贷利率并非完全是基于理想的经济决策，进而可以推断其内生的信息收集、处理进而显示功能处于一种较为尴尬的状况——从实证来看，沈红波等（2007）关于中国上市公司的银行贷款市场反应的研究表明，平均反应为负的结论与之前国外学者的结果相反，也多少证明了这一点。

4. 风险管理

作为一类经营和储存风险的特殊企业，商业银行风险管理能力的强弱自然主要体现在其风险识别、风险定价和风险管理能力等方面，进而拥有较低的不良资产率和较高的资产（或资本）收益率。客观地说，囿于自身风险管理技能与外部环境因素等多重制约，较发达国家而言，当前的中国商业银行风险管理能力明显不足，其较为突出的表现就是风险定价能力比较欠缺和银行体系不良资产规模一度居高不下。

风险定价能力的欠缺可以从2004年以来中国商业银行信贷利率分布区间的变化得到佐证。从2004年10月开始，中国人民银行放开了贷款利率上限，允许商业银行在基准利率基础上根据风险状况自行确定，实际上赋予了银行发放高风险信贷的权利。但从2005年以来的各期《中国货币政策执行报告》（季度）显示的人民币贷款利率区间分布来看，现有银行体系发放的信贷利率区间绝大部分在基本利率的0.9倍到1.3倍，高利率（进而也应是高风险）的信贷除城乡信用社和城市商业银行之外，在规模较大的国有商业银行和股份制商业银行中所占的比重几乎都在5%以内（见表8－5）。这似乎只能表明国有商业银行和股份制商业银行要么不愿意发放高风险贷款，要么其认为自身缺乏风险识别和

① 当然，这也并非绝对。因为一旦某家企业通过了银行的严格审查，获得了贷款，那么其他机构就可以“免费搭车”，利用向该企业的贷款，享受银行提供的信息服务，或者说银行信贷本身就可以作为一种“利好”信号出现在金融领域。关于这一点，James（1987）的一篇重要文章提供了来自实践的证据。

定价能力，不能够发放高风险贷款。但作为一个以盈利为目的的机构，后一种解释似乎更有说服力。

**表 8 -5　　金融机构人民币信贷利率各区间分布**　　单位：%

| 金融机构 | 下浮 | 基准 | 上浮 | | | | | |
|---|---|---|---|---|---|---|---|---|
| | [0.9，1) | 1 | 小计 | (1，1.1] | (1.1，1.3] | (1.3，1.5] | (1.5，2] | 2 以上 |
| 四大国有商业银行 | 31.12 | 32.41 | 36.47 | 18.72 | 15.34 | 1.97 | 0.42 | 0.01 |
| 股份制商业银行 | 28.01 | 36.42 | 35.57 | 22.62 | 11.86 | 0.8 | 0.16 | 0.13 |
| 外资商业银行 | 43.52 | 27.15 | 29.33 | 19.72 | 8.77 | 0.83 | 0 | 0.01 |
| 城市商业银行 | 15.17 | 26.47 | 58.36 | 15.65 | 22.98 | 12.8 | 5.96 | 0.97 |
| 城乡信用社 | 2.36 | 8.55 | 89.09 | 5.34 | 16.98 | 27.86 | 34.1 | 4.82 |
| 政策性银行 | 28.82 | 69.84 | 1.34 | 1.17 | 0.16 | 0 | 0 | 0 |
| 合计 | 23.63 | 30.51 | 45.86 | 15.69 | 14.2 | 7.53 | 7.37 | 1.06 |

资料来源：《中国货币政策执行报告》（2008 年第一季度）。

如果说对中国商业银行风险识别和定价能力的上述判断还有些牵强的话，那么中国商业银行风险管理能力缺乏导致的直接后果——按国际标准看，一度极为庞大的不良资产比率就是一个较有说服力的证据（尽管 1999 年以来，依靠来自财政资金支持的大规模坏账剥离，中国银行，尤其是国有商业银行的不良资产比例近年来有了较为明显的下降）（见表 8 -6）。

**表 8 -6　　银行体系不良资产规模的国际比较**　　单位：10 亿美元，%

| 年份 | 中国 | 美国 | 日本 | 韩国 | 印度 | 印度尼西亚 |
|---|---|---|---|---|---|---|
| 1997 | | 66.9（0.8） | 217.4（5.1） | 16.2（3.1） | | 0.2（0.1） |
| 1998 | 20.5（2.0） | 71.3（0.8） | 489.7（12.7） | 23.2（6.7） | 12.7（3.1） | 5.4（5.2） |
| 1999 | 105.1（9.7） | 72.2（0.8） | 547.6（12.6） | 54.4（12.2） | 14.0（3.2） | 3.1（3.8） |
| 2000 | 265.3（20.0） | 90.1（0.9） | 515.4（11.1） | 35.5（6.9） | 12.9（2.8） | 6.3（2.7） |
| 2001 | 269.3（22.5） | 108.4（1.1） | 640.1（15.6） | 12.2（2.5） | 13.2（2.8） | 4.3（1.7） |
| 2002 | 188.4（13.0） | 107.8（1.0） | 552.5（14.1） | 9.9（1.8） | 14.8（3.0） | 3.3（2.0） |
| 2003 | 181.2（11.0） | 95.9（1.0） | 480.1（11.3） | 11.7（1.9） | 14.6（2.5） | 4.7（1.5） |
| 2004 | 207.4（10.7） | 81.3（0.9） | 334.8（7.3） | 10.0（1.5） | 14.4（2.2） | 3.8（2.1） |
| 2005 | 164.2（7.3） | 84.6（0.7） | 183.3（4.0） | 7.6（1.0） | 13.4（1.7） | 6.0（1.5） |

资料来源：Allen. et al.. A Review of China’s Financial System and Initiative of the Future. Wharton School，University of Pennsylvania Working Paper，2008.

5. 克服激励问题

作为一种制度安排，金融体系的基本功能之一就是为处理财务契约中的激励问题（根源于信息不对称或委托代理）提供有效的手段，即在承认财务契约设计中激励问题的存在及其性质的前提下，以金融创新为基本手段，要么通过证券设计与激励问题的内在互动，要么利用企业财务政策调整以及其他一些内外部协调机制（诸如抵押设定或接管机制等）来弱化或消除激励问题的负效应（Bodie 和 Merton，1995）。

就中国商业银行体系而言，尽管抵押信贷在其资产构成中所占比例并不低，但在"金融二元论"政策激励下的银行信贷投向较强的国有倾向以及伴生的预算软约束制约下，再考虑到现有中国《破产法》的相关规定，中国商业银行不仅无法行使其作为债权人应有的完整权利，而且也不能利用产品或服务创新来弱化与产权相关的预算软约束问题。更为突出的问题是，在即便明知国有企业效益整体滑坡进而信贷违约率或信用风险极大的情况下，国有企业依然从商业银行体系获得了巨额信贷。这种状况很难证明中国商业银行体系具有较强的弱化激励问题的能力。

6. 资源配置

从全社会资源配置效率的角度看，鉴于中国现有的以国有控股商业银行为主导的金融体系对民营经济的融资和现有经济格局不相匹配、支持力度明显不足的现状，很难说按照投资收益率进行了合理的配置——从中国工业增加值的分布来看，2008 年国有及国有控股工业企业所占比重仅 32.8%，而以私人企业为主的非国有经济占比则达到 67.2%，但同期我国乡镇企业、个体企业、"三资"企业短期贷款之和仅占金融机构全部贷款的 11.1%，完全没有体现出非国有企业的经济作用，或者说中国非国有经济外部融资需求没有在信贷市场上得到必要的支持。[①] 因此，从经济效率着眼，很难说中国商业银行较好地完成了巨额储蓄的合理配置。

**二、中国商业银行的经济功能：基于经济转轨与宏观稳定层面的考察**

客观地说，经济配置效率的低下并不能抹杀当前中国商业银行体系在推动经济渐进转轨和宏观稳定等领域所具有的巨大独特功能。

从制度变迁的角度考察，鉴于中国的经济转轨特色深深内生于长期稳定的二重社会结构（一方面是强势的国家，另一方面是分散的下层经济组织），而这

① 不仅如此，事实上，金融压抑使得当前不仅国有银行无法为民营经济提供有效的融资服务，而且企业债券市场和股票市场也很难为民营经济提供有效的金融支持。

一社会结构不仅内生出超强政府的一维权力体系，而且政府对宏观稳定（包括政治与经济）有着极强的制度偏好，因此，中国的经济金融体制变革表现出非常明显的双重特征——既是以国家为制度主体的强制性制度变迁，又是一种边际性的渐进式制度变迁。但正如“诺斯悖论”① 所揭示的那样，当国家作为制度选择和制度变革的主体且面临着两重目标冲突时，“统治者常常选择相对低效率却更能保证租金最大化的产权制度”，或者说其首要的制度变迁目标是社会与政权的稳定，进而国家必然最大限度地控制着经济金融转轨的速度和规模，采用渐进的增量改革方式而不是激进的休克方式来推动制度变迁。这就必然导致国家最大限度地维持“体制内产出”的稳定，避免整个经济转轨过程中由于“体制内产出”的巨大波动而引起社会动荡和组织崩溃。“体制内产出”的主要承担者是国有企业，所以要保证渐进式制度变迁的顺利推进，支撑“体制内产出”的稳定，国家就必然对国有企业实行制度和战略上的倾斜，为国有企业改革提供各种显性或隐性的补贴，以弥补国有企业改革所花费的巨额成本（王曙光，2003）。

但问题是，对于中国政府而言，为维持体制内产出稳定所需的巨大补贴从何而来呢？从当时的情况来看，伴随着经济体制改革的推进，国民收入分配结构、经济货币化程度等外部环境的改变，经济运行中的储蓄结构与投资结构均发生了极为深刻的变化，或者说计划经济时代中国储蓄与投资主体高度耦合的财政主导型转化机制运转的经济基础不复存在，国家财政再也不能（或无力）大规模直接介入全社会的资金配置了。

那么，在这样一种制度背景下，中国全社会的资金配置应该如何进行呢？虽然从理论上说，当时的中国当局面临着多种选择，但在当时“有计划商品经济”的政治经济制度约束下，一方面，由于产权问题改革在当时尚未涉及，政府仍是国有资产的唯一代表，仍需掌控全局；另一方面，中国原有的金融体制一直是银行主导的，且长期以来国有银行信用几乎是一统天下，所以选择国有（专业）银行主导这种金融模式，凭借国家对作为投资主体的国有银行以及银行信用的高度垄断来控制全社会资源，进而使国有银行成为弥补国有企业改革成本和维持体制内产出的唯一主体就成为当时最符合国情，也为当局可接受的一种选择。正是在这样一种金融改革指导方针下，1978 年以后中国相继恢复了中

① 诺斯（1992）曾指出，统治者或国家提供博弈规则都有两重目的：一是使统治者租金最大化；二是提供和实施产权规则和降低交易费用，促进经济增长。不过“在使统治者租金最大化的所有权结构与降低交易费用和促进经济增长的有效率体制之间存在持久的冲突”。这就是所谓的“诺斯悖论”。

国银行、中国农业银行，并在1984年前后，逐步构建了一个以中国人民银行为核心，工行、农行、中行、建行四大国有专业银行为主体的金融体系。也正是在这个逻辑的支配下，在很长一个时期内，国家对国有银行部门的改革一直持非常谨慎的态度，最大限度地维持整个银行体系市场结构的垄断性和产权结构上的单一性，使单一国有产权的国有银行在市场竞争中处于绝对的垄断性的优势地位。

回顾中国经济渐进转轨的历史，我们可以清晰地发现，以国有商业银行为主体的中国商业银行体系，凭借来自国有信用的强力支持与利率管制、市场产品创新严格准入等金融压抑政策，在中国经济货币化程度快速提升的背景下通过储蓄动员集中了大量的金融资源之后，利用信贷的方式源源不断地注入国有企业，维持了国有企业进而整体社会的稳定。从这个意义上说，中国商业银行体系在改革开放前20年间的中国经济社会发挥了极为关键和特殊的功能，而与这个功能定位伴生的巨额不良资产则应该视为其（原本应由国家财政）承担的为中国经济体制改革成功推进所支付的成本，已经超出微观层面的意义。

历史地看，伴随着股票市场的快速发展、银行不良资产的不断累积以及国有企业效益低下导致的国民经济产出结构的变化，中国国有商业银行承担体制内平稳过渡的补贴来源进而推动经济渐进转轨的功能在1998年前后就逐渐弱化，通过政策性银行的设立以及商业化改革方向的确立，国家对商业银行改革的政策取向逐渐从控制导向转向效率导向。这种政策导向随着2001年中国加入世界贸易组织之后变得更加迫切——从当时的情况看，与国外同行相比，国有独资引发的高代理成本与管理不到位决定了四大国有商业银行公司治理的失效以及经营效率的低下，不仅在竞争中亏损几乎不可避免，而且更严重的是，当资金、业务和人才可以在不同金融机构之间流动时，由于国有银行和外资银行在经营绩效和激励机制方面存在的明显差距，国有银行将不可避免地出现资金、优质客户及人才的流失，其竞争优势将日益削弱。或许正是基于这种考虑，从2003年，国家开始有意识地再次通过对国有银行的注资、资产剥离以及外部战略投资者的引进，试图以股份制改革以及上市等手段推进国有商业银行的产权改革，重塑市场竞争主体。

现实地看，尽管到目前为止，中国四大国有商业银行均完成了股份制改革，其中中国建设银行、中国银行、中国工商银行、中国农业银行均已成为上市公司，但中国特有的政治体制，再加上国有控股的产权结构，使得和其他国家只能通过市场手段间接调控不同，中国的商业银行体系可以直接通过信贷的收放充当政府宏观调控的载体，实现宏观经济的稳定运行——2007年美国次贷危机爆发后，尽管全球经济受到重创，中国经济也出现出口回落、企业用电量下降、企业景气指数也掉头下行（2008年下半年该指标更是急剧下降）的状况，但在国家出台的强力支持政策作用下，从2007年6月到2009年6月，国有银行对企业的贷款额仍然持续增长，2009年全年信贷扩张规模达到了9.5万亿元（其中上半年就达到创纪录的7.3万亿元）。这不仅清晰地显示了政府对当前国有主导银行体系行为的控制力，也意味着当前的中国商业银行体系事实上承担并也具备了作为宏观经济稳定手段的功能定位。

### 8.2.3 中国商业银行体系的战略转型与中国金融崛起

就中国商业银行体系而言，其在改革开放30年间的发展基本是一个沿着（机构）多元化、（交易或产品）市场化以及国际化的道路前行。总体上看，伴随着改革进程的不断推进，与早期改革强调的“控制力导向”不同，市场效率，或者说核心竞争力的改进或提升逐渐成为了改革的基本取向。但客观地说，尽管对于当前的中国来说，国家控股一些大商业银行是非常必要的，产权以及由此导致的公司治理、垄断的市场结构、业务模式单一与同构等问题依然制约着中国银行体系的真正商业化及其市场化的功能定位。

从制度变迁的视角着眼，大概没有人会质疑作为占据中国金融体系的主体地位、截至2010年9月末已经拥有90.6万亿元庞大资产规模的商业银行变革与转型对于中国金融，乃至经济的巨大影响。事实上，在我们看来，在可预见的未来，只有当中国构建了一个以市场效率为功能定位的多元化、多层次现代商业银行体系，同时完成其从传统银行向现代银行转型所需的公司治理、组织机构与业务模式嬗变之后，中国金融才称得上实现了崛起。

之所以有这样的判断，主要是基本以下几点考虑。

首先，金融制度与金融结构变迁的内在逻辑。从世界各国金融变迁的历史轨迹看，金融体制或结构的演进一般会表现出路径依赖性、自我调节性、非连续性和协同演进性等基本特征，中国也不可能例外。因此，在中国金融未来发展中，尽管非连续性特征意味着如果金融结构的某一因素或部分因素的数量变化（如股票市场、金融衍生品市场的迅猛发展）达到一定的临界水平时，整个结构状态可能发生质变，转换到一个新的稳定状态，但无论从历史还是现实来看，如果没有外力的强制干预，银行主导的中国金融体系演进中内在的自我强化的路径依赖性即“人们过去作出的选择决定了他们现在可能的选择”，决定了商业银行体系在可预见的未来（如2020年）依旧会保持在金融体系中的主体地位。当然，当中国股票市场、债券市场以及金融衍生品市场在未来取得飞速发展，进而改变其作用于商业银行体系的选择压力时，金融演进内在的“自我调节性”和“协同演进性”将引发商业银行乃至整个金融机构体系（通过组织形式或业务模式转型体现）的自我调整与适应性变化，以实现整个金融体系的协调发展。

其次，中国金融功能效率提升的内在要求。前已叙及，无论从理论还是实践来看，金融市场和银行等金融中介机构之间在业务分工基础上的“静态竞争、动态互补”的动态关系，或者说银行与市场在自我发展过程中的相互交融是有效实施金融功能、适应不同经济体经济发展的内在要求。因此，当中国股票市场、债券市场以及金融衍生品市场等市场体系实现大跨步发展的背景下，仅从构建中国金融发展“创新螺旋体系”的角度而言，中国商业银行体系也需要通过转型来适应进而提升中国金融整体功能的效率。

再次，中国实体经济增长模式转型的基本前提。改革开放以来，中国生产力得到快速发展，经济保持了高速增长，同时，中国非均衡的改革与发展路径以及“粗放型”经济增长方式导致了经济结构失衡的积累和加剧。作为一个对外开放的发展中大国，中国目前已经成为全球经济结构失衡的焦点。历史地看，以国有银行为主导的中国商业银行体系所具有的大规模储蓄动员与偏向国有经济的信贷分配活动，在维持甚至强化这种经济增长模式中发挥了重要作用。但问题是，无论是政府还是学术界，目前都认识到如果中国经济增长模式不进行重大转型，进而使得中国经济结构失衡不能得到及时有效的解决的话，在经济增长的持续性无法维系的同时，中国也必将在未来付出更大的经济和社会成本，甚至诱发重大危机。①

金融是现代市场经济的核心。因此，为了实现中国经济增长方式从“粗放型”向“集约型”转变，中国商业银行体系，作为当前乃至今后相当长一个时期内控制着巨额金融资源配置权的经济主体，在可预见的未来必须以市场化作为基本改革导向，通过以效率为取向的增量资源有效配置以及提供各类基于金融市场的存量资源配置服务，充当中国经济增长模式转型的“推进剂”。

最后，中国政治、法律、文化以及金融基础设施的制约。从当前金融理论的主流文献来看，学术界普遍认为金融发展是一个极为复杂的过程，其中经济

① 温家宝总理在2007年“两会”上答记者问时就指出：“中国经济存在的巨大问题，依然是不稳定、不平衡、不协调、不可持续性的结构性问题。”

力量可能是推动金融体系演变的内在原因，而政治制度在很大程度上约束、影响着金融体系的具体制度安排。此外，一些广义的因素，诸如社会文化、法律渊源、历史传统、地理环境、宗教信仰等从外部对各国金融体系的现实演进也有着不可忽视的作用。如果我们承认政治、法律、文化等非经济因素对金融演进的巨大影响的话，那么由于这些因素的相对稳定性，商业银行体系在中国金融中的地位在短期内不可能发生太大的改变，进而其转型的速度以及效率对于中国金融乃至经济而言的重要性不言而喻。

此外，会计准则、监管环境以及信用评级机构等金融基础设施建设的相对滞后，可能导致中国即便在股票市场市值规模有了极大扩张的同时，金融市场自身进而其具有的资源配置效率在短期内很难有非常大的实质性改进。这在客观上也强化了商业银行在未来中国金融崛起中的地位。

## 8.3 中国金融崛起中的商业银行体系：目标模式及其转型设想

伴随着中国金融的崛起，中国商业银行体系即将经历一场极为深刻的转型，而其转型的目的是在金融市场快速发展导致的中国金融结构性变革背景下，适应激烈的国内外竞争，逐渐完成从传统融资中介向现代风险管理中介的功能嬗变，推动中国经济增长模式的转型，实现中国经济的持续、稳定和健康发展。

### 8.3.1 金融崛起中的中国商业银行体系：目标模式

现实地看，由于经济、政治、文化以及历史等诸多因素的制约，各国商业银行体系构成千差万别，不仅机构名称各异，而且不同机构的业务、组织形式以及功能定位也存在较为明显的差异。这意味着在中国崛起之后，其商业银行体系目标模式也必定具有较为鲜明的中国特色。但从功能的角度着眼，我们认为多层次、竞争性和市场化是中国商业银行体系转型的内在要求，也可以视做其转型目标模式的基本内涵。

**一、多层次**

稳定的多层次结构是现代商业银行体系的一个基本特征。从中国的现实来看，为了适应经济发展的内在要求，至少应该构建一个包括村镇或社区性银行（含农村信用社）、区域性银行、超级区域银行、全国性银行和跨国银行在内的多层次银行体系。

显然，在这样一个商业银行结构体系中，处于不同层次的银行的组织形式、市场定位、发展战略等均存在明显差异，并共同构成一个相对完整、充满活力的商业银行体系——数量众多的村镇或社区性银行机构依托本地信息优势，发展专业化的技能，专门服务本地中小企业或居民，规模普遍较小；区域性金融机构（类似城市商业银行）主要服务地区经济，资产规模适中；超级区域性银行是在某一特定地域内提供广泛金融服务的银行；全国性银行指在全国范围内从事经营的银行（类似广发、浦发、兴业等股份制银行）；跨国银行则是在中国经济金融日益开放进而融入全球化的背景下，资产规模庞大并具有全球竞争力的特大型银行（工商银行、建设银行、中国银行等应以这个目标为转型方向）。

**二、竞争性**

商业银行体系的竞争性强调的是在有效的行业准入和退出机制约束下，各类银行机构在一个相对公平的市场环境下开展业务活动，形成垄断竞争的市场结构[①]，银行之间以及不同金融机构之间彼此竞争激烈，进而竞争驱动的创新不断推动整个金融体系的效率提升。

从这个层面上考察，中国金融崛起之后的商业银行体系应该是一个具有垄断竞争的行业结构（少量具有跨国竞争力的大型银行占据相对行业主导地位，独具特色的专业技术和信息优势银行大量共存），但金融创新活跃，进而银行与银行、银行与非银行金融机构之间业务相互交叉的全新体系。在这个体系中，利率和汇率的市场化使得银行不仅面临来自金融市场的激烈竞争（如货币市场基金对存款的竞争，商业票据和垃圾债券对贷款的竞争），也面临着非银行金融机构的不断入侵，迫使中国现有的商业银行体系在传统中介业务的毛利（存贷利差）不断缩小的背景下，通过合并、收购以及其他创新，对技术和需求等实体经济领域的变化迅速作出反应，实现自身的生存和发展。

**三、市场化**

商业银行体系的市场化指的是行为的效率取向。这里的行为既包括组织形式、业务模式的选择，也涵盖了其资产负债业务以及表外业务的设计和拓展。

就这个视角而言，金融崛起后的中国商业银行体系应该是一个组织形式和业务模式多样，资产负债业务具有极大差异性的金融机构体系：第一，从组织

---

① 尽管近年来由于中国银行业的开放度（含对外和对内开放两个层面）不强，银行集中度和市场竞争之间存在的负相关关系，即近年来中国银行数量的增加反而降低了银行竞争程度（黄隽，2007），但关于发达国家和发展中国家的众多学术研究都发现，垄断竞争是银行业市场结构较为理想的一种状态，即“银行集中度的提高并不使竞争度降低”（Gelos 和 Roldos，2002）。

形式上看，未来的中国商业银行可以根据自身比较优势，有综合性金融控股公司模式、银行控股公司模式、保险控股公司模式以及独立商业银行模式等多种选择，多类银行类机构并存；第二，从业务模式上看，与组织形式的选择对应，既有提供“一站式”金融服务的大型银行，也有业务极为单一、专门服务于特定客户的小型银行和业务范围相对多样的中型银行；第三，从表内资产负债业务来，银行既可根据资产管理的现实资金需求，利用CDs、金融债券灵活主动地开展负债业务，也可以根据客户需求，通过创新设计全新的信贷产品或服务；第四，银行还可以根据市场需求，灵活提供各类表外业务，充当各类OTC衍生品的做市商角色。

最后特别需要强调的是，无论是业务模式的选择还是信贷和投资等资产负债管理，此时的中国商业银行不再受到来自中央或地方政府的强力直接干预，而只是在利率等经济手段的间接调控下作出市场化的符合其自身经济利益的理性决策。

### 8.3.2 中国商业银行体系的外部转型条件与内部转型原则：基本设想

现实地看，尽管来自国内经济发展、加入世界贸易组织承诺兑现、技术发展、监管强化、客户需求变化以及竞争压力升级等众多外部压力的共同作用，中国商业银行体系有着极强的战略转型的内在要求，但由于金融压抑等外部制度约束和内部经营理念及人才等因素的制约，中国商业银行体系的成功转型必将是一个渐进的过程。

#### 一、制度变迁、金融深化与中国商业银行的战略转型

对于当前的中国而言，尽快制定并实施更为彻底的以市场化为导向的金融深化政策，通过制度创新与变迁营造一个高度竞争性的外部环境是推动中国商业银行体系转型的基本前提，也是构建其内生转型动力机制的重要基础。

现实地看，由于中国当前实行利率管制、严格的准入和业务限制、金融市场产品创新不足以及与产权国有、政府干预相伴随的独特功能定位，所以尽管外部压力不断凸显，但中国商业银行近年来带有垄断租金性质的收入结构和水平相对较为平稳，导致创新进而转型的内在动力明显不足。

首先，与西方国家银行面临的由于激烈竞争导致的不到1个百分点的存贷毛利差不同，鉴于中国利率市场化，尤其是存贷款利率市场化程度尚未完全实现，名义管制基准存贷毛利差近十年来不但没有缩少，反而长期维持在4个百

分点的位，事实上为中国商业银行提供了一个极为宽松的经营环境，弱化了商业银行的创新动力（见图 8－7）。

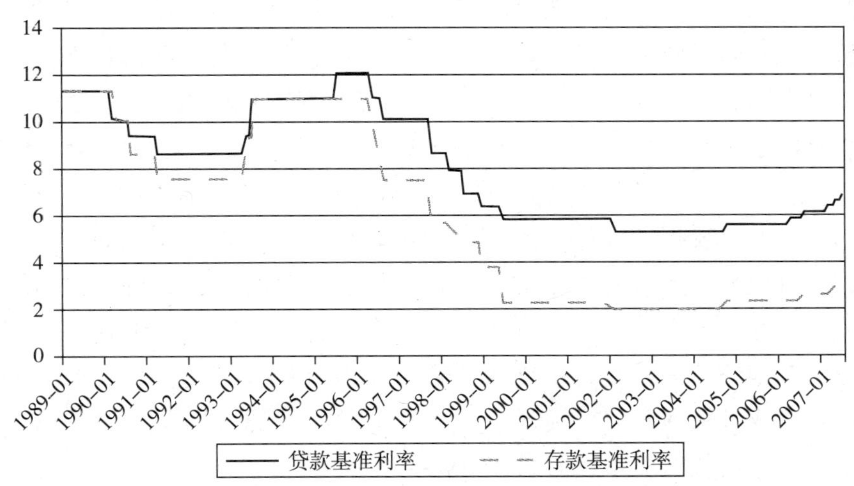


资料来源：CEIC，转引自 Prasad（2009）。

**图 8－7　中国存贷款基准利率变化态势（1989—2007 年）**

其次，在利差较大的同时，由于当前中国金融管制非常严格，金融市场的创新不活跃，不仅证券产品种类相对较为稀缺，而且做空机制缺失导致很多交易策略也无从实现，广大居民、企业的投资选择空间较为狭窄，导致安全性较高的银行储蓄目前仍是其首选。这意味着中国银行业有着极为充裕的资金来源（一个突出表现就是前文曾提及的持续 30 余年的储蓄存款高速增长现象以及近年来银行存贷差的不断扩大），而无须像其西方同行那样要通过创新来开展传统业务。显然，这进一步弱化了银行创新进而转型的动力。

再次，除了金融市场的管制，尽管很大程度上也是出于风险控制的考虑，当前中国银行业较为严格的机构准入和业务限制制度，这不仅使得内外资本很难获得银行经营牌照，而且对很多基于市场的银行业务创新施加了诸多限制，进一步弱化了银行机构内生的创新冲动。

最后，来自中央和地方政府的干预，意味着各级政府，尤其是地方政府往往会出于自身利益的考虑，在干预银行行为的同时限制其他竞争对手的合法经营活动，进一步加剧了银行获得“特许租金”的状况，也不利于创新。

显然，如果中国商业银行继续在这样一个金融控制程度较高的环境下生存的话，那么，我们很难能看到来自银行自身真正的创新进而转型的动力。因此，亟须通过制度创新弱化现有的金融控制力度。例如，（1）逐步放宽行业准入限制，允许外资和内资进入银行业，进而依赖银行数量的增加或来自并购机制的市场约束激励银行创新；（2）逐步放松金融市场的创新管制，允许金融机构在兼顾风险防范的同时根据实体经济的需要设计创新金融产品、服务或交易策略；（3）在贷款利率基本已经实现市场化的基础上，逐步放宽存款利率上限水平，实现利率市场化；（4）进一步完善人民币汇率形成机制，实现人民币汇率的市场化；（5）政府重新审视对商业银行体系的功能定位，在利用市场机制发挥商业银行对于宏观经济稳定和增长功能的同时，强调其在资源配置效率和风险管控中的作用，尽可能弱化对商业银行行为的行政干预，鼓励其在市场竞争中发展壮大等。只有这样，中国商业银行才可能随着外部经济金融环境的变化，把创新和转型作为自身求得生存和发展的唯一途径，最终完成其从现有的传统银行向兼具“效率和稳定性”的多层次、竞争性、市场化的现代商业银行的成功转型。

**二、中国商业银行体系内部转型的基本原则设想**

在外部生存制度进而经济环境逐步发生根本性改变得同时，为了实现其应有的经济功能并达到较为理想的效率状态，中国商业银行体系需要在公司治理、业务模式、业务流程、组织形式及经营理念（或自身功能定位）等方面实现内部的渐进成功转型。

1. 公司治理转型

分权、制衡、问责和透明是包括商业银行在内的现代公司治理的基本理念和核心原则。对于中国商业银行而言，除了这些一般化原则之外，在我们看来，以“政企分离、权责明确”为基本导向的商业银行国有整体控股程度的相对弱化以及股东和存款人利益的平衡应该是在其公司治理转型中值得强调的特殊准则。

第一，从中国目前的情况看，尽管大型商业银行的国家控股无论在现在还是可预见的未来都有其必要性，但其控股程度的把握则是一个值得深思的问题。为了体现“政企分离”，引进非国有股东充当制衡显然是非常必要的一个途径。现实地看，通过在现存商业银行体系中引入国内外战略投资者和允许部分合规内外资金新设银行可能是未来降低银行整体国有控股水平的两条基本途径：对于现存银行体系而言，通过引进外部战略投资者，优化董事会结构，在提高其资本充足率水平的同时，可以引进相对先进、规范的经营理念、新型风险管理技能以及国际化的人才，在提升自身经营效率的同时，提高抗风险的能力；新设银行作为增量调整机制，也有助于强化产品市场竞争等约束机制，起到一定制衡作用。①

第二，鉴于商业银行股东与存款人的特殊性关系，如何权衡两者的利益一直是银行理论和监管层关注的重点。从治理的角度看，长期以来中国商业银行在股东利益和存款人利益的平衡中走向了一个极端，即在银行把吸收存款视为国家注入资本一种独特方式前提下，以（通过低于市场利率的储蓄动员）牺牲存款人利益为代价实现了国家（股东）实现经济平稳过渡的基本价值取向（张杰，2004）。当然这种利益格局失衡的长期存在有着极为特殊的背景。但问题是，当中国商业银行体系走向市场化时，如果其继续这样一种价值取向，那么与此伴生的在隐性政府担保约束下形成的商业银行“道德风险”和“逆向选择”问题决定了其行为永远不会变得完全以效率为导向，进而很可能永远都无法完成向现代商业银行的转型。这意味着在未来的转型中，中国商业银行必须在其高管选择、信贷投资等行为中坚持股东利益和存款人利益平衡的基本价值取向，在为股东追求高收益的同时，尊重存款人的利益，同时也能感受到来自存款人对其行为规范性与有效性的约束力。只有这样，中国商业银行才能完成自身的嬗变。

第三，在高管选择机制市场化的基础上构建有效的激励约束机制。未来中国商业银行的高管，应当是通过公开招聘，选任具备丰富的金融知识和金融业工作经验的职业经理人来担当。在高管筛选机制市场的基础上，应通过年薪、（长期）股票期权等给予其足够激励的同时建立有效的内控机制和稽查制度，并借助来自市场的力量（信息透明基础上的股价波动和并购机制等）规范和约束其行为。

2. 业务模式转型

对于中国商业银行而言，其未来的业务模式与当前较为单一、传统的信贷中介为主的业务有着很大的区别，零售（个人）业务和以资本市场为平台的相关服务（不仅是结算、托管等传统服务，也包括 OTC 金融衍生品的做市商等新型表外业务）以及资金交易业务重要性将逐步上升，从根本上实现业务和收入

---

① 当然，在中国商业银行股权结构日益多元化、市场化的背景下，现有的董事会、管理层、监事会为基本架构的内部法人治理结构的调整和完善就成为公司治理转型中一个非常突出的问题。首先要重塑股东（大）会的最高权力地位，确保董事会的独立性；其次要健全董事选择、聘任及责任机制，尤其要强化独立董事的聘任和责任机制；再次要加强董事会内部的专业化分工和权力制衡；复次是银行高官选择机制的市场化；最后通过外派监事会制度强化其监督作用。

模式的多元化。但从这次始于美国的次贷危机教训来看，中国商业银行的业务模式转型应该在追求效率的基本导向下，牢牢遵循传统业务与创新业务之间的平衡、稳定性与盈利性的平衡两个基本原则，或者说在追求效益的过程中，中国商业银行不应该像过去10年间的美国银行业那样，仅仅为了尽可能地追求高收益，几乎完全放弃了其传统的信贷中介业务，利用资产证券化、信用衍生品等先进的金融创新技术与产品，开展了大量的脱离现实内在经济需求的金融创新业务，在过度使用自身技能的同时忽视了创新业务本身可能对其生存带来的巨大风险，最后遭到灭顶之灾。

我们必须认识到，对于商业银行而言，基于传统信贷业务的信息优势是其获得并提升核心竞争力的重要途径，因此，即便传统存贷毛利差已经有了很大的萎缩，但商业银行不可能放弃融资中介业务，而成为一个纯粹的金融服务经纪或做市商。此外，在金融领域，风险和收益的对称是一个永恒的规则，因此，作为一个在现代市场经济具有特殊功能并享有诸多保护网的特殊金融机构，商业银行永远也不可能像对冲基金那样，为了追求风险可以无视自身的稳定性。

3. 业务流程再造

从概念上说，银行业务流程再造就是“银行为了获取在成本、质量、反应速度等绩效方面巨大改变，以流程为核心进行的根本性的再思考和彻底的再设计”（保罗·阿伦，1994）。长期以来，中国商业银行一般是先调整机构，然后由各职能部门自行设计，因而流程的划定只是为了适应既有组织框架的需要，因而，存在部门之间重叠严重、责任不清、互相推诿责任等诸多问题。因此，为了更好地迎接未来的挑战，中国商业银行必须按照“精简、高效”和“以客户为中心、以市场为导向”的原则，进行内部组织结构调整，全面整合现有经营管理等各项业务，通过业务流程再造提升自身的效率。①

第一，商业银行可考虑根据与客户关系的不同，将内部机构分为前台市场业务模块和内部服务支持两大模块，其中前台市场模块可根据银行的主要利润来源或未来发展重心进行划分，如信贷业务流程、零售业务流程、表外业务流程、咨询业务流程、代理业务流程等；而内部服务模块主要是对市场模块提供

---

① 参照国际活跃大银行流程再造的做法，流程再造至少包括以下几个方面：（1）按照既有业务开展的自然顺序，绘制作业流程图；（2）根据客户对产品和服务的需求，重新定位业务流程中的关键环节及排序；（3）根据轻重缓急，找出业务流程再造的切入点；（4）设计可供选择的新流程方案；（5）从成本、效益、技术条件和风险程度等方面对可供选择的方案进行评估和选择；（6）制定与业务流程改进方案相配套的组织结构框架；（7）根据组织结构再造的要求合理配置资源、人力。

服务（如人力资源管理、信息技术、办公等）和战略参谋（如风险控制、法律和对外关系部门、战略发展部门等），进行内部机构的横向流程再造。

第二，鉴于目前中国商业银行总行内部层次过多，总行与分支机构之间的关系应打破“科层制”，而按照“机构扁平化”原则改革，在明确各个层次管理权限的基础上，压缩中间环节，尽量缩短分支机构的层次，实现纵向流程再造。

第三，以业务垂直化为导向，实现总行与分支机构对接部分的流程再造。一般而言，人力资源部、信息技术部、风险控制、法律和对外关系部、战略发展部等内部服务模块基本集中在商业银行总行，为业务模块提供服务；为尽可能降低代理成本，分支机构的业务模块中的部门直接对上一级业务模块负责和报告。这样依靠银行内部的垂直报告和监控机制，可以在很大程度上防止分行过度地方化，在局部利益上受到限制和约束。

4. 组织形式转型

就中国商业银行组织转型的方向而言，应根据市场化需求，充分发挥银行个体的积极性和创造性，在产权主体、控股结构、业务发展层次等方面鼓励多样化的原则，既允许有条件的银行或其他非银行金融机构通过依靠自身能力的内涵式发展或横向的联合、并购和重组等整合战略，以金融控股公司的模式获得快速的发展。

从中国目前的情况来看，分业经营下的混业动向已经初步显露。中信集团、光大集团等综合性金融控股公司模式已经成为现实，中国建设银行、中国银行和中国工商银行也通过控股或参股证券、保险进而实现了集团发展模式。可以预计，未来中国银行业组织形式必然呈现多元化发展态势，即存在纯粹意义上的商业银行，也有各类综合性、行业性甚至实业部门控股模式下的机构形态。

5. 经营理念（或自身功能定位认知）转型

笔者认为，目前中国商业银行在转型时最大的障碍为思想上的障碍，或者说传统的经营理念是其顺利转型的主要制约因素之一。因此，经营理念以及与此相适应的功能定位认知的转型一直伴随着转型的全过程，也是转型成功的基本保障。

在我们看来，商业银行经营理念的转型是一个理论与实践互动的过程。这意味着新的经营理念来源于实践，又高于实践。之所以这样，是因为一方面在经营转型过程中，通过学习处理外在适应和内部整合时的创造和积累，形成新的经营模式下、新的发展愿景下的团队经验和理念，并把新的模式和理念当做认知、思考与知觉的正确方式，使新的经营模式、新的发展愿景成为整个银行的自觉意识和自觉行为；但另一方面，银行发展愿景的勾画与剔除却又是高于银行自身的实践，需要银行家对于宏观经济金融发展态势以及自身所处的环境准确认知基础上，在理论指导下才可能形成。这意味着具有国际视野同时又了解中国国情的银行家群体的形成是中国商业银行转型成功的基本前提。

容易理解，当中国商业银行完成了经营理念的转型之后，对其自身功能的认知就应该是一个在流动性支付、结算与财富管理之间和推动经济增长与风险管控之间实现完美平衡的现代金融机构体系。这也是与中国金融崛起相匹配的一个现代商业银行体系。

## 8.4 结语

商业银行是金融体系中极为古老的一种制度安排，在世界各国都一直占据着相当重要的地位，在支付结算、储蓄动员及配置、流动性提供以及风险管理等方面都履行着非常重要的功能。但在过去的30余年间，以金融市场蓬勃发展为核心的全球结构性金融变革中，尽管商业银行的名称没有发生变化，其组织形式、业务模式进而收入结构都发生了极为显著的变化，风险管理逐渐取代融资中介成为其最核心的功能。这一变化，在以美国为代表的发达国家最为明显。

对于中国而言，目前以国有商业银行为主导的规模庞大的商业银行体系仍然是金融体系的主体。因此，一方面，鉴于制度演进的路径依赖以及中国现有的政治、文化、法律以及会计等其他金融基础设施建设的现状，在可预见的未来，商业银行体系在中国金融的地位很难得到根本性改变，而这意味着中国商业银行体系的成功转型不仅是中国金融崛起的主要表现，而且是中国金融崛起的内在要求，或者说将与股票市场的迅速崛起共同构成中国金融崛起的标志之一；另一方面，由于中国经济转轨的特殊定位，中国商业银行体系尽管为转轨贡献了很多，但从金融核心功能或者说资源配置视角着眼，除带有政府隐性支持的储蓄动员能力之外，其在很多方面都和发达国家，甚至一些发展中国家相比都存在较大的差距。在这样一种背景下，考虑到未来随着中国经济规模的不断扩大，以股票市场、金融衍生品市场等将获得极为快速的发展，因此，为了构建一个以多层次、竞争性和市场化为基本内涵，与中国金融崛起相适应的商业银行体系，在未来我们不仅需要通过实施制度创新的金融深化，从外部营造商业银行创新进而转型的制度环境、强化其转型的内在动力，而且也需要通过公司治理、业务模式、组织形式和经营理念的转型和业务流程再造，通过内部转型实现。客观地说，这样一个转型过程不仅充满了变数，而且也将是一个渐进的过程。但为了实现中国经济增长模式的根本转变以及经济的持续、稳定、健康发展，作为当前中国金融主体的中国商业银行体系的这一转型又是一个不可逆转的趋势。

## 参考文献

[1] 阿尔弗雷德·施泰因赫尔．金融野兽：金融衍生品的发展与监管[M]．中译本．上海：远东出版社，2003.

[2] 陈雨露，马勇．现代金融体系下的中国金融业混业经营：路径、风险与监管体系[M]．北京：中国人民大学出版社，2009.

[3] 李仁杰，王国刚．中国商业银行发展研究［M］．北京：社会科学文献出版社，2006.

[4] Allen F. and Anthony M. Santomero. The Theory of Financial Intermediation [J]. Journal of Banking and Finance, 1998 (21): 1461 - 1485.

[5] Allen, F. et al.. A Review of China's Financial System and Initiatives for the Future. Wharton Business School Working Paper, 2008.

[6] Benston and Smith. A Transactions Cost Approach to the Theory of Financial Intermediaries [J]. Journal of Finance, 1976 (31): 215 - 231.

[7] Bhattacharya, S. and Thakor A. V.. Contemporary Banking Theory [J]. Journal of Financial Intermediation, 1993 (3): 2 - 50.

[8] Boyd, J. H. and Prescott E. C.. Financial Intermediary Coalitions [J]. Journal of Economic Theory, 1986 (38): 211 - 231.

[9] Bryant, J.. A Model of Reserves, Bank Runs, and Deposit Insurance [J]. Journal of Banking and Finance, 1980 (4): 335 - 344.

[10] Cheung. The Contractual Nature of the Firm [J]. Journal of Law and Economics, 1983 (26): 1 - 21.

[11] Diamond, D.. Financial Intermediation and Delegated Monitoring [J]. Review of Economic Studies, 1984 (51): 393 - 414.

[12] Diamond, D., and P. Dybvig. Bank Runs, Deposit Insurance, and Liquidity [J]. Journal of Political Economy, 1983 (91): 401 - 419.

[13] E. S. Prasad. Is the Chinese Growth Miracle Built to Last? China Economic Review, 2009.

[14] Fama, E.. What's Different About Banks? [J]. Journal of Monetary Economics, 1985 (15): 29 - 39.

[15] Freixas X. and J. Rochet. Microeconomics of Banking [M]. MIT Press, 1997.

[16] Gurley and Shaw. Money in a Theory of Finance [M]. Washington D. C. Brookings Institution, 1960.

[17] Gorton G. and Haubrich J. G.. Bank Regulation, Credit Markets and the Control of Capital. Carnegie – rochester Conference Series on Public Policy, 1987 (26): 289 – 334.

[18] Gorton G. and Pennacchi G.. Money Market Mutual Funds and Finance Companies: are They the Banks of the Future? [M]. in: Klausner, M., White, L. (Eds.), Structural Change in Banking, Irwin Publishing, 1993, pp. 173 – 227.

[19] Kareken J. H.. Ensuring Financial Stability, in the Search for Financial Stability: The Past Fifty Years. Conference Sponsored by the Federal Reserve Bank of San Francisco, June, 1985, 53 – 77.

[20] Kendall, Leon T., Fishman, Michael J.. A Primer on Securitization, Massachusetts [M]. The MIT Press, 1996.

[21] Merton, R. C.. A Functional Perspective of Financial Intermediation, Financial Management, 1995 (24): 23 – 41.

[22] Leland H. and Pyle D.. Information Asymmetries, Financial Structure, and Financial Intermediation [J]. Journal of Finance, 1977 (44): 371 – 388.

[23] Llewellyn D. T.. Banking in the 21st Century: the Transformation of an Industry. Bank of Australia, 1996.

[24] Mayer S. C. and Rajan R. G.. The Paradox of Liquidity [J]. Quarterly Journal of Economics, 1998 (113): 733 – 771.

[25] Ramakrishnan R. T. S. and Thakor A. V.. Information Reliability and a Theory of Financial Intermediation. Review of Financial Studies, 1984 (51): 415 – 432.

[26] Rajan R. G.. Has Finance Made the World Riskier?. European Financial Management, 2006 (12) 499 – 533.

[27] Tobin J.. Comment on Allan H. Meltzer [J]. Journal of Political Economy, Aug, 1963: 508 – 509.

# 9 未来中国金融模式


## 摘　要

2008年金融危机后，美国主导、美元霸权的全球金融制度、体系、规则、结构遭到质疑，各国都在探寻着新的金融发展模式。对于中国这个正在飞速崛起的世界大国，如何建立起与大国经济相匹配的大国金融体制，构建未来中国金融模式，对于实现中华民族的伟大复兴意义重大。在这条道路上，既蕴藏着未知的挑战，更充满了无限的机遇。我们认为，未来中国金融市场将更加市场化和国际化，金融机构将会走“有限综合经营”之路，金融监管也将会出现较大的变化。


## 9.1 引言

2008年全球金融危机，在某种意义上说是以美国为代表的金融模式的危机。过度的“金融创新”带来信用过度扩张、过度消费和过度的泡沫，终于造成金融机构的倒闭和实体经济发展的严重困难。美国主导、美元霸权的全球金融制度、体系、规则、结构受到冲击，作为在新世纪首次金融危机中率先复苏的中国，如何建立起与大国经济相匹配的大国金融体制，构建未来中国金融模式，既面临着挑战，更面临着机遇。

目前，中国现有金融模式呈现出这样一些特征：第一，金融资源分配是行政主导模式。与美国市场主导模式不同，政府在金融资源配置上发挥着关键作用，包括贷款额度的分配、政府政策的干预和直接的行政指导等。经济主体无法平等地分享金融和经济资源。正所谓“给国企黄金、给民企信心”的说法，是很有道理的。第二，金融机构以国有控股为主体，特别是大型商业银行和保险公司，与美国以私有为主体的不一样。实体企业也是以国有为主体，在金融危机后更是呈现出“国进民退”的现象。第三，在金融机构当中，商业银行又发挥着绝对主导作用，与金融危机前美国投资银行的地位相比，中国投资银行在资源配置中没有发挥出应有作用，投资银行的盈利仍主要依赖于经纪业务等初级模式。第四，与美国高消费不一样，中国国民资产主要是存款，储蓄率居高不下，使银行能轻易获得较为廉价的金融资源，利差收入可以成为银行的主要收入，金融机构尤其是商业银行缺乏足够的创新动力。第五，人民币资本项目不能自由兑换，使中国金融市场与国际市场之间有一道“防火墙”，虽然能在一定程度上保护中国的金融市场和金融机构，但也对人民币的国际化和国际金融中心的建设产生了阻碍作用。

2008 年金融危机后，全球金融体系将会发生结构性变革，美元的霸权地位和美国传统金融模式也面临严重挑战。中国金融模式应如何应对？笔者认为，中国现有金融模式使得中国金融机构、金融市场受到本次危机冲击较小，但切不要因此就以为行政主导、市场化和国际化不够是好事情，它完全可能带来另外一场危机。因此，在探讨未来中国金融模式过程中，市场化和国际化依然是方向，在沿着这一方向前进途中，要正确把握好政府与市场、创新与监管等关系，才是最重要的，才能适应全球金融变革和中国的大国经济地位。在本章中，我们试图从金融市场、金融机构和金融监管三个方面来观察未来中国金融模式的演进。

## 9.2 未来中国金融市场的发展模式

### 9.2.1 美国金融市场发展模式面临挑战

2008 年爆发的金融危机，造成了华尔街五大投资银行的集体崩溃，金融市场的流动性骤然衰竭，多达上百家商业银行因此而破产倒闭，实体经济受到严重冲击。时至今日，最坏的时刻似乎已经过去，但是危机后全球金融变革的序幕正在拉开，未来世界金融的权力版图也将重构，对于中国这个正在飞速崛起的世界大国，既意味着机遇，也蕴涵着挑战。

机遇在于，经过这样一次全球性的金融危机，美元的独霸地位和金融发展模式越来越受到其他国家的诟病与质疑，世界上出现了越来越多的变革呼声，其中包括多元货币体系的建设、国际金融机构的变革和国际性的监管合作，多极与制衡将成为未来国际金融发展的主流。挑战在于，中国在探寻大国金融发展之路时，如何首先独善其身，良好的制度设计和模式选择既有助于实现中国金融健康长远的发展，同时可以为世界树立新的成功典范。

市场与政府关系的历史演进与世界经济发展的历史相伴随，这次金融危机是对完全自由放任市场的一次挑战，危机表面上来自一个失控的房贷市场和一个过度创新的金融机制，实际上还是因为美国经济在自由放任的一端走得太远。事实证明，市场与政府，偏向哪个极端，对于经济都可能预示着可怕的灾难。社会经济资源的配置既可以通过市场的自由协议来完成，也可以通过政府的指令性配置来实现。在资源配置的效率上，市场占优；在解决诸如外部性、公共产品、收入公平分配等问题上，市场作用甚微，此时政府的干预活动能起到纠正市场缺陷的作用。因此发展市场经济，并不意味着政府的无所作为，事实恰恰是大有可为。我们可以把市场不能解决好的事情交由政府去做，但是也不能使得政府的行政力量过度地参与资源配置和竞争性产业，损害市场的活力与效率。

熊彼特曾经说过："市场经济是一个创造性的破坏过程，它不断地从内部革新，不断地破坏旧的经济结构，不断地创造新的经济结构。"面对美国的金融危机，我们应该清楚地认识到，金融危机并不是市场的失败，更不是现代金融的失败。每次危机都是一次重构，每次重构，世界经济都能焕发出更大的生机。

美国金融经济学家雷蒙德·戈德史密斯认为金融相关比率（FIR）与经济增长速度存在正相关关系，即金融对经济的发展有一种引致效应。从发达国家经济发展模式的演变趋势来看，由于金融对经济活动渗透力的不断增强，导致了经济资源的载体和资源配置的方式正在发生深刻的变化，资源的流动和配置更多地通过金融市场来实现，资本显现出证券化、虚拟化和杠杆化的特征。

### 9.2.2 中国金融市场的发展路径

金融市场是市场经济发展到一定阶段的产物，同时也更加推动了市场的深化。金融市场通过市场化的机制引导资本在资金盈余者和资金短缺者之间流动，加速推进产业结构的调整和升级，并且在资本流动的过程中实现财富增值和风险分散。世界发展到今天，现代金融市场已然成为现代市场经济的核心。

中国的经济需要走出一条什么样的崛起之路？中国需要什么样的大国金融？中国未来的金融市场会呈现出怎样的发展趋势和特征？这些都值得我们深思。新中国的金融体制改革是伴随着经济体制改革相推进的，金融体制改革 30 年来，中国金融体系的演变是朝着市场化、国际化、多元化和多层次的方向发展，未来，这样的趋势还将延续。

1949 年以前，中国经济是以私有制为主体，私营工商业在工业总产值中占 2/3，在社会零售商品总额中占 85% 以上。这一时期的中国经济，私营银行、钱庄发挥着很大的作用，私有金融的发展比较活跃。依照苏联的国家辛迪加的观念，国民经济的计划化，行政力量的主导化，应该是社会主义市场经济的重要特征。1956 年，随着中国社会主义改造的完成，国有力量几乎涉及国民经济的各个角落，资源沿着行政指令的方向配置，这个时候是民营经济和市场力量的真空时期。但是，在如何实现高效的资源配置等问题上，最好的计划也总显得那么无能为力，在举国计划的体制下，个人积极性降低，社会发展停滞，这样的状况一直持续到“文化大革命”的结束。这一时期中国金融体系的特征有：（1）居民除了现金和存款外，没有任何其他金融资产，更不存在金融市场；（2）银行是作为国家财政出纳的形式存在，中国人民银行集中央银行、政策性银行和商业银行的职能于一身；（3）社会信用规模非常小，企业和国家银行之间的信用关系被允许，企业相互之间的信用关系则被禁止。

20 世纪 70 年代末改革开放的主要任务就是在原来清一色的国有制经济中引入市场机制。国家的战略方针从原来的“实现国有经济为唯一经济成分”转变为“以公有制为主体，多种所有制经济共同发展”。70 年代末的改革开放开始后，中国的金融开始向市场化的方向逐步迈进，商业性金融机构逐步从中央银行中分离出来，拉开了中国金融改革的序幕。1979 年，中国农业银行恢复成立、中国银行和中国人民建设银行分别从中国人民银行和财政部分离出来，其中，中国农业银行主管农村金融，中国银行成为独立的外汇专业银行，中国人民建设银行专门办理固定资产投资贷款。1983 年，中国工商银行成立，专门承担工商信贷和城市储蓄业务。在 1980—1985 年，各商业银行陆续开办商业票据的贴现业务。1986 年，中国人民银行开始对商业银行实行再贴现业务，市场化的宏观调控方式逐渐显现。1987 年和 1988 年企业债和国库券交易市场逐步开放。1990 年和 1991 年，上海证券交易所和深圳证券交易所相继成立，上市股票可以集中地进行场内交易，市场经济的重要资源——资本，开始通过资本市场在不同的市场主体之间进行空间和时间上的配置，资本市场的建立为我国金融市场的发展添上了浓重的一笔。1994 年，三大政策性银行成立，标志着政策性银行体系基本框架建立，政策性业务从商业银行业务中分离出来，国有商业银行的业务更加独立和市场化。1994 年外汇体制改革后，外汇交易中心成立，形成了全国统一的外汇市场。1999 年 5 月，上海期货交易所正式成立，为市场提供了远期价格发现功能，投资者也通过期货市场来套期保值以规避风险，金融市场进一步丰富和完善。2005 年 4 月，中国启动股权分置改革试点，资本市场开始了全流通的改革进程，由此消除了资本市场未来发展最大的制度障碍。

### 9.2.3 中国金融市场当前的主要问题

应该说，经过30多年的改革开放，中国已经实现了从一个贫穷落后的国家向一个经济大国的转变。如果说，生产能力惊人增长的制造业成就了中国经济大国的地位，那么，未来中国要实现由经济大国向经济强国的转变，除了具有强大的自主创新能力外，更应该有一个高效配置资源的金融市场，而目前我国金融市场远不能适应中国作为经济大国的需要。金融市场当前的主要问题有：

第一，行政力量过度地参与资源配置。目前我国资本市场的大部分上市企业都是国有控股，政府的角色既是运动员又是裁判员。在诸如上市融资和享受银行信贷优惠方面，国有企业都有着更多的优先权。资源是沿着行政的渠道配置，市场的力量仍无法真正的发挥，这也是我国金融市场发展受限的症结所在。

第二，直接融资比例较小，资本市场整体规模偏小。在中国企业外部融资中，直接融资的比例较低。以2009年为例，中国企业股票融资占总融资额比例约为5%。虽然说这一比例在不同时期会有所不同，但银行贷款是我国融资的最主要途径则是毋庸置疑的。

第三，资本市场发展不平衡，层次不丰富。从资本市场的三大部分的发展来看，股票市场发展相对较快，而债券市场和中长期信贷市场的发展则比较滞后。2009年中国企业和公司债券市场规模占GDP的比重仅为7.21%，远低于美国市场43.5%的水平。

第四，我国金融市场缺乏股指期货、期权等做空工具。做空机制的缺失使得我国证券市场盈利模式单一，市场参与者“羊群效应”严重，投资者缺乏避险的工具和手段。从市场整体来看，反向交易者的缺位容易使得资产价格出现单边暴涨暴跌，导致价格偏离价值的幅度增大，不利于我国证券市场的平稳运行。

第五，外汇供求关系失真，利率市场化程度不够。由于受到现行银行结售汇制度的制约，国内外汇市场上的供求关系还不能充分、完全地反映市场真实的供求。利率市场化程度不够，利率管制程度高，调整的灵活度不够，金融机构自主确定利率水平和计结息规则的权限较小，不能完全根据经济形势和金融市场变化而灵活变动，利率杠杆的调节作用发挥时滞较长，缺乏有效的市场基准利率。

### 9.2.4 未来中国金融市场模式的若干特征

未来，中国发展现代金融，实际上就是要在市场和政府之间寻找一种均衡，也需要在效率与稳定中寻找最优路径。这样一种均衡既要有利于发挥金融市场的活力，又有利于维护经济和社会的稳定。这需要我们对全局有着清晰的把握，更需要有改革的勇气与魄力。虽然目前我国的金融市场在形式上和发达市场经济国家已经相当接近，但是在功能、市场深度以及制度上仍存在着许多不足。笔者认为，未来中国金融市场的模式将会显现出如下特征。

**一、资源配置的过程中，行政力量将从属于市场主导**

2008 年金融危机已经证明，不能一味地信任市场能解决所有的问题。危机中，价格信号扭曲，市场流动性濒临枯竭，市场信心处于低谷，经济随时可能急转直下，这时政府出手可能是更好的选择。但是在经济的正常运转时期，行政性力量在竞争性领域过度地参与资源分配，将大大挤压民营经济的生存空间，大量的社会闲置资本不能转化为生产和消费。政府主导之下的兼并结果，往往是国有兼并民营。政府的财政政策力度越大，意味着将有更多的资源向国有企业倾斜，相比较之下，民营企业直接融资和间接融资的难度都很大。同时，政府投资的项目大规模增加，政府官员的寻租活动也越来越活跃，经济资源由于被隐性瓜分而不能产生应有的效率。回顾过去 30 年以市场化为导向的改革进程，不难发现，中国经济基本上确立了市场化的经济体制，但这个体制并不完善，其中既有市场化不足的方面，比如航空、电信、铁路、能源等，也有过度市场化的地方，比如房地产。市场化改革在取得今天成就的同时，也需要进行一些总结和反思，对改革的反思所要达到的目的就是继续推动市场化改革在正确的轨道上前行，同时要避免“泛市场化”和过度市场化造成的社会不公与财富流失。中国要实现经济上的崛起和腾飞，离不开市场经济体制的建设和完善。风险是市场的固有属性，没有风险何来收益，没有风险的释放，何来未来经济更好的发展，妄图把风险通过行政力量强行控制恰恰是最大的风险，一旦爆发，后果不堪设想，因此未来市场化的趋势不应改变。未来，资源配置的主导力量理应是市场主导，这也是我们发展现代金融的目的和动机。在经济结构上，不能简单地国进民退，也不能简单地民进国退，应该强调国有资本和民营资本的均衡发展。金融危机后政府出台了 4 万亿元经济刺激计划和十大产业振兴规划，但是受益的主体仍然是国有企业。我们应该认识到，未来的大企业都是由今天的中小企业发展而成的，政府过度关注国有企业虽然能在短期内对于化解危机起到立竿见影的效果，但是从长期来看，未来很可能因为民营经济发展的先天不足而出现经济增长的瓶颈。因此如何实现国与民的共进，靠政府的行政力量是不够的，必须依靠现代市场化的金融，才能支撑起未来经济新的增长点。

**二、汇率和利率市场化**

1994 年，我国外汇体制改革，确定了以供求为基础的、单一的、有管理的浮动汇率制度。2005 年，中国人民银行对人民币汇率形成机制进行重大改革，人民币汇率从此不再盯住单一美元，而形成更富弹性的汇率机制。但由于资本项目上的管制，当前国内金融市场和国际金融市场还处于人为割裂的状态，实际上的汇率变化仅以经常项目的平衡来决定，这显然不符合人民币资本项目完全可自由兑换后汇率决定的要求。目前，银行间外汇市场实行会员制，其会员资格的获取需经中央银行的批准，外汇银行间市场的准入受到限制，银行间汇市相对封闭，而且外资银行或者非银行金融机构在交易中心的交易额度也受到严格的限制，由此决定的汇率并非是真正的市场均衡汇率。没有一个市场化的汇率形成机制，国际收支——真实外汇供求——合理汇率水平之间的关系被扭曲，国际收支推动市场汇率不断趋向均衡水平的作用机制被破坏。此时任何简单进行汇率升值或者贬值的决策，实际上是缺乏足够的市场支持的，很可能加剧潜在汇率失衡的风险，中央银行的汇率操作陷入被动。中国要成为世界金融中心，人民币必须成为世界性的储备货币，人民币要成为世界性的储蓄货币，则必须实现资本项目的完全可自由兑换。一旦人民币完全自由兑换后，资本项目特别是短期资金的流动不可避免地会在很大程度上影响汇率，甚至在某些时期内会成为决定汇率变化的主导因素。这就需要我国外贸企业具有更强的汇率风险管理能力，要做到这一点，我们就应该建设一个具有足够广度和深度的外汇市场，增加市场交易主体的数量和类型，逐步培育人民币远期交易市场。强制结售汇制度也制约着中央银行货币政策的独立性，人民币的外汇占款随着我国贸易顺差的加大而不断增大，相当于中央银行被动地实行扩张的货币政策，导致中央银行货币政策操作的空间越来越小。强制结售汇是在外汇极为短缺的年代制定的政策，如今中国已成为全球最大的外汇储备国，在美元资产比重过大，美元日益贬值的情形下，由此带来的风险和成本更应该成为我们考虑的重点。为了规避政府持有外汇储备可能隐含的高风险，可以适时完成由强制结售汇向意愿结售汇的转变，实现藏汇于民，藏汇于企业。要实现“藏汇于民”的目标，就必须让外汇有增值途径，开辟和创造更多的投资渠道和品种，并提供规避汇率和利率双重风险的工具，在政策和制度上，我们也应该鼓励有条件的企业积极对外投资。

在利率方面，当前中国的利率形成由国家统一法定，官方利率经常处在实际负利率的状态之下，商业银行只能在法定利率上下一定幅度内吸收存款和发放贷款。过低的利率使得国有企业能够以较低的成本进行项目融资，信贷需求十分旺盛，但由于利率法定的限制，过低的利率导致银行信贷的收益不能完全覆盖风险，因此私人部门享受到来自商业银行的信贷额度非常之低。改革开放30 年来，严格的利率管制并没有导致我国储蓄存款的减少，储蓄率居高不下的原因很复杂，其中有我国特殊文化习俗的原因，也有我国社会保障发展滞后、居民的财产性投资渠道有限等方面的原因。利率管制没有带来储蓄率下降是客观事实，当大量的资金集中于银行体系，在固定利率的情形下，银行并没有向民营企业发放贷款的意愿和动力，导致银行体系的存贷比上升，大量的资金积压在银行系统内部，大大降低了社会资金的使用效率。另一方面，利率法定也使得中央银行货币政策的传导机制受阻，由于实际利率经常在市场均衡利率之下，中央银行上调和下调金融机构存贷款利率的行为都不能对实际信贷规模产生太大的影响。为了实现利率市场化的目标，货币当局应该逐步确立其独立的货币政策制定者和执行者的地位，逐步增强其政策工具的利率敏感性，逐步改造自己的货币政策框架，完善其宏观调控理念和手段。未来，应当逐渐扩大存贷款利率浮动幅度直至实现完全市场化的利率形成机制，扩大贷款利率向上的浮动范围将会有助于中小企业获得贷款。同时，也应该继续推动以扩大利率浮动范围和利率决策自主权为主要内容的金融机构的利率市场化改革，商业银行需要完善其公司治理结构，积极展开金融创新，主动推进存贷款利率的市场化，建立起根据贷款成本、风险等因素区别定价的利率管理制度，积极推进贷款的证券化进程。广大的微观经济主体特别是国有企业应该逐步形成对市场化利率的合理反应机制，提高企业的核心竞争力，而不是一味地依靠政策性的低利率来弥补投资成本。因为利率与汇率是互动的，利率管制导致外汇市场不均衡是冲击固定汇率体制的重要力量之一，如果利率偏离市场化利率，将有可能导致外资流入，引起货币供应增加和通货膨胀压力的增大，也可能导致资本的外逃对经济金融造成冲击。货币政策独立性不足的很大根源是汇率机制不够灵活以及外汇占款过大，同时货币政策独立性不足又制约着我国利率市场化的推进。因此，利率的市场化改革必须和汇率的市场化改革进程相互推进，才不至于出现短板效应，同时也应防范改革过程中的各种风险。

### 三、货币市场与资本市场实现对接与协调发展

货币市场和资本市场是金融市场的两个核心组成部分，在一个发达的金融市场中，货币市场和资本市场的资金是连通的，长短期资金相互转化并在不同的市场间相互流动。发达的货币市场可以为资本市场提供稳定充裕的资金来源，而从资本市场退出的资金也能在货币市场找到出路。因此，货币市场和资本市场相互影响，相辅相成。由于政策因素，中国的货币市场与资本市场长期处于一种分割的状态，这必然会造成资源的结构性闲置，从而带来效率损失。两个市场的分割不能及时地反映市场资金的供求状况以及真实的价格信号，影响货币政策的传导和实施效果，限制了中央银行货币政策操作的手段。虽然从某些方面来说，货币市场和资本市场的分割是为了防止风险的扩散，但是未来完全有可能实现在风险可控前提下的某种对接，随着金融机构的业务逐渐综合化，以商业银行、证券公司、基金管理公司和保险公司为代表的金融机构成为连接货币市场和资本市场的最佳媒介。随着资本市场的发展和监管制度的完善，商业银行也可以扩大股票质押贷款的规模和范围，同时为券商开展一些创新业务，比如为企业并购重组提供贷款等。鼓励商业银行推出更多的代客理财产品，参与到资本市场中去。推进资产证券化的水平和规模，推出连接货币市场和资本市场的金融衍生品。自 1999 年以来，人民银行批准了一批证券公司和基金管理公司进入全国银行间同业拆借市场，未来仍可继续探讨扩大拆借市场、票据市场、回购市场、大额定期存单转让市场等货币市场中参与者的范围和数量。银行间债券市场也可以改造成为覆盖全社会的债券市场，使之成为众多大型机构能够参与其中的公开市场，而广大中小机构和个人投资者也可以通过商业银行柜台交易参与银行间债券市场。鼓励保险公司直接或间接投资资本市场，发挥保险机构作为长期机构投资者的优势，促进资本市场稳定。在实现货币市场与资本市场对接的过程中，也应该完善金融机构的外部监管、内部监管和行业自律机制，加强风险指标的建设，严格控制金融机构的杠杆水平。

### 四、金融创新速度加快

市场经济离不开创新，金融的发展也离不开创新。金融创新是市场竞争、技术进步与金融自由化的产物。回顾西方发达国家的金融发展史，实际上也是一部金融创新的历史。金融创新是推动金融发展、经济繁荣乃至社会进步的主要动力之一，其目的并不仅仅是为企业提供所需的资金，增加金融市场的流动性，更重要的是现代金融赋予了金融创新分散风险的功能。任何创新包括金融

创新都必须是在市场化的环境中，才能发挥其最大的效力。如果市场主体受到抑制，创新既出不了成果，也无法持续。中国要成为创新型国家，如果不重视在金融方面的创新，那么也将大大阻延其他行业的创新。因为现代产业的创新机制在很大的程度上依赖于对资本的需求，如果没有好的金融工具和金融机制实现资本的聚集和风险的分散，单靠企业自身的实力很难完成大规模的研发创新计划。对于金融创新，我们必须有着客观的认识，作为一种工具，金融创新本身并没有好坏之分。2008 年的金融危机的一个重要原因是因为金融的过度创新，导致对杠杆的滥用，脱离了实体经济承受能力。而我国并不存在所谓的金融创新过度的现象，目前我国的状况恰恰是金融创新严重不足。如果因为“过度创新”是这次国际金融危机的重要诱因，就怀疑、害怕甚至抵制创新，那就无异于因噎废食，舍本逐末。目前在我国，金融创新主要为吸纳性创新，真正原创性的以及适合本土的创新比较少；创新层次低，主要为数量扩张，不注意质量的提高；制度方面设计不科学，严重压抑了金融创新，阻碍了金融市场的深化与发展。未来，中国首先将加快金融监管制度的创新，整体性监管将更加适合未来金融创新和综合经营的趋势。应该改变过去由行政主导的高度统一的创新模式，要规范与改善行政管理，尽量发挥市场自发的、以市场合理需求为依托的市场内生性创新机制与功能。积极推进农村金融方向的探索实践，设计出适合农村的金融机构营业模式、信贷产品、理财产品、信贷制度和监管制度。要大力发展金融衍生品市场，比如股指期货，扩大市场规模，丰富交易品种，增加投资者避险对冲的工具和手段。同时推进金融机构组织与管理方面的创新，逐渐培养发掘我国金融机构的内在核心竞争力，有条件的金融机构应该逐步走向国际市场，参与国际竞争。

**五、多层次金融市场的完善**

近年来，我国金融市场体系建设取得了显著成效，基本形成了货币市场、资本市场、外汇市场、黄金市场、金融衍生品市场共存的金融市场体系。资本市场制度建设全面加强，监管机制日益健全，上市公司股权分置改革已经完成。与此同时，利率和汇率市场化的改革稳步推进，货币市场、外汇市场、金融衍生品市场等各类金融市场也得到长足发展。但总体来看，我国的金融市场无论在运行机制、运行效率方面，还是在市场内部结构、交易品种等方面，都还需要进一步丰富和完善。随着近年来股票市场和债券市场的快速发展，我国企业直接融资比例有了很大提高，但与发达国家相比，我国直接融资比例还是比较低。统计显示，目前我国企业直接融资比例不到 15%，欧美发达国家企业直接融资比重已经达到60%甚至更高。我国直接融资比重过低直接导致企业资金来源单一，企业融资过度地依赖银行贷款，金融风险集中于银行体系内部。商业银行对高科技、高风险项目的融资要求一般难以及时、足量地予以满足，单一的融资渠道压抑了新兴产业的发展。对于民营企业而言，它们得到银行信贷的支持也是非常有限，这严重制约着中小企业的做大做强，降低了全社会资金的利用效率。我国的债券融资相对于股权融资严重滞后，债券融资占直接融资的比重不到20%，导致我国上市公司的资本决策的空间有限，财务成本和财务风险不能有效降低。目前我国的金融衍生品市场不发达，跨市场的投融资和交易工具还不够丰富，造成部分金融产品价格扭曲和资金流动不畅，缺乏风险对冲的手段和产品，不能有效满足投融资主体的多样性需求，也不利市场风险的管理。未来，我们应该重视金融市场特别是资本市场在实现经济增长和资源优化配置过程中的重要作用，在中国经济全面复兴的过程中，金融市场应成为国民经济增长的发动机和助燃剂。当前我国居民的资产性收入的比例极低，可供居民选择的金融产品也非常有限，这也从一个侧面解释了居民储蓄率如此之高的原因。事实上，提高居民的资产性收入也是刺激居民消费的一个有效手段。必须积极地为中小企业的上市融资创造机会和条件，未来应该通过大力发展多层次的资本市场来提高直接融资本的比重，提高债券融资的比例和规模，建立健全以市场化为导向的债券发行机制和监管审批模式，确立单一的企业债审批管理部门，避免多头监管，管理不顺的现象。按照先易后难、风险可控的原则，逐步建立场外市场和场内市场并重的金融衍生品市场。发展利率互换、权证、股指期货等金融衍生品，研究推出以银行贷款和企业（公司）债为基础的信用衍生工具。

**六、人民币与金融市场的国际化**

金融危机预示着国际货币体系和金融结构新的变革，人民币和中国金融市场的国际化对于自身崛起和世界金融体系的稳定都意义非常。货币国际化是指货币能够跨越国界在境外流通，逐渐成为国际上普遍认可的计价、结算及储备货币的过程。国际储备货币多元化是世界经济发展的必然方向，人民币理所应当在未来的国际货币体系中扮演更为重要的角色。推进人民币国际化，扩大人民币在国际贸易中的应用，减少对美元资产的依赖，有助于减少我国企业的汇率风险和汇兑成本，最小化中国在国际货币体系剧变中可能遭到的损失，同时也有助于提高中国在国际上的话语权。从全球角度看，金融市场的国际化已经进入一个快速发展、不可逆转的阶段。对于新兴市场国家来说，金融市场的国际化是一把“双刃剑”。国际化使得金融市场不断深化，为其国内经济的发展提供了低成本、高密度的资金支持，加速其经济发展，但是如果该过程失控，则可能对其金融体系产生毁灭性的打击，比如1997年的东南亚金融危机。货币的国际化与金融市场的国际化互为推动，通过货币作为载体，货币国际化将使金融市场和金融机构更具竞争力，通过金融市场的资本运作，货币的国际化进程也将加快。中国要参与到全球化经济浪潮中去，并且成为全球性的金融中心，其金融市场必然要实现自由化和国际化。在推进金融市场国际化的进程中，必须提高自身的监管水平，实现市场国际化进程与本币国际化进程相协调。2009年，国务院批准的上海金融中心规划中提出，在2020年建成与人民币地位相适应的上海国际金融中心。人民币虽然还未成为国际货币，但已在周边国家或地区部分流通，未来人民币将在区域贸易和资本流通中发挥越来越重要的计价甚至储备货币的功能，将有更多国外的企业选择在中国的金融市场上进行投资和融资。金融市场国际化使得国内金融市场与国际金融市场连成一体，以中国金融市场为枢纽，资本得以在更广阔的范围内优化配置，中国金融市场的定价权将得到加强，中国金融中心的地位也将逐渐得到确立。

## 9.3 未来中国金融机构的发展模式

### 9.3.1 国际金融业模式的演进与比较

#### 一、“美国模式”的演进

20世纪30年代之前，西方国家包括美国在内的金融业主要以混业经营制度为主。投资银行与商业银行是相互渗透的，并没有严格的划分界限，政府的监管也相对松散。但1929年的全球资本主义经济危机促使美国颁布了《1933年银行法》（《格拉斯—斯蒂格尔法》），以立法形式将商业银行类型和投资银行的业务作了明确划分。之后，美国又先后颁布了《1934年证券交易法》、《1940年投资公司法》、《1968年威廉斯法》等一系列法案，逐步形成了金融分业经营制度的基本框架。

在金融业分业经营和分业监管的制度下，美国的金融整体上趋于平稳，在政府机构和法律的严格监管之下，以华尔街为代表的美国投资银行业在1933年以后的半个多世纪时间里，获得了较为充分的发展条件和相对封闭的发展环境，行业发展较为规范和迅速，与商业银行也有着较为清晰的边界。在20世纪70年代以后，由于金融业竞争的加剧，金融环境的变化，金融业务不断创新，金融监管部门面对这样的情况，不得不对金融管制有所放松，投资银行和商业银行又开始出现业务交叉，相互竞争，但各自在特定领域仍然占有优势。投资银行主要在长期资金筹集和企业投资领域占有优势地位，其业务领域也不断扩大，除传统的证券承销、私募、公司兼并与收购、投资咨询等业务，开始为客户提供套期交易、利率和货币互换等新型业务，帮助客户理财，进行风险管理等业务创新。与此同时，传统的商业银行也积极进行金融工具创新和金融服务领域的拓展，并开始进入投资银行的一些业务领域，以谋求新的利润增长点。1970年12月，美国国会颁发了《银行控股公司法修正案》，将法律限制扩大到了单一银行控股公司，但又同时放宽了非银行业务子公司的业务范围。这也被认为是美国从分业经营制度向综合经营制度演变的分水岭。1986年，美国发表了著名的《怀特报告》，从理论和实证方面证明了20世纪30年代美国银行倒闭的原因不在于混业经营。

80年代以后，英国、日本等国相继放松跨行业经营金融管制，并且随着全球化、信息化的深入，商业银行和投资银行在全球范围内展开不同形式的竞争和收购兼并，对美国的分业监管体制产生了巨大的冲击。1999年，美国总统克林顿签署《金融服务现代化法》，正式终结了投资银行和商业银行的分业经营模式，真正确立了美国金融控股公司综合经营制度的合法地位，标志着美国步入金融综合经营的新时代。

### 二、“德国模式”的演进

虽然20世纪30年代大危机之后，美、英、日等国相继实行分业经营制度，但德国、奥地利、瑞士以及北欧等国仍然继续实行综合经营。与美、日、英金融控股公司的综合经营模式不同，德国的金融模式是全能银行，即银行、证券及保险等金融业务完全由单一金融机构以分设事业部门的方式全面经营，全能银行是整合程度更高的金融跨业经营模式，需要更为完善的金融监管体制和金融法规。《德国联邦银行法》规定，银行业务包括存贷款业务、贴现业务、经纪人服务、保管箱服务、投资基金业务、担保业务、资金转账业务、证券承销业务和电子银行业务等几乎所有的金融业务。德国最大的全能银行——德意志银行，其业务范围就包括几乎所有的金融业务，是名副其实的全能银行，并且德意志银行也通过其全能经营模式在全球金融市场中占据了重要地位，成为全球十大银行之一。从80年代末开始，德国的全能银行集团又通过人寿保险业务与传统银行业务的结合，成为全功能金融服务业，并从90年代以后，开始趋于巨型化。在德国，银行也广泛持有非金融企业股权，对非金融机构派出董事参与日常管理。

**三、“美国模式”与“德国模式”的比较**

首先，通过对美国和德国金融综合模式的对比，可以发现，虽然两国都实行了金融综合，但是美国采用的是金融控股公司模式，德国采用的是全能银行模式。与德国的全能银行模式相比，美国的金融控股公司模式对风险管理要求相对较低，因为在金融控股公司模式下，母公司只承担相对有限的风险，而德国全能银行模式则对金融风险承担完全责任。其次，在公司治理方面，美国金融控股公司模式要求较为严格，因为金融控股公司是承担有限责任的公司，要求母公司和子公司按照现代公司模式建立起内部公司治理模式，而德国的全能银行则注重公司内部的风险管理。此外，美国由于对金融业监管较为严格，一般不允许金融企业持有非金融企业的股权，而德国的全能银行则广泛持有非金融机构的股权，并且银行与股东之间还相互持股。

## 9.3.2 我国金融业模式的变迁与现状

**一、我国金融业模式的历史变迁**

我国的金融机构经历了混业经营—分业经营—在分业的基础上发展综合经营的模式变迁。这个过程相比于经济发达国家要短得多，同时也带有明显的政府行为特色。

在计划经济时代，我国金融业结构单一，人民银行作为唯一的金融机构，集储蓄、工商信贷和货币发行于一身。到了20世纪80年代，中国才逐渐建立起以四大国有专业银行为主，其他金融机构为辅的新金融体系。当时的工行、农行、中行、建行四大银行实行的是计划经济下的专业分工，分别在工商企业流动资金、农村、外汇及基本建设四大领域提供服务。80年代末期，由于新设立的银行纷纷开始实行混合经营，在利益机制和竞争需要的驱动下，四大国有专业银行纷纷向信托、证券、保险、投资、租赁、房地产等领域拓展，自发地推行混业经营模式。这种混业经营模式一方面活跃了中国金融市场，另一方面也助长了金融泡沫，导致了1993—1994年金融业的混乱局面，违规经营严重。

为了治理当时金融业混乱的局面，1993年国务院颁布的《关于金融体制改革的决定》，规定国有商业银行不得对非金融企业投资；对银行业、证券业、保险业、信托业实行分业经营。这是分业经营模式的初步提出。1995年后，中国相继颁布《中华人民共和国中国人民银行法》、《中华人民共和国商业银行法》、《中华人民共和国保险法》和《中华人民共和国证券法》这四部法律，特别是

《中华人民共和国证券法》，确定了中国金融体制分业经营的基本格局，标志着分业经营模式的最终确立。作为治理整顿主要内容之一的金融业分业经营，对治理通货膨胀、消除经济泡沫，起到了十分重要的作用，也是在当时经济背景下一种必然的制度选择。

近年来，随着市场经济的发展和金融产品、金融工具的创新，银行、证券、保险等金融业务之间的制度创新也有了新的进展。开始出现了一些银、证、保之间边缘业务的合作与创新，开始突破了分业界限。2005 年中共中央十六届五中全会正式提出“稳步推进金融业综合经营的试点”，首次提出了在我国金融业发展综合经营模式的要求。与此同时，金融业立法的有关方面也有所修改，为综合经营提供了法律制度保障。

**二、我国金融业经营模式现状**

2006 年 10 月底，中国人民银行发表了《中国金融稳定报告（2006）》，报告指出：“当前，中国金融业已基本具备了开展综合经营试点的条件。但是，还不宜全面开展综合经营，而应先行先试，稳步推进。”该报告表示，当前适合我国国情的是金融控股公司模式，而不宜产业集团直接或者间接同时控股多家金融机构。同时，将允许有实力的大金融机构以探索跨行业投资其他金融机构的方式开展综合经营。

目前，我国已经形成了一些粗具规模的金融控股公司，表 9－1 为我国综合经营金融集团分类一览表。

**表 9－1　　中国金融控股公司分类一览表**

| 类　别 | 公司名称 | 下设子公司名称 | 特　点 |
|---|---|---|---|
| 第一类：非银行金融机构形成的金融控股集团 | 中信控股有限责任公司 | 中信银行、中信资产管理公司、中信信托投资公司、中信证券、信诚人寿保险公司、中信期货公司、中信国际 | 集团全资拥有或绝对控股商业银行、投资银行、保险公司、金融服务公司以及非金融性实体等附属机构或子公司。附属公司或子公司都是具有独立的法人资格，分别具有相关的营业执照，独立对外开展相关的业务和承担相应的民事责任，子公司的最高决策和人事都直接受制于集团公司 |
| | 中国光大集团 | 中国光大（集团）总公司（北京）：光大银行、光大证券、申银万国（12.51%）、光大永明保险、光大投资管理、其他非金融子公司；<br>中国光大集团有限公司（香港）：境外业务 | |
| | 中国平安保险（集团）股份有限公司 | 平安寿险、平安财险、平安养老保险、平安资产管理、平安健康保险、平安保险海外控股、平安信托、平安银行、平安证券 | |

续表

| 类别 | 公司名称 | 下设子公司名称 | 特点 |
|---|---|---|---|
| 第二类：以国有商业银行和股份制商业银行为主体的金融控股公司 | 中国银行股份有限公司 | 中银香港、中银国际、中银保险 | 集团控股公司为商业银行，全资拥有或控股包括银行、证券、保险、金融服务公司以及非金融性实体等附属机构或子公司。这些具有独立法人资格的附属机构或子公司独立对外开展相关的业务和承担相应的民事责任，集团公司有权决定或影响子公司最高管理层的任免及其他重大决策 |
| | 中国工商银行股份有限公司 | 工商银行、工商东亚、工行香港、工商国际、工银国际、工银瑞信 | |
| | 交通银行股份有限公司 | 交银施罗德基金管理有限公司、交通保险 | |
| 第三类：由产业资本通过投资金融机构形成的控股集团 | 首创公司 | 首创安泰人寿保险公司、首创资产管理公司、首创证券公司 | 集团控股公司是一个不具有金融许可证的非金融机构，但其全资拥有或控股包括银行、证券公司、保险公司、其他金融服务公司以及非金融性实体在内的附属公司或子公司，它们具有独立法人资格和独立经营执照，独立对外开展相关业务并承担相应的民事责任，这些子公司的最高决策层及重大决策都直接或间接受制于控股公司 |
| | 山东电力 | 鲁能金穗期货经纪公司、英大国际信托、英大证券咨询有限公司、鲁能英大保险代理公司等 | |
| | 东方集团 | 参股中国民生银行、新华人寿保险公司、中国民族证券公司 | |
| | 海尔集团 | 青岛商业银行、鞍山信托、长江证券、海尔纽约人寿 | |

资料来源：《中国证券报》公开信息和各集团公司网站。

## 9.3.3 金融业分业经营与综合经营模式比较

### 一、金融业分业经营模式的优劣势分析

金融业分业经营模式的优点体现为：一是可以充分发挥金融机构的专业化经营优势，有利于实现公平竞争和提高经营效率。专业化金融机构在单一业务领域内可以集中资金、技术、信息、人力和物力，不断完善各自的服务、进行产品创新、设备改良以保证在各自的领域提高竞争力，从而在本行业内占据较高的市场份额。二是有助于防范金融风险，在不同的金融部门之间设立“防火墙”，防止金融危机的蔓延。实施分业经营，限制资金在银行、证券、保险、信托各业之间的自由流动，有效隔离风险，有利于实现金融业的稳定发展。三是

有利于实现宏观监管和防止通货膨胀。在分业经营模式的环境下实行金融业分业监管，有利于强化监管的质量和效率。分业经营模式还可以使银行手中掌握的资金流向受到限制，割断信贷资金在银行业和非银行金融业之间的流通，降低货币危机传导的可能性，从而可以有效防止通货膨胀。

金融业分业经营模式的缺点体现为：一是提高了金融机构经营成本，使信息不对称现象尤为突出。二是资金的流动性较差，不利于实现规模经济和范围经济，不利于我国金融企业的发展壮大，不利于提高国际竞争力。三是专业化金融机构业务相对单一，不能满足客户的多元化需求，不利于实现范围经济，且抗击市场风险的能力较弱。

**二、金融业综合经营模式的优劣分析**

金融业综合经营模式的优点体现为：一是有利于实现规模经济和范围经济。金融机构的规模经济是指在费用或投资水平既定的情况下，某一种金融业务量越大，效率就越高。综合经营扩大了金融机构的业务量，使单位运营成本下降和单位收益上升，因而具有规模经济效应。金融机构的范围经济是指不同的金融业务由一个金融机构来提供时，可以在不同的业务单位间分摊成本，并且可以扩大上下游的客户链。因此这个金融机构的成本比由多个机构来提供的成本小而收益更高。二是有利于分散和规避经营风险。综合经营模式可以通过资产的投资组合来降低非系统性风险。资产投资组合主要包括：资产的多元化、投资品种的多种类、资产及投资品种的流动性及动态平衡。综合经营有利于金融企业和投资者更好地进行资产和投资的多品种组合，尽可能降低自身的流动性风险，增加投资收益。三是有利于提高金融企业的综合竞争实力。综合经营可以实现不同业务在同一机构内的整合，实现金融机构多元化经营。现在不同的经济主体对金融服务的要求有了更高的标准，客户对综合的金融服务的需求日益增加。金融集团多元化经营有利于向客户提供“一站式”综合经营服务，从而提高金融企业的服务水平和综合竞争实力。

金融业综合经营的缺点体现为：一是风险传递性。综合经营模式下，各金融行业之间没有了“防火墙”，金融业务相互交叉，资金资源客户共享，这为风险的传递和扩散提供了更大的可能性，产生于某一部门的风险会迅速扩散到其他部门，从而引发全面的金融危机。二是增加了监管的难度，提高了企业管理的成本。实行综合经营，原来由银监会、证监会、保监会三会分业监管的金融监管体制将要被打破，而新建立的综合监管体系又会存在监管重叠和监管真空等问题。实行综合经营无疑是给金融监管当局提出了新的挑战。

另外，综合性的金融机构往往从事多种业务，为试图巩固在每一领域内的竞争地位需要配置大量的资源，而且面临来自多方面的压力和竞争。每一个机构内部同时管理、协调多种业务资源，这无形中加大了管理的难度和成本。三是存在道德风险的隐患。如果缺乏健全的金融监管体系和规范的公司化治理，综合经营模式时刻存在道德风险隐患。巴林银行的倒闭正是由于集团内部监管缺陷导致的。

**三、金融控股公司与全能银行的优劣比较**

首先，在信息交流和资源共享上，由于金融控股公司下属子公司都是单独的企业法人，它们能够实现部分或者说是不完全的信息交流和资源共享，全能银行则能够在统一的公司框架下实现完全的信息交流和资源共享。其次，在金融供给能力上，金融控股公司的母公司能够有效整合集团内部的各种要素，开发综合性金融产品，在统一的金融服务平台上，提供一揽子金融服务。全能银行借助统一的金融平台，向客户提供包括商业银行、证券、保险、基金、期货等全面金融服务，供给能力上全能银行也强于金融控股公司。再次，在风险控制能力上，金融控股公司在一定程度实现了风险收益之间的平衡，在各子公司之间建立了严格的“防火墙”，能有效地控制金融风险。全能银行不同金融业务之间的风险容易相互传递，管理难度大。各类金融业务风险在一定程度上可以对冲，但是如果发生风险叠加，后果很难想象。因此，在风险控制能力上金融控股公司强于全能银行。最后，在监管难度上，全能银行的监管难度也比金融控股公司的难度大，必须具备非常完善的监管体系，各机构之间高度协调。

### 9.3.4 未来我国金融业模式的选择

分业经营和综合经营是整个金融市场发展过程中永远鲜活的话题。通过对历史的回顾我们知道，除德国等少数欧洲国家一直保持着全能银行制外，大多数国家的金融发展历史大致都是经过早期的混业经营到严格的分业管制，再到现阶段的综合经营的转变，金融体制的每一次变革都使得金融的内在功能得到提升。同时我们也能够看到，市场的力量总是将金融机构往综合经营的方向推进，而历史上由混业经营向分业经营的变革则是由行政的力量主导。

2008 年的金融危机的根源并不在于综合经营的金融模式，而在于金融的过度创新，因此，我们在谈论全球金融变革时，综合经营的模式不应受到质疑。特别是在此次金融危机之中，美国前五大独立的投资银行都难逃厄运，而多元化经营的金融机构显示出更强的抗击风险能力。

我国在实行分业经营的过程中，金融秩序得到规范，金融风险得到降低，金融业得以稳定发展，但在全球经济金融一体化、自由化、多元化的大环境中已经开始显现弊端：一是传统的存贷款业务在银行收入中所占比例已经越来越小，证券、保险、信托和衍生金融业务则成为了国际范围内商业银行业务的主要拓展方向。二是现有的分业经营模式分离了资本市场和货币市场的融通渠道，不利于金融业的规模经营和国际竞争力的提高。三是网络经济的迅猛发展要求金融服务多元化。网络减淡了国别概念，加速了金融全球化的脚步，对中国的分业经营模式提出了严峻的挑战。

中国要实现金融的崛起，必然要尽可能地发挥市场的作用，当前中国金融的现状并不是金融过度或者市场过度，而恰恰是市场化不足，市场化进程的推进必然会推进综合经营的发展。首先，综合经营将使得金融企业能够同时参与货币市场和资本市场，通过长期资本和短期资本的相互转化实现资本收益的最大化。其次，金融业是一个极具规模效应和范围经济的行业，银行、证券和保险等业务在信息收集和处理、风险管理等方面存在许多交集，同一金融机构经营多种业务可以重复利用信息、资本、销售网络和声誉等共享资源，通过资产的组合、通用与替代，使得各业务相互渗透，追求规模效益成为可能。再次，综合经营的实现还有一个重要的技术进步的因素，由于信息技术的突飞猛进，使得产品创新的速度加快，产品所涉及的领域界限开始模糊。最后，从金融自由化的角度来说，综合经营也是金融自由化的产物，从整个世界发展现状来看，综合经营也有着越来越强烈的现实需求，并且在世界范围内显示出其强大的生命力。当然，综合经营的金融机构需要建立严密的风险隔离机制，避免综合经营过程中跨业务风险的传染，需要建立精细量化的风险度量指标，以及专业的风险控制团队。监管当局也应该建立综合监管的机制，规范交易行为，限制资金的无序流动，防范跨市场的风险传染。

从各国发展经验来看，以德国为首的全能银行模式是在综合经营贯穿始终的环境中发展的，是整合度最高的金融跨业经营形态，需要高度成熟的金融环境。以美、英、日为首的金融控股公司模式则是在由分业经营转变为综合经营的过程中产生的，是两种模式平滑过渡的最佳方式，也是最符合我国国情的模式。从法律角度来看，目前我国法律规定不允许在同一机构内进行银行、证券、保险等业务交叉，但对于金融控股公司却未作出规定。我国现在已经有光大、中信等一些大型金融集团开始具有了金融控股公司的特征。

中国金融若想在综合经营成为主流趋势的国际背景下实现快速稳定健康的发展，必定要在未来突破现有的分业经营模式。我们既要吸收英、美的成功模式，也要吸收德国的成功经验，更要考虑到自身的实际国情。有限综合经营模式，将是未来中国金融模式的发展方向，它的代表应该是金融控股公司。

有限综合经营模式，即要坚持综合经营的发展方向，又需要把握综合的速度和风险，渐进稳步地引进金融控股公司制度，对不同类型的业务发放单独经营牌照，并对控参股作出一定限制，遵循法人独立，集团综合的经营模式，也可以允许商业银行参与一些风险可控的非商业银行业务。在效率上，我们需要更多地吸收英、美的金融模式，在稳定性上我们也要吸收德国金融模式的发展经验。

当然，综合经营的趋势并不意味着专业经营的金融机构的终结。金融多元化经营的目标是为了实现规模经济和范围经济，而专业化的经营则能够集中精力在某一领域、某项服务上占据制高点，突出自己的优势。当客户需要的是一揽子金融产品和服务的时候，他们会求助于综合经营的金融机构，当客户需要的是高水平的单一金融产品和服务时，他们则会转向专业经营的金融机构。

我国金融业目前正处于分业经营向综合经营演进的过渡时期，金融运行中交织着分业经营及综合经营的不同模式和做法，这种状况实际上决定了我国金融业综合经营的道路必然是在外部环境不断成熟与完善条件下的一个渐进过程。在制度层面，应该对综合经营可能带来的一系列关联交易、跨市场风险等问题进行防范，进行有效的风险隔离，防止金融风险传染。只有控制住风险，推进综合经营才能更好地实现大国金融的美好蓝图。

## 9.4 未来中国金融监管的发展模式

### 9.4.1 国际金融监管模式

#### 一、美国监管模式

2008 年金融危机发生前，《金融服务现代化法》规定，美联储是金融控股公司的“伞形监管者”，从整体上评估和监管金融控股公司，必要时对银行、证券、保险等子公司拥有仲裁权，但是美国仍然主要采用分业监管模式。美国商业银行的监管由财政部货币监理署、美联储及联邦存款保险公司三大监管机构和各州监管机构共同负责；证券经营机构、证券交易所、证券业协会的监管由证券交易委员会负责；保险机构由各州的保险监管部门负责，全美保险监督官协会负责协调各州保险立法，保证保险监管和保险立法的统一协调。

**二、英国监管模式**

英国监管模式主要是对于不同的金融行业、金融机构和金融业务，均由一个统一的监管机构如中央银行或独立的金融监管局来负责。英国于 1998 年进行金融监管体制改革，在合并原有 9 个金融服务监管机构的基础上成立新的金融监管服务局（FSA），集银行、证券、保险等监管职责于一身。2000 年又颁布了《金融服务与市场法》，从而实现了由分业监管向统一监管的转变。2001 年 12 月 1 日，金融监管服务局（FSA）依照《金融服务与市场法》的规定，正式行使其对金融业的监管权力和职责，直接负责对银行业、保险业和证券业的监管。

**三、德国监管模式**

德国实行的是全能银行制度，即商业银行不仅可以从事包括银行、证券、基金、保险等在内的所有金融业务，而且可以向产业、商业大量投资，成为企业的大股东。德国的全能银行能够渗透到金融、产业、商业等各个领域，在国民经济中起着主导作用。为了减少和控制风险，德国政府对全能银行的经营行为进行了严格的监管和一定的限制。德国实行全能银行制度，在监管上也由联邦金融监管司进行统一监管，德国的联邦金融监管司下有银行、证券、保险三个监管局，独立运作，但做到经常沟通与协调。

**四、日本模式**

日本战后五十多年由大藏省负责全国的财政与金融事务，包括日本银行在内的所有金融机构的监督权，大藏省下设银行局、证券局和国际金融局。银行局对日本银行、其他政府金融机构以及各类民间金融机构实施行政管理和监督。证券局对证券企业财务进行审查和监督。国际金融局负责有关国际资本交易事务以及利用外资的政策制定与实施。1997 年，日本政府进行了金融改革，取消了原来对银行、证券、信托子公司的业务限制，允许设立金融控股公司进行综合经营。同年 6 月，日本颁布了《金融监督厅设置法》，成立了金融监督厅，专司金融监管职能，证券委也从大藏省划归金融监督厅管辖。2000 年，金融监督厅更名为金融厅，拥有原大藏省检查、监督和审批备案的全部职能。2001 年，大藏省改名为财务省，金融行政管理和金融监管的职能也分别归属给财务省和金融厅。金融厅成为单一的金融监管机构，从而形成了日本的综合金融监管体制。

### 9.4.2 美国金融监管改革法案

自2008年美国金融危机以来，对于现有的金融监管模式，各个国家进行了广泛的反思与探讨。2010年7月15日，美国国会通过最终版本金融监管改革法案。新法案被认为是“大萧条”以来最严厉的金融改革法案。这一法案全称为《2010年华尔街改革和消费者保护法》，又以参议院银行委员会主席克里斯托弗·多德和众院金融委员会主席巴尼·弗兰克命名，简称为《多德—弗兰克法》。其主要内容如下。

第一，监管系统性风险。成立金融稳定监管委员会，负责监测和处理威胁国家金融稳定的系统性风险。该委员会由财政部牵头，其成员包括10家监管机构在内的16名成员，主要职责在于识别和防范系统性风险。委员会有权认定哪些金融机构可能对市场产生系统性冲击，从而在资本充足率、杠杆限制、流动性和风险管理要求方面对这些机构提出更加严格的监管要求。该机构将获得“先发制人”的监管授权，即在2/3多数投票通过后，可批准美联储对大型的金融机构强制分拆重组，或资产剥离，以防范可能的系统性风险。

第二，加强消费者保护。在美国联邦储备委员会下设立新的消费者金融保护局（CFPA）。消费者金融保护局对提供信用卡、抵押贷款和其他贷款等消费者金融产品及服务的金融机构实施监管，以保证美国消费者在选择使用住房按揭、信用卡和其他金融产品时，得到清晰、准确的信息，同时杜绝隐藏费用、掠夺性条款和欺骗性的做法。该机构可以监管各类银行和非银行机构，包括所有资产规模在100亿美元以上的信贷机构和各类金融中介，而且可以独立制定监管条例并监督实施。

第三，加强投资者保护。制定新的严格规定，以保证金融经纪人和评级公司的透明度和可靠性。强调华尔街经纪人的受托职责，即客户利益高于经纪人的自身利益。针对信用评级机构，在美国证监会（SEC）中成立专门的监管办公室，对评级机构要求更完全的信息披露，包括评级公司的内部运作、评级方法、历史表现、报酬来源等。降低评级公司与被评级机构和承销商间的利益关联度，在评级公司人员跳槽至客户方时实施离职审查。对长时间评级质量低劣的评级机构，美国证监会拥有摘牌的权力。允许投资者对“恶意和轻率”的评级行为提起诉讼。

第四，加强对场外衍生品市场（OTC）的监管。将大部分场外金融衍生品移入交易所和清算中心。对从事衍生品交易的公司实施特别的资本比例、保证金、交易记录和职业操守等监管要求。防范 OTC 市场活动对金融体系构成风险，促进 OTC 市场的效率和透明度，禁止市场操纵、欺诈及其他市场滥用行为，保证 OTC 产品不会不适当地出售给不具备成熟经验的投资者（包括机构投资者，如市政当局）。

第五，限制银行自营交易及高风险的衍生品交易。在自营交易方面，允许银行投资对冲基金和私募股权，但资金规模不得高于自身一级资本的3%。为了避免利益冲突，禁止银行做空或做多其销售给客户的金融产品。在衍生品交易方面，要求金融机构将农产品掉期、能源掉期、多数金属掉期等风险最大的衍生品交易业务拆分到附属公司，但自身可保留利率掉期、外汇掉期以及金银掉期等业务。为防止银行机构通过证券化产品转移风险，要求证券化产品发行人必须将至少5%的风险资产保留在其资产负债表上。

第六，美联储将对企业高管薪酬进行监督，确保高管薪酬制度不会导致对风险的过度追求。要求董事会下的薪酬委员会完全由独立人士组成，并要求金融机构披露薪酬结构中所有的激励要素。美联储将提供纲领性指导，一旦发现薪酬制度导致企业过度追求高风险业务，美联储有权加以干预和阻止。对上市公司基于错误财务信息发放的高管薪酬，美国证监会拥有追索权。

第七，设立新的破产清算机制，由联邦储蓄保险公司（FDIC）负责，责令大型金融机构提前作出自己的风险拨备，以防止金融机构倒闭再度拖累纳税人救助。为防止类似雷曼和 AIG 的危机重演，该法案给予联邦储蓄保险公司破产清算授权（Resolution Authority），在超大金融机构经营失败时，对其采取安全有序的破产清算程序。

美国重大金融法规或改革的出台总是与危机的爆发紧密相连的。在综合经营已经成为主流趋势的情形下，《多德—弗兰克法》有望在美国金融史上成为与《格拉斯—斯蒂格尔法》比肩的又一座金融监管里程碑，确保综合经营潮流下金融体系的安全稳定，并为全球金融监管改革树立新的标尺。

### 9.4.3 中国金融监管模式的历史和现状

中国真正意义上的金融监管是与中央银行制度的产生和发展直接相关的，中央银行制度的普遍确立是现代金融监管的起点。我国的金融监管模式的发展可以分为三个阶段。

第一阶段是 1984 年到 1992 年中国人民银行的统一监管体制。1983 年 9 月，国务院决定：中国人民银行专门行使中央银行职能，集中力量进行金融宏观调控与管理，研究和制定金融方针政策。1986 年 1 月，国务院发布《中华人民共和国银行管理暂行条例》，提出中国人民银行依法对金融机构进行登记、核发经营许可证和办理年检，这是我国第一部有关金融监管的政策规定。此时我国主要依靠行政手段管理金融。中国人民银行从经营与监管合一转变到放弃经营功能，成为了一个超脱的金融监管主体。

第二阶段是 1992 年至 1998 年由中国人民银行统一监管向分业监管的过渡时期。1992 年 10 月，我国将证券监督管理职能从中国人民银行分离出来，成立中国证券监督管理委员会，依法对全国的证券市场进行统一监管。1993 年 12 月，《关于金融体制改革的决定》提出，我国要转换中国人民银行的职能，强化金融监管，并对银行业、证券业、保险业实行分业管理。这确立了我国分业监管体制形成的政策基础。1998 年 11 月，中国保险监督管理委员会成立，对保险业进行监管的职能从中国人民银行中分离了出来，我国最终形成了银行业、证券业、保险业分别由中国人民银行、中国证券监督管理委员会和中国保险监督管理委员会分业监管的框架。

第三阶段是 1998 年后至今的分业监管体制时期。2003 年 4 月银监会的成立，使得我国正式形成以“一行三会”为基本格局的金融监管体系。2004 年 6 月，银监会、证监会、保监会签署了“三大金融监管机构金融监管分工合作备忘录”，标志着监管联席会议机制的正式确立。

金融创新的推动，资产证券化的开展，金融控股公司的出现，这一切都使得以金融机构为对象的分业监管越来越不适应当前金融业综合经营的潮流，迫切需要我国监管模式作出调整。

### 9.4.4 未来中国金融监管模式探讨

我国目前是政府主导下的，以分业监管为特点，以金融机构监管为重心的金融监管模式。这一模式在金融市场发展之初的作用明显，但是随着综合经营和产品创新的加速，这种制度也显示出了一定的缺陷。该监管模式既不能有效发挥市场机制的自我约束作用，也不能满足我国金融产品创新的需要，同时，也与我国金融控股公司不断壮大、金融综合经营模式日益盛行的现实不相符合。

美国的金融监管改革法案给予我们很多启示，也提出了许多最新的监管理念。比如“全覆盖监管”，一是实现对金融机构的监管全覆盖，即把投资银行和对冲基金等机构纳入监管目标；二是实现对金融产品的监管全覆盖，即对结构性产品等衍生品进行监管；三是对金融交易的监管全覆盖，简言之就是增加场外交易的监管。比如强化金融监管协调，建议成立金融监管稳定委员会，以防范系统性的风险，美国监管制度不可谓不完善，但还是爆发了2007年次贷危机和2008年的金融危机，其实就是因为缺乏对全局风险的评估和直接干预机制，强化金融监管协调这个理念是对目前局部监管的一个补充。再比如对投资者和消费者的保护，强化对信息弱势群体的保护力度，金融机构拥有着对信息的垄断和支配权，在产品创新的过程中，很难保证不会出现一些欺诈和隐瞒风险的事情发生，强调对投资者和消费者的保护，彰显了美国今后监管的一个价值取向。这些对我国未来的监管模式建设有很多的借鉴价值。

笔者认为，未来中国金融监管模式应往以下几方面发展：

第一，就监管对象而言，应当坚持对机构、产品和市场交易的全面监管。对于机构来说，要继续加大对资本金、流动性和杠杆比率的要求和监管；对于产品来说，要加大对金融产品特别是衍生结构化产品的风险控制、审核和风险提示；在市场交易的监管过程中，要完善交易规则，完善实时监测系统，加大对异常交易和内幕交易的惩罚力度。

第二，就监管主体而言，应由分业监管主体转变为统一领导下的综合监管主体。目前，中国各监管部门之间的协调机制仅处在原则性框架层面，“监管联席会议制度”尚未有效发挥作用。未来时机成熟时，可以考虑成立一个大的金融监管局，在目前，也可考虑设立一个金融监管委员会，该机构成员来自各个金融市场监管部门如“一行三会”、财政部等，从而弥补交叉监管的疏漏，促进监管政策协调，防范系统性风险。

第三，就监管目的而言，应该首先是为了防范市场的系统性风险，同时注意保护投资者利益。美国2008年的金融危机其实是系统性风险的一次集中爆发，如果在危机前两年，有专门的监管部门对货币政策风险、房价下行风险、房屋抵押债券及衍生品、金融机构的房价压力测试进行一次整体评估，就可能避免这样危机的发生。因此监管的主要目的首先应该在于防范系统性风险，降低类似金融危机发生的风险。同时，由于产品创新的加速以及市场中存在着普遍的信息不对称，有必要加强对投资者的保护力度，严惩欺诈投资者的行为。

第四，就监管手段而言，要积极丰富监管的手段。要提高对市场宏观运行数据进行分析预测的能力和水平，对大型金融机构财务报表、投资决策程序和内部风险控制系统要进行定期评估，对国有企业高管的薪酬和股权激励机制要进行合规监管，同时也要对市场高频交易数据进行实时监控和详细分析，在必要的时候，也需要进行现场监管。

第五，坚持综合经营模式下的适度金融创新。美国金融监管法案对商业银行等金融机构在复杂金融衍生品的交易进行限制，在一定程度上能抑制过度的金融创新。鉴于我国实际情况，我国目前并不存在过度的金融创新问题，当前我国的主要问题恰恰是创新不足，因此，在监管上，应该鼓励机构适度创新的市场行为。以服务实体经济真实需求和提高金融业竞争实力为基本目标，科学审慎地推进金融创新。

中国未来金融监管模式的改革需要在实践中稳步推进，把握当前形势和未来的发展趋势，吸取国外在监管方面的成功经验和失败教训，并结合中国的实际国情，将使得中国监管制度的设计趋于完善。

## 参考文献

［1］李扬，全先银．危机背景下的全球金融监管改革：分析评价及对中国的启示［J］．中国金融，2009（17）．

［2］吴晓求．关于金融危机的十个问题［J］．经济理论与经济管理，2009.

［3］赵锡军，郭宁．国际金融业综合经营的历史演变及中国的选择［J］．中国金融，2008（8）．

［4］周仲飞，孙飞廉．论金融控股公司市场准入的监管［J］．上海财经大学学报，2005（8）．

［5］陈晗．金融衍生品：演进路径与监管措施［M］．北京：中国金融出版社，2008.

［6］贺强．中国金融改革中的货币政策与金融监管［M］．北京：中国金融出版社，2008.

［7］黄达．金融学（精编版）［M］．北京：中国人民大学出版社，2004.

［8］孔令学．中国金融控股公司制度研究［M］．北京：经济日报出版社，2005.

［9］凌涛等．金融控股公司经营模式比较研究［M］．上海：上海人民出版社，2007.

［10］美国证券交易委员会．市值会计研究［M］．北京：中国财政经济出版社，2009.

［11］田光伟．金融监管中的市场约束研究［M］．北京：中国法制出版社，2007.

［12］吴敬琏．当代中国经济改革［M］．上海：上海远东出版社，2003.

［13］Berger and Allen. Market Discipline in Banking from Proceeding of a Conference on Bank Structure and Competition. Federal Reserve Bank of Chicago. 1991.

［14］Goldsmith，Raymond，W.. Financial Structure and Development［M］. Yale University Press，1969.

［15］Mary E. Barth，Wayne R. Landsman，James M. Wahlen. Fair Value Accounting：Effects on Banks' Earnings Volatility，Regulatory Capital，and Value of Contractual Cash Flow［J］.

Journal of Banking and Finance, 1995.

[16] Schumpeter, Joseph. A.. The Theory of Economic Development [M]. Harvard University Press, 1934.

# 10 全球金融变革与中国金融崛起


## 摘　要

百年一遇的金融危机以及由此引发的全球金融格局的深刻变革与调整，客观上构成了促进中国金融崛起并迈向金融大国的历史性机遇。面对机遇，中国有太多问题需要解决：机遇出现的深层次原因和产生机理是什么？机遇将把我们引向何处？中国应如何利用这次机遇实现经济发展、金融崛起？中国金融应如何崛起？所有这些问题都需要从历史和逻辑的角度进行深入的研究和思考。本章将依据历史经验，运用现代经济、金融理论的研究成果，力图梳理出影响金融发展的主要关键变量，从理论上揭示这些变量对于大国金融崛起的作用以及大国金融崛起的内在机理，并针对现实中大国金融的独特影响力，率先提出了一个理论解释框架——金融扩展论。在此基础上，本章运用这一分析框架，深入剖析了当前中国经济、金融环境的特点及影响中国金融崛起的一些重要因素，有针对性地对崛起的路径做了概要性的描绘。


## 10.1　全球金融变革的轮廓和趋势

此次金融危机给世界经济和金融体系带来了巨大冲击。世界各国为了应对金融危机，采取了有经济记录以来力度最大的应对方案。世界肯定会因这次金融危机而打上众多的变化烙印。把握这些可能的改变，判断全球金融变革未来的趋势，对于中国找准在全球金融体系中的定位，探讨中国金融崛起的可能，设计中国金融发展的路径，殊为重要。

### 10.1.1　全球金融势力分化重组，新兴金融势力崛起

国际金融危机之前，世界经济和金融格局就已经在发生潜移默化的变化，发达国家在全球经济中的比重在下降，发展中国家在全球经济中的比重在上升。世界经济的区域中心也正在逐渐向亚洲转移。一些新兴经济体，如“金砖四国”

在全球经济中的势力迅速上升。尤其是这次金融危机主要发生在美、欧、英等发达国家和地区，发展中国家发生的主要是受外部需求锐减而带来的经济冲击，金融震荡不大。其中的部分国家金融实力在金融危机中不仅没有削弱，反而相对于发达国家在上升。经济和金融实力的此消彼长，使得全球金融格局也发生了相应的变化。虽然美国现在仍然是世界金融中心，但是欧洲也在试图争夺对金融的领导权，中国、印度、俄罗斯、巴西等新兴金融势力迅速崛起，国际金融中心多极化的趋势正在形成。在这种多极化发展的过程中，各种金融势力之间的动态博弈及复杂的竞合关系，将成为未来全球金融的一个主要特征。

### 10.1.2 金融全球化深入推进，金融国际竞争日趋加强

爆发于美国的次贷危机之所以引起全球性金融危机，一个重要的背景是经济金融全球化的深入推进。因此，也有很多人将全球化列为此次国际金融危机的罪魁祸首，提出了“反全球化”、“去全球化”的主张，而各国为应对金融危机而采取的保护主义措施也给贸易和金融的全球化蒙上了阴影。但是，我们应该注意，全球化可能会因金融危机而出现周期性的暂时调整，但是全球化进程不会终止，也不应该终止。经济学理论早已告诉我们，自由贸易是双赢之举；历史也已告诉我们，贸易保护最终只会两败俱伤。经济全球化起于贸易全球化，在 WTO 的推动下，贸易全球化目前已接近顶峰，预计金融全球化将接过贸易全球化的接力棒，有可能成为下一轮全球化的重点。

人类进入 21 世纪后，金融能力的竞争成为国际间竞争新的表现形式，全球化无疑会推动金融竞争，推动金融资源在全球金融竞争主体之间的重新配置。尤其是，在数次金融危机的洗礼下，众多发展中国家也已经醒悟过来，意识到金融对于一国经济体系的重要意义，开始加强金融能力建设，开始重视金融话语权的争夺。这种争夺又将加剧金融竞争。

### 10.1.3 全球金融治理体系初显，金融监管合作将会日益强化

此次全球金融危机充分暴露了全球经济中的一个突出问题：金融机构与金融市场的全球化和金融治理的分散化。也就是说，今天的经济和金融体系已经高度全球化，连为一体，金融活动已经超越了一国的行政管辖区域，金融机构在全球范围内配置资源和提供服务，但对金融活动的管理却还是单个国家政府所为，金融监管行为被限制在国家主权的地理区域内。这使得金融监管主体和监管对象之间出现了严重的不对称，一个权力局限于一国国界之内的金融监管

者是不太可能对一个全球化的金融体系实施有效决策的。而且，当各国金融规模都非常小的时候，每个国家的政策调整以及在国际资本市场上的操作，对其他国家来说影响十分有限，此时这种“分权化”监管也许是最优的选择。然而当大国越来越多，各国金融逐步走向开放时，每一个国家的政策都会影响到其他国家及国家之间的经济结构，此时进行国际合作和协调就是十分必要的了。因此，可以预期的是全球金融治理、国际金融监管合作必将得到持续深化。

### 10.1.4 国际金融体系会有技术性改善，但短期内不会有根本改变

此次全球金融危机充分暴露了当前国际金融体系的问题，包括美元这一世界货币的发行缺乏约束、国际收支失衡调节机制缺乏、国际储备形态单一，等等。在这些问题中，核心问题在于世界本位货币，汇率制度、国际收支失衡调节机制、国际储备体制等国际金融体系的规则都是依世界本位货币而定。金融危机发生后，众多政要和学者纷纷指出了当前国际金融体系的缺陷，提出推动国际金融体系改革的建议，像国际货币基金组织改革等事宜已经开始实施。可以预见，国际金融体系已经开始边缘地带的修补。但是，中短期内，美元主导的国际货币体系不会改变，这一方面在于美元主导的国际货币体系是美国主导世界的工具，它不可能放弃；另一方面世界现在还没有一股力量能够取代美国建立新的国际货币体系。

### 10.1.5 金融监管普遍加强，但金融创新仍将层出不穷

此次金融危机的发生，很多人将其归咎于自由放任的资本主义制度，而政府金融监管不足也确实为金融危机发生提供了条件。因此，全世界在反思金融危机时发出的一个强有力的声音就是加强金融监管，加大政府干预。美国、欧洲、英国等主要发达经济体都出台了加强金融监管的方案，强化金融监管将是一个基本的趋势，金融机构将在更为严密的政府监管下开展金融活动。

金融创新是此次金融危机的重要原因之一，美国的金融监管改革矛头也直指过度的、复杂的金融创新。但研究表明，严格的金融监管可能压抑了某些金融创新，但它往往又成为其他金融创新的动力，金融发展史上许多金融创新就是为了回避金融管制而进行的。所以，金融创新不会因严格的金融监管而却步，也不会因金融危机而停止。创新是现代金融体系的灵魂，也是金融竞争的核心。只有不断创新，老牌金融中心才能保持原有的领先优势；也只有创新，新兴金融势力才能实现超越。因此，无论从金融机构还是从国家来看，创新都将成为

大家不二的选择。这个世界仍然会面对层出不穷的金融创新。

### 10.1.6　全球经济失衡仍将持续，泡沫将持续伴随

全球经济失衡突出表现为消费国集团的巨大经常账户赤字和生产国集团、资源国集团的巨大经常账户盈余。美国通过经常账户赤字向世界提供美元，在历史上曾经出现过两次巨大的经常账户赤字，第一次是经常账户赤字占 GDP 比例从 1980 年的 0.17% 增加至 1987 年的 3.39%，随后开始回落，到 1991 年实现经常账户盈余；第二次是从 1992 年开始，赤字持续扩大，2006 年最高占 GDP 的 5.89%，随后开始缩小，目前这一比例仍在缩小。美国由于受金融危机影响而减少购买，同时出于自身经济复苏需要又刺激出口，这必然会带来其经常账户赤字的缩小，全球经济失衡的局面短期将有所缓解。这种缓解也将带来全球经济的痛苦调整，新兴市场经济体的经济衰退。但是，全球经济失衡的重要制度根源是美元主导的国际货币体系和全球经济循环，目前我们并没有看到这一体系出现根本性变化，因此，全球经济失衡长期仍然存在技术性调整后扩大的风险。只要全球经济失衡存在，那么全球流动性过剩就将持续出现，局部甚至全球的泡沫仍然会出现。危机将是全球金融发展无可避免的一个伴生品。

## 10.2　影响和决定金融大国崛起的因素

### 10.2.1　金融大国的标志

研究金融大国的崛起，首先需弄清金融大国的标志。对此的认知和概括，只能来自于历史例证。资本主义生产方式产生、发展以来，人们公认的金融大国有英国和美国，它们具有一些共同的特征：具有领先优势的国际金融中心（如伦敦和纽约）；具备强大国际竞争力的金融机构和资本市场；较大的金融份额；国际化的货币；对国际金融规划有主导权和重要影响力；等等。

总的来说，金融大国在全球范围内具有金融优势地位。这种优势体现在两个方面：一是金融资源优势；二是金融成为实现国家利益的手段，成为获取政治、经济利益的开路先锋。两方面结合起来，所谓金融大国，是指它具有以金融形式控制全球资源的能力和优势。在国与国的竞争和博弈中，金融已成为继战争、贸易之后最为隐蔽，也最为有效的获胜方式，而一旦具有金融大国地位，则意味着政治、经济综合实力居前。

### 10.2.2 实体经济增长对金融发展的作用和影响

研究金融大国崛起的影响和决定因素，首先需要回答的问题是实体经济与金融的相互关系。究竟是一个国家的经济增长导致了金融的发展，还是金融发展促进了经济的增长？这种因果关系一直是理论界争论的焦点所在。在古典经济学框架内，“看不见的手”能在实现市场出清从而达到一般均衡的同时，促使经济达到充分就业下的经济稳态，而金融体系只不过是单纯的货币与融资服务的提供者（“货币面纱论”、“金融无用论”）①，照此逻辑，是经济决定金融的规模、结构和速度，而不是相反②。新古典理论则在吸收了信息经济学、博弈论等新理论成果后，以货币中长期无效的观点反驳凯恩斯理论（近年来，二者日益妥协、融合的迹象不断增多）。不难看出，理论的争论并未否认一个事实——经济对金融的决定作用。

Solow、Swan、Meade、Samuelson、Tobin 等人提出的里程碑式的 Solow - Swan（1956）模型从发展理论角度证明了这一决定作用，认为经济增长速度只取决于人口增长率和技术增长率（后来的学者将模型中不予解释的变量如技术进步等归纳为 Solow 剩余③），储蓄率是外生变量，储蓄率的变动只有水平效应，没有增长效应。这就意味着金融部门在总量和增速方面随实体经济一起波动。

帕特里克（Patrick，1966）将金融发展与经济增长之间的因果关系区分为“供给引导”与“需求跟随”两种类型。“需求跟随”型的金融发展，是指金融发展只是实体经济部门发展的结果，市场范围的持续扩张和产品的日益多元化，要求更有效地分散风险和更好地控制交易成本，因此，金融发展在经济增长过

---

① M - M 定理从微观层面、阿罗—德布鲁模型从宏观层面、真实经济周期模型从发展层面共同构筑了“货币面纱论”、“金融无用论”的理论分析框架。

② 早期的研究如琼·鲁滨逊（1952）、格林伍德和约万诺维奇（1990）、莱文（1993）、帕特里克（1966）、罗伯特·卢卡斯（1988）和 Stem（1989）等。近期的实证研究，如 Singh（1997）也得出了金融（股票）市场发展无助于经济增长的结论。弗里德曼（1955）在新古典框架下，通过对凯恩斯理论的“批判”，将货币中性观推向了极致。在类似观点中，更有甚者持有金融发展会破坏经济增长的“金融破坏论”的观点。如 Buffie（1984）和 Van Wijnbergen（1983）认为正是金融市场的发展争夺了非正式的民间融资市场，从而减少了国内企业可贷资金数量，阻碍了经济增长。

③ Solow 剩余常常用于反映出资本积累通过其私人收益所做贡献之外的所有其他增长源泉，有时被解释为对技术进步的贡献的测度，其表达式为 $\frac{\dot{Y}(t)}{A(t)} - \frac{\dot{L}(t)}{L(t)} = \alpha_K(t)\left[\frac{\dot{K}(t)}{K(t)} - \frac{\dot{L}(t)}{L(t)}\right] + R(t)$，其中 $R(t)$ 为 Solow 剩余。必须指出，Solow 剩余为其他影响因素进入经济增长模型提供了可能。

程中所起的作用是被动的，金融发展只是对来自于实体经济部门的金融服务需求所作出的被动反应。“供给引导”型的金融发展，是指金融发展先于实体经济部门的金融服务需求，它对经济增长起着积极的引导作用。在“供给引导”型的金融发展中，金融部门主动地将那些滞留在传统部门的资源动员出来，并将这些资源转移到能够推动经济增长的现代部门，从而提高了资源配置的效率。为此，经济增长是金融发展的结果。帕特里克提出，在经济增长的早期阶段，更可能出现的是金融供给引导经济发展的模式，因为在这个阶段，需要一种直接的刺激来动员储蓄为经济增长提供投资资金，这种景象在发展中国家比较常见；而在经济发展后期，金融部门已有较大的发展，“需求跟随”型发展将会更加普遍。

戈德史密斯（Goldsmith，1963）以 35 个国家为样本，采用 1860 年至 1963 年的年度数据，对这些国家的金融发展与经济增长之间的关系进行了实证分析，结果表明，在经济增长与金融体系的规模之间存在着正的相关性。然而，相关性并不必然意味着存在因果关系。King 和 Levine（1993），Levine 和 Zervos（1998），Levine、Loayza 和 Beck（2000）用跨国经验证据表明，金融发展水平与随后的经济增长之间存在着显著的正的相关性。而且，因果关系模式在不同国家是不同的，在许多国家可能存在双向因果关系而并非是单向的因果关系，这种不同的因果关系模式取决于各国不同的制度和政策落实效率（Demetriadesh 和 Hussein，1996）。在这些研究的基础上，Honohan（2004）认为，金融和经济增长之间的因果关系，是上个世纪发现的最具轰动性的经验型宏观经济联系之一。

从历史的例证看，“需求跟随”或“需求反应”较好地解释了传统的国际金融中心的形成。这种属于自然发展理论的观点认为：一国金融体系的发展是对经济增长与发展的自然反应，经济增长必然要求金融服务需求的增加，通过市场机制刺激金融供给加大。17 世纪，荷兰凭借经济力量的支持，以及拥有整个欧洲商业和信息交换中心的优势，阿姆斯特丹成为当时世界上最重要的国际金融中心，历史上第一家取消金属货币兑换义务而发行纸币的现代银行、第一个股票交易所均诞生于此。荷兰是世界上第一个真正意义上的现代经济体，也是世界上第一个进行“金融革命”的国家，领先于英国几十年，更领先于美国 200 年。当时的荷兰成为“世界的中心”，这个中心不但是欧洲和世界商业的货物集散中心，还是欧洲和世界的金融资本中心。后来，受“郁金香泡沫”及其他因素影响，荷兰经济开始衰落，阿姆斯特丹也逐步丧失了世界金融中心地位。

17世纪末至19世纪初，伦敦作为英国的国际贸易中心，英国的绝大部分进出口商品都经由伦敦。贸易发展引发的结算需求，不仅带来了银行业的繁荣和发展，而且引致了伦敦货币市场的兴起。而且伦敦利用国际汇票这一机制发展成为一个世界贸易的融资中心。18世纪下半叶的第一次工业革命，对英国乃至整个世界的经济格局产生了深远的影响，英国成为世界上经济实力最强、殖民地最多的“日不落帝国”。凭借高质量的工业品和低廉的价格，英国很快就成为世界的加工厂。进入19世纪后，随着价廉物美的英国工业品在世界各国不断渗透，英镑也就成为当时在国际贸易和资本输出中最普遍使用的货币。伦敦的各类金融市场逐步健全，银行体系日趋完善，到第一次世界大战前，伦敦成为世界上最大的国际金融中心，英国成为一个金融大国。

20世纪上半叶，两次世界大战改变了世界历史的发展格局，使得世界的中心从欧洲转向了美洲。世界大战极大地刺激了美国经济的发展，美国产品出口急剧增长，美国成为了世界市场的主要工厂。世界大战刺激了美国工业的发展，特别是军事工业的发展。美国的铁路业、造船业、汽车业、化工业发展的速度可谓突飞猛进。第二次世界大战结束后，美国已成为世界头号经济强国，拥有资本主义世界工业产量的53.4%（1948年），出口贸易的32.4%（1947年），黄金储备的74.5%（1948年）。[①] 在此背景下，二战之后确立的以美元同黄金挂钩、各国货币与美元挂钩为基本框架的“双挂钩”国际货币体系，以国际协议的方式确定了美元的世界霸主地位。凭借美国强大的经济实力和货币特权，纽约取代伦敦成为世界上最重要的国际金融中心，美国无可争议地成为了世界上的金融大国。

历史的经验充分证明：经济的每次大幅度跃升都是金融快速发展的极佳机会和牵引因素。第一次工业革命催生了英国的公司股票市场；第二次工业技术革命同样刺激了西方工业化国家金融机构和金融市场的快速发展；发生在经济一体化、金融自由化背景下的第三次工业革命——信息技术革命，对现代金融体系、金融格局的影响更为深远。历史的经验还告诉我们：实体经济的产业竞争优势是金融发展及金融崛起的前提和条件；而实体经济产业竞争优势的衰退，则会引发金融发展的停滞和金融体系的弱化。

饶有意味的现象是：德国、日本两个经济大国，二战后的相当长的时间内

---

① 孙健，王东．每天读点金融史：Ⅳ：金融霸权与大国崛起［M］．北京：新世界出版社，2008.

经济增长迅速，实体经济的座次居前。2008 年，全球商品出口额位居第一的是德国，占全球份额的 9.1%（第二位是中国，占全球份额的 8.9%；第三位是美国，占全球份额的 8.0%）。日本的制造业包括汽车产品、非电气机械、其他运输设备、钢铁、集成电路、电气机械等重要产业，在全球范围内至今仍然具有显著的竞争优势。但是，德国、日本均未成为公认的金融大国。这说明发达的实体经济并不必然引发、催生发达的金融体系，实体经济的崛起并不意味着金融体系的崛起。由此可以得出结论：实体经济的发展只是金融发展及金融崛起的必要条件。

那么是否存在着实体经济并不十分发达的金融大国呢？这让我们想起英国。英国无疑是一个金融大国，伦敦是当之无愧的世界金融中心。2009 年，世界经济论坛（WEF）公布最新全球金融中心排名，英国取代美国居于全球金融中心榜首。①

英国的金融业占整体经济的 8%，与美国相近。得益于以伦敦作为全球金融中心的集群效应，金融服务业为英国创造了超过 100 万个工作机会，且其中有四分之三以上在伦敦以外。而且“英国几个世纪以来在银行业都是世界领袖”②。

然而，英国的实体经济并不非常强大。长期以来，英国经济发展一直呈现结构性不均衡的特点。工业生产在经济中所占比重不断缩小，已逐步下降至不足 20%，而服务业所占比重超过 70%，其中商业、金融业和保险业发展较快。但英国仍然是世界经济强国之一，其 2008 年国内生产总值居世界第六位，为 2.787 万亿美元。应该说，英国作为一个金融大国是历史的原因形成的。第一次工业革命，使英国成为了世界上经济实力最强、殖民地最多的“日不落帝国”，正是英国强大的经济实力造就了当时英国无可比拟的金融大国地位，而且一直保持到现在。

### 10.2.3 金融体系对实体经济的作用和影响

在金融大国崛起过程中，广义的金融体系（包括金融工具、金融机构、资本市场、金融制度等金融要素和构件的整体）一方面受实体经济的制约、牵引和影响，另一方面常常超前于实体经济，并为实体经济的发展创造条件，提供

---

① 世界经济论坛针对全球 55 个领先的金融体系和资本市场进行评分，评分项目包括：制度环境、商业环境、金融稳定性、银行业金融服务及企业与个人获取各种资本和金融服务简易程度等 7 方面共 120 多个项目。

② ［英］财政部．英国国际金融服务业——未来．2009－05－07.

支撑。也就是说，经济增长与金融发展的相互关系既是“需求反应”，也是“供给引导”，两者并存，相互作用。

从金融体系影响经济增长的机制看，经济学界一般认为，金融体系主要通过影响资本形成率（储蓄率）来影响经济增长。罗默（Romer）的“干中学”式的 Y = AK 模型认为经济增长内生地取决于储蓄率的变动，表明金融机构在降低市场摩擦、增加储蓄、提高储蓄投资转化力度等方面能发挥重要作用。Pagano（1993）和 Murinde（1996）说明了金融体系引致内生经济增长的主要机制：通过储蓄——投资转化效率的提高，减少利差、佣金等金融资源的漏出，增加储蓄转向投资的比例；通过金融特有的信息生成、项目筛选等功能，提高社会边际投资生产率。

英国经济学家、诺贝尔奖得主约翰·希克斯（John Hicks）详细考察了金融对工业革命的刺激作用后指出：工业革命不是技术创新的结果，或至少不是其直接作用的结果，而是金融革命的结果。工业革命早期使用的技术创新，大多数在工业革命之前早已有之，然而技术革命既没引发经济持续增长，也未导致工业革命。因为业已存在的技术发明缺乏大规模资金以及长期资金的资本土壤，便不能使其从作坊阶段走向诸如钢铁、纺织、铁路等大规模的工业产业阶段，“工业革命不得不等候金融革命”（John Hicks，1969），正是 17、18 世纪英国资本市场的发展促成了经济增长与工业革命。只有在金融革命发生之后，工业革命才有可能发生，大多数经济史学家诸如狄克森（Dixon，1967）和金德尔伯格（Kindleberger，1984）等对此观点都深表认同，普遍认为英国的工业革命是以金融革命为基础的，并从那时起演化出英国金融结构的长期体系。卢梭（Rousseau，2001）将此现象定义为金融先导（Financial Led），将经济加速成长的原因，归于金融体系的跨越。

美国经济发展的实践也证明，美国金融领域往往优先于工业领域的发展。美国金融服务业的革命，先于运输、能源及制造产业的革命完成（Lerkins，1994）。美国在借鉴英国经验的基础上，进一步形成了公司资本主义（或称股票资本主义），通过资本市场吸纳全球的生产要素。在美国经济崛起过程中，始终可以看到资本市场在其中发挥的核心作用。尤其值得指出的是，从 20 世纪 70 年代末期开始，美国依靠资本市场的推动成功地实现了经济转型，一轮一轮的高科技浪潮帮助美国经济成功地实现了产业升级。众所周知，美国高风险新兴产业的发展，与其发达、完善的融资体系及多层次的资本市场体系是分不开的。尤其在风险资本市场上，投资者能够容忍新兴产业较长的亏损期限，如，美国的生物科技产业中虽然赚钱的企业不多，但却吸引了数十亿美元的资本投入到这个行业（Michael Porter，1990）。

Rajan 和 Zingales（1998）的研究表明，在金融体系更健全的国家，新企业诞生的速度也更快，尤其是对那些更依赖于外部资金的行业来说更是如此。Michael Porter 分析影响国家经济体整体竞争优势的影响因素时，认为一个国家的金融体系对其产业竞争优势的影响主要表现为两大方面：其一是，它们会影响这个国家的企业在寻求资金时的态度、对风险性利润的评估、投资时间的长短以及投资利润率的考虑。其二是，一个国家的资本市场会影响产业的发展趋势。资本市场的形态会对一些产业有利，对另一些产业不利。当然，Michael Porter 也发现，在这种以资本市场为主导的金融体系中，当产业日趋成熟或光彩不再时，由于资本市场的压力与重视短期利益的模式，会使得美国企业缺乏持续改善和创新的资金。这就使得步入成熟期的企业大都通过并购来获得发展，以引起资本市场对其关注。这种金融体系难以保证企业产品创新和改进的持续性（Michael Porter 认为，日本以银行为主导的金融体系中，法律可以允许债权人控股，银行经常身兼大股东和债权人的双重角色，对公司的考虑往往着眼于长期良性经营，而非短期利益表现，这种金融体系保证了企业产品创新和改进的持续性）。但这从反面证明金融体系与实体经济发展有密切的关系。金融体系对实体经济的负面影响还有一例是：20 世纪末，日本金融泡沫的破灭，对实体经济也造成重创。

实体经济和金融体系的良性互动，相互之间的积极作用，是一国金融崛起最为基本也最为重要的内容。

### 10.2.4 金融体系的演变和发展

金融体系对实体经济的影响和作用，其功能如何，效率高低取决于金融体系自身的演变和发展。因此它构成了金融大国崛起的充分条件。

从本质上说，金融不过是经济的一个产业，它的发展有其特有的自身规律，需求和供给的变化是导致其迅速发展的重要动力。从需求的角度看，现代工业的发展使得工业化国家的产能迅速膨胀，供大于求的现实迫使产业结构寻求新的发展空间，而现代文明引起的资源消耗枯竭、环境恶化、公平缺失等问题则加剧了经济结构升级换代的压力。另一方面，由于各国经济发展速度的差异，原有的平衡被打破，在新的平衡形成过程中，各国围绕利益而进行的博弈在不断展开和深化，现行国际经济、秩序成为博弈和冲击的重点，经济运行环境的动荡不断加剧。如随着 1973 年美元第三次危机彻底冲垮了布雷顿森林体系的最后防线，固定汇率制度退出了历史舞台，汇率的动荡引起了一系列连锁反应，如以美元计价的石油等能源价格、利率等开始大幅波动，世界进入了不确定性时代，也产生了基于风险管理的金融服务需求。从供给的角度看，各国为应对日益严峻的竞争局面，采取各种措施刺激经济增长、促进经济转型，打造新的核心竞争力，这些都离不开金融的支持，为此，从 20 世纪 80 年代开始，以英、日等国为代表的金融“大爆炸”式金融改革粉墨登场，拉开了现代金融改革的序幕。其他国家纷纷效仿，特别是美国 1999 年通过《金融服务现代化法》，标志着分业经营、分业监管的金融管制模式被彻底打破，金融创新的制度屏障完全被推倒。从此，金融业进入了一个快速发展的新时期。

彻底解放的金融业表现出了惊人的创造力，金融产品、金融结构、金融的运作模式甚至金融的组织结构都在深刻变革（见表 10－1），层出不穷的金融产品满足了不同投资者风险与收益的组合，全方位打通了金融市场间的联系，特别是银行信贷市场与证券市场间的联系，从而使得储蓄——投资转化机制发生了根本性的变化，渠道的丰富程度不可同日而语。同时丰富的金融产品也极大地发挥了吸收社会闲散资金的作用，有利于社会储蓄率的提高（对美国来说，这种储蓄率是以吸收全球闲散资金为基础的）。储蓄转化渠道的丰富和储蓄率的提高，自然会促进经济增长。

**表 10－1　　　美国商业银行 20 世纪 60 年代以来的金融创新**

| 年代 | 金融创新 | 技术创新 | 经济/政治环境 |
|---|---|---|---|
| 20 世纪 60 年代 | 欧洲美元存款<br>银行信用卡<br>联储基金市场<br>可转让定期存单 | 大型计算机 | “越战”逐步升级 |
| 20 世纪 70 年代 | 金融期货<br>自动取款机<br>货币市场共同基金<br>可调整利率抵押<br>可转让支付命令账户<br>贴现经纪账户<br>期权，垃圾债券 | 便携金融计算器 | 实行浮动汇率制度<br>“越战”结束<br>石油危机<br>高通货膨胀<br>美联储的变化<br>系统的开放市场政策 |

续表

| 年代 | 金融创新 | 技术创新 | 经济/政治环境 |
|---|---|---|---|
| 20 世纪 80 年代 | 利率互换<br>零息债券<br>24 小时证券交易<br>通用的可变利率寿险<br>表外担保<br>资产证券化 | 微型计算机<br>传真机 | 高通货膨胀结束<br>股票市场崩溃<br>商业不动产市场崩溃 |
| 20 世纪 90 年代以来 | 全球期货交易<br>银行共同基金/年金<br>住房银行业与网上证券交易<br>网上银行<br>多种金融公司合并 | 互联网<br>低成本计算机<br>技术的易得性提高 | 金融自由化和经济全球化 |

资料来源：Mona J. Gardner，Dixie L. Mills，Elizabeth S. Cooperman. 金融机构管理资产负债方法［M］. 北京：中信出版社，2005：62，本文做了相应调整。

同时，金融创新与竞争在提高投融资效率的同时，也会提高金融服务的精细度和服务能力。在金融不断创新的过程中，各国原有金融机构、金融市场会运用金融创新技术特别是金融工程技术，根据客户的不同需求和产品的特点，整合各类产品，以一揽子方式向客户提供多样化服务，对现有客户挖潜并吸引潜在客户，从而在扩展盈利空间的基础上提高服务的精细化程度。必须指出的是，金融创新还导致了金融组织形式的变化，金融控股集团就是这一创新的产物。这些巨型金融机构不仅掌控了巨大的社会资本，而且通过这种金融优势释放着对社会的影响。这一方面可能加速实体经济发展和产业升级换代从而产生积极的影响（如 2000 年左右，在美国基于信息技术兴起的网络经济，就是因为充沛的金融资本对它的投资和炒作，使其迅速发展，并最终成为一场泡沫，过早地走完了它的成长期），另一方面也开始向其他金融结构的传统业务领域渗透，以更为高效、更为全面的金融服务开拓新的势力范围，并带动了整个金融体系效率的提高。

在金融的纵向扩展方面，金融创新也加剧了社会资源在金融领域的集中。如基于风险管理的需要而开发的各类衍生品，不仅具有风险分散和风险流动的能力，而且也因交易量的急剧上升，使得大量资金滞留在衍生品市场，从而增加了社会资金停留在金融领域的数量；以风险管理能力为核心的金融竞争必然使得大型机构控制的金融资本迅速放大，卓有成效的多层次金融产品能最大限度地吸收社会闲散资金，加速了资金向金融领域转移的步伐；现代金融工程技术能够复制任意的现有金融基础产品和初级衍生品，并且可以无限制地多次复制各类工具（如此次次贷危机中的 CDS 等），这就意味着金融完全有可能脱离实体经济而自我循环发展。如此一来，金融体系的脆弱性必然增大，可能急剧放大金融体系风险对实体经济的冲击力度（2007 年的美国次贷危机就是力证）。更为严重的是，随着金融创新不断向纵深发展，经济的内在联系变得更加复杂，以至于管理当局越来越难以掌控当前经济，如由于金融体系的变化，货币政策的传导路径变得更长、传导机制更复杂，政策效果的不确定性更大，特别是对于那些经济结构处在升级、转型期的金融大国来说，为刺激经济而大量投放的货币必将游离于实体经济在金融体系中循环并成为一种常态。①

金融对经济的促进还会以外溢的形式表现出来，即金融超越国界配置全球资源并影响全球经济（经济全球化的后果）。如果说在 20 世纪八九十年代，跨国公司成为发达国家全球配置资源的重要形式的话，那么，进入 21 世纪后，在经济全球化、金融自由化浪潮的冲击下，金融已从支持跨国公司发展的幕后推手正式走向前台，成为资源在全球配置的重要形式。究其原因，从 20 世纪 90 年代开始的证券化浪潮使全球几乎所有重要资源都具有了相应的价格及价格形成机制，资源的可流动性和可拆分性便利了金融资本对资源的控制，而全球经济、贸易联系的不断加深促使金融对资源的控制由可能变成现实。

对金融大国而言，参与全球资源配置的手段是很丰富的：通过发行世界主要国际储备货币和在国际主要金融组织中的地位实现；通过制定和修改世界主要经济、贸易、金融等领域的基本规则实现；通过金融机构的资源配置效率优势实现。第一种方式是金融大国金融扩展效应实现的基本方式，作为国际储备货币的提供者，其承担的一些成本如维持币值稳定不容小视；作为主要游戏规则的制定者，第二种方式日益成为金融扩展的主要方式；作为微观基础的第三种方式，一直都在稳步推进。同时，这种外溢式扩展已经成为维护金融大国地位的重要手段，如美国依赖美元的特殊地位，维持了多年经济在失衡中的运行；英国依托其历史继承的金融优势和欧洲美元市场，已经维持了长达数十年的金融业一枝独秀式的增长。

---

① 上述四个方面的表现有点类似于 Bernanke 等人（1996）提出的金融加速器（Financial Accelerator）理论，该理论阐述了信贷市场不完美性导致最初的反向冲击通过信贷市场状态的改变被加剧和传递的机理——金融加速器，从而揭示出信贷市场在“小冲击，大波动”现象中的重要作用。显而易见，我们所说的金融扩展效应要比该理论的内涵宽泛得多。

## 10.2.5 美国金融发展的历程

让我们以美国为例，来说明金融大国金融发展以及金融变革与创新的过程。

**一、从建国之初到“大萧条”时期**

1776年，刚刚结束独立战争的美国，百废待兴。美国开国元勋、第一任财政部长亚历山大·汉密尔顿（Alexander Hamilton）① 为重构国家金融体系，推动了三个重大方案：第一是寻求建立一个完善的联邦税收体系，以保证国家有一个稳定的财政来源；第二是用美国政府信用作为担保，以优厚的条件发行新的债券，在国内外筹集资金去偿还旧的国债；第三是按照英格兰银行模式建立中央银行，来代替政府管理财政并监督国家货币供应②。

方案实施之后，各种金融机构纷纷建立，金融活动逐渐活跃起来。美国第一家银行——北美银行（Bank of North American）于1782年成立；1790年美国第一家股票交易所——费城交易所（Philadelphia Stock Exchange）设立。1791年，美国中央银行——第一合众国银行（the First Bank of United States）在费城成立，第一合众国银行股票作为美国第一个大规模进行IPO发行的股票进行交易。这些方案还带来了大量的证券交易，也就产生了大量的金融业务，为了让交易更为规范，1792年，21个经纪商和3家经纪公司共同签订了著名的《梧桐树协议》（*The Button Agreement*），该协议的签订标志着美国场外交易的开端，被认为是纽约股票交易所的起源；同年杜尔（Tour）引发投机狂热，汉密尔顿（Hamilton）用财政资金入市，开创了政府干预金融危机的先河。1811年，第一合众国银行关闭；1816年战争造成财政危机迫使国会批准设立第二合众国银行；1825年伊利运河修建成功，纽约成为全美最大经济中心，对运河股票的追捧带来了美国历史上第一次大牛市；1829年杰克逊（Jackson）总统实施“零负债”国策，关闭第二合众国银行；1836年《铸币流通令》的签署导致通货紧缩，美国陷入经济萧条；1844年，铁路和电报的发明运用确立了纽约成为全国金融中心；1848年加利福尼亚发现金矿，带来了大量黄金储备，美国再次繁荣；1857年美国进入萧条并扩散到其他国家地区，世界意义上的金融恐慌爆发；1861年

---

① 亚历山大·汉密尔顿（Alexander Hamilton，1757—1804）：美国的开国元勋之一，美国第一任财政部部长，为创立一个强大的联邦国家奠定了坚实的财富基础。在任期间，受到当时著名经济学家亚当·斯密的影响，他推动了一系列改革方案，其中包括最著名的《公共信贷方案》和《中央银行方案》。参见Britannica Online，Academic Edition（大英百科全书）。

② 约翰·S. 戈登. 伟大的博弈［M］. 北京：中信出版社，2005：16－17.

南北战争爆发，美国回归金本位，融资需求促进了资本市场繁荣；1879年，美国结束南北战争，国内确立官方的绿钞本位和非官方的黄金本位[①]，一个信誉良好、统一的货币供应体系开始建立起来。但银行体系的情况就没有那么乐观了。整个19世纪，美国的银行体系都是高度分散的，不存在一个拥有广泛网点的全国性银行，当1861年内战爆发时，出于筹集战款的需要，美国通过《国家银行法》，设立了一个国家银行系统，但对银行权力进行了诸多限制。但是国家银行系统并没有带来金融稳定，在1873年、1884年、1893年、1907年恐慌相继发生，“美国成为金融体系的一大麻烦”[②]，1913年，美国的联邦储备系统建立了，美国联邦储备系统的特点是“集中控制与地区独立相结合”，负责履行美国的中央银行职责，目的是通过建立支票结算系统，促进州银行和国民银行合作，防止出现金融危机。

金融的繁荣推动商业的迅速发展，再加上交通运输便利、语言统一、收入分配相对平均，以及统一的货币体系，美国国内市场迅速整合，此时美国经济水平开始超过西欧，产值相当于英国、法国和德国的总和，成为世界第一经济大国。第一次世界大战的爆发为美国成为全球金融大国提供了机遇，从此美元开始走上国际化道路，不断与英镑争夺世界货币的位置，这是美元在国际货币舞台上开始崛起的时期。

**二、从“大萧条”时期到布雷顿森林体系崩溃（1933—1973年）**

伴随着美国经济的腾飞，华尔街再一次繁荣起来，但这一次华尔街的涨幅要远远快于实体经济本身，人们在股票价格不断上涨的刺激下，忘记了风险将伴随收益而来。终于历史上最大的一次股灾拉开了帷幕，紧接着美国走进了长达4年的萧条时期。为恢复市场信心，美国政府开始对美国金融体系进行改革，1933年的《格拉斯—斯蒂格尔法》是美国金融史上的重要里程碑，标志着商业银行与投资银行分离，也标志着纯粹意义上的商业银行和投资银行诞生。美国国会相继颁布《1933年证券法》、《1934年证券交易法》和《1940年投资公司法》等法律，逐步形成了分业金融制度。

以1944年《布雷顿森林协定》为标志，美元逐渐超过了英镑的国际影响，两次世界大战重创了英国，也动摇和摧毁了英镑霸权。第二次世界大战结束时，美国成为世界上最大的债权国，为美元霸权的确立奠定了基础，美国以强大的

---

① 米尔顿·弗里德曼.美国货币史［M］.北京：北京大学出版社，2009：17.

② Studenski, P., H. E. Krooss. Financial History of the United States. 2d ed., New York: McGraw－Hill, 1963.

经济实力作为后盾，不断打击英镑，终于在第二次世界大战结束前夕，建立了布雷顿森林体系，初步取得了世界金融霸主地位。

从1945年至20世纪50年代后期，美元最终确立了世界金融霸主地位。第二次世界大战之后，英国控制着庞大的英镑区，英镑仍然是世界主要货币之一。凭借着金融“大爆炸”的改革，英国曾经一度又回归到了世界金融大国的地位，但美国在战后向英国提供巨额贷款，迫使英镑大幅贬值。同时美国将其控制的IMF作为对外经济扩张的工具，利用其他国家经济严重困难，大量进行商品和资本输出，造成本国巨大国际收支顺差，其他国家出现经常性国际收支逆差，出现了“美元荒”，经过黄金本位，到黄金美元本位，再到美元本位的过渡，美元开始成为世界货币。

20世纪60年代开始，美国的分业金融制度面临着严峻考验：高通货膨胀和利率上限的矛盾，外国全能银行竞争的压力，金融创新和金融国际化的不断推进。1961年，美国卷入越南战争，消耗巨大，财政赤字连年扩大。1968年，美国官方储备的黄金大幅减少。出于美元贬值的预期，欧洲各国纷纷抛出美元，以手中美元兑换美国黄金，美元危机就产生了。

**三、从布雷顿森林体系崩溃到《金融服务现代化法》出台（1973—1999年）**

1971年8月，市场盛传法国等西欧国家要以大量美元兑换美国政府所储备的黄金，这迫使美国作出改变，必须尽快为美元寻找更合适的出路，避免威胁国家金融安全。美国的方法很简单：就是结束布雷顿森林体系，建立以美元（而不是黄金）为基础的国际货币体系。1971年8月15日，尼克松（Nixon）总统采取了强硬措施。首先，他宣布从此以后美国不再自动地向外国中央银行出售黄金换回美元，从而结束了美国黄金不断外流的局面。这实际上切断了美元与黄金之间仅存的一点联系。他还宣布对所有美国进口的商品征收10%的附加税，直到美国的贸易伙伴同意其货币对美元升值为止。1973年布雷顿森林体系崩溃，1982年美国完成了利率市场化改革。

1987年美联储对《格拉斯—斯蒂格尔法》允许大银行的附属公司开展某些证券业务，如承销商业票据、市政债券、抵押担保债券和资产支持证券等。1989年美联储批准银行的附属公司可经营公司债券，JP摩根成为第一家获准的金融机构。1990年允许部分银行经营公司股票承销业务，1991年商业银行大规模进入债券市场开展承销业务。1996年美国货币监理署（OCC）允许银行直接通过附属公司开展非银行业务。1997年美联储又允许商业银行通过直接收购投资银行并将其转为经营证券业务。1998年4月花旗银行（Citigroup）与旅行者银行集团（Travelers Group）合并，成为美国第一个完全混业经营的银行持股公司。

**四、从《金融服务现代化法》到次贷危机（1999—2009 年）**

1999 年 11 月 4 日美国参众两院通过《金融服务现代化法》，废除了 1933 年《格拉斯—斯蒂格尔法》，彻底拆除银行、证券和保险业之间的藩篱，允许商业银行以金融控股公司（FHC）形式从事包括证券和保险业务在内的全面金融服务，实行混业经营，结束了美国的金融分业历史，开辟了金融混业经营的新纪元。2007 年美国次贷危机爆发，这次被学者称为可与 1929 年“大萧条”相比的金融海啸，发端于华尔街，但最终蔓延到全球，对世界经济造成了巨大影响。2008 年 3 月，贝尔斯登公司被摩根大通接管，美林证券被收购，有百年历史的雷曼兄弟破产，高盛和摩根士丹利公司转为金融控股公司，美国国际集团（AIG）也被美国政府收购……这一系列事件使华尔街的信心崩溃，美国经济也跌入低谷。目前，各国经过联合救市，经济状况已基本稳定并有恢复的迹象。风暴过去，美国的金融辐射力已经削弱，一个新的也更加不确定的全球金融格局正开始慢慢形成。

### 10.2.6 金融崛起的制度文化环境

文化对经济有重要的影响作用，自从马克斯·韦伯（Max Webber）的巨著《新教伦理与资本主义精神》诞生后，似乎已成学界定论。尽管有人质疑马克斯·韦伯的观点——现代资本主义是从清教徒的禁欲主义中衍生出来的——例如，维尔纳·桑巴特（Wemer Sombart）认为，清教一直是资本主义的对立物，而资本主义是奢侈的产物；尽管人们对于文化作用于经济的机制、方式、途径往往缺乏清晰的表述，但是任何金融体系都是在特定的文化背景中存在、演变和发展的，势必会受到文化的制约和影响——哪怕是间接的、隐性的和渐进的。

文化是一个多层次、多侧面的系统，它对经济的作用也是多层次、多角度的。

第一，权利制度以及相关的法律形式。人们普遍认为，建立在社会契约和法的基础之上的产权所属关系、信用关系及禁止性规则，是构成西方金融文化的基石之一。整个社会对于包括财产权利并以此为基础的多种权利的共识以及各种权利制度，是金融体系得以存在和运转的基础性条件。诺贝尔奖获得者 North（1990）将制度定义为：“一个社会的游戏规则，或者更正式地说，人为设置的规则以约束人类行为。”对经济增长至关重要的各项制度能使一个国家将资本配置在最能发挥其效用的地方。就法律制度而言，法律对金融的影响表现在制度通过政治等渠道影响产品创新、公司治理、组织架构等方面，根据 La Porta、Lopez－Silanes、Shleifer 和 Vishny（1997，1998；简称 LLSV）的研究结论：好的投资者法律保护机制能够保证市场的透明度和公正性，投资、融资较为通畅，从而能促进资本市场繁荣。同样，如果法律能有效保护债权人权利并高效执法，银行业在这样的法律环境中会比较发达。LaPorta（1998）等研究者从法律角度得出支持金融引起经济增长证据。Levine 的研究表明，一定法律制度下赋予贷款人的权利和这些权利实施的程度是银行发展的关键决定因素。

对于发展中国家而言，法律体系对经济增长的作用尤为重要。要确保资本配置到最能发挥其效用的地方，法律必须是正直而有效的，必须保持灵便和低成本。North（1990）强调说："无法发展有效的、低成本的合同履行是第三世界国家历史上发展停滞和现代欠发达状态的最重要的源头。"根据世界银行《全球商业环境调查（2005）》显示，菲律宾是世界上债权实现成本最高的国家，超过债权账面价值的 50%（美国为 7.5%），如此高的合同履约成本导致其经济增长低于亚洲其他国家。

第二，社会心理和道德规范。不同国家、不同民族，在其长期的发展变化过程中，形成并沉淀了一些各具特色的社会心理，它们的差异往往会导致不同的金融行为。换言之，无论储蓄行为也好，投资行为也好，均打上了社会心理的烙印。举例来说，中国股票市场的高换手率和高流动性，显然与特定的国民心理相关。

Calderón、Chong 和 Galindo（2001）利用 48 个国家 1980—1994 年的数据考察了"信任"和金融结构、金融发展之间的关系，研究结果表明，除了经济发展水平、人力资本、宏观经济稳定、法律法规等因素外，"信任"也都与金融深化、金融效率以及股票市场相关。就道德规范而言，诚信文化的不足甚至缺失，无疑会损害资本市场的健康发展。有人认为，此次金融风暴的原因之一是有关从业人员的"道德缺陷"。

第三，思维方式和宗教信仰。这些文化因素作为文化系统的内核，持久、深层次地影响、制约、牵引社会经济制度的选择和社会心理、社会道德规范的变化，从而与金融体系产生间接乃至直接的关联。有一种观点认为，东方文明在天人合一、中庸之道的价值理念影响下，（金融）需求的相对节制是高储蓄率产生的重要原因，决定了银行主导型金融体系存在的合理性，并影响金融结构的变迁轨迹。西方有不少文献探讨宗教与经济发展及金融发展的关系。Stulz 和

Willamson（2001）以宗教和语言作为文化的替代变量检验了它对金融发展的影响，结果发现，文化与投资者权利保护相关，特别是对债权人的保护表现很显著。有人甚至提出这样的观点：此次全球金融危机源于基督教对未来乐观的观念。

## 10.2.7 金融大国崛起的机制："三角结构"

根据本节的分析，我们可以概括出解释金融大国崛起机制的"三角结构"：

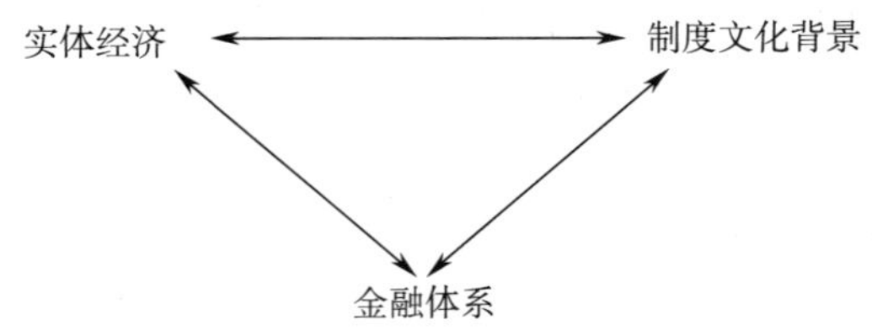


**图 10－1 金融大国崛起的"三角结构"**

在这三个因素中，实体经济是基础，是前提，是必要条件，在一定程度上是目标所在；金融体系是灵魂，是手段（在一定意义上也是目的本身），是先导和动力；而制度文化背景则是制约，是控制，从更深广的视野看，也可视做必要条件和源头。这三者围绕着金融崛起目标的自身变化和相互作用，构成了金融大国崛起的动态图景。

在概括"三角结构"时，人口因素曾进入我们的视野。人口通过总量因素和结构因素（包括动态变化）影响实体经济和金融体系（甚至影响文化背景），对大国金融崛起起着重要的作用。现在人们热议的"人口红利"、"人口老龄化"、"城市化人口"等概念，均是影响经济及金融发展的重要变量。但鉴于两方面的考虑：第一，人口因素可以分解为属于实体经济的因素和属于金融体系的因素；第二，从历史角度看，似乎尚无充分的例证说明不同的人口形态对金融大国崛起的决定性作用，因此，我们未将其作为一级变量纳入分析框架。

应该说，在"三角结构"中，实体经济、金融体系自身的发展、演变以及两者之间的相互作用，是金融大国崛起的主线和主轴。这种格局出现的背后原因，即金融大国产生的深层理论原因，则源于社会分工的深化和与之相关的市场化程度的提高。从亚当·斯密（Adam Smith）开始，劳动分工能促进经济增长这一观点就已经受到了广泛的重视。杨小凯（1999，2003）将这一思想进行了数学化，李敬等人（2007）则将分工理论用于解释金融对经济的促进作用。直观地看，如果仅考虑金融部门，则金融的发展可以理解为服务领域分工的进一步深化，分工会导致效率的提高从而创造价值，服务行业产出增长会导致全部经济部门产出也增长。在市场经济条件下，劳动分工的深化必然导致市场化程度的加深，市场化的本质就是货币化，则金融行业作为一个相对独立的部门服务于其他行业（国家）的市场化进程也就具有了可能性。另一方面，金融体系特别是金融制度的演变促使了这种可能变成现实：从信用货币到简单衍生品再到复合衍生品，意味着金融体系强大的流动性（流动性替代物）创造为市场化提供了润滑剂（当然也会通过自我循环成为放大流动性的泡沫制造机），也为全球经济的市场化进程提供润滑剂。

## 10.3 中国金融崛起的路径

前文所述的“三角结构”是基于历史经验概括的。对成长中的新兴经济体中国来说，从理论和未来角度看它属于一种假说。不排除中国或其他国家未来的金融崛起是依据与之不同的结构性因素以及不同的机制，但是按照这一理论框架来分析中国金融崛起的路径仍然是有意义的——起码它是得到历史验证的。

### 10.3.1 实体经济的增长

我国实体经济的持续、快速、健康增长，是金融崛起的基础和条件。首先要继续扩大经济总量（规模）。从各国际金融中心的成长历史来看，国际金融中心莫不建立在一定的经济及贸易的规模上，没有一定的规模支撑，金融中心只能是建在沙滩上的大厦，异常脆弱。经过改革开放30年的高速发展，中国经济的贸易规模已位居世界前列，金融发展的基础已经比较扎实。2008年，我国国内生产总值达300 670亿元，已经位居世界第三。2008年进出口总额达到2.56万亿美元，其中出口额为14 280亿美元，居世界第二位。但是，仍要清醒地看到，我国的经济规模仅仅是美国的1/3，差距目前仍保持在10万亿美元左右。其次，需改变经济增长方式，改变经济结构，提高经济发展的质量，提升产业竞争能力，推动产业升级和自主创新，实现从经济大国向经济强国的转变。当然，还需改变国内收入分配格局，扩大内需，降低对外部的依赖，以内部经济作为经济长期发展以及参与全球经济竞争的依托和支撑。国内学界对这些问题的研究已较为充分，这里就不展开了。

需要指出的是，我国的经济增长方式在资源投入型、粗放型、非环境友好型、低附加值型、外部依赖型等方面已形成一定程度的路径依赖；在收入分配和利益格局方面亦出现固化、僵滞现象，因此相关体制、政策的变革和调整，已变得尤为重要和紧迫。

### 10.3.2 制度文化环境的改善

从宏观角度看，中国文化是一个包含多种基因、内部参差百态且在动态变化的弹性系统，对实体经济和金融体系有极大的包容性和适应性。我国香港、台湾以及新加坡等地区、国家华人经济圈的发展实践证明，中华文化对现代经济增长、现代金融发展总的来说是相容相济的。中国文化传统中的道德自律、参与及责任意识、勤勉创业精神、特定社会群体中的信任心理，对经济、金融发展有巨大的支持、推动作用。

就国内而言，与经济、金融发展相关的文化环境改善，主要在两个层面：一是各项权利制度的健全、完善，确定各类参与者的权利定位和边界，保护其合法权益，降低全社会的交易成本；二是通过法律、政策等多种手段影响、塑造社会诚信道德和风气，逐步改变某些不利于经济、金融发展的社会心理。

### 10.3.3 中国金融体系的演变和发展：金融扩展

尽管从20世纪80年代以来，现代金融的实践和理论均取得了突飞猛进的进展，但产生于工业化国家的现代西方金融理论，由于视角的局限性，使我们难以对金融大国的衡量标准①、不同金融体系的效率比较②及其未来发展方向、不发达金融体如何向金融大国演进③等问题进行深入研究。

总的来说，西方金融理论对不发达经济体金融与经济发展关系的研究文献不多，也未指出一条发展中国家金融发展的有效路径，更没有阐述成金融大国崛起的相关思路，主要的研究成果有金融抑制论、金融约束论等。

金融抑制理论是由美国经济学家罗纳德·麦金农（Ronald McKinnon）和爱

---

① 从Goldsmith（1969）在《金融结构与金融发展》一书中首创衡量一国金融结构与金融发展水平的基本指标即金融相关比率以来，许多学者和机构对金融发展指标进行了大量探究，如King和Levine（1992）、世界银行、Beck和Levine（2000）以及Levine（2002）等相继又提出了衡量金融总规模和金融结构的一系列指标，但目前对于金融大国的衡量标准并未取得共识。

② 以Allen和Gale（1999）、Levine（2000）为代表的金融比较研究将Merton（1995）和Levine（1997）等人提出的金融功能观向纵深推进了一大步，但并未由此得出哪种金融体系更为有效的结论。

③ 尽管Gurley和Shaw（1955）最早深入研究了发展中国家的金融现实，提出了金融压抑论的观点和按照发达国家模式调整金融制度安排的金融深化论的建议，赫尔曼、穆多克和斯蒂格利茨（1990）等人随后又针对同一问题提出了金融约束论的观点，但不可否认，1997年的东南亚金融风暴证明了上述理论在实践过程中还存在诸多尚未纳入分析体系的因素。

德华·肖（Edward S. Shaw）于20世纪70年代提出的。所谓金融抑制，就是由于一国金融体系不健全，金融市场的作用未能充分发挥，政府对金融实行过分干预和管制政策，人为地决定利率和汇率并强制信贷配给，造成金融业的落后和缺乏效率，金融与经济之间陷入一种相互制约的恶性循环状态。金融约束论（Hellmann、Murdock 和 Stiglitz，1997）主张在金融深化程度低的发展中国家，在一定前提下（宏观经济稳定、通货膨胀率较低并且可预测、正的实际利率），通过政府对金融部门的选择性干预，即实施所谓的金融约束三大政策（控制存贷款利率、控制市场准入及竞争、限制资产替代），来为民间部门创造租金机会，以此激励其提高金融运行效率。

金融抑制论是对不发达国家金融与经济增长关系中弊端的考察，并由此提出了全面的改革建议——以利率、汇率市场化改革为核心的金融深化论。金融约束论则是在对发展中国家金融自由化过程中，对教训总结后提出的渐进式改革建议，对金融产品、金融资产价格、市场准入等方面提出了阶段性发展的建议。二者的目标是一致的，即向金融自由化稳步前进，同时，二者所提建议均是针对金融发展的一般要求提出的，并未考虑到经济体的经济增长模式、结构特征、制度、文化等因素的差异，因此，其实践指导意义具有明显的局限性。金融大国表现出的金融发展和金融崛起有诸多约束条件，如经济总量大、经济结构合理、法律制度相对完善、金融体系效率高等。这就意味着，无论是理论还是实践，均未就发展中国家金融与经济发展间的机制体制安排、经济大国如何向金融大国过渡等一系列问题作出说明，对金融大国崛起的研究属于空白。

对比发达国家实体经济和金融体系的关系，我们认为中国的金融体系是滞后于经济发展的。因此中国金融崛起的主要矛盾在于金融体系自身。

从“金融抑制”、“金融约束”等概念中得到启发，我们用“金融扩展”这一核心概念来描绘中国金融体系的变革和发展，描绘其对经济增长的作用，从而描绘金融大国崛起的进程。

金融抑制论、金融深化论、金融扩展论三者之间有着密切的联系，即在经济发展的初期阶段，要注重发挥经济对金融的引导作用；在经济起飞阶段，要注意妥善处理好经济与金融间相互作用关系，从而科学安排经济与金融的发展规划、发展步骤与速度、相应制度变革设计、各自发展的重点等内容，使经济与金融发展表现出良好的协调性；在经济发展到一定阶段后，要注重发挥金融对经济的促进作用，进一步培育金融的资源配置能力和风险管理能力，实现经济的快速发展与均衡发展。自始至终，要坚持提高金融体系的效率是根本，建立和调整适合本国文化、人口、经济发展水平等具体需求的阶段性的制度体系，并在考虑本国实际的前提下在制度设计方面体现金融、经济发展的一般规律并保持一定的超常性。三个理论和金融大国崛起的内在逻辑关系如图 10－2 所示。

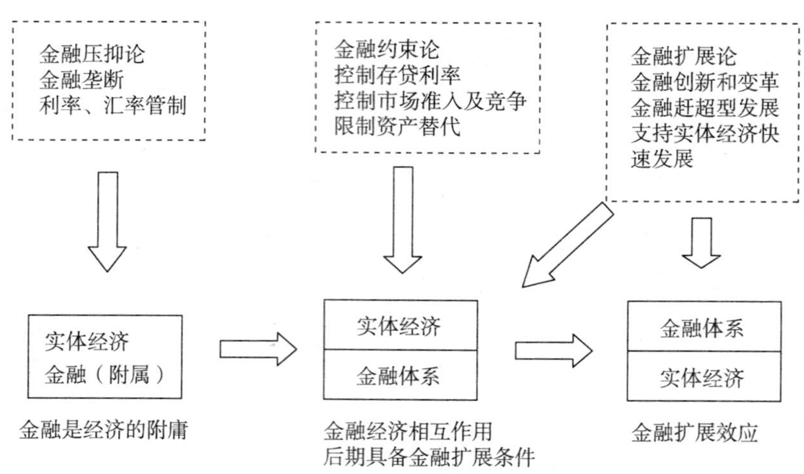


**图 10－2　金融大国崛起的内在逻辑关系**

由于中国金融的成长，很大程度上是以发达国家为借鉴，具有一定的模仿、学习属性；另一方面，由于其也会遵循普遍规律，因此，金融扩展包括发达国家金融创新、金融深化及金融自由化的一般内容这里不赘述。从针对中国金融体系的特定内容看，金融扩展作为一个动态的具有时间含义的概念，有以下值得关注的要点：

第一，从横向看，我国金融体系逐步超越本国经济边界，一方面是整合全球资源为我所用，另一方面到更广阔的地域内竞争，扩大全球金融中的份额。具体内容包括人民币逐渐在部分地区具有国际货币的功能；国内资本市场面向全球企业开放；金融机构“走出去”，争取成为世界级的金融服务商等。

第二，金融与实体经济的联结更紧密，更复杂，也更精巧。金融动员、整合、配置资源的功能更强劲、更迅速，风险分散也更有效，从而有力地推动经济增长和产业升级。换个角度看，实体经济对金融体系的依赖加深。在此背景下，资产证券化以及各种金融工具的创新不仅不存在“过度”的问题，反而需要加速发展与实体经济发展的多层次相匹配，金融市场尤其是资本市场也将出现多层次格局。

第三，除企业之外，居民的金融生活日益丰富。随着收入水平提高，投资性资产比例将逐步提高；居民通过金融实现财富增值的愿望更加强烈，在“需求反应”机制作用下，金融体系也将对此作出积极回应，提供更多的途径和服务；同时，居民通过金融手段在时间和空间上调控收入支出、实现资产转换（从而提高资产效率）也将变得更加频繁和复杂。总之，金融对居民的浸润将会更加深透，金融对居民的意义也会更加凸显。

第四，金融体系的制度建设和基础设施建设更加完善，金融运行更加规范、安全；同时，不必要的发展阻碍及管制也会逐步减少，金融生态的多元化局面将会逐步出现。

### 10.3.4 中国金融崛起的外部障碍

中国经济和金融不是处在封闭的环境中，其崛起必将是在外部动态博弈中实现的。目前，外部制约影响中国金融崛起的不利因素很多，概括起来可以分为三类。

第一类是直接影响我国实体经济发展的因素。主要有：（1）贸易保护主义抬头，贸易保护的范围日益扩大，手段也趋于多样（从传统的“两反一保”扩展到技术性贸易壁垒、反垄断措施、社会责任标准、知识产权壁垒等），某些方面对中国的针对性更强，同时，参与贸易摩擦的国家也有所增加。这对中国的外向型经济的影响既广又深。（2）与中国经济发展相关的亚洲区域合作发展并不顺利，存在经济结构、政治体制、宗教文化等诸多障碍。（3）能源、气候、健康等不利因素增多。在全球传统能源供应紧张、气候变暖及温室气体排放压力增大、公共卫生问题凸显的背景下，一方面中国经济直接受制于这些因素；另一方面从未来角度看也有可能在由这些因素催生的新能源革命、低碳经济成长中落伍。

第二类是直接影响我国金融发展的因素。主要有：发达国家在国际金融体系中占据主导地位，中国等发展中国家缺少话语权；国际金融规则不利于弱势国家。在现有的国际金融体系中，中国处于“贸易大国、货币小国”的不利地位。

第三类是对我国经济社会发展产生综合影响的因素，主要有地缘政治环境存在隐患、潜在的区域性军事冲突等。

中国作为一个后起的发展中大国，作为一个赶超型的金融发展大国，一个最典型的特征就是时空压缩：我们可能会在相对短的时间里去完成发达国家在很长历史时期内走过的历程。这种时空压缩一方面可能使中国在较短的时间里实现金融崛起，但同时也会造成中国金融崛起过程中矛盾交织，风险放大。这就需要我们在推进中国金融发展的过程中既积极进取，又谨慎稳健。展望未来，我们期望中国的金融崛起成为现实。

## 参考文献

[1] [美] 戴维·罗默著，苏剑等译．高级宏观经济学 [M]．北京：商务印书馆，2000.

[2] 范学俊．金融发展与经济增长——1978—2005 年中国的实证检验[M]．上海：上海人民出版社，2008.

[3] 戈德史密斯．金融结构与金融发展 [M]．上海：上海三联书店，1994.

[4] 中国经济增长与宏观稳定课题组．金融发展与经济增长：从动员性扩张向市场配置的转变 [J]．经济研究，2007 (4)：4 - 17.

[5] 劳平，白剑眉．金融结构变迁的理论分析 [J]．厦门大学学报（哲学社会科学版），2005 (3)：64 - 69.

[6] 李敬，冉光和，温涛．金融影响经济增长的内在机制——基于劳动分工理论的分析 [J]．金融研究，2007 (6)：80 - 99.

[7] 马克斯·韦伯．新教伦理与资本主义精神 [M]．北京：群言出版社，2007.

[8] 麦金农．经济发展中的货币与资本 [M]．上海：上海三联书店，1997.

[9] 麦金农．经济市场化的次序——向市场经济过渡时期的金融控制[M]．上海：上海三联书店，1997.

[10] 乔洪武，逮录．从金融危机反思新自由主义金融理论的缺陷 [J]．商业时代，2009 (12)：82 - 83.

[11] 沈军，白钦先．金融结构、金融功能与金融效率——一个基于系统科学的新视角 [J]．财贸经济，2006 (1)：23 - 28.

[12] 孙健，王东．每天读点金融史：Ⅳ：金融霸权与大国崛起 [M]．北京：新世界出版社，2008.

[13] [德] 维尔纳·桑巴特．奢侈与资本主义 [M]．上海：上海人民出版社，2005.

[14] 约翰·格利，爱德华·肖．金融理论中的货币 [M]．上海：上海三联书店，1994.

[15] 张超．经济体制转型与人力资本积累关系的实证分析 [J]．经济研究，2007 (12)：59 - 71.

[16] 赵振全，于震，刘淼．金融加速器效应在中国存在吗？ [J]．经济研究，2007 (6)：27 - 38.

[17] Porter, Michael E.．国家竞争优势 [M]．北京：中信出版社，2007.

[18] Allen Franklin, Douglas Gale. Financial Market, Intermediaries and Intertemporal Smoothing [M]. Journal of Political Economy, 1997, 105 (3): 523 - 546.

[19] Allen, Franklin, Santomero, Anthony M.. The Theory of Financial Intermediation [M] . Journal of Banking and Finance, 1998 (21): 1461 – 1485.

[20] Beck, T., R. Levine. Stock Markets, Banks and Growth: Panel Evidence [M] . Journal of Banking and Finance, 2004: 423 – 442.

[21] Beck, T., R. Levine, N. Loayza. Finance and the Sources of Growth [J] . Journal of Financial Economics, 2000 (58): 261 – 300.

[22] Bell, Clive, Rousseau, Peter L.. Post – independence India: A Case of Finance – led Industrialization? [J] . Journal of Development Economics, Elsevier, 2001.

[23] Bernanke, B., Gertler, M., M. Watson. Systematic Monetary Policy and the Effects of Oil Price Shocks [J] . Brookings Papers on Economic Activity, 1997: 91 – 116.

[24] Bernanke, B., Gertler, M., S. Gilchrist. The Financial Accelerator and the Flight to Quality [J] . Review of Economics and Statistics, 1996 (78): 1 – 15.

[25] Bernanke, B., M. Gertler. Agency Costs, Net Worth, and Business Fluctuations [J] . American Economic Review, 1989 (79): 14 – 31.

[26] Demetriades, P., K. Hussein. Does Financial Development Cause Economic Growth? Time Series Evidence From 16 Countries [J] . Journal of Development Economics, 1996 (51): 387 – 411.

[27] Demetriades, Panicos O., Hussein, Khaled A.. Does Financial Development Cause Economic Growth? Time Series Evidence From 16 Countries. Journal of Development Economics, Elsevier, Dec., 1996, Vol. 51 (2): 387 – 411.

[28] Demirgü Kunt, A., V. Maksimovic. Funding Growth in Bank Based and Market Based Financial Systems: Evidence From Firm Level Data [J] . Journal of Financial Economic, 2002 (65): 337 – 363.

[29] Dickson, P. G. M.. The Financial Revolution in England. A Study in the Development of Public Credit 1688 – 1756, London: Macmillan, 1967.

[30] Goldsmith, Raymond William. Financial Structure and Development [M] . New Haven: Yale University Press, 1969.

[31] Hicks, John. A Theory of Economic History [M] . Oxford: Clarendon. Press, 1969.

[32] Kindleberger, Charles P.. A Financial History of Western Europe [M] . Oxford University Press, 1984.

[33] King, R., R. Levine. Finance and Growth: Schumpter May Be Right [J] . Quarterly Journal of Ecomomics, 1993, 108 (3): 717 – 738.

[34] King, Robert G., Levine, Ross. Finance and Growth: Schumpeter Might be Right. Policy Research Working Paper Series 1083, The World Bank, 1993.

[35] Levine, R., S. Zervos. Stock Markets, Banks, and Economic Growth. American Eco-

nomic Review, 1998 (88): 537 - 558.

[36] Levine, R.. Finance and Growth Theory and Evidence. NBER Working Paper Series, Working Paper 10766, 2004.

[37] Levine, R.. Financial Development and Economic Growth: Views and Agenda [J]. Journal of Economic Literature, 1997 (35): 688 - 726.

[38] Levine, Ross, Loayza, Norman, Beck, Thorsten. Financial Intermediation and Growth: Causality and Causes [J]. Journal of Monetary Economics, 2000, 46 (1): 31 - 77.

[39] Levine, Ross, Zervos, Sara. Stock Markets, Banks, and Economic Growth. The American Economiç Review, Vol. 88, No. 3., Jun., 1998: 537 - 558.

[40] Lucas, Robert. On the Mechanics of Economic Development [J]. Monetl Econl, July 1988 (22): 13 - 42.

[41] Merton, R. C., Bodie, Z.. Deposit Insurance Reform: A Functional Approach, in A. Meltzerand C. Plosser. Eds., Carnegie Rochester Conference Series on Public Policy, June 1993, Vol. 38.

[42] Merton, R. C., Bodie, Z.. A Framework for Analyzing the Financial System, in Crane et al., Eds., The Global Financial System: A Functional Perspective [M]. MA: Harvard Business School Press, 1995.

[43] Merton, R. C., Bodie, Z.. The Design of Finance System: Towards a Synthesis of Function and Structure. NBER Working Paper No. 10620, 2004.

[44] Merton, R. C.. A Functional Perspective of Financial Intermediation. Financial Management, Vol. 24, No. 2, 1995: 23 - 41.

[45] Merton, Robert C., Bodie. ZV I.. A Concep Tual Framework for Analyzing the Financial Environment, in the Global Financial System: A Functional Perspective. MA: Harvard Business School Press, 1995: 1 - 31.

[46] Michael, Thiel. Finance and Economic Growth—A Review of Theory and the Available Evidence. http: / / europal eul int/ economy financel Working Paper, June, 2001.

[47] North, Douglass. Institutions, Institutional Change and Economic Development [M]. Cambridge University Press, 1990: 54.

[48] Pagano, M.. Financial Markets and Growth: An Overview. European Economic Review, 1993, 37 (2 - 3): 613 - 622.

[49] Patrick Honohan. Financial Development, Growth, and Poverty: How Close are the Links?. Policy Research Working Paper Series 3203, The World Bank, 2004.

[50] Patrick, H. Financial Development and Economic Growth in Underdeveloped Countries. Economic Development and Cultural Change, 1966 (14): 147 - 189.

[51] Perkins, Edwin J.. American Public Finance and Financial Services, 1700 - 1815, Co-

lumbus, Ohio State. University Press, 1994.

[52] Raghuram G. Rajan, Luigi Zingales. Financial Dependence and Growth. American Economic Review, 88 (3): 559 -586.

[53] Rajan, R. and L. Zingales. Finance Dependence and Growth. American Economic Review, 1998, 88 (3): 559 -586.

[54] Rousseau, Peter L. and Sylla, Richard. Financial Systems, Economic Growth, and Globalization . NBER Working Paper No. W8323, 2001.

[55] Stulz R. M. . Managerial Control Voting Rights: Financial Policies and the Market for Corporate Control [J] . Journal of Financial Economics, 1988 (20): 25 -54.

# 后　　记

大国经济需要大国金融，中国经济的强盛离不开中国金融的崛起。从一些关键指标看，中国已经成为一个全球性经济大国，中国对全球经济的影响力与日俱增，日益重要。一个“中国离不开世界，世界离不开中国”的时代已经来临。如何构建一个具有强大资源配置效率且能有效分散风险并居全球金融中心地位的现代金融体系，以维持中国这样一个全球性大国的经济的世纪性增长，是中国面临的最重要的战略难题之一。我们的研究试图破解这个难题。

本书的部分内容曾收录《中国资本市场研究报告（2010）——全球金融变革中的中国金融与资本市场》。考虑到当前国际金融体系变革和中国金融快速发展的状况，似应单独成书。在本书出版之前，作者根据一年来的变化又做了相应修改，并将此书定名为《变革与崛起——探寻中国金融崛起之路》。

本书由中国人民大学金融与证券研究所所长吴晓求教授领衔完成，各章作者是：导论，吴晓求；第 1 章，瞿强、朱太辉、田力；第 2 章，应惟伟、何冰冰、李佳佳；第 3 章，陈忠阳、夏园园、傅佳娣、聂昕晖；第 4 章，赵锡军、姜雪冰、段希文、李凯、徐小俊；第 5 章，陶长高、冯玥、龙啸云；第 6 章，许荣、郑志刚、尹志峰；第 7 章，董安生、杨巍、何以、张瑞、杜健；第 8 章，应展宇、张跃；第 9 章，梅君、胡召平；第 10 章，施炜、李凤云、胡松、王巍、陈启清、陆超、杜斌。

赵锡军教授、瞿强教授、董安生教授、施炜研究员和应展宇副教授、许荣副教授协助吴晓求教授审读了部分章节内容。赵振玲女士做了大量事务性协调工作。

**吴晓求**
**2010 年 10 月 12 日**